ECI awards

# 驱动创新

DRIVE INNOVATION

## 2015国际电商创新案例年鉴

国际电商创新协会
国家广告研究院
国际艾奇奖组委会 / 编著

2015

中国市场出版社
China Market Press
·北京·

**图书在版编目（CIP）数据**

驱动创新 ：2015 国际电商创新案例年鉴 / 国际电商创新协会，中国传媒大学国家广告研究院，国际艾奇奖（大中华区）组委会编著 .-- 北京：中国市场出版社，2016.1

ISBN 978-7-5092-1456-5

Ⅰ. ①驱… Ⅱ. ①国… ②中… ③国… Ⅲ. ①电子商务—案例—世界 Ⅳ. ①F713.36

中国版本图书馆 CIP 数据核字（2015）第 312090 号

**驱动创新**

**——2015 国际电商创新案例年鉴**

**编　　著：** 国际电商创新协会 中国传媒大学国家广告研究院
国际艾奇奖（大中华区）组委会
**技术支持：** 时趣互动
**责任编辑：** 宋　涛（zhixuanjingpin@163.com）
**出版发行：** 中国市场出版社
**社　　址：** 北京市西城区月坛北小街 2 号院 3 号楼（100837）
**电　　话：**（010）68034118/68021338/68022950/68020336
**经　　销：** 新华书店
**印　　刷：** 河北鑫宏源印刷包装有限责任公司
**开　　本：** 170mm×240mm　1/16
**印　　张：** 26.5　**字　　数：** 420 千字
**版　　次：** 2016 年 1 月第 1 版　**印　　次：** 2016 年 1 月第 1 次印刷
**书　　号：** ISBN 978-7-5092-1456-5
**定　　价：** 48.00 元

# 编委会

## 创新是一种趋势，更是一份责任

2015年两会，李克强总理在政府工作报告中强调：要继续大力调整产业结构，着力培育新的增长点，支持发展移动互联网、集成电路、高端产品制造、新能源汽车等战略性新兴产业。以创新支撑和引领经济结构优化升级。

作为先行者——已具备相当产业规模的电子商务，代表着的是“互联网+传统门店销售”的创新，而这种创新不仅创造出万亿级的产业宏图，也在全新产业突破与沉淀上，为未来的“互联网+”提供了宝贵的经验。

然而，不可忽视的是，电子商务行业同样存在值得审视与深思的不足之处，那就是在行业高速发展过程中缺乏自律，盲目追求规模化效应，而在从业人员素养、立法规范、商业道德等需要长期沉淀的意识形态领域，远远滞后于电子商务行业的发展步伐。具象化看待诸如此类的问题，我们会发现，电子商务行业的伪劣商品、以次充好、虚假宣传、服务落后、数据浮夸等各类乱象，都不同程度地影响着朝阳行业的健康水准，也成为持续增长过程中的重大隐患。

因此我认为，推动电子商务发展，驱动行业创新是趋势，更是一种责任。

艾奇奖（ECI Awards）作为电子商务行业具有指导力的权威奖项，是由国际艾奇奖组委会联合多家电子商务平台、行业媒体、第三方权威机构发起的电子商务创新奖项。艾奇奖一直致力于打造影响世界电子商务产业界的最高创新奖项，更致力于发现与表彰中国电子商务界的品牌与商业传奇典范，将中国最富有创新精神的电子商务实践推广到全球作为行业使命。艾奇奖亦承载着倡导行业健康积极发展的重大历史任务。正因为承载着驱动创新的使命，面对电子商务在发展过程中出现的问题，艾奇奖与联合发起单位向电子商务行业发起了倡议书，一起呼吁电子商务行业从业企业与个人，共同遵循以下行业规范：

一、努力是状态，创新是我们的基因，以新一代互联网经济主体的觉悟自我要求，充分发挥每一家参与企业的智慧，连接更多行业，把电子商务造福人类社会的使命进行到底；

二、企业道德至上，将保护消费者权益视为电子商务企业发展过程中的首要信条，敦促每一家企业严格遵循道德规范，弘扬积极向上的商业道德观，与不道德商业行为做斗争；

三、杜绝电子商务行业虚假现象，包括对商品质量的虚假宣传，以及服务承诺言过其实，从每一家企业做起，让消费者切实感受到电子商务行业带来的便利与优势，抵制假冒伪劣，净化产业环境；

四、共同保护数据隐私，承诺不将与消费者隐私相关的数据或电子凭证用于其他商业目的或非商业目的，提升电子商务产业在消费者心目中的信赖感；

五、积极推动行业共建，分享创新道路上的经验和观点，以开放的姿态拥抱未来，使全电子商务行业携手并进；

六、注重产业一体化的战略目标，积极探索产业链上下游延伸，以互联网为工具，电商为发起点，改变更多需要电子商务去改变的关联行业；

七、勇于科技探索，挑战更新颖的互联网技术，并积极应用于商业实战，用切实行动带动行业前瞻性思考；

八、积极配合行业梯队的建设，聚合电子商务产业各环节的优势企业资源，为培养电子商务领域的储备人才贡献力量，推行产学一体，鼓励产学交流，健全行业人才机制；

九、重视社会公益，为高速运行的电子商务行业走向更多经济不发达地域以及低线城市而积极努力，为中国的宏观经济战略以及市域经济、县域经济贡献应尽的义务；

十、强化国际交流，带着拥抱全球的心态，吸取来自世界各个国家电子商务行业的先进经验，并且乐于为海外国家的电子商务行业献计献策。

艾奇奖发起的这个倡议，代表的不仅仅是一个行业规范，更是一份行业责任和使命。艾奇奖励志成为电子商务行业道德、公信、规范、公益的指导单位与示范单位，全心全力扮演行业各从业单位与个人的沟通平台，弘扬社会主义商业价值观，促进经验交流，鼓励科技创新，驱动梯队成长，指导跨界发展，为中国“互联网+”宏大战略进程中的电子商务行业全力贡献力量。

丁俊杰

国家广告研究院院长

ECI Awards 艾奇奖组委会主席

## 做一件能够影响世界的事情！

2015 年 12 月 16 日，国家主席习近平在第二届世界互联网大会开幕式上提出："实施宽带中国战略，支持跨境电子商务发展"。这就意味着我国的电子商务发展已经进入了一个新的利好的风口。

目前，中国电子商务发展模式在全世界处于领先地位，且市场非常大。 作为全球首个以"创新"为评估标准的电子商务奖项，艾奇奖（ECI Awards）从诞生开始，就背负一种使命——做一件能够影响世界的事情，让全球商业电子创新汇聚中国，让世界看中国，让中国影响世界!

艾奇奖旨在通过"公开、公平、公正和权威"的全球性评选，选出最具创新的商业模式、产品、技术、营销、服务、管理和制度进行表彰，发现和表彰电子商务界的品牌与商业传奇典范，将最富有创新理念的各国商业电子化的成功实践分享到全世界，促进企业界与投融资业的合作，引领世界创新经济的新发展。

纵观《驱动创新——2015 国际电商创新案例年鉴》一书所呈现的获奖案例，不光有大中华地区的案例，还有来自全球的电子商务创新案例。我们发现，每一个案例都带着创新的基因，案例当中所呈现出来的新思路、新方法和新趋势，让我们耳目一新。该书全面展现了电子商务领域的形态、创新及对未来趋势的洞察。而近百位专家对案例鞭辟入里的剖析和解读，在总结电子商务市场成功因素的同时，还帮助整个行业加速进化，具有划时代的意义。

艾奇奖不只是评奖，更是发展动力。因此，艾奇奖组委会不仅表彰、鼓励电子商务行业具有创新的人物、电子商务品牌、电子商务机构和电子商务媒体平台，同时将全新的电子商务创新理念和创新趋势推广到全世界。我们还为所有关注电子商务创新发展的机构和创业者提供专业的教育培训，帮助电子商务行业的营销者驱动创新。同时，依托艾奇“全产业链、全平台及投融资中介”三大特征，搭建一个电子商务创新的互动平台，让专注于创新发展的企业与投融资机构形成良性互动、对话与沟通，促成项目与资金的完美对接，创造商业奇迹。

未来，我们将通过艾奇奖搭建的平台，不断地向全球输出电子商务创新研究成果，书写营销创新历史的新起点。最后，我们真诚地呼吁业界有识之士，共同参与 “做一件能够影响世界的事情！”

贾丽军

国际ECI（艾奇）奖执行主席

国家电商创新研究中心主任

# China E-Commerce, the Rising and Leading New Economic Era

As the Chairman of IECIA this important non-profit organization I always feel proud. The fact that it originates from the Chinese e-commerce industry is a real signal as to how far this industry has developed. IECIA helps the ECI Awards growing into a platform to develop the e-commerce industry into a globally recognized market. We aim to gather international e-commerce experts and leaders to exchange ideas and present series of initiatives, to fast track and help regulate the development of the market.

There are some key points I would like to reference.

The first is back to a concept I referenced at the CAA and the Beijing conference on marketing services development that is Brand China. China has a marketing and digital industry that is outpacing the world. China has become a consumption driven and brand led economy, and China will become the biggest e-commerce market in the world in the near future. Recent estimates show that e-commerce is growing at 70% a year, whilst it is expected to reach 10% of total retail transaction this year. Never underestimate how much digital industry is now leading the world, never underestimate the Chinese capabilities in digital marketing and marketing technology.

Here already have the mature component of an e-commerce economy, first class e-commerce platforms, strong social media platforms, reliable and accepted digital payment platforms and a leadership role in mobile devices.

The second point is that China has a consumption class, more accepted of innovation and new methods of marketing and purchasing. Jack Ma (Ma Yun) said ' in other countries, e-commerce is a way to shop, in China it's a lifestyle !'. In China, this market is a mobile mature market, over 50% of e-commerce commissioned from smart phones. It's a social media market with ecommerce fuelled by social discovery of brands. And its payment systems are sophisticated and accepted, with 85% of all shoppers using online payment systems, the highest level globally.

The third point is about marketing. All brands, products, retail systems require marketing support. It is not enough just to build the e-commerce capability. It needs to be supported via traditional marketing techniques. It needs to set its online retail business apart in some way. Often that can be something as simple as good customer service or live chats on the site to help shoppers find what they're looking for. An interesting example in the US came from Target, which offered free shipping as early as November 1 this holiday season.

One of the big challenges in retail is turning a one-time shopper into a loyal customer. We've trained the consumer to really look for deals the key now is how do you drive loyalty on a year-round basis, not just around price but around value. It's about leveraging a one-time promotion and turning it into long-term loyalty.

Consumers have long been present online and are used to taking custom journeys through retail channels. Modern businesses are expected to provide them with a uniform and consistent experience, service, product descriptions and prices. Retailers that have both an online presence and a physical location are trying to connect the two with promotions in order to get more foot traffic. Many also are creating companion apps and mobile sites that help customers when they're in a store.

So in summary, we are at a very exciting time in the development of e-commerce. This inaugural event is a very important point in time. We can count on the support from each other and going forward.

Alan Rutherford

President, IECIA

## 中国电子商务，崛起的新经济

作为国际电商创新协会这个重要的非盈利组织的主席，我向来深感自豪。协会诞生于中国电商行业的事实，深刻地说明了这个行业在中国的长足发展。在国际电商创新协会的帮助下，艾奇奖正成为一个让电商产业获得世界瞩目的平台。我们的目标是汇集国际电商专家和领袖交换思想，提出系列性的举措，促进和规范电商市场的发展。

我想谈谈几个重要的观点。

首先回到我在 CAA 和北京营销服务发展的会议上提到的一个概念，也就是品牌中国。中国的营销和数字产业正在超越世界。中国已经成为由消费驱动和品牌引领的经济体，在不远的将来，中国还会变成世界上最大的电子商务市场。永远不要低估电子行业引领世界的势头，永远不要低估中国在电子营销和营销技术领域的能力。你们已经拥有组成电子商务经济所需的所有成熟的构成部分，如一流的电子商务平台、强大的社交媒体平台、可靠并且公认的电子支付平台以及处在领先地位的移动设备。

我想说的第二点是，中国拥有一个更容易接受创新以及新的营销和购买方式的消费阶层。马云说过，在其他国家，电子商务只是一种购物方式，但在中国却是一种生活方式。在中国，电子商务市场是一个成熟的移动市场，50% 以上的电商交易量来自于智能手机。这是一个品牌社交网络推动电商的社交媒体市场。它拥有高端精密并被普遍接受的支付系统，有 85% 的购买者使用网上支付系统，这个比例是全球最高的。

我要说的第三点是关于营销。所有的品牌、产品、零售系统都需要营销的支持。只是建立电子商务功能是不够的，它需要通过传统的营销技术去支持。美国的Target就是一个例子，在11月11日这一天假期购物可以免邮费。

零售业最大的挑战之一是要把只消费一次的顾客变成忠实顾客。我们已经把消费者训练成分外关注折扣，因此，现在的关键是你如何在一整年的时间里保证客户的忠诚度——不仅仅是围绕价格，还要围绕价值。

消费者已经长期在线并且习惯了各个零售渠道所提供的那一套定制化消费流程。他们希望现代的企业都可以为他们提供统一的、一致的体验、服务、产品描述以及价格。同时拥有网店以及实体店的零售商们尝试着通过促销来连接两者，以达到更高的进店率。他们中的许多人甚至创造了配套的应用程序和移动端网站来帮助店内的消费者。

总的来说，我们正处于电子商务发展最激动人心的阶段。本次活动是一个非常重要的时间点，相信在大家的支持下我们会走得更远。

Alan Rutherford

国际电商创新协会 主席

## 电子商务创新发展将形成“中国经济升级版”的新动力

近几年来，我国的电子商务发展迅猛，创造了新的消费需求，引发了新的投资热潮，开辟了新的就业渠道，为李克强总理提出的“大众创业、万众创新”提供了新空间，成为经济发展新动力。电子商务已不再局限于“基于网络交易”的范畴，而是成为以信息、知识、技术为主导要素，优化重组生产、消费、流通全过程，提升经济运行效率与质量的新型经济活动，将对经济增长、结构调整、要素配置等产生深刻影响，成为打造“中国经济升级版”的新动力。

纵观全球各地，中国电子商务独树一帜。1/4 的中国消费者每周至少使用手机或智能手机购物一次，而全球的这个比例为 9%。伴随“互联网 +”战略的实施，未来的中国将继续基于互联网寻求更多“连接”以及更多商业红利。随着全球电子商务的高速发展，各国竞争更加激烈，电商创新发展迫在眉睫。

在这种大背景下，国际艾奇奖（ECI Awards）应需而生。这个奖项通过发现和表彰全球电子商务界的品牌与商业典范，将富有创新理念的各国电子商务的成功实践分享到全世界，促进企业界与投融资业的合作，引领世界经济创新发展。

《驱动创新——2015 国际电商创新案例年鉴》通过案例解读和专家点评的方式，从专业的角度对商业模式、产品、技术、营销、服务、管理、制度创新等进行了深度的剖析和诠释，同时透过实操案例详细解读了最前沿的创新趋势和未来洞察 。

《驱动创新——2015 国际电商创新案例年鉴》不仅聚焦年度电子商务精粹，提出未来电子商务趋势，还为年度盛事提供记录与聚合，也为电子商务从业者、关注者、研究者提供翔实与新颖的权威参照文献。

柴跃廷

国家电子商务示范城市专家咨询委组长

清华大学教授

# 电子商务创新缔造全新商业模式

电子商务的发展应该说也是历经坎坷的，时至今日，在“互联网 +”的大趋势下，电子商务有了突飞猛进的变化。

对于消费者来讲，电子商务为他们带来很多崭新的消费模式和生活方式，使“简单、方便、快捷、实惠”的消费需求得以充分的实现。

一般来讲，任何新模式的产生都是在传统模式的基础上创新和改变的。人们不可能永远停留或生活在传统模式的环境里，人们的生活需要不断地变化，需要更加丰富多彩，需要更加健康与完美。也只有这样，人类才能发展，社会才能进步，电子商务也正是因应了这一发展规律而产生的。

既然如此，电子商务存在与发展的价值就在于满足消费者的需求，努力创造与改变人们的生活方式，让消费者的消费生活更加美好、更有意义。

艾奇奖（ECI Awards）的设立，我们认为它的目的应该是推动电子商务发展与创新，鼓励电商界的品牌塑造及营销典范，并为行业的发展搭建互相学习与交流的平台，树立标杆。

作为广告人，我们乐见电子商务事业的发展，更关注和支持艾奇奖电子商务奖项的设立。希望艾奇奖的设立能够对电子商务的健康发展产生深远影响。

电子商务的广告应该说还处于发展阶段，虽然来势很猛，但是在很多方面尚有不尽如人意的地方。

中国的广告行业已经有了30多年的历史积累，很多经典的广告理论与创意已经深入人心，消费者对广告的理解与认识已经达到了相当高的程度，已经不是初级广告水平。电子商务的广告也应该站在一个新的高度去诠释自己，把自己与消费者之间的距离拉得更近，让二者之间的关系更密切，情感更交融。

广告是引导消费的，更是倡导新的健康生活方式的。所以，广告更要以健康的文化与艺术的表达方式来引导消费者，教育消费者。

真心希望电子商务的广告越来越丰富、精彩。祝愿艾奇国际电子商务奖越办越好。

李西沙

中国4A理事会理事长

# 互联网和电商应用格局需要颠覆性创新

李克强总理在2014年和2015年两次提出“大众创业、万众创新”的号召，并提出要在960万平方公里土地上掀起“大众创业”、“草根创业”的新浪潮，形成“万众创新”、“人人创新”的新态势。

据统计，2015年上半年全国新登记注册市场主体685.1万户，比上年同期增长15.4%，平均每天新登记企业1.1万户。其中，信息传输、软件和信息技术服务业新登记注册增长70.9%，文化、体育和娱乐业增长68.5%，教育增长1.2倍。这在很大程度上得益于简政放权、双创氛围营造和我国电子商务的蓬勃发展。而商务部11月的例行发布会显示，我国今年前9个月社会消费品零售总额增长10.5%，其中零售额增长10.4%，网上零售增长36.2%，约占社会零售品总额的12%。进入中国仅20年的网络零售在当前全球经济增长乏力大势下的持续增长，确实值得深入思考。

首先，我们有目共睹的是中国互联网及电子商务应用的持续创新能力。从“内容为王”、“客户为王”，到“应用为王”、“体验为王”、“数据为王”，令人眼花的商业模式率先抢到了自己最最看中的客户。其次，大家感受到的是其依托信息技术形成的强大渗透能力。第三，挟技术及资本优势的电子商务平台服务商的融合能力。第四，国家各项鼓励、引导、规范、监管政策频出。

综上所述，中国互联网和电子商务应用以迎合服务对象的消费体验为切入点，通过互联网技术支撑的服务体系构建，以及各种服务模式、服务理念、服务手段的创新，成功地激发出以“80后”、“90后”为主体的年轻群体的消费需求，并据此推进了我国现代服务水平及质量的提升，加速了我国第三产业服务业黄金时代的到来。

中国互联网和电子商务领域的服务创新不仅需要消费者参与打磨，更需要行业组织和第三方机构携手为他们搭建起展示、宣传的平台，让其能真正带来有思想的理念、带来颠覆性的创新、带来便捷的服务、带来时尚的生活，更快走入我们工作、生活的方方面面，最大化地创新创造的社会价值。

在此背景下，2014年成立于纽约的国际电商创新协会（IECIA）适时创立了艾奇奖（ECI Awards），并进入中国互联网和电商品牌推广市场。今年的艾奇奖已在国内外联合了多家电子商务平台、行业媒体、权威第三方机构共同发起，借助各个发起单位在行业内的独家地位与影响力，致力打造成为中国电子商务产业界的最高创新奖项；期待艾奇奖积极兑现联合全球电子商务领域最杰出的创新机构及行业专家，推广、表彰、研究、教育培训领先的电子商务创新及发展理念与方法，促进世界各国电子商务行业产业链的交流与合作，推动全球电子商务行业的专业创新与产业发展的国际电商创新协会的使命；更期待潜在的互联网和电子商务应用创新者们与艾奇奖携手相伴、共筑辉煌！

林　亚

北京电子商务协会副会长兼秘书长

# 目　录

## Part Ⅰ 关于 ECI @2015



## Part Ⅱ ECI @ 2015 国际电商创新案例汇编

### 商业模式创新类

**服务创新类**

## Part Ⅲ @ECI Wiki

## Part Ⅳ 写在 ECI 2015 之后



## Part Ⅴ 评委寄语

# Part Ⅰ
# 关于 ECI@2015

# 不只是奖励，更是发展动力

艾奇奖（ECI Awards）将通过全球化视野、全产业格局和全平台资源投融资交流与合作，甄选最具有价值的电子商务项目，让中国电商模式影响世界，开启世界电子商务新纪元！

# 全球首个以“创新”为衡量标准的创新大奖

艾奇奖（ECI Awards）由国际电商创新协会（IECIA）在美国纽约始创，由国际艾奇奖组委会联合多家电子商务平台、行业媒体、权威第三方机构共同启动。借助各个发起单位在行业内的独家地位与影响力，致力将艾奇奖打造成为影响世界电子商务产业界的最高创新奖项。

艾奇奖旨在通过发现和表彰电子商务界的品牌与商业传奇典范。分别对商业模式创新、产品创新、技术创新、营销创新、服务创新、管理创新、制度创新 7 大类的项目、案例、机构与个人进行表彰，将最富有创新精神的各国电子商务产业的成功实践推广到全球，以开放的前瞻思维，共同创造全球电子商务产业生态链的新奇迹和新浪潮。

艾奇奖具有全球化、全产业链、全平台及投融资中介平台三大特征，是全球第一个以“创新”为衡量标准的电子商务奖项。

• 全平台。打破单一平台局限，联合天猫、淘宝、亚马逊、京东、苏宁易购、1 号店等多个电子商务平台，综合多平台智慧，打造电子商务综合性全平台奖项。

•跨全行业、跨全产业链。打破纵向壁垒，以商业模式、产品、技术、营销、管理、服务、制度七大电子商务脉门为主线，贯通电子商务全行业、全产业链。

• 促进电子商务产业与融投资界直接对接。电商融投资协会作为艾奇奖的协会指导单位，通过艾奇奖平台，达成电子商务优质项目与资本的直接对接。

**扫描 ECI 微信公众号**

第一时间获取最新赛事资讯

# About IECIA

## About

As the current state of e-commerce has emerged to become a global marketplace, IECIA's goal is to grow this organization into a platform that drives and facilitates conversation about the industry in a global setting. International leaders and experts in e-commerce are brought onboard to exchange ideas, present a series of initiatives and discuss the best practices, usability and quality assurance in the e-commerce industry. IECIA also leads a series of initiatives, which includes content sharing, panels and workshops to discuss the current and future state of global mass e-commerce development.

In light of the exponential growth and development of e-commerce in China, IECIA is aware of its market importance and understands the need for many Western countries to gain access to it. Therefore, IECIA currently has establishment in Shanghai, China and New York, U.S.A.

## Our Mission

IECIA is focused on connecting the most innovative individuals and companies in the e-commerce industry with China and the rest of the world. With roots in both the East and West, IECIA is devoted to spreading ideas and setting the global standard for the best e-commerce practices in the industry. At IECIA, our mission is to raise awareness, promote the culture of innovation and growth, acknowledge and reward excellence in the field of e-commerce.

Honoring the Innovations that Make Positive Change!

http://iecia.org/

# ECI 2015 时间轴

## 2014-09 美国纽约市

### ECI 成功创立

2014 年，伴随国际电商创新协会在美国纽约成立，随即注册国际艾奇奖。首届艾奇奖选择在中国举办，由国际艾奇奖组委会和国家电子商务创新研究中心联合多家电子商务平台、行业媒体、权威第三方机构共同发起，借助各个发起单位在行业内的独家地位与影响力，致力打造成为中国电子商务产业界的最高创新奖项。

作为全球第一个电子商务创新大奖，艾奇奖代表一种商业哲学和一套严格的实践标准，表彰通过电子商务的创新实现商业目标与品牌价值的能力。艾奇奖表彰的是电子商务的每一个产业链的创新，不仅有营销创新，更有商业模式、产品、技术、服务、管理和制度的创新。

## 2014-10-23 贵阳国际会议展览中心

### ECI 正式启动

2014 年 10 月 27 日，由国际电商创新协会主办，国际艾奇奖组委会承办的电子商务全平台大奖——艾奇奖，在贵阳正式启动。

参加启动仪式的嘉宾有来自美国的国际电商创新协会董事秘书长、New-a 集团主席 Zan Ng 和美国电子商务专家 David Caldwell，以及广东省电商投融资协会常务副会长兼秘书长洪天麟、威汉传播营销集团董事长及首席执行官陈一枏、电众数码首席运营官尹敬业、AdMaster 首席运营官陈传洽、亿邦动力首席执行官郑敏、艾瑞咨询联合总裁兼首席运营官阮京文、阿里妈妈事业部营销总监霍志刚和 360 销售总经理栾天等。该奖项的启动标志着国际艾奇奖正式进入中国，并掀开了创新电子商务评选新纪元。

## 2014-11-25 北京 ·健一公馆

### ECI 联合发起电商联席会议

2014 年 11 月 25 日，国际艾菲奖推广委员会（EFFIE GREATER CHINA）联合多家电子商务平台、行业媒体、权威第三方机构等在北京举行了首次艾奇奖联合发起单位电商联席会，多家知名电子商务平台、媒体以及专业机构到场参与了发起仪式。

联合发起活动现场，国际 ECI（艾奇奖）组委会执行主席贾丽军博士向大家宣读了艾奇奖《联合发起倡议书》。宣读结束，与会专家共同在“联合发起倡议卷轴”上签了字，并拿起艾奇奖的吉祥物——小 7，为电子商务联合发起单位的首次联席会议拍下了这一具有历史意义的时刻。

## 2015-01-01 大中华区

### ECI 赛事正式启动

2015 年 1 月 1 日，艾奇奖赛事正式启动，艾奇报名系统也随之开启。此次大赛的案例征集阶段从 1 月 1 日起，截止到 2 月 15 日。短短一周内，案例征集近 200 件，截至最终截稿日，案例数达到 500 余件，覆盖 7 个大类、27 个细分类别！横扫知名电子商务平台、品牌与企业，覆盖电子商务全产业链。其中有 5% 的案例来自北美，11% 来自韩国，18% 来自中国台湾，4% 来自中国香港。 经过 3 月 7—11 日共三天的初审，总计有 183 件案例入围，入围比例为 1/3。随着 3 月 14 日艾奇奖终审在京落幕，最终有 88 件案例止步于入围奖，19 件案例赢得金奖，29 件案例赢得银奖，47 件案例赢得铜奖，总计 95 件案例赢得等级奖，获奖比例为 1/6。

## 2015-01-23 韩国首尔

### ECI 携手中国电子商务顶级企业赴韩交流

2015 年 1 月 23 日，艾奇奖携手中国电子商务顶级企业赴韩交流，参加在韩国首尔举行的以“中韩自由贸易（FTA）时代两国跨境电商的现状与未来”为主题的 2015 中韩（韩中）电子商务大会。

作为此次大会的协办单位，国际艾菲奖推广委员会、国际艾奇奖组委会深感对于推动中国电子商务走出去，促进中外电子商务的交流与合作有着重要责任。因此，特别组成阵容强大的艾奇专家团赴韩交流，其中包括来自阿里巴巴、腾讯、京东、苏宁易购、小米、韩都衣舍、丽人丽妆、ECCEO、杰尔鹏泰等平台与企业。希望通过此次交流，真正将国际电商创新协会与国际电子商务创新大奖——艾奇奖的使命付诸实践。

## 2015-01-27 台北

### ECI 台湾案例征集启动

2015 年 1 月 27 日，艾奇奖台湾案例征集活动正式启动，为了促进两岸电子商务的深度交流，增加台湾电子商务业者的国际能见度，艾奇奖执行主席贾丽军博士与台湾网络暨电子商务产业发展协会（TIEA）协会理事长詹宏志，在案例征集活动新闻发布会上共同宣布合作，艾奇奖台湾征件自当日起正式展开。在台湾案例征集启动新闻发布现场，贾丽军表示，台湾电子商务的特色是“小而美”，很多商品的成功都是专注于某个产品，尤其文化创意产品有着巨大的潜力。

## 2015-01-31 北京

### 国家电商创新营销研究中心正式成立

2015 年 1 月 31 日，由国家广告研究院主办、国际艾奇奖推广委员会承办，在京特邀专家组织召开座谈会，并在会上宣布“国家电商创新营销研究中心”正式成立，且与上海嘉定工业园签署了合作协议，标志着国家电商创新营销研究中心正式落地嘉定工业园。同时，作为产业园区的培训基地与孵化器，为园内企业提供投融资、战略规划、培训咨询、人才对接、品牌营销和市场开发等专业服务，共同促进电子商务行业的交流与合作，推动电子商务行业的发展和创新，加速电子商务行业与产业园区的融合发展。

## 2015-03-07 互联网线上

### ECI 在线初审启动

2015 年 3 月 7 日，为期 45 天的国际艾奇奖案例征集活动结束之后，总计参赛案例 500 余件，在线初审活动启动。由行业推荐和定向邀约、主办方与各个发起单位组成赛事委员会，本着 “客观、公正、严谨” 的态度，对评委的资历和资格严格审核后确认，形成最具影响力的中国电子商务产业链各方面专家代表阵营。而艾奇奖评委由七大创新领域，包括电子商务产业链中的投融资机构、电子商务平台、品牌主、技术与服务机构、代理商机构、媒体、第三方数据机构、研究教育机构等业界专家构成。

## 2015-03-14 北京 Lake View 国际会议中心

### ECI 终审对决

2015 年 3 月 14 日，首届艾奇国际电商创新大奖终审会议在北京 Lake View 国际会议中心顺利举办，48 位来自韩国、大中华地区的电子商务界、数字营销界和创意传播界的专家，作为终审评委出席了本次行业盛典。国际艾奇奖组委会主席丁俊杰教授表示：本届艾奇奖收到的参赛案例来自美国、韩国以及大陆、港澳台地区近 500 件，经过线上平台初审，共有 1/3 作品进入终审环节。

## 2015-04-11 上海嘉定工业园

### ECI 颁奖盛典

2015 年 4 月 11 日，首届国际电子商务创新奖——艾奇奖在上海嘉定工业园举办了“国际电商创新论坛暨艾奇奖颁奖盛典”。作为电子商务产业的顶级盛会，本次颁奖盛典不仅分享了从全球近 500 余件参赛作品中脱颖而出的精彩案例并现场决出全场大奖，更有电子商务届代表人物发表主题演讲、政府领导实时解读两会后电子商务发展政策等诸多亮点。

本次艾奇奖颁奖盛典，从征集自全球的 500 余件作品中遴选出代表了七大电子商务创新维度的案例，现场进行精彩分享。并在现场经过专家评审团、媒体评审团、大众评审团的三轮投票，“人人快递”以数票之差超越“e 袋洗”成为 2015 国际艾奇奖全场大奖得主。

## 2015-05-30 广东·广州

### ECI 参与承办广东电商投资高峰论坛

2015 年 5 月 30 日，由广东省电商投融资协会主办，老 A 电商学院、国际艾奇奖、众创空间协办，微吼直播等承办的“大众创业 万众创新 2015 WeUp+《赢在电商》暨电商投资高峰论坛”在广州盛大举办。

本次活动的主题为“大众创业 万众创新 ”，目的是为实现多强联手，把握电子商务制胜命门，颠覆传统电子商务玩法，让创业落到实处，帮助大学生、残疾人、退伍军人等大众拥有个人事业，让电商、品牌商、投资方三跨界共赢！活动当天，各地方政府及商务局领导、投资界专家、电子商务界专家、全国各地的创业家及传媒界等 500 人，共同见证了这场电子商务盛宴的盛大开幕。

## 2015-06-11 四川 · 内江

### ECI 助阵首届川南电商博览会

2015 年 6 月 11 日，2015 四川首届川南电商博览会在四川内江召开，为全球唯一的国际性电子商务大奖——艾奇奖助阵首届川南电商博览会。本次电商博览会以“转型发展，合作共赢”为主题。在博览会开幕式精彩活动落幕后当晚，由国家电子商务创新研究中心、艾奇奖组委会发起并主办的小型电商论坛互动沙龙，引起了积极的反响。当晚活动现场爆满，专家、电子商务企业负责人、电子商务传播企业负责人、周边城市领导，以及外省市领导均到场观摩。在活动现场，大家共同阐述电子商务发展论点，从电子商务的宏观经济、互联网思维，到如何做好线上引流、如何获客等，台上、台下积极互动，争先发言。不仅让外省市了解了内江的电子商务发展，更将互联网最新的资讯融入了大会的终极目的，做到了真正将互联网创新策略灌输到每一个参会的实体。

## 2015-06-16 台湾·台北

### 从国际 ECI 看两岸电商服务创新思维

台湾电子商务企业在首届艾奇奖上一举赢得 7 项大奖：3 金、2 银、2 铜，成绩惊人。为了促进两岸电子商务企业更加深入的交流学习，艾奇奖在颁奖典礼结束后便即刻策划了艾奇获奖案例台湾巡讲活动。6 月 16 日，巡讲活动在台北顺利举办。本次活动邀请到两岸和商网总裁贾育先生以及大陆获奖单位代表 1919 酒类直供董事长兼首席执行官杨陵江先生亲自赴台分享企业故事与成功案例。同时，受邀出席分享的台湾获奖单位代表是红门互动首席执行官 Mars Chang 先生，红门互动凭借鹰眼数据 EagleEye 案例取得了 1 银、1 铜的好成绩。代表台湾担任艾奇奖评审的 PayEasy 林坤正总经理及爱逛街创始人高俪玲女士受邀参与最后的圆桌论坛环节，在艾奇奖副主席张志弘先生的主持下，精彩地呈现了两岸电子商务企业的思想碰撞与互动。

## 2015-07-03 澳门·澳门威尼斯人

### ECI 与第七届澳门通讯展激情碰撞

2015 年 7 月 3 日，国际艾奇奖作为目前电商界最受瞩目的专业奖项，受邀参加在澳门威尼斯人举行的第七届澳门通讯展。本次通讯展的主题为“智慧城市，轻便澳门”。这场由澳门高新技术产业商会主办的澳门最专业的 B2B 展示交易会已经成功举办六年，上几届展览成功吸引了来自中国大陆、印度、新加坡、泰国、日本、马来西亚、缅甸、斯里兰卡、韩国、中国香港、中国台湾等 20 多个国家与地区数千名的企业代表。此次活动筹委会主席何敬麟先生表示，明年组委会将考虑举办世界（澳门）电商大会，为澳门的电子商务行业搭一个更大的交流平台，也让世界知道澳门在发展电子商务产业上所做的努力。艾奇奖执行秘书长熊一丹女士作为代表出席本次会议并担任圆桌论坛主持人，最后代表组委会回应道，为了鼓励澳门地区的电子商务发展与青年创业，艾奇奖将考虑在下一届为澳门增设特别的奖项，甚至考虑将颁奖典礼放在澳门举办。

## 2015-09-10 印度

### ECI 走进印度 GMIC 大会

印度当地时间 9 月 10 日 17：30，为期两天的 GMIC 班加罗尔 2015 大会圆满结束。本次大会由创新者舞台以及开发者舞台组成，以“连接”和“创新”为核心，吸引了超过 3500 名业界领袖、新起之秀到场共同探讨全球环境下的移动互联网发展与机遇。作为国际电商创新大奖的艾奇奖，受邀走进印度参加 GMIC 大会。而此次国际艾奇奖远赴印度参与 GMIC 大会并非只是安静地做做听众，而是肩负着在印度寻找合作伙伴（包括以上公司在内）来发起印度艾奇奖的重任！

艾奇奖执行秘书长熊一丹女士表示：“继去年成功在中国举办艾奇奖之后，我们将目光放到了电商具有同样发展速度与市场规模的印度。这里每天都在不断上演艾奇奖所鼓励的七大创新，却尚未有任何一个机构去发现、整合这所有的创新运动。艾奇奖的价值与意义就在于，在这么一个电商得以急速发展的环境下，树立电商每个相关产业链环节上的标杆与典范，让盲目的扩张变为有序的发展，让今天的创新成为明天的日常。”

## 2015-10-06 台湾·台北

### ECI 亮相首届亚太电子商务展

2015 年 10 月 6 日，国际艾奇奖受邀参加 6—9 日在宝岛台湾举办的首届亚太电子商务展（E-Commerce Expo Asia）。在首届亚太电子商务展上，汇聚了国内外超过五万名参展商。艾奇奖作为参展商之一，受到来自本次大会协办方、同时也是艾奇奖在台湾最重要的合作伙伴——台湾网路暨电子商务产业发展协会（TIEA）的热情款待。而在本次众多的参展商之中，艾奇奖也是唯一一个获得参展资格的电商奖项。

## 2016-01-15 北京

### ECI 出版《驱动创新——2015 国际电商创新案例年鉴》

2016 年 1 月 10 日，由国际电商创新协会、国家广告研究院和国际艾奇奖组委会联合编著的《驱动创新——2015 国际电商创新案例年鉴》正式出版并与读者见面。该书对 2014—2015 年度脱颖而出的电子商务创新经济奖项的案例进行了专业的研究与整理，并邀请了百人级行业专家对获奖案例进行深度点评。同时，该书从不同纬度入手，对商业模式创新、产品创新、技术创新、营销创新、服务创新、管理创新、制度创新等进行了鞭辟入里的趋势分析和未来洞察。

《驱动创新——2015 国际电商创新案例年鉴》不仅聚焦年度电子商务精粹，而且从专业角度指点未来电子商务趋势，为年度盛事提供记录与聚合的同时，也为电子商务行业从业者、关注者、研究者提供翔实与新颖的权威参照文献。

# Part Ⅱ
# ECI@2015 国际电商创新案例汇编

# 商业模式创新类
# Business Model Innovation

参与该类别的案例，是基于电商领域的商业模式创新，包含但不仅限于B2C、B2B、C2C、C2B、O2O、BOB、F2C等。

All cases should be new business model developed for E-commerce business, including but not limited to B2C, B2B, C2B, O2O, BOB, F2C, etc.

趋势与未来洞察

# 从信息传递到商业价值闭环交付

2015 ECI 电子商务创新奖项，让我们看到很多惊喜，与此同时，也给每一位评审委员带来极具挑战性的思考：太久以来，当我们沉溺在营销创意与营销突破的精彩中，当我们不断尝试改变营销信息传递路径时，我们是否忘记了，比营销创新更具有颠覆力量的将是商业模式创新？

2015 年的 ECI 电子商务商业模式创新案例内，我们很高兴看到了连接人与更多商品或者服务的新项目，这些项目并不具备共性，其中一些尝试连接的是不同的商业价值交付体，而另一些则尝试改变消费者与商品或服务之间的交易关系，可有一个特征值得铭记：他们都同样在挑战既有的商业模式，尝试使用截然不同的商业逻辑解决问题。

从 2003 年的淘宝到 2004 年的京东，从 C2C 独霸到 B2C 划江而治，再步入连接生活信息服务的 O2O 电商，互联网科技呈现给人类的五彩纷呈并不因为归一，更多源于不同。

未来，在电子商务商业模式领域还可能出现什么样的趋势？

一、购买者未必再是“人类”

移动互联网带来移动设备的快速普及，而移动流量资费降低又加速了移动互联网的用户高速递增，即便当 2014 年智能手机出货量进入到市场红利的拐点，我们仍然有理由相信，未来泛意义的智能 3C 产品将具备极为庞大的市场增量。从 2015 年开始，我们将有幸目睹越来越多的设备连接互联网，而不局限于手机、平板、手环，或者其他穿戴式设备。基于购买行为大数据的成熟，将快速在未来两三年内发力于全生态概念的移动设备，而移动互联网也将从“为人类服务，帮助提供电商购买通道”进化到“学习像人类一样思考，建议人类最需要购买的商品”——在这一特定的技术发展趋势面前，未来电子商务的购买者与消费者会逐步产生区隔，3C智能设备模仿人的思维模式，给到最合理与高效的购买建议，将成为电子商务的常态。换句话说，购买者将不全都是人类，而可能是设备。再进一步从商业模式创新角度延展，帮助智能设备进行仿生思考的云端数据技术应用将形成电商模式创新的颠覆性力量。

二、交易关系的无限可能

“买”或者“不买”已经落伍了，未来两三年内，电子商务的交易关系将走出“买”或者“不买”的“二选一”格局，消费者与电商平台将形成更为复杂与多元的交易关系。或者，在此继续沿用“交易关系”的词汇并不够精确，严格意义来说，“交易关系”可能被演化到各种可想象范围，甚至超出想象范围的消费者与电子商务平台关系，可能会包括泛众覆盖的消费金融关系、消费社交关系、消费众筹关系，或者消费体验关系。

三、阿里巴巴的商业模式统治力下降

诚然，阿里巴巴的确是中国电子商务的绝对统治力战略集团，无论B2B、B2C还是C2C，阿里巴巴均稳坐“头把交椅”。即便如此，阿里巴巴的产业成长速度仍然低于电子商务行业边界的扩张速度。阿里巴巴的商业毛利，在电子商务领域属于奇高无比，本源在于阿里巴巴并不提供商品，而基于为平台加入者提供流量，而流量变现的价值远远高于商品交易价值。

这种模式，在实体商品交易领域的竞争壁垒下覆盖了“消费者”与“商户”，在越来越多的服务被纳入电子商务交易的发展格局中，流量变现的方法得到越来越多的探索，包括海淘体系的买手机制、众包体系的商品服务提供机制，都从不同角度尝试商业模式的多线突破。毫无疑问，阿里巴巴很长时间内仍然将统治电商，但阿里巴巴的商业模式统治度却会面临更多新模式的挑战。

四、跨境电子商务的模式创新

长久以来，海淘跨境电子商务始终处在稳步成长阶段。2015 年，海淘跨境电子商务进入到高速增长期，“黑五”海淘盛宴甚至形成了令人无法相信的庞大交易数据，这一方面与人民的物质生活水平以及消费者大量增长相关，另一方面，意识形态从“价格主导”进入到“品质主导”也扮演着重要指引作用。海淘跨境电子商务一直由买手制与囤货制组合而成，前者是消费者发单，买手接单，平台对交易过程控制力较弱；后者是平台囤货，消费者购买，平台对 SKU 控制力较弱。这两大基础套路将在未来两三年被新的模式所挑战，基于海淘商品聚合并且提供一站式服务的海淘电子商务平台模式，将形成细分行业的全新成长驱动力。

五、服务类电子商务模式继续无限深耕

家政服务、保洁服务、厨师服务、家教服务、宠物服务，乃至于百年一见的殡葬服务，但凡可以被连接进入互联网并且进入到交易流程的所有服务，均会在未来数年内得到深层次探索，服务类电子商务的创新也将得到源源不断的补充。这些生活服务类电子商务并不会如同商业计划书所写的那样都会走入到“生态”、“大数据”或者“体系”，商业规模也可能只是几亿或者数千万，甚至细分服务类电子商务领域都未必会培养出一家独大的上游统治力。虽然如此，我们仍然可以很肯定地给出趋势指向：未来数年内，连接电子商务的服务提供商将赢得生存权，而这种生存权并不代表更多盈利与更多前景，仅仅意味着商业模式创新后的方舟船票。换句话说，服务类电子商务创新是行业的基础配置，而不会是升级配置，未来跟得上潮流的服务提供商将获取继续活下去的理由，而跟不上潮流的则面临灭顶之灾。

# Enter-Commerce

**案例名称：**Enter-Commerce

**所获奖项：**商业模式创新类——B2C——金奖

**获奖单位：**韩国盼达网

扫描二维码，
查看完整版案例

## 背景 & 挑战

到目前为止，韩国的电子商务在中国等海外地区取得成功的案例少之又少。因为在语言和系统（购物解决方案、支付系统等），以及市场宣传上有很多局限性。特别是能将韩流文化趋势与电子商务很好地结合并用于市场营销中的电子商务公司还很罕见，因为要活用韩流内容的成本费用太高。此外，也没有能够将韩流风潮制造公司与电子商务公司间的利益关系相互调节并组成合作模式的公司案例。

## 创新思维

我们的核心目标是通过所谓的韩流文化风潮与电子商务相结合，为进驻的产品进行宣传。我们将此用超越 e-commerce 的新词“Enter-Commerce”来表示。这是将韩国娱乐和商务相结合的一种新的商业模式。它超越了单纯的合作关系，制造韩流文化公司与投资者的合作是合资经营的伙伴关系。韩流第一代演员裴勇俊是公司大股东，与现今韩流最火的明星金秀贤所属的KEYEAST 则为合作关系。KEYEAST 直接投资了 20 亿韩币，而与公司关联的演员裴勇俊、金

秀贤等，则投资了 34 亿韩币。

## 实施过程

首先，要灵活运用数千万金秀贤的粉丝开展多样化的促销手段。最初就是安排制作 2015 年金秀贤台历。制作以金秀贤为模板的中国限量版台历（市价 55 元人民币），并于购物网站上免费发放（运费另算）。为得到台历，数百万的粉丝登录盼达网，不仅领到了台历，并对各种产品进行购买体会进而形成了热购效果。另外，集合金秀贤代言的各种产品，在网站上开展了“金秀贤特别商品展”活动。通过发放台历，展开一系列的促销手段，以此实现韩流粉丝们对商品的购买力。除此之外，为纪念金秀贤 2 月 16 日生日，独家制作了装有金秀贤签名和问候语的高级香薰蜡烛，以满足粉丝们的愿望。

## 效果评估

目前，预计会参与自《来自星星的你》之后金秀贤的下一个电视剧作品 KBS 的“制作人”（预计 5 月中旬播放）中的 PPL。通过 PPL，提高 pandakorea.com 品牌的知名度，更要通过开放式卖场（明洞和东大门 DDP 等）展示入驻商家的产品，以提高会员的流量和浏览量。受 2014 年 12 月进行的金秀贤免邮费台历和金秀贤商品展的影响，网站一天的页面浏览量比平时极度增长了 10 倍以上，最多时更达到 100 万名以上的访问数量。另外，计划 6 月联合 KEYEAST 第二大股东搜狐网在中国进行金秀贤相关粉丝见面会，以此进行品牌宣传。

## 专家评语

**点评：**朴世桓 /Cheil 鹏泰 VP 兼电商事业部总经理

盼达网与 KEYEAST 合作创新性地用超越 e-commerce 的新词“Enter-Commerce”来表示韩流文化风潮与电子商务的结合，这是韩国娱乐与电子商务相结合的一种新的商业模式，出发点很有新意，这本身就是一个创新。

盼达网及其战略伙伴在“组织 + 系统 + 物流通关 + 宣传 + 营销”等方面有系统的考虑，从产品的价格、促销及渠道等方面也有相对完备的资源支撑，在保持创新性的同时又不失营销的基本原则。

建议在实践方面多做尝试，真正做到“活用韩流明星进行营销”，除金秀贤外，也开拓系列化的其他韩流明星的资源。

# 新罗网上免税店“畅游礼包”

**案例名称：**新罗网上免税店“畅游礼包”

**所获奖项：**商业模式创新类——B2C——铜奖

**获奖单位：**Cheil 鹏泰

韩国新罗免税店

扫描二维码，
查看完整版案例

## 背景 & 挑战

面对访韩中国游客的巨大消费需求，新罗把旅行和购物的需求结合起来，提升品牌的认知度，特别是促进网上免税店的访问量和认知度，吸引访韩中国游客。

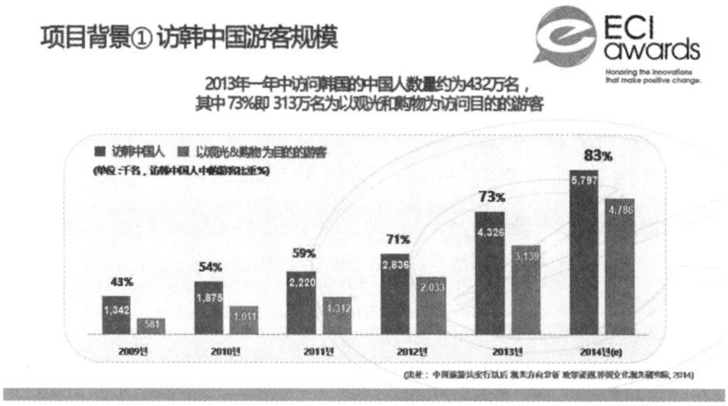


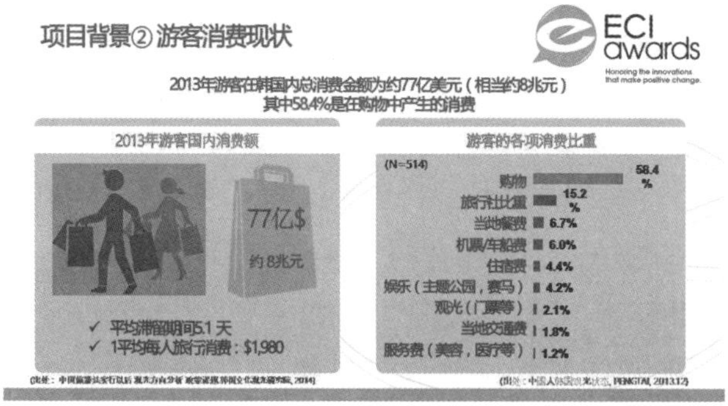

## 创新思维

通过提供韩国旅行必备的优惠（包括交通、无线网、热门景点门票等全方位）和全方位的传播优惠，引入新罗电子商务消费，达到营销的效果。关键绩效指标是优惠兑换券下载数量。

## 实施过程

该创新的执行过程是：首先设定优惠，定位在提供韩国旅行必需品。结合代言人 Angelababy 视频宣传，形式生动和多样化，不仅提供畅游礼包在线下载，更是引导微博、微信分享，实现二次传播。并行策划了“我的星座个性韩国旅行路线”的主题互动，激起粉丝们的转发欲望，也强化了新罗免税店是去韩国必到的景点概念认知。通过社交平台、百度、红人软文等媒介推广畅游礼包下载，打造集齐韩国自由旅行必备品的概念，并延续到使用方法、使用后期的后记软文生成。

## 效果评估

新罗网站优惠券下载数量 24 672，微博下载数 408，微信下载数

6 716，“新罗免税店”百度关键词搜索量增大，对比2013年、2014年Baidu Index增加297%。活动执行期间，微信关注用户增加6 581名，微博粉丝增加53 200名。通过评论和访问，后期可以判断粉丝们对新罗品牌的好感度上升。

**专家评语**

**点评：**朴世桓/Cheil鹏泰VP兼电商事业部总经理

面对庞大的中国游客消费群体，新罗网上免税店“畅游礼包”活动通过洞察目标人群的需求，针对韩国行的中国游客开展Online-Offline-Online模式的营销活动，营销渠道具有独特的创新性。

本次活动结合代言人Angelababy的视频宣传，将中国明星与韩国旅行相结合，在激发粉丝参与欲望、提高活动知名度的同时，也促进了中韩文化的交流。

旅游和免税店本身有很强的共性，有很多可以协作的点。建议做好营销推广的效果测评，准确地进行活动总结。

# 豆果美食：美味品质生活入口

**案例名称**：豆果美食：美味品质生活入口

**所获奖项**：商业模式创新类——O2O——金奖

**获奖单位**：北京豆果信息技术有限公司

扫描二维码，
查看完整版案例

## 背景 & 挑战

“吃”是用户的刚性需求，但在豆果美食出现之前，国内并没有特别成熟模型的产品出来。因没有可以借鉴的经验，豆果美食创建以来，都是在摸索中前进。

2007 年，豆果美食前身“我菜网”创立，为获得人气，创始人王宇翔找到一些美食博客达人，在网站上分享食谱，但博客还是他们的主战场，成效不明显。2009 年，微博兴起，博客式微，美食达人开始转战专业的食谱网站，而他们的粉丝也追随而来，成为豆果美食的早期用户。如此豆果美食逐渐起家，并在 2011 年 4 月 14 日注册公司，开始正式以公司模式运作。

## 创新思维

豆果美食目前的商业模式为：“食谱、社群、电商”三角形结构模式，美食爱好者可以在“食谱”中找到所需，而社群“圈圈”增加用户黏性，

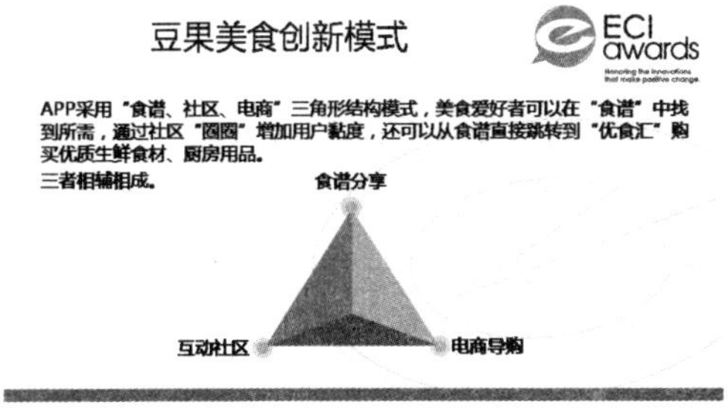

用户还可以从食谱直接跳转到“优食汇”购买优质生鲜食材、厨房用品。最终的核心目的是利用电子商务达到盈利。

## 实施过程

三角形结构模式，是豆果美食在不断摸索中得出的最佳结构。初始版豆果美食应用中的互动更多是人和内容之间，比如对食谱进行评论，这种互动天生比较弱，不直接。分析出弊端后，技术团队进行多次改进后，在豆果美食的 APP 新版本中，增加了社区“圈圈”。用户可以在“圈圈”中发帖聊天，并找到志同道合的吃货朋友，加强了用户和用户之间的直接沟通，借此增强用户黏性和活跃度。尽管用户活跃度大大提高，并带动了很多新的用户，但是豆果美食还是无法在此单线模式上盈利，于是几个版本改版后，豆果美食增加了电子商务“优食汇”，销售一些满足用户需求的产品。此时，单线结构变成了三角形结构，融会贯通，稳定发展。

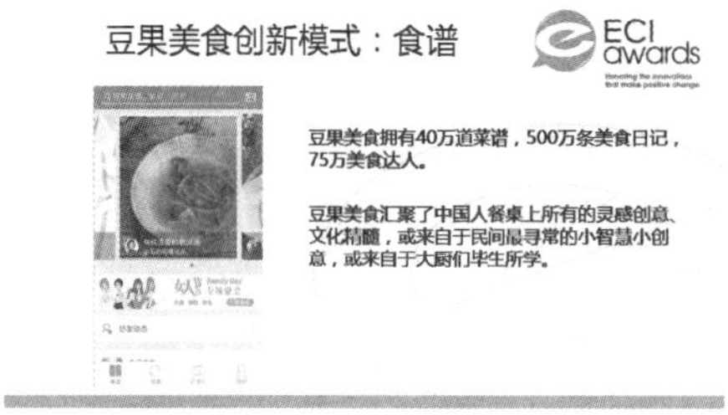

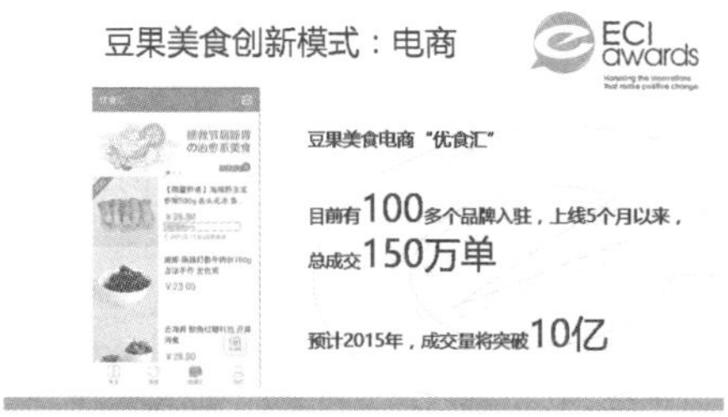


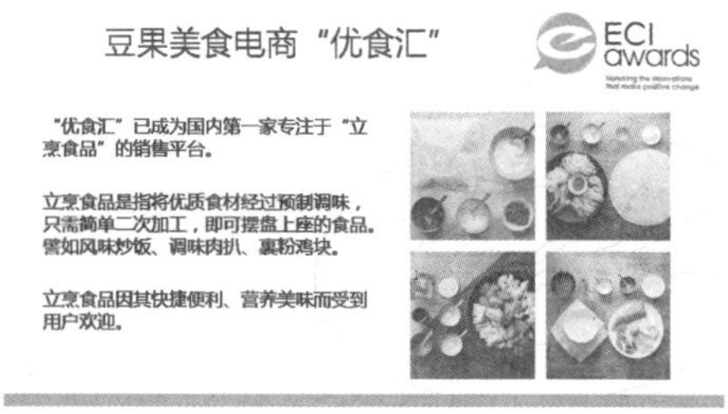


## 效果评估

豆果美食有 40 万道高质量的原创食谱，APP 通过精心制作，每日推荐最热门美食；“你要准备”、“开始做吧”、“秀美食”等对话式文案，拉近了用户与产品之间的距离；通过食谱收藏、评论、上传等增强粉丝互动；设置热门话题增加用户参与分享。而社区“圈圈”创立以来，出现了多次

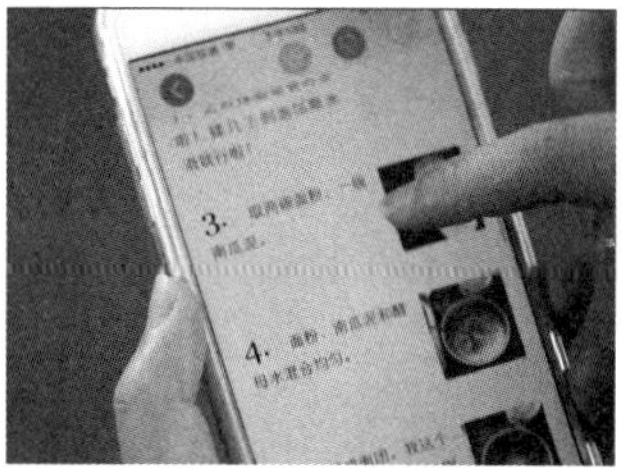

历史性数据，比如一次和九阳合作的烘焙大赛直播帖子，盖楼超过 8 000 层，非常有效地增加了用户黏度，并吸引了很多新用户。

通过食谱和“圈圈”，豆果美食获取了精准的用户数据，并将其反馈给传统食品生产商，针对需求生产产品，并入驻豆果美食“优食汇”销售。目前，豆果美食 APP 下载量已过一亿，月活 2 800 万次，已成为美食行业的领航者。2014 年 10 月 15 日上线的电子商务“优食汇”，目前已成交 150 万单。

## 专家评语

**点评：**夏燕成 / 成都理工大学创研中心研究员

在这样一个垂直细分领域，经过不断探索，豆果美食致力于开创和打造互联网时代的“厨房经济”商业模式。

豆果美食创造性地提出了“食谱、社区、电商”三角形结构模式，在豆果 APP 上建立了一个拥有上亿用户的美食社区。在“食谱”中，有 40 万道菜谱可供美食爱好者选择，其中 90% 以上的食谱内容来自用户。有 75 万美食达人的 500 万条美食日记可供用户参考。在社区“圈圈”中，用户可以在社区内交流探讨任何与美食、生活相关的话题。热门的话题讨论增加了用户黏性和活跃度，从而吸引了更多的新用户的加入。在“优食汇”中，美食爱好者可以通过食谱直接跳转的方式购买到优质生鲜食材、厨房用品，以及受年轻人青睐的“半成品”。

豆果美食的三角形结构模型的建构，是在与消费者持续进行沟通互动的过程中逐渐趋于完善的，因此，消费者围绕厨房产生的任何一项需求，都有可能引发“蝴蝶效应”，为公司带来丰厚的利润。以社区当中的“人”为核心的内容生产，为豆果美食带来了持续的关注度和网络流量，进而推动了营销效果的达成。

豆果美食结合了社群营销、UGC、B2C 等商业模式，颠覆式的创新为其在厨电厨具、食材生鲜等方面的延展打下了良好的基础。豆果美食的“传递家庭幸福感，美味生活方式入口”的愿景正在逐渐显现。

# 必要商城

**案例名称：**必要商城

**所获奖项：**商业模式创新类——C2B——金奖

**获奖单位：**珠海必要科技有限公司

**扫描二维码，
查看完整版案例**

## 背景 & 挑战

• 问题和挑战：在电子商务领域，“网购”成为伪劣货的代名词，电子商务模式急需颠覆，有经验的用户花费大量时间找到高质高价商品，没经验的用户经常买到假冒伪劣的商品，消费不能得到应有的保障。

• 困难与价值：必要商城采用 C2M 模式，实现终端到工厂的两点直线连接，去除中间流通环节，连接顶级设计师、顶级制造商。起初在和供应商洽谈业务时，供应商不能理解 C2M 商业模式，经过沟通和市场调研，供应商逐渐接受 C2M 模式，并成为坚定的支持者。

• 对于消费者价值：专属、个性、时尚，需求直连工厂，享受私人订制的待遇，依据个性选择款式和设计师，省去中间流通环节，获得 100% 奢侈品质、1% 价格的商品。

• 对于工厂的价值：智能化生产系统及过程，灵活和数字化的生产方式，促进企业生产、物流管理改造，提升了信息和资金的流转速度，降低了企业的运营成本，重构后供应链，为用户提供更优质的生活。

• 对于社会的价值：提高中国工业的竞争力，在新一轮工业革命中占领先机。C2M 模式是按需生产，避免了浪费，社会发展将更加绿色和可持续。

## 创新思维

必要商城的企业愿景是携手中国制造业实现工业化 4.0 改造。用互联网技术改造中国制造业，赋予全球用户轻松享受高品质生活的权利。

## 实施过程

历时 1 年整合供应链资源，深入一线了解生产流程，实现企业 ERP 系统和必要商城后台的无缝对接。必要商城用两年的时间打造独有的 3D 引擎技术，实现商品设计所见即所得的效果，给用户带来全新的购物体验和设计乐趣，此 3D 引擎技术获得了 8 项技术专利。

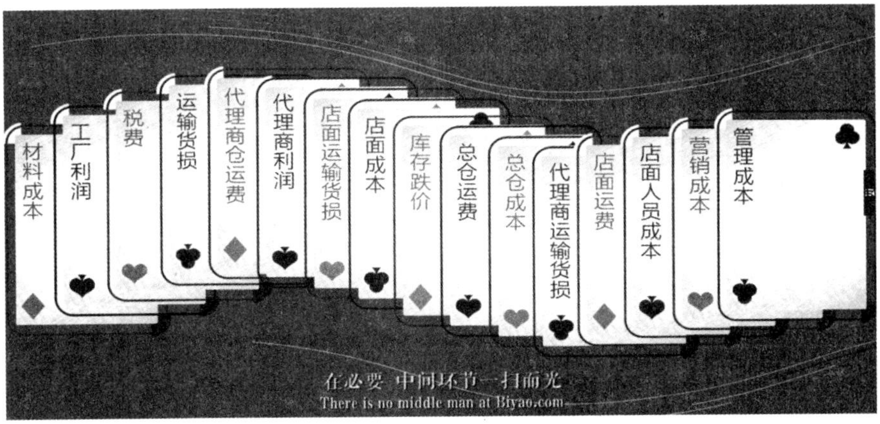


## 效果评估

必要商城上线后，得到用户的充分认可，已经有近千名用户通过平台定制了商品。

100% 的奢侈品质，1% 的价格。

技术战略，增强现实技术，实现用户购买所见即所得。

**专家评语**

**点评：**吴孝明 / 宣亚国际传播集团首席战略官

大家都熟悉所谓的小米模式，可是却不一定能把小米模式与传统零售制造业联想在一起。必要商城不仅去除了中间环节，更让“量身定制”得以落实。借由 C2M，收集到的不仅是用户的意见，更是用户的需求，直接变成订单，直接实现销售，是十分具有创新性的电子商务平台。同时，应用 3D 技术使用户尽量接近实物选购，还配套商家诚信险与顺丰快递，让用户安心，确实是一个很好的创新营销模式。必要商城，不但可以实现工业 4.0 的改造，更有机会成为中国零售制造业的淘宝，进而彻底改变国人的消费习惯。

一个有创意与创新的电子商务平台，获得金奖，实至名归。

# e 袋洗

**案例名称：** e 袋洗

**所获奖项：** 商业模式创新类——020——金奖

**获奖单位：** 荣昌耀华网络技术（北京）有限公司

扫描二维码，
查看完整版案例

## 背景 & 挑战

在洗衣行业，拓展模式主要以连锁加盟为主，这是一种以设备销售带动重资产扩张的模式。每开设一家店面就需要购置新设备，造成产能严重浪费，并对环境造成不小的污染，环保审批也较难批下来。同时，在城市内部，优质的店铺资源日渐稀缺，且租金高昂，优秀店长也较难招聘。对于公司总部而言，大部分加盟店与总部没有形成紧密的利益关系，现金流也无法集中到总部。从用户的角度而言，洗衣面临着诸多痛点：工作忙碌无暇送洗，洗衣店停车不方便，洗衣店营业时间无法满足用户，不能提供上门取送等。总体而言，服务不够便利。价格上也较为昂贵。

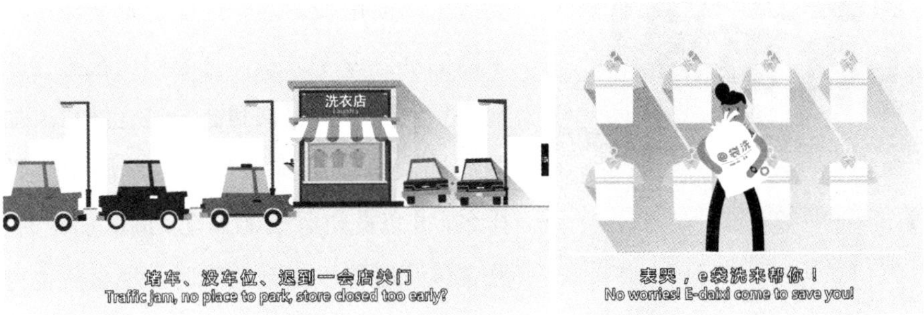


无论从行业现状还是从用户体验而言，洗衣行业都存在着诸多问题。解决了这些问题，更有利于提高产能利用率，有利于环境保护，提高总部的管理；对于用户而言，解决用户痛点可以有效提高用户体验，提高服务

便利性，让用户省钱、省事。

## 创新思维

创新的核心目的：做最大、最好的洗衣公司。荣昌希望能够占到市场份额的 50% 以上，拥有较高的重复下单率。

## 实施过程

针对行业状况，荣昌的模式创新分为几步：

第一步，推出“一带四”和“联网卡”的商业模式。“一带四”就是一家配备洗衣设备的门店辐射 4 家收衣点，即只有一家店配备洗衣设备完成洗涤，剩下的四家收衣点负责收揽衣服。这样一来，原来的连锁加盟模式开始转变为一家加盟设备店配备四家直营店的社区服务模式，直营店成本极大降低，五个店只需要一个店长，完全解决了过去重资产、人才缺乏的弊端。与此同时，公司推出了所有门店通用的“联网卡”，“联网卡”可在全国所有荣昌伊尔萨店面使用，使得用户的洗衣需求不再受制于过去的地域局限。这是公司推出的第一代 O2O 产品。用户通过网上购买，到线下店面消费。这个产品也重新塑造了荣昌的利益分配方式，每家门店根据“联网卡”的消费情况来和公司进行结算，加盟商洗衣满意度排名也以用户满意度做排名，并以此进行资源分配、淘汰加盟商，顾客满意度得以提升的同时，现金流也可以集中在总部。

第二步，推出“e 袋洗”。2011 年，微信的诞生让公司意识到，转型的时机到来了。多年来为转型铺就的积淀，终于得

以通过微信这一形式爆发。经过长时间的研发、讨论与实践，2013 年 11 月，荣昌正式推出二代 020 产品“e 袋洗”。e 袋洗颠覆了传统洗衣模式，微信或 APP 下单，上门取送，按袋收费，每袋 99 元。这一产品解决了顾客到干洗店洗衣停车难、送洗衣物交接时间烦琐、店面营业时间不能满足顾

客取送时间等顾客众多洗衣痛点。便捷、实惠、极富娱乐性的特点使得“e 袋洗”牢牢吸引了用户。

第三步，创新出“众包”的物流模式。为了提升物流速度，e 袋洗推出“众包”的物流模式。所谓“众包”，即以社区为单位进行线下物流团队建设。众包模式的具体做法为：e 袋洗在社区中招募 1 名物流取送人员，以其生活区域为中心，负责方圆 2 千米内的衣物取送工作。社区内人员负责取送，一方面可以提高物流取送速度，同时有利于增强用户对取送人员入户的安全感。这一模式充分利用起社区中的剩余劳动力，解决了物流最后 100 米的问题，颠覆了现有的物流模式。这一模式在全国铺开后，e 袋洗众包业务将为社会提供百万名就业名额。

### 效果评估

“e 袋洗”诞生一年多来，赢得了用户和社会的广泛认可，成为国内 020 洗衣服务最知名品牌。目前，e 袋洗用户量达百万，已在北京、上海、

深圳、天津开通了服务，2015 年在全国 20 个城市开通服务。

在融资方面，目前，e 袋洗已先后获得来自腾讯、经纬和 SIG 的投资，成为中国家庭服务领域获得融资最多的公司。

对于行业而言，e 袋洗是极具颠覆性的，彻底改变了用户的洗衣生活方式。

**专家评语**

**点评：**杨陵江 /1919 酒类直供首席执行官

创新的 O2O 服务之一，能较好地解决洗衣行业的几个痛点，以及消费者关注的价格、服务便捷方面的问题，现在最重要的是扩大影响力，迅速积累会员用户数量，以及提高用户黏性，比较看好e袋洗的发展前景。建议在部分问题上得到解决或进行体现:（1）一般来说，消费者的心理是要便宜、划算，一般会凑满一袋再送洗，在夏季，衣服短薄，这样的话若是送洗周期太长，衣服的使用率便会下降。是否针对该情况，提出“夏季小袋”方案？（2）一整袋里面，有不同材质的衣物，方案里缺乏“针对不同材质的衣服进行专业的洗衣方式”的介绍。

# 鹰眼数据 EagleEye

**案例名称：**鹰眼数据 EagleEye

**所获奖项：**商业模式创新类——B2B——银奖

**获奖单位：**红门互动股份有限公司

特力屋股份有限公司

扫描二维码，
查看完整版案例

## 背景 & 挑战

过去电子商务或传统零售商必须仰赖统计、抽样、问卷调查等方式来得知消费者喜好数据，但这样的样本数非常小，并且作业时间费时。在大数据（Big Data）的时代，样本就等于母体，所得到的数据便是“事实”，而不是推估。其实电子商务业者都知道，如果无法掌握市场消费趋势，要在网络上销售产品就像盲人摸象，对于挂在平台上贩卖商品的店家更是如此，因此，如何掌握消费者喜好及竞争者情报，是电子商务最常面临的问题。

## 创新思维

EagleEye 的特色就在于可以观测台湾消费者在各个购物平台的购物行为，目前追踪了 100 多个购物网站（如 Yahoo、PChome、博客来、momo 等），并进阶分析消费者都在看什么商品品类、喜欢什么品牌、价格区间等，以便实时提供市场消费情报予店家做营运决策上的参考。

EagleEye 对电子商务客户提供以下六大功能服务：

1. 品类竞争力：超过 10 000 种的商品品类排行榜，分析现在消费者都在看什么品类、喜欢什么品牌，掌握市场消费趋势。

2. 决策关键词：观测网友在购物网站都在搜寻什么关键词，分析网友搜寻行为及命名习惯，同时可帮助购物网站 SEO 优化及投放关键词广告方面提供参考。

3. 商品流行趋势：显示消费者在 B2C 购物网站上都关注什么商品，借由指数高低判读商品流行趋势，以作为进货参考并降低囤货风险。

4. 拍卖流行趋势：分析 C2C 拍卖市场趋势，挖掘下一个主流商品的机会点。

5. 商品查价与追踪：快速查询商品价格，实时追踪价格变化。

6. 商品快讯：追踪自定义的商品，当竞争者相同的商品价格异动时，立即主动通知你，让你随时掌握商品价格优势。

## 实施过程

运作 EagleEye 的商业模式，最重要的是取得两个完整的数据库，一个是汇集各个电商平台的商品数据库，包含各电商的商品上下架情况、每天商品价格的改变。目前汇集超过 3 000 万件商品，占整体台湾 B2C 市场 90% 的涵盖率。另一个也是最困难的，是收集消费者的行为数据库，因此，为了收集数据，我们提供一个商品比价的浏览器外挂服务（Pingle 省省吧），目前累积超过了 10 亿的消费者行为记录。

EagleEye 汇集各个电商平台的商品数据库，但同款商品在不同平台上的商品名称不同，且名称上也有很多营销字词，因此我们的核心技术是研发中文断字断词及同义字词分析，找到每个商品的关联度并进行分析，以及不断强化搜索引擎技术，才能处理每天超过千万笔的搜寻量。

EagleEye 的数据处理流程主要分五个阶段，即数据收集→数据清洗→数据分析→数据可视化→客户回馈。我们已经成功将数据流程标准化及平台化，并建置客户专属的数据模型，可以每天计算并提供前一天的数据报告。

## 效果评估

EagleEye 是台湾最大的电子商务数据分析平台，我们为客户提供最实时的“市场消费情报”和“竞争者情报”，帮助客户深入洞察消费者喜

好，了解通路及品牌的产业变化，其中包含商品流行趋势、品牌竞争力分析、决策关键词排名、商品实时价格追踪等数据服务，让客户学习透过数据基础进而降低风险，提升整体企业竞争力。

EagleEye 从 2013 年 5 月上线至今，取得了以下的成绩：

1. 汇集超过 3 000 万件商品，拥有台湾最完整的商品数据数据库，涵盖整体 B2C 市场 90% 的商品数。

2. 累积超过 10 亿笔的消费者购物行为，也是最完整的消费者行为数据库。

3. 每天掌握各个电子商务平台的上下架商品信息，并实时更新超过百万笔的商品价格情报。

4. 服务超过 200 多个客户，包含 Yahoo、特力屋、ASAP、东森、屈臣氏、新光三越等。

**专家评语**

**点评：**夏燕成 / 成都理工大学创研中心研究员

目前，在电商的运营当中普遍存在两大痛点问题：不知道消费者想要什么、不知道竞争者在做什么。鹰眼数据 EagleEye 综合运营关键词抓取、语义分析、大数据挖掘等技术手段，抓住了一个中心：帮助电商卖货；两个基本点：洞悉消费者、紧盯竞争者。向电商提供全面的即时资讯服务。在资料的更新及时性、精确性、覆盖率方面表现突出。尤其是在消费者资料库的建构与消费行为趋势分析方面有独到之处。鹰击长空，俯览大地，锐眼聚焦，一击而中，这正是鹰眼数据追求的目标。

# 乐视商城打造生态型电商

**案例名称：**乐视商城打造生态型电商

**所获奖项：**商业模式创新类——B2C——银奖

**获奖单位：**乐视致新电子科技（天津）有限公司

扫描二维码，
查看完整版案例

## 背景 & 挑战

传统电子商务是以品类为导向的，而乐视生态型电子商务则是以用户为中心，围绕乐迷打造高品质生活圈，以乐迷的需求扩充品类。

## 创新思维

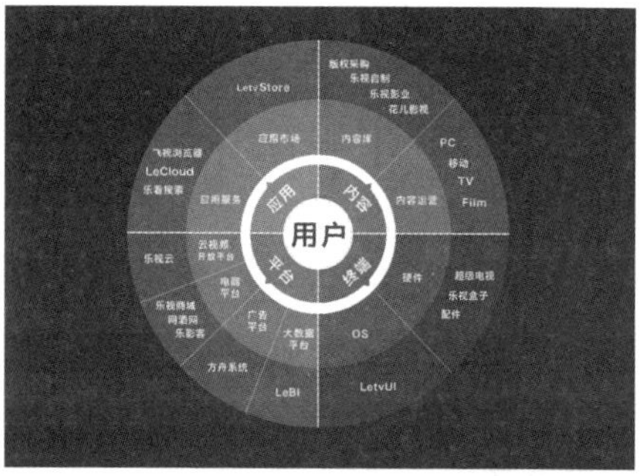

乐视生态型电子商务的核心是服务整个乐视生态，达成为乐迷打造出一个围绕着乐视各项产品和服务的品质生活圈。这一生活圈分为三个阶段，一是各环节的领先性，从平台、内容、终端、应用的市场份额行业领先，进而掌控行业入口；二是发挥业务、品牌和资本的生态协同效应；三是实现生态集群，在乐视生态的上下游、各个环节，形成规模化的企业集群，乐视与合作伙伴共赢互利，并在国际化上取得实质性成果。

## 实施过程

1. 生态型资源产品化、生态导流、以用户需求为中心扩充品类。

2. 搭建 PC、无线、TV 卖场，各端运营一体化。

3. 搭建满足用户电子商务良好体验配送及客服售后体系。

4. 以 CP2C（Customer Planning to Customer）模式，动态变化供货周期；倾听来自用户的声音，构建互联网产品。

## 效果评估

乐视商城通过打造生态型电子商务，在 2014 年 1—9 月保持电视线上市场份额第一。在 919 乐迷日当天创造了中国电视行业的 4 个“第一”：中国电视行业单日销售量第一，中国电视行业单日销售额第一，中国 B2C 商城单日单品电视销售量第一，中国 B2C 商城单日单品电视销售量第一。

## 专家评语

**点评：**夏燕成 / 成都理工大学创研中心研究员

乐视商城打破传统商业模式，采用 CP2C 的众筹营销模式。乐视按照消费者需求定制产品，通过大规模的集中采购和集约化生产，硬件成本大大降低，消费者得到了更多实惠。另外，乐视商城在手机端、移动端、电视大屏上搭建起能与用户直接沟通的销售平台。倾听消费者心声，关注消费者感受，强化消费者的参与感。在接触点管理方面，尽可能地利用新浪微博、微信等社交工具与用户沟通。

乐视商城以乐迷需求扩充产品品类，打破了传统电商以品类为导向的电商模式，为乐迷打造高质量的品质生活圈。通过乐视商城，乐视网用户与智能硬件用户产生了良好的互动与沟通。

乐视商城打造为生态型电商的核心利益点在于：通过乐视生态产品各个环节的打通，为乐视商城的可持续发展注入源源不断的动力，为用户提供了贴心、舒心、放心的产品和服务，使其乐在其“忠”。“为人民服务！”乐视做到了。

# 人人快递网

**案例名称：**人人快递网

**所获奖项：**商业模式创新类——020——银奖

**获奖单位：**四川创物科技有限公司

扫描二维码，
查看完整版案例

## 背景 & 挑战

（一）挑战

近年来，中国经济持续快速发展，城市规模不断扩大，人们的生活节奏也日益加快。尤其是在北京、上海、广州等一线城市，同城配送、餐饮外卖、商品代购等需求一直呈几何式增长。而随着电子商务、网络超市等消费形式成为人们生活的一部分，更是直接推动了此类需求的增长，迎来了巨大的市场机遇。

（二）问题

但同城配送需求非常离散且难以规模化，时效性要求高（1 ～ 2 小时需送达），通常没有特别包装，鲜花等商品还需轻拿轻放。

1. 传统配送模式无法满足此类配送需求

①配送过程通常需要 1 ～ 2 天或者更长。

②只能在工作时间收件、送件。

③货品需要专业包装，需要大量堆放和搬运。

2. 自建配送团队同样难解痛点

①高频餐送配送需求时间过于集中，忙时运力需求大，闲时运力大量闲置。

②成本和管理难度极大，无法规模扩张。

有规模、全天候、服务质量有保障的本地配送服务网络严重稀缺，时效性低。如何让同城配送在互联网思维改造下进行经营模式变革，真正地实现快速、高效以及安全、高性价比，给用户带来更好的体验，成为行业面临的挑战。

## 创新思维

人人快递网倡导“人人参与”，其创新的核心目的是基于个人诚信体系与安全保障体系，打造全新型移动电子众包商务模式。利用人人快递网沉淀的海量交易数据，建立“人人诚信体系”平台。未来继人人快递网平台之后，推出如“人人家政”、“人人公益”等更多的众包信息服务平台。“众包”商业模式的难点在于如何解决人与人之间的信任问题，以及“众包”行为中的评价、管理、引导和激励难题，基于此，人人快递网利用平台沉淀的海量交易数据，将研发设计以“个人诚信信息”为基础的全新个人诚信评价体系产品“信人宝”（暂定名）。

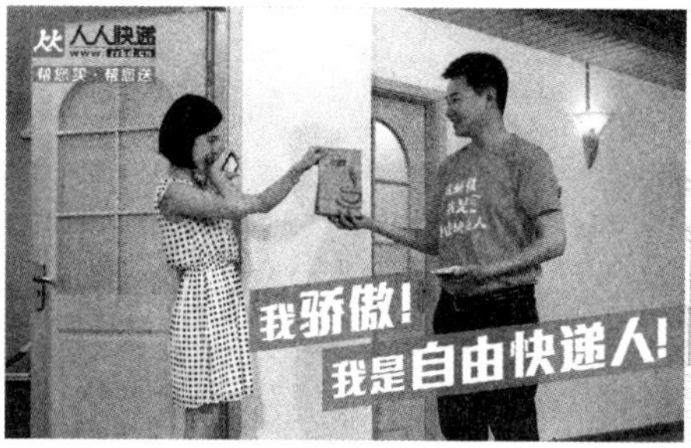

## 实施过程

人人快递是由“创物科技”开发设计的中国首家最大的专人直送服务平台。也是目前国内同类电子商务平台中规模最大、人员最多、客户最多、区域最广的服务平台。平台创新具体实施如下：

### （一）人人快递平台两大主要功能

1. 顺路捎带，直送直达

避免暴力分拣，节能环保。整合社会零散资源，用一对一专人直送的方式实现个性化生活服务。

2. 精品购，代购，便捷快速

网罗鲜花、蛋糕、咖啡、美食等精品信息，随时随地满足用户生活需求。

### （二）人人快递平台产品特点

1. 快速便捷性

在手机客户端轻轻一点，发出需求，智能捎带购买轻松实现。3 千米 30 分钟，5 千米 60 分钟送达。

2. 贴身安全保证

诚信体系、认证体系、培训体系、流程管控体系四大体系以及平台优先赔付制度为货品安全保驾护航。

①货物配送标准流程。

②接单过程中 GPS 全程跟踪，实时定位。

③客户资料平台保密机制，确保用户资料不泄露。

④自由快递人资料的完善和认证。

⑤平台承诺货物出现货损、货差，一经核实，平台先行代自由快递人对货物价值进行全额赔付。

3. 玩转用户与“自由快递人”角色转化

平台鼓励个人用户转换角色：

①个人用户可以发货或发代购需求。

②个人用户完成在线培训后成为自由快递人，可以承接商家和个人的发货和代购需求。

### （三）自由快递人服务流程

1. 发货人通过手机 APP 端发出需求信息，平台基于 LBS 位置定位，将该需求推送给需求附近的自由快递人，促使其进行抢单。

2. 抢单成功后，自由快递人须在 1 分钟内电话联系发货人（核实取货地址、告知到达时间、提醒发货人不要对货物封装），预估并告知上门取件时间。

3. 自由快递人上门取货（30 分钟内到达发货地址）时主动出示工作证并对包裹内货物进行开箱“裸露”拍照，须拍摄两张以上且不同角度的清晰照片。

4. 取货成功后，当发货人面联系收货人：核实收货地址、预估并告知送达时间（若运费为到付，需告知收货人）。

5. 货物送达、客户验货后，自由快递人点“请求确认”，向收货人索要系统发出的 5 位数确认码（短信），至平台确认界面进行确认。

## 效果评估

人人快递网手机 APP 端于 2013 年正式上线运营，发展至今已成为中国最大的“众包”电子商务平台。目前拥有千万会员，数百万自由快递人。在北京、上海、广州、深圳、天津、杭州、南京等十余城市设立分公司发展运营。

人人快递网的高速发展吸引了众多国内外投资商的广泛关注，仅 2014 年就有 33 家风投企业希望融入资本。平台目前已完成与“深圳腾讯”及“高榕资本”A 轮 1 500 万美金的融资。为同行业中最大金额的投资。

**专家评语**

**点评：**杨陵江 /1919 酒类直供首席执行官

具有很好的创新能力的 O2O 案例，能解决消费者同城物流的时间、配送质量等要求。打破传统烦琐的物流闭环，节约运输成本，减少临时仓储环节，使配送的生命周期更短；在派送人的诚信问题上，能通过不断健全的社会化诚信体系与安全保障体系，逐步完善和提供保障；能很好地利用大数据，为服务提供了可靠、便捷的智能支持。人人快递案例从以上几个重要方面均得到较好的解决，而在大众传播及消费者互动方面可再加强。

# 民生直销银行

**案例名称：**民生直销银行
**所获奖项：**商业模式创新类——其他——银奖
**获奖单位：**民生银行

扫描二维码，
查看完整版案例

## 背景 & 挑战

2014 年 2 月 28 日，中国民生银行正式推出直销银行，在国内创新性尝试此种运营模式，此前国内并没有直销银行案例，属创新业务。在民生直销银行的引领下，该项业务渐渐成为社会及同业关注的焦点，继民生直销银行推出后，陆续已有 20 家直销银行跟进。

## 创新思维

为应对来势凶猛的互联网金融大潮，为国内商业银行业争取更大的发展空间，民生银行在金融创新和经营模式转型上做了一次尝试，希望将国外成熟的直销银行经营理念通过改良引入国内市场。互联网金融意味着利率市场化进程加快；意味着金融脱媒加深；意味着互联网金融的冲击；意味着传统银行业盈利模式的革新。民生直销银行认为：传统银行的自我变革，推出直销银行是潮流所趋，为客户提供全新的互联网式金融服务也是海量互联网客户的呼声。互联网讲求的是“简单”和“快捷”，“忙碌、时尚、货比三家”，无论客户

属于哪类人群，只要能够接受互联网生活方式，就能享受到“简单的银行”服务。同时，直销银行也并非盲目追赶理财市场热潮，也不会刻意去拼价格，而是立足于客户多样化、个性化的金融需求和商业银行的独特优势，持续不断地推出优质的产品和服务。后续民生直销银行还将推出“全在线自助操作，实时放款”的称心贷产品，至此民生直销银行的产品布局逐步清晰，对外展现出一家真正的银行应该具备的产品组合，意味着民生银行已经建立起功能强大、产品丰富、用户体验好的综合化互联网金融服务体系。

## 实施过程

2012 年年底，民生直销银行联合项目组成立，在 3 个城市组织了 7 场定性调查，在 10 个城市收集了 4 150 个定量问卷；对 50 名总分行领导及一线员工进行访谈；对 16 位海外专家进行了远程访谈，对 5 个国内同业进行了业务调查。

2013 年 5 月，赴欧洲对多家直销银行进行了实地考察和交流，进一步明确我行直销银行发展规划。2013年8 月，成立民生直销银行开发项目组，建设独立的直销银行网站、手机银行、微信银行渠道。

2014 年 2 月 28 日，民生直销银行正式面市。

## 效果评估

民生直销银行秉承“简单的银行”金融服务理念，从互联网客户需求出发，充分利用新技术、新渠道设计了符合客户使用习惯的网

站、手机 APP 和微信银行，提供 10100123 服务热线等专属服务渠道。目前已推出随心存、如意宝、定活宝、民生金等 4 款金融服务，信用贷款产品也即将正式对外上线，初步形成集“存贷汇”于一体的金融服务体系，引领了国内银行业拥抱互联网的潮流。截止至 2014 年 12 月末，民生直销银行客户数已突破 140 万户，如意宝申购总额超 2 000 亿元。

**专家评语**

**点评：**杨陵江 /1919 酒类直供首席执行官

案例尝试了创新性的运营方式，为客户提供全新的互联网式金融服务，能从互联网客户需求出发，充分利用新技术、新渠道设计了符合客户使用习惯的网站、手机 APP 和微信银行，提供专属服务热线等服务渠道。最好能突出与银行同业及互联网企业提供的产品比较下的优势。在传播方面能大胆运用新媒体，并利用大流量入口及大数据技术，在搜索引擎营销、视频网站营销、综合及垂直网站广告投放、软文创新等宣传上发力，形成了一套低成本、高效率的互联网宣传模式。除传统的行销活动外，在与客户之间的互动性上可再加强。

# 试金行动·净水器免费试用 30 天

**案例名称：** 试金行动·净水器免费试用 30 天
**所获奖项：** 商业模式创新类——B2C——铜奖
**获奖单位：** 北京新意互动广告有限公司
日日顺商城

扫描二维码，
查看完整版案例

## 背景 & 挑战

净水行业比较混乱，企业鱼龙混杂、产品质量参差不齐，行业和消费者之间存在严重的信息不对称。这些问题都制约了我国净水器行业的发展。具体表现在三个方面：一是消费者对健康饮水和净水产品的认知度较低；二是净水产品的质量参差不齐，缺乏行业标准；三是净水行业的服务标准尚未建立。并且目前市场上并没有成型的净水电商，这对于日日顺来说既是机遇，也是挑战。

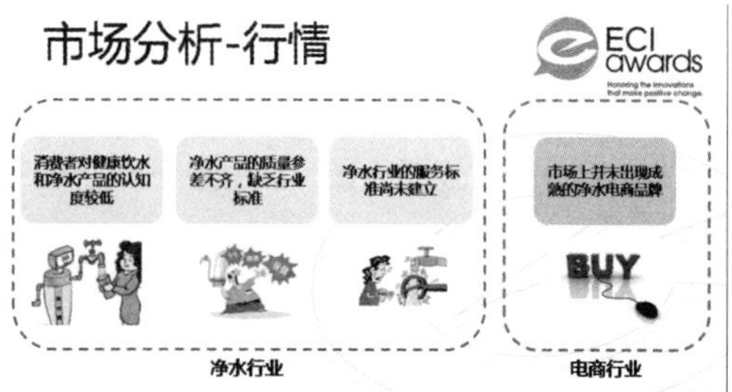


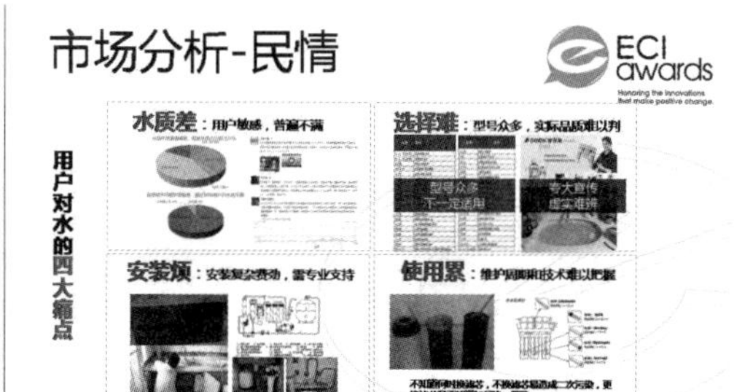


一方面，只有净水行业进一步规范行业标准，提升产品与服务质量，才有助于消费者更快速地了解净水产品，进而促进行业健康发展；另一方面，通过知识普及、行业活动等提升消费者对健康饮水的认知度将为行业发展奠定良好的基础，进而让更多人知道如何健康饮水，解答大众如何健康饮水的困惑。

## 创新思维

1. 整合线上运营、技术开发、财务、品牌商、服务、线下净水体验馆及媒体等组成开放的生态圈，无缝对接，不断对试金行动进行优化和迭代。

2. 通过日日顺 6 000 多个服务网点 10 万个服务兵，保证全国用户能够得到专业的安装服务及后续 3 年的金牌服务。

3. 联合 6 家净水器知名品牌，斥资 5 000 万元为消费者打造高品质的免费试用体验。

4. 通过公关及精准营销等在全网传播。

## 实施过程

日日顺净水商城净水器免费试用 30 天活动，通过先试用、再购买的模式解决了用户的购买困难。线上，日日顺净水商城通过自家水质查询服务，为用户选择适合的净水器提供参考；而线下净水体验馆，通过面对面的体验服务让更多消费者更直观地了解净水产品，提升健康饮水知识。

日日顺净水商城为消费者提供了全方位、全流程的净水解决方案。

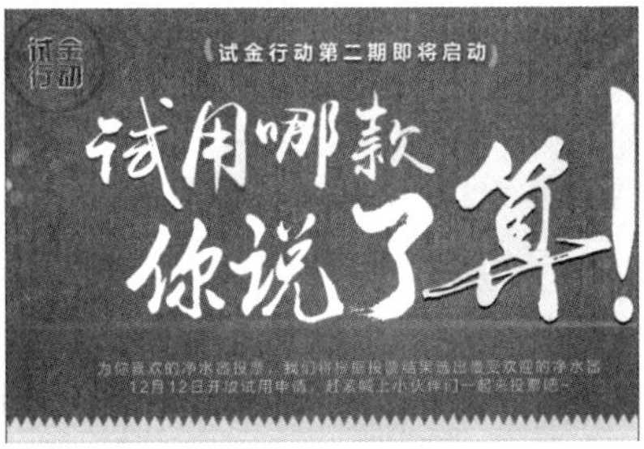


其线上净水方案交互、线下体验馆体验的 020 模式，再加上“免费试用净水器”的体验活动，让消费者真正认识到了喝健康水的必要性。

同时，“试金行动”作为日日顺净水商城的平台级产品，通过营销推广和口碑传播提高了日日顺商城的知名度和竞争力。根据调研，中国用户对于净水机的接受程度较低，多数用户认为换滤芯、耗电量、用水量的开销大于净水机带来的利益，并且净水机价格偏高，安装麻烦，存在漏水风险，导致用户不愿尝试。根据日日顺商城过去一年净水机的销售量，预估本次“试金行动”将来带至少 10 万人次免费试用申请。并且通过社会化话题传播，预计在微博、微信、论坛、好水世界、社区、站内吸引 4 000 万次话题交互。

## 效果评估

试金行动——免费试用 30 天，3 年金牌服务，不仅得到了用户的好评和参与，同时受到行业内品牌厂商和媒体的关注。试金行动截至本案例申报文档完成，共举办 3 波，第一波历时 9 天，第二波历时 15 天，第三波超过 20 天。日日顺商城是一个刚刚起步的电子商务平台，在试金行动上线短短不到 2 个月的情况下，共带来成功申请试用 10 000 次。随着活动的不断进行，2015 年 6 月前成功申请试用人数顺利超过 10 万人。

**专家评语**

夏燕成 / 成都理工大学创研中心研究员

日日顺净水商城通过与用户的深度交流沟通，推出了“先试用、再购买”的净水机体验式营销模式。通过向消费者宣导“1 天 1 元钱，天天喝好水”的观念，吸引了大批用户体验和购买。

日日顺净水商城通过线上商城和线下体验馆的结合、吸纳更多净水器品牌入驻等措施，针对不同水质、体质以及个性化需求的消费者进行净水方案的私人定制。依托自身在线下的优势资源形成了虚实结合的集“销售、配送、安装、售后”于一体的 O2O 服务平台，为用户提供了最适合的产品和全方位、全周期的服务。与此同时，也提高了日日顺净水商城的知名度和行业竞争力，为打造行业领先品牌的形象奠定了坚实的基础。

日日顺净水商城推出的“体验式营销 +O2O”电商平台模式，在今天看起来已属于普通。但是最适合的商业模式才是最好的模式，日日顺净水商城能够在细节创新、策划、执行等方面尽力做到极致，值得肯定。

# 车发发 020 汽车服务

**案例名称：**车发发 020 汽车服务

**所获奖项：**商业模式创新类——020——铜奖

**获奖单位：**深圳车发发科技有限公司

扫描二维码，
查看完整版案例

## 背景 & 挑战

汽车服务市场每年 7 000 亿，主要是 4S 店和路边店两种模式，对经营者和消费者均痛苦不堪——体验差、成本高、效率低、价值低！

汽车服务的创业者多以做平台 020 为主，自己不做实体店，顾客体验仍然很差！

## 创新思维

车发发以垂直 020 的方式，线上建立大平台、线下做轻资产的全国连锁店网络，服务于 36 个中高端品牌车主，线上预约、线下体验，提出互联网养车十大颠覆性体验、降低成本 50%、提升 3 倍效率、创造完整的顾客价值！

## 实施过程

①成立线上线下独立的组织；

②计划 4 年内开设 100 家全国连锁店；

③独立开发中央 ERP；

④经营用户价值。

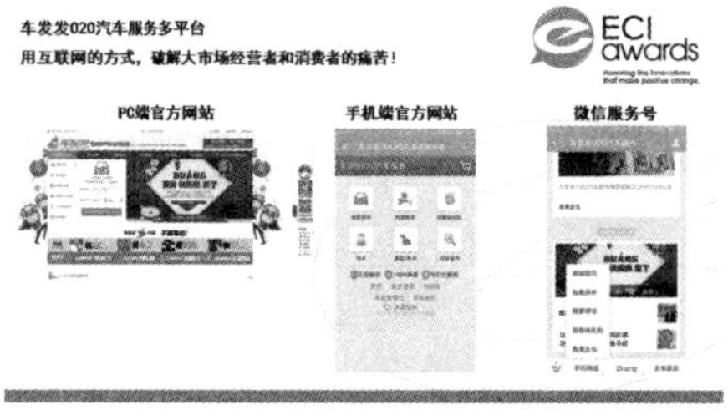

## 效果评估

项目于 2014 年 10 月开始运营，3 天完成天使融资，1 个月迅速组建了由来自互联网、汽车行业、电子商务领域的领军人物所组成的精英团队，1 个月完成全球供应链整合，3 个月完成 7 000 多款中高端车型服务包的设计，2015 年 1 月 15 日官网上线。1 个月完成线下 1 600m$^2$ 旗舰店的设计、装修，2015 年 1 月 25 日全球首家旗舰店——曦城别墅店隆重开业，新华网、人民网、光明网、新浪、搜狐、腾讯等 50 家中国主流媒体予以了报道。

开业至今每日进店 30 多台车，线上转化的占 50%。第一个完整经营月即 3 月份即实现累计盈利（2 月份春节假期 10 天，实现经营上现金流为正）。3—5 月，开始积极拓展第二、第三家连锁店。

**专家评语**

罗军 / 途家创始人

汽车服务市场空间巨大，车发发的 O2O 案例从商业模式创新上没看出有特别明显的优势，如果传统 4S 店进行基于移动互联网的服务升级，车发发这一模式就会面临严峻挑战。同时，汽车服务 O2O 还要解决用户信任的问题，只有解决了用户信任问题，才能实现规模化发展，这一点在案例中并没有完整体现。

O2O 最重要的并不是所谓从线上到线下的业务打通，而是如何整合线上线下的优势资源，通过移动互联网的运营来进行模式创新、降低成本，从而带给用户优质体验。因此，互联网的运营思维非常重要，案例中没有展现这方面是否有优势。

# 韩束 微商 2014 年营销推广

**案例名称：**韩束 微商 2014 年营销推广

**所获奖项：**商业模式创新类——020——铜奖

**获奖单位：**北京北通四海电子商务有限公司

扫描二维码，
查看完整版案例

## 背景 & 挑战

微商自 2012 年出现以来，在短短两年多的发展时间中经历了三个阶段：朋友圈卖货的“自生长”阶段、成体系微商销售团队的“野蛮生长”阶段，以及现在正在进入大品牌时代的保障“健康生长”阶段。2014 年的微商市场，正处于由无序成长到规范化市场的转变过程中。

在韩束所涉及的化妆品行业，已有化妆品品牌进入微商渠道，但大多采用延伸一个子品牌去做，业内并无有影响的品牌诞生。韩束进入这个领域，主要存在两个问题：一是微商渠道的进入，必将引发渠道产品冲突的问题；二是微商代理销售团队规模巨大，如何实现有效管理的问题。本质上看，实际上属于在这个领域里没有标准的规范化执行案例，韩束需要自己摸索出一条规范化的执行道路，并成为微商大品牌时代的标杆样板的问题。

## 创新思维

在化妆品微商销售的产品品质、售后服务、物料配送、团队培训等方面进行规范化，奠定微商正规化的样板基础，作为行业领导品牌引领该行业的微商销售正规化，尽快进入健康成长阶段。

韩束微商2014年的阶段性目标是成为本行业微商渠道的第一名，并将微商渠道打造成为韩束销售三大主流渠道之一。

## 实施过程

1. 针对微商特点，打造微商专供产品

针对微商销售“短平快”的特点，打造专供微商、符合微商消费特点的补水等价值感高的快速消费产品；利用既有的良性供应链，加快微商专供产品的开发、生产和供货速度，将一款新品的开发—上市周期从普通的60天左右提升到45天之内，实现对市场需求的迅速反应。

2. 打造逐级管控的渠道管理体系

韩束微商只管理总代，将下级代理交给总代逐级管控，避免扁平化渠道带来的微商基层渠道众多难以管控的问题，曾经有过电商销售经验的人会优先选择作为总代；采用人走货清的退货模式，有效保证基层代理的利益，这极大地提高了普通代理商的热情；对代理商进行专业培训。相较于其他微商攒人头、挣快钱的方式，韩束采用“选精英、建团队”的稳扎稳打模式。

3. 积极利用明星资源打造品牌形象

利用韩束传统的强大明星资源，借势举办活动打造韩束微商的品牌形象；通过与林志玲的代言合作，打造韩束微商在微商中的高端大品牌形象，提升经销商和用户的信心。

4. 强势参与微商行业正规化行动

作为支持承办单位，韩束微商参与举办了中国电子商会主办的“中国梦，创业路”中国首届微商影响力盛典暨中国移动电商创业发展峰会；通过主持峰会的现场执行，奠定了自己在微商行业的领袖地位，奠定了微商用户对韩束品牌的信心。

## 效果评估

韩束微商 2014 年 9 月上线后，迅速突破月销售额 1 亿，成为中国微商销售的冠军品牌。

2015 年 1 月，韩束微商实现月销售额 2 亿，团队规模超过 10 万。

2015 年，韩束微商预期回款额超过 25 亿。

**专家评语**

点评：罗军 / 途家创始人

化妆品微商营销，这一商业模式本身主要依托于微信的快速发展，在创新上与早期淘宝发展 C 店并无本质区别，只是更基于微信的熟人社交。韩束较成功的方面在于微商营销管理方面做得比较到位，韩束只管理总代，授权总代往下进行管理，同时提供培训支持。这样既可以激发总代的积极性，也给了总代及下级代理的创作空间。这一模式的挑战在于既需要品牌推广，更需要规范化引导，这两个方面目前看起来韩束做得都不错。这可能与其高管陈育新在微商模式方面的研究与在销售管理上的经验密不可分。

韩束需要注意的是微商模式在社会上存有争议，如何在有争议的大环境中持续地进行健康管控的引导，使之保持稳定增长。

# 品胜·当日达 O2O 经营模式

**案例名称：** 品胜·当日达 O2O 经营模式

**所获奖项：** 商业模式创新类——O2O——铜奖

**获奖单位：** 四川品胜品牌管理有限公司

扫描二维码，
查看完整版案例

## 背景 & 挑战

随着电子商务市场的日趋成熟，线上平台极大地冲击着线下实体交易，电子商务市场前景一片光明。但物流爆仓、长途运输风险、暴力分拣等诸多问题也已成为传统电商面临的巨大难题。例如京东商城这样的大型电商，其配送模式都是先将货物存放在自建的物流仓库，有订单来后，再从就近仓库发货到消费者手里。这样的模式看起来天经地义，却存在着先天的短板：庞大的物流成本以及不够理想的消费者体验。

## 创新思维

品胜·当日达商业模式创新的目的在于通过整合线上线下，解决电商与实体的相互掣肘，利用线上线下优势，缩减物流成本，实现最大化的盈利。2014 年的阶段性目标为开放加盟体系，促进商业模式的全面升级，完成去中心化、去中介化，更全面地满足消费者需求。

品胜·当日达的经营模式，依托遍布全国的上千家门店自建物流体系，设立移动蜂窝基站，使用户无论移动到什么位置、在哪里下单，都可由“品胜升舱系统”将数据导流至“品胜一站通管理系统”，自动进行解析分配到离它最近的门店为其送货，并提供免费上门安装、上门贴膜等服务，满足用户对电子商务行业高效、高速的需求。

品胜·当日达的O2O模式将解决传统电商“欲速而不达”、“物流成本高”、“线上线下价格差”等短板，而开放的加盟体系将更有效、更快速地实现网点的扩张，满足消费者的需求，贯穿一、二线城市商业枢纽，覆盖每一座城镇、社区、学校，为实现品胜千城万镇“当日达”奠定了坚实的基础。

## 实施过程

2014年上半年，随着国家宏观经济形势的变化，以及电子商务的崛起，电商对实体的冲击越来越强，而另一方面，品胜·当日达O2O发展前景越来越被看好，但之前布局在全国的门店仅有400余家，渠道下沉不够，距离消费者的需求还有差距。为了更好地实现品胜·当日达的O2O模式，我们决定开放全国加盟，快速建立起更多的门店，整合线上线下，让品胜·当日达覆盖到全国的每座县级城市和乡镇，实现“千城万镇当日达”。

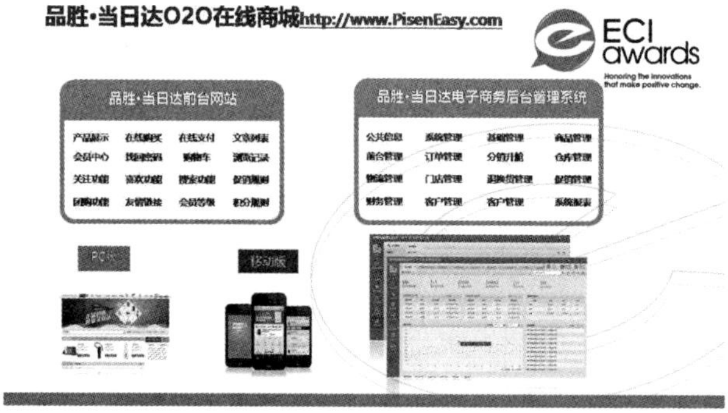


在此构想下，我们在2014年上半年针对市场现状进行调研、咨询规划，为加盟体系的开放做了充分的准备。2014年7月，品胜·当日达正式开放了全国加盟，我们成立了专业的部门进行加盟开发，细化加盟等级制度，为不同需求的加盟商进行“私人定制”，免费进行业务体系、技术能力等培训，迅速吸引了全国各地的加盟商。2014年第四季度，我们快速推行加盟政策，截至2014年年底，品胜·当日达加盟门店达到2 000余家，开业门店突破1 000家，并登陆了香港、新加坡、马来西亚等国家和地区，即将登陆印度、泰国、美国、越南等 20 多个国家。

在技术层面，我们打造了专业研发团队并大量购进智能化生产设备，2014 年上半年进行了后台功能的优化和升舱系统的优化，下半年移动端正式上线，并大力开发辅助功能。

在服务层面，上半年我们进行了个性化服务的试点，凡在品胜·当日达官方商城上购买产品的用户，继续推行“24 小时不达免单”、“异地提退换”、“1 小时达”等特色服务；随着品胜云路由产品的陆续推出，我们的上门服务越来越受到用户的青睐，第三、四季度我们全面推行免费上门安装、上门贴膜等增值服务；2014 年 8 月，品胜·当日达正式与阿里巴巴达成战略合作，共推“1 小时达”；10 月，品胜·当日达在百度直达号正式上线，进一步进军微商市场。

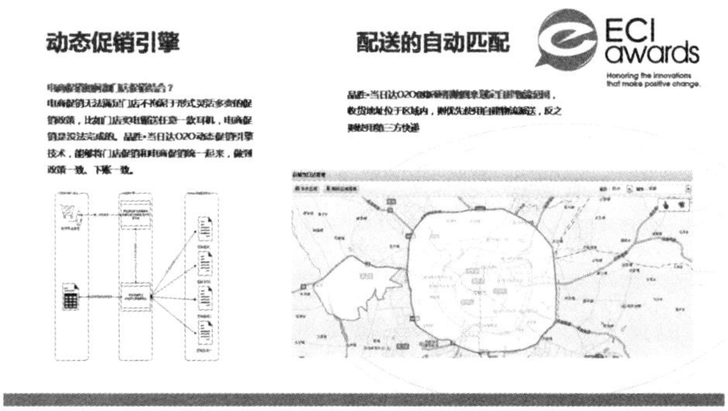


## 效果评估

·加盟体系成效：自 2014 年 7 月品胜·当日达在全国正式上线以来，短短 5 个月时间，已覆盖了包括香港在内的 892 座城市，全国开业门店已达 1 000 余家，签约加盟商户高达 2 000 余家，境外加盟商遍布新加坡、

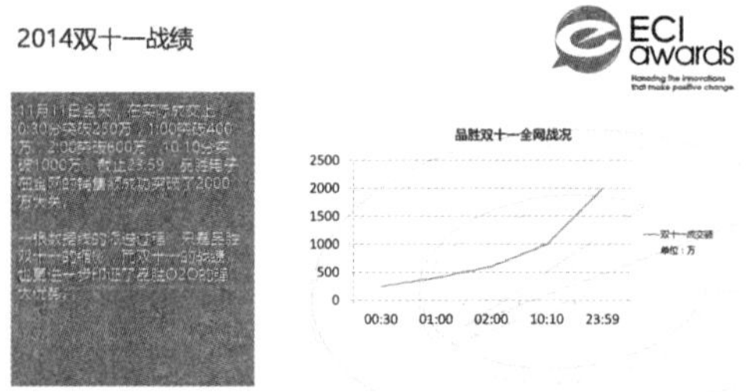


马来西亚，即将登陆印度、越南、美国、泰国等地，品胜产品已远销美国、意大利、俄罗斯、哥伦比亚、巴拿马、加纳、南非、印尼、伊朗等五大洲 30 多个国家。

•当日达订单量成效：2014 年品胜•当日达体系落实以来，由普通百城当日达门店自己派送的订单量就达到 30%，门店自提占总单量的 14%，极大地节省了运营成本，让加盟商能够快速实现“开店就赚钱”的盈利模式。仅在 2014 年“双十一”当天，全网销售额就突破 2 000 万大关，全年销售额突破 15 亿。

**专家评语**

**点评：**罗军 / 途家创始人

品胜•当日达 O2O 经营模式让人眼前一亮。在消费电子产品依赖京东、天猫等大型电子商务平台的背景下，主动思考创新，通过物流加盟结合 O2O 技术创新来提升运营效率，从而推动企业整体产品销售保持高速增长。比较难得的是，在品胜•当日达的 O2O 模式下，经销商、消费者、品胜都能获利。这种生态链多赢的模式是商业模式持续运转的基础。

O2O 商业模式最应该关注的是生态共赢，在这方面，消费者的用户体验是第一位的。如何让更多目标消费者选择更高效的当日达，这是品胜需要持续解决的一大挑战。

# 云南白药“豹七三七”求真溯源之旅

**案例名称：**云南白药“豹七三七”求真溯源之旅

**所获奖项：**商业模式创新类——B2C——铜奖

**获奖单位：**上海氩氪广告有限公司

云南白药集团中药资源有限公司

扫描二维码，
查看完整版案例

## 背景 & 挑战

• 市场背景：中国保健品市场竞争激烈，品牌繁多，鱼龙混杂，市场定位各有不同。

• 公司概况：云南白药为老字号品牌，旗下已有药品、日用品，为打造全新的保健品品牌“豹七三七”，云南白药在 2014 年投入大量资金传播其形象与特性。

• 竞争环境：面临国内外保健品的竞争，汤臣倍健、安利品牌已有很高的知名度，市场占有份额较大。高田、轩庆为线上三七中药材品牌，在 B2C、C2C 平台均有销售渠道，销量很大，是“豹七三七”的最大竞争对手。

• 面临挑战：塑造“豹七三七”品牌形象、扩大市场份额、吸引潜在消费群是三大挑战。

## 创新思维

通过对云南白药珍稀养生品种植地的了解，使消费者认识到白药养生品出自天然、原生态、零污染的生长环境，珍稀名贵。抓住核心目标群，在社交平台上制作有趣的内容，引流至电子商务平台促成购买行为。

## 实施过程

1. 组织活动

《鉴 • 行者》互动我是 ××× 派的，我需要养生在白药养生旗舰店发布“寻真溯源征集令”，与消费者密切互动，传播云南白药养生品产地与产品特性，参与《鉴·行者》西行活动即可抽惊喜大奖。消费者在每一次举动之后都有抽奖环节，如投票抽奖、转发抽奖、邀请抽奖。

第一阶段，在云南白药天猫旗舰店招募五类三七潜在消费人群代表：三高族、爱美族、熊猫族、养生族、爱旅族。通过招募活动，让更多消费者了解三七功效，了解适合服用三七的人群特点，进而激发产品购买。

第二阶段，挑选八位消费者代表到云南展开“豹七三七求真溯源之旅”。消费者来到三七生长地云南文山，品尝三七宴，参观传统三七种植地和云南白药 GAP 军事化管理的三七种植地，参观云南白药集团产业园区，同时邀请养生专家随行，讲述三七优劣辨别之法、养生秘诀等。从而让消费者了解三七生长环境的原生态、零污染，了解三七的珍稀名贵，也更好地了解云南白药对品质的严苛追求，真正理解和认同云南白药“豹七三七”是安全高效、至真至正的好三七。

2. 传播

通过运用媒体平台和传播内容（东方航空登机牌、银行杂志及医药健康垂直类媒体等配合），大规模集中式互动和曝光。10 月 20 日开始通过新媒体传播（大 V 红人微博、微信、微淘、媒体新闻等 EPR），大规模地集中式互动和曝光。利用概念打造、话题引导、事件营销等方式广而告之，拓展和培养新的用户群体，从而带动销售，打入市场。其平台包括：

①微博微信直播报道：官方微博微信同步视频、图文直播“求真溯源之旅”全过程。

②视频网站投放：真人秀实时纪录片投放在优酷、腾讯、爱奇艺、搜狐视频等多家主流视频媒体。

③媒体报道：网易、凤凰网、39 健康网、健康第一线等多家新闻类、健康类网站对本次活动进行了跟踪报道。

### 效果评估

①活动期间，线上月销售额为过往月销售的 4 倍。

②活动视频浏览量超过 160 万次。

③ 微博微信曝光量：12 674 万次，互动 21 726 人次。

④活动期间，微信粉丝新增 7 628，微博粉丝新增 24 057，约为平日增长的 150%。

### 其他实效

在活动期间，电子商务同期进行“双十一”活动，在求真溯源活动与聚划算的助力推动下，“双十一”当天“豹七三七”在正式进入三七市场不到半年的时间里，荣登了天猫“双十一”三七类目品牌排名的第三名！在线下的知名度也获得大幅度提升，多家行业机构、媒体均对“豹七三七”系列产品表示出了高度的关注，具体媒体可在结案 PPT 里查阅。

借由求真溯源与“双十一”活动，白药养生旗舰店朝着以三七为核心的养生大健康事业又迈出了坚实的一步。

**专家评语**

袁俊 / 牵牛信息科技联合创始人

利用热点真人秀以及类纪录片的内容承载形式，充分挖掘跨界传播的营销价值。云南白药产品具有极强的品牌背书，而在本案例中，针对其原料三七的来源珍贵、稀缺以及天然等特质，得到充分的挖掘。真人秀节目是近年来受众喜闻乐见的娱乐节目形式，而云南白药非常敏锐地捕捉到真人秀节目与本品牌的结合点，结合自身的传播资源，将品牌理念渗透和电商营销结果形成良好的结合，得到了满意的营销回报。

# 途家网商业运营模式

**案例名称：** 途家网商业运营模式

**所获奖项：** 商业模式创新类——020——铜奖

**获奖单位：** 途家网网络技术（北京）有限公司

扫描二维码，
查看完整版案例

## 背景 & 挑战

途家创立“平台+自营”模式之前，行业内大部分网站仅仅提供平台供个人或者公寓运营公司将自有房源挂到网站进行租赁。这就导致一些消费者只能从业主主观描述及提供的照片获取即将入住房源的信息，当业主真正入住到房子里时，发现真实情况与描述有一定差距。

解决相关问题需要一套标准化服务标准来规定或改造房源，线下需要大量人力物力支持，当房源行标准化后，消费者就能直观地感知出入住房间的质量。就像你住过一次希尔顿，你会知道全球所有的希尔顿都不会差到哪里去。同时也需要完善的平台建设来连接优质房源及消费者。

## 创新思维

途家网商业模式是拿到房源后进行标准化整合，保证各个自营房质量。同时，途家网提供的房屋全部为实地验真、实拍，确保房源的真实可靠。第二个目标，提供线上专业预订平台，全面系统介绍房源信息。这个行为也是为整个度假租赁行业树立典范和高品质的标杆。

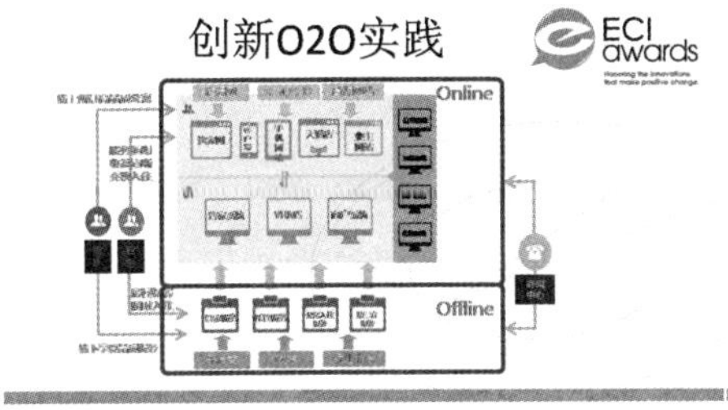


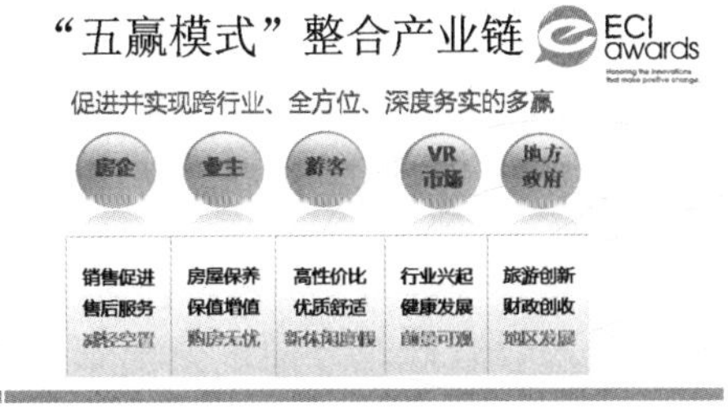

## 实施过程

度假公寓是在旅游地提供酒店式管理和服务的可租赁的公寓，集酒店、家庭为一体的住宿环境，既引进了星级酒店的服务功能和管理模式，又结合了公寓的居家感觉。具有居家体验、物超所值、房型多样、自在私密的特点，是一种新型的旅行住宿方式，适合全家出行、自由行、深度旅行和休闲养老。

途家网除了提供的房屋全部为实地验真、实拍，确保房源的真实可靠。同时途家提供了完善的“房客保障计划”，当入住时发生“预订房间无法入住”、“房间及设施与照片不符”、“房东临时提价”等情况时，途家网会严格按照“房客保障计划”提供完善的赔付，为您的每一次出行提供可靠放心的住宿。

同时，途家网提供线上专业预订平台。一方面，专业预订平台整合线下房源，并对线下具体服务进行运营或监督，是对线下服务进行专业整合并输送至线上的第一道枢纽；另一方面，专业预订平台又同在线旅游网站、团购网站、电商平台等互联网企业合作，将服务式租赁产品分发到各个渠道。

## 效果评估

途家网运营模式受到多家投资公司的青睐。目前已经完成了共 1.7

亿美元（大约 10 亿元人民币）的三轮融资，包括国际著名投资机构纪源资本和光速安振、国内著名投资机构鼎晖投资、启明创投和宽带资本，以及国内旅游业巨头携程网、全球度假公寓行业巨头 HomeAway 等八家机构参与投资。据了解，每一轮的融资均有近百家的投资机构争抢投资。

· 消费者评分方面：携程旅行网是途家网的战略合作伙伴，目前途家公寓在携程旅行网上的售卖情况非常火热，用户口碑也非常好，用户平均评分都在 4.57 分以上，比很多五星级酒店的评分还要高。

· 房源数量方面：目前，途家网已覆盖国内 173 个城市和海外 135 个城市，在线房源逾 14 万套。与此同时，途家网已经与中国前十的开发企业签约，签约项目多达 500 个，储备房源 40 万套，正在签署合约的有 900 个。在政府合作方面，途家网已与国内 100 多个政府机构签约，其中包括 5 个省级政府机构。

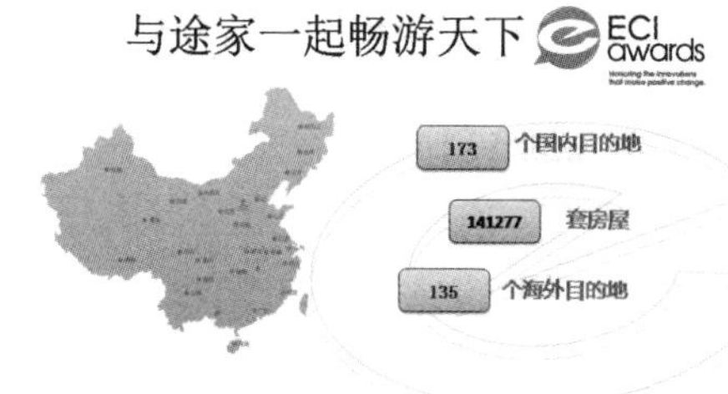

**专家评语**

杨陵江 /1919 酒类直供首席执行官

度假公寓是度假租赁服务细分市场上的创新，给予消费者在酒店以外的更多选择，这给 20 ~ 40 岁左右的白领阶层提供了一个很好的类似定制的服务。其商业模式是把社会上一些闲散资源整合及盘活，通过分享的模式使之成为一种新的商业模型，从中获取商业收益。在消费者担心的“货不对版”、“到店无房”、“服务无保障”方面，有相应的保障机制，免除了消费者的担忧。而这样一个创新的服务模式，在市场教育方面需付出较大的成本进行推动。同时，服务业的危机处理，也是一个挑战。

# 华人国际自由行旅游商品商家云端营运电商平台

**案例名称：**华人国际自由行旅游商品
商家云端营运电商平台

**所获奖项：**商业模式创新类—— C2C——铜奖

**获奖单位：**伟博泰电子商务顾问（股）公司

扫描二维码，
查看完整版案例

## 背景 & 挑战

大陆每年出国观光人数高达数千万人次，且近年不断快速增长。以2015农历年假期为例，短短几天内共有高达540万余人次出境观光，年增长20%以上，更为到访国家和地区带来数十亿美元的观光收益！其中，由于中国大陆民众收入增加，依自己喜好自订的“自由行”比率更是大幅增加。以台湾地区为例，2014年全年来台观光人口打破1 000万大关，与日本2013年相当。其中，大陆民众来台旅游人数已高达约450万，约占全台全年境外旅客人数的45%，是境外旅客的最大来源。且大陆游客自由行的人数已逐渐与参加旅行团的人数拉近，预计在两年之内超越参团游台的人数，显见纵使自由行费用花销较高，仍深受大陆民众的喜爱。

因此可见，华人国际自由行

旅游市场不仅对台湾地区，对其他被访国家和地区都极为庞大、重要。

### 创新思维

我们提供所有自由行所需之旅游商品的商家，不管是企业或个人（尤其是个人业者，如民宿），皆可在云端上轻松上架。开设电商，自行接单，方便直接收取各国尤其是大陆民众的付款，为旅客的自由行需求提供最直接的服务。集结商家网等平台资源，集中让各国旅客，尤其是大陆华人都能轻松规划自订自己所需的自由行全程中所需的服务。

### 实施过程

提供服务差异化。包括个别开店、支付多元化、整合化，旅游商品在地客制化，以及费用经济、合理化，以达成此类电子商务服务中的最优化。这其中包括：

①个别商家快速在线开店。

②整合大陆、台湾地区与国际支付付款工。

③依在地业者需求，提供所有旅游商品上架销售与“组合式”优惠云端服务。

④集合众商家资料成为自由行订付“搜寻数据库”。推广在线即完成旅游行程的预定与支付，最后达成“一站皆有”的全方位旅游商品整合。

⑤现在，完全云端化之后，商家不用负担建置费、系统硬件费即可立即申请上线，完全依照订单金额支付一定比率的成交服务费即可，让商家支付费用更低廉合理。

研发建置旅游服务企业个人云端平台功能。包括：

①可供大陆网民正常连线的网域、云端主机与联网路径设定。

②本服务功能不须内建在商家原静待旅游信息网站中，只需加挂“超链接”在原网站、微博、电邮甚至微信账号中，指向本服务即可，简单、快速、跨平台、成本低。

③旅游服务采“个别日”上架类型。

④商品分类常以“使用人数”为设定。

⑤服务商品“价格管理”需细分到以“个别指定日期”区分管理上架。

⑥非偶数人时加收费用。

⑦“加购服务商品”功能，即除住宿、租车外，旅游服务常为顾客提供许多“加购”服务，以满足不同旅客之不同需求。

⑧订单管理以“一品多日”为支付范围，即通常一品项服务皆为连续多日租用，故应可让旅客同时支付多日租用之费用，不必各单日支付。

⑨整合十多种在线境内与境外支付收款工具，让个人即可申装十多种付款方式，收取大陆、台湾地区与全球各国旅客之付款。

⑩实时冲账、入账信息功能，即远端境外或境内旅客，只要完成支付，最快 3 秒钟、最慢 10 分钟，管理后台即可得知订单是否得款完成订购。

⑪企业商家整合自动开立电子虚拟发票功能，即企业商家可依税法规定申装电子虚拟发票功能，以电邮取代。

⑫自动付款、得款行动客服通知，即付款方式说明（如个别转账账号）与得款确认订单、感谢客户等，皆自动编辑、发送手机短信通知客户，减少客服人力需求。

⑬同时多种旅游服务商品皆可上架兼容之框架，即为应付订房外之各种旅游商品上架，后台提供适合不同商品模版设定之选择，共有住房模版、汽车出租模版、自行车出租模版、汽车旅馆模版，等等。

**效果评估**

经多月实际营运之后得到阶段成果如下（上线家数陆续增加中，以其中最早加入之 5 家民宿业者为例）：

①商家上架、开户上线需时缩短。由原来个别开发上线需时 3 周到 3 个月，缩短为 3 小时到 3 天。（依其商品上架数量而异）这包含个人商家申办国际跨境与境内支付收款核准在内。

②企业或个人商家同时可开通的在线支付收款工具，多达 9 ～ 12 种，为台湾业界最多。比起以往商家仅能依赖现金或 ATM 转账收款，对大陆或国外旅客极为不便来说，已大幅跃进方便许多。

③在线订单与付款数的增长。商家营收比起去年同期订单成长 20% ～ 30%！ 5 家民宿业者（合计 40 余房）单月出租率提高至 78% 以上，

2014 年暑假期间出租率更是高达 92% 以上！周末假日皆为客满，早预订一空，一房难求！

④订购渠道的改变。在线接单的比率高达 65%。比起以往几乎全为人工接单，大幅降低人工接单成本与时间 50% 以上。其中，深夜订单约占 15%，显见电子商务化后 24 小时接单的方便。

⑤付款方式的改变。在线支付订单比率已占 60% 以上，大量取代到场现金付款的不便。

⑥冲账对账、客服的 e 化效益。完全由云端系统执行，无人化、实时化，再降低人力处理成本 50% 以上。对客户的通知处理时间也缩短到实时，无人力成本。

⑦其他商家的反馈。商家甚至反应，在线预定让客户实时查询明了“远期订房”状况，竟可“提早六个月”订房付款，等于让商家提早 6 个月收款，实为预期之外的收获。

**专家评语**

**点评：**吴孝明 / 宣亚国际传播集团首席战略官

---

如果说，选择多样化与客制化是电商服务的基本特征，那么本案例可以说是做到了！

基于华人旅游市场的需求增大，特别是大陆赴台自由行的游客日渐增多，电商化的旅游产品确实有其生存的空间，毕竟长期处于大型综合旅游网站两个 C 端的酒店与游客，更愿意在兼顾到便利与安全的前提下，实现直接交易。本案例的商业模式就是从 C 端的需求出发，全力汇集了多种产品与多样的支付方式，同时以平台套件的服务模式，为旅游产品供应方提供技术支持与云端后台，使其无后顾之忧，进而协助双方达到即时交易与实时互动，确实是个值得期待的旅游电商创新模式。然而，或许是由于上架的商家至今仍较少，尚未能看出规模效应，而且 UI 仍有待加强。

# 产品创新类
# Product Innovative

参与该类别的案例，是基于电商的形态与特性，创造的产品或者服务。详细类别请参照营销创新类。

All cases should be new products or service specially designed for e-commerce environment and property. Please find the subcategories in Marketing Innovation.

趋势与未来洞察

# 来自差异化电商的降维攻击

自从工业革命到来的第一秒开始，地球上就无法挽救地进入到农民扔掉锄头进入工厂做流水线工人的必然，而自从工业革命开启的瞬间，标准化的商品就再也不是人类难以征服的天堑，也暗示着手工业制造者的噩梦开始了。日历翻到2015年，地球上已经不存在所谓的“独家制造科技”，从消费者角度看待此问题，地球上同样不存在只能从一个电子商务平台购买到的商品。

商品同质化的背后，暗示的是商业交锋重心转移到创新。然而，工艺创新不可能无穷无尽，除非出现某一种颠覆性的技术革命力量（譬如3D打印），可这种颠覆性工艺问世的概率极其低下与难得。同理，争夺消费者的营销创新也并不是一个恒定量，会伴随竞争阶段与竞争激烈程度呈现出逐步上升的趋势。工艺创新希望形成的商品差异化，但工艺创新并非不可复制。营销创新希望形成的是品牌差异化，可是营销创新同样基于灵感与资源投入。

所以，大约八十年前的创新商业学科中，就提出过商品同质化背景下的服务差异化竞争战略，用白话文来解读，则意味着任何一家企业能在提供同质化商品的同时，提供比竞争对手更为优质的服务，便会获得更多的商业利益机会，这种竞争方式与“整体成本领先，差异化竞争，聚焦化竞争”三大基础竞争战略并不矛盾，相反，依旧秉承三大基础竞争战略走得更为深入而已。同样的竞争战略思路，出现在电子商务产品创新格局中。

站在2015年，前瞻电子商务产品的创新趋势，我们非常欣慰地发现，这种探索不仅得到电子商务执行者的重视，而且寻找到具有价值的经验可供借鉴和学习。

一、竞争，在商品之外

如果认为消费者购买商品时支付的仅仅是金钱成本，那就大错特错了，真实的消费者支付成本包括金钱成本（购买货币）、精力成本（选择购买时花费的精力）、时间成本（决策购买期的长短）以及信任成本（消费者在诸多购买信息中的选择，意味着情感上的信任，尽管很多消费者并没有意识到这一点）。长久以来，电商提供商品时，重视的是商品品质本身，忽视解决消费者精力成本、时间成本与信任成本的隐性痛点，而在未来，电子商务的产品创新会走向商品与服务一体化的阶段，商品不再是简单的物体，而会更为牢固地与服务相捆绑，甚至于未来消费者选择商品的理由根本不在于商品，而在于服务。

二、服务的非线性延展

电子商务理念的服务，应该是覆盖全交易过程，覆盖全交易决策因素，包括商品展示、体验（或者试用）、咨询服务、交易过程中的消费者口碑了解、价格比较、数字支付体验、物流配送、晒单、退换货。而现阶段的电子商务产品，多停留在满足商品展示、咨询服务、口碑、支付与物流配送环节，忽视其他环节的数字化服务建设。未来的数年中，电子商务产品创新将从服务非线性延展开始进入到高速超车道，能在服务延展角度做到更好的创新突破者为王。

三、产品路径

智能电视“占据家庭客厅”绝对不是为了卖电视或者卖电视里面的IP内容，相反，智能电视愿意用低到不可思议的成本出货，更看重的是覆盖家庭消费生命力周期的商业增值，这部分增值包括用户付费购买内容，以及用户通过智能电视交互实现商品购买或服务购买。智能电视只是电子商务产品路径创新的一个很小的起步点，之所以会从智能电视开始起步，是因为智能电视是所有家电中最适合与消费者产生交互的介质（与其指望冰箱或者洗衣机与消费者开始交互，几乎所有路径探索者都极其默契地将起步点设置在至少有屏幕与遥控器提供交互可能性的电视机上），而智能电视的商业化进程，也暗示着电子商务产品的创新方向，一则适合智能电视构建交易关系的电子商务产品将得到长足发展（家庭级产品，而非用户单级），二则智能电视的电子商务数据定向等产品创新同样会顺势扶摇直上。

四、人成为产品的一部分

社交关系，一直是人的基础需求之一（生存、安全、社交、自尊与他尊、自我价值实现的马斯洛需求金字塔），而在电子商务领域的社交关系，同样可以区分为人与熟人之间的社交关系、人与陌生网友之间的社交关系、人与意见领袖之间的社交关系。三种层级的社交关系强度，暗示着人与人之前数字社交的距离。之前的电子商务创新中，三种关系组合形成口碑角度的购买决策支持，已经成为逐步成熟的方法论（泛用于社交媒体、垂直媒体、电商点评等领域），但从电子商务产品创新角度审视，我们发现“人”已不局限于消费者，也已经成为产品的组成部分，尤其在众筹与众包机制下的电子商务产品创新中，“人”不仅扮演购买需求者，还扮演可交易的价值提供者角色。这种产品创新，将在未来两三年内形成进一步的探索与深耕。

五、货币不再是唯一的现金等价物

支付与获取，是电商问世以来的基础套路，换句话说，电商将交易关系从线下转移到线上，确保的是交易行为数字化，而在未来两三年内，人的时间或其他闲置资源将成为产品创新的重要组成部分。以物易物，或者以时间易时间，均会开始全新的征程（以物易物类电子商务产品创新，早在10年前就有所探索，但是商业环境并未成熟），会引来大有可为的全新天地。

# 人人快递网信息服务平台

**案例名称：** 人人快递网信息服务平台

**所获奖项：** 产品创新类——金奖

**获奖单位：** 四川创物科技有限公司

扫描二维码，
查看完整版案例

## 背景 & 挑战

近年来，中国经济持续快速发展，城市规模不断扩大，人们的生活节奏也日益加快。尤其是在北京、上海、广州等一线城市，同城配送、餐饮外卖、商品代购等需求一直呈几何式增长。而随着电子商务、网络超市等消费形式成为人们生活的一部分，更是直接推动了此类需求的增长，迎来了巨大的市场机遇。

但是，同城配送需求非常离散且难以规模化，时效性要求高（1 ～ 2 小时需送达），通常没有特别包装，鲜花等商品还需轻拿轻放。

1. 传统配送模式无法满足此类配送需求

①配送过程通常需要 1 ～ 2 天或更长。

②只能在工作时间收件、送件。

③货品需要专业包装，需要大量堆放和搬运。

2. 自建配送团队同样难解痛点

①高频餐配送需求时间过于集中，忙时运力需求大，闲时运力大量闲置。

②成本和管理难度极大，无法规模扩张。

有规模、全天候、服务质量有保障的本地配送服务网络严重稀缺，时效性低，如何让同城配送在互联网思维改造下进行经营模式的变革，真正地实现快速、高效以及安全、高性价比，给用户带来更好的体验，成为行业面临的挑战。

## 创新思维

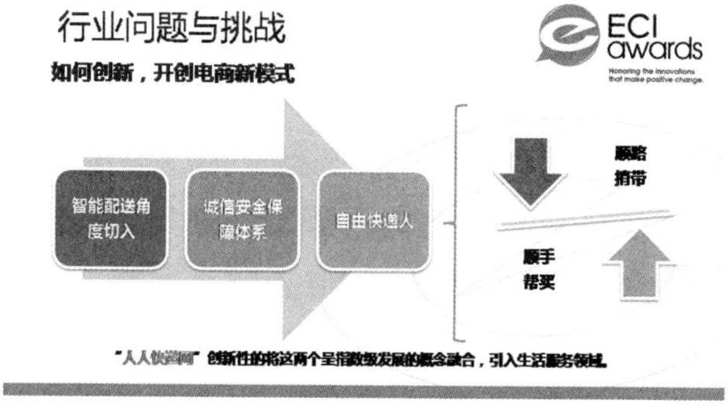


人人快递网倡导“人人参与”，其创新的核心目的是基于个人诚信体系与安全保障体系，打造全新型移动电子众包商务模式。利用人人快递网沉淀的海量交易数据，建立“人人诚信体系”平台。未来继人人快递网平台之后，推出如“人人家政”、“人人公益”等更多的众包信息服务平台。

人人快递网创新性地将“众包”模式与“移动互联网”这两个呈指数级发展的概念融合起来引入生活服务领域，首先从全新的智能化配送角度切入。在社会化诚信体系与安全保障体系基础上，倡导全社会大众发展成为我平台审核通过的“自由快递人”角色，利用其在城市中穿梭的行程，为他人提供同城小件的“顺路捎带”以及“顺手帮买”的定制服务。

目前使用人人快递网的用户可以：

①人人享有“极速达”和“限时送”的点对点服务，同城 3 千米内 30 分钟快速到达。

②人人可以申请成为“自由快递人”，选择“随心”、“随时”、“随地”安排自己的闲散时间，提供他人服务，赚取酬劳。

③个性化定制服务，一切从客户需求出发，无论是鲜花、易碎品、电

子产品，甚至宠物都可以通过人人快递完成配送。

除此以外，人人快递网的价值还在于：

①打破传统烦琐的物流闭环即“订单——收件——干线运输——中转——干线运输——派件”，节约运输成本，减少临时仓储环节，使配送的生命周期更短。

②减少无效出行，有效实现节能减排。全程“无纸化”的电子操作智能模式，减少了传统纸质单据的使用，绿色环保。

③平台提倡人人互助，建立个人诚信体系，在传送物品的过程中传递帮助人的热情，打破人与人之间的疏离和不信任感，搭建线下社交途径。

④通过不断健全和完善内部的安全保障机制、赔付机制以及诚信机制，实现社会管理模式创新，产生更为理想的经济和社会效益。

## 实施过程

人人快递是由创物科技开发设计，是中国首家最大的专人直送服务平台，也是目前国内同类电子商务平台中规模最大、人员最多、客户最多、区域最广的服务平台。平台创新具体实施如下：

### （一）人人快递平台两大主要功能

1. 顺路捎带，直送直达

避免暴力分拣，节能环保。整合社会零散资源，用一对一专人直送的方式实现个性化生活服务。

2. 精品购，代购，便捷快速

网罗鲜花、蛋糕、咖啡、美食等精品信息，随时随地满足用户生活需求。

### （二）人人快递平台产品特点

1. 快速便捷性

在手机客户端轻轻一点，发出需求，智能捎带购买轻松实现。3 千米 30 分钟，5 千米 60 分钟送达。

2. 贴身安全保证

诚信体系、认证体系、培训体系、流程管控体系四大体系以及平台优先赔付制度为货品安全保驾护航。

①货物配送标准流程。

②接单过程中 GPS 全程跟踪，实时定位。

③客户资料平台保密机制，确保用户资料不泄露。

④自由快递人资料的完善和认证。

⑤平台承诺货物出现货损、货差，一经核实，平台先行代自由快递人对货物价值进行全额赔付。

3. 玩转用户与自由快递人的角色转化

平台鼓励个人用户转换角色：

①个人用户可以发货或发代购需求。

②个人用户完成在线培训后成为自由快递人，可以承接商家和个人的发货和代购需求。

**（三）自由快递人服务流程**

①发货人通过手机 APP 端发出需求信息，平台基于 LBS 位置定位，将该需求推送给需求附近的自由快递人，促使其进行抢单；

②抢单成功后，自由快递人须 1 分钟内电话联系发货人（核实取货地址、告知到达时间、提醒发货人不要对货物封装），预估并告知上门取件时间；

③自由快递人上门取货（30 分钟内到达发货地址）时主动出示工作证并对包裹内货物进行开箱“裸露”拍照，需拍摄两张以上且不同角度的清晰照片；

④取货成功后，当发货人面联系收货人：核实收货地址、预估并告知送达时间（若运费为到付，需告知收货人）；

⑤货物送达，客户验货后，自由快递人点“请求确认”，向收货人索要系统发的 5 位数确认码（短信），至平台确认界面进行确认。

## 效果评估

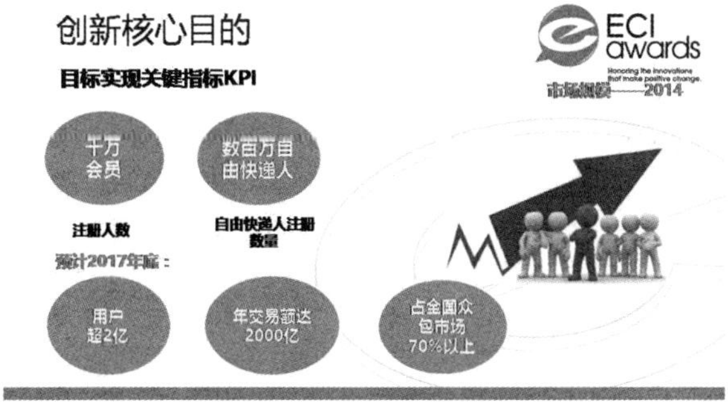


人人快递网手机APP端，于2013年正式上线运营，发展至今已成为中国最大的“众包”电子商务平台。平台目前拥有千万会员，数百万自由快递人。在北京、上海、广州、深圳、天津、杭州、南京等十余城市设立分公司发展运营。

人人快递网的高速发展吸引了众多国内外投资商的广泛关注，仅2014年就有33家风投企业希望融入资本。平台目前已完成与深圳腾讯及高榕资本A轮1 500万美金的融资。为同行业中最大金额的投资。

**专家评语**

**点评：**杨冰 / 虎扑（上海）文化传播有限公司总裁

人人快递创新性地利用社会大众来实现各种货物运输的业务，从挖掘参与派单的“自由快递人”的时间、提升每次人员移动在携带货物方面效率的角度而言，和目前非常火的Uber和Airbnb有相通之处，都是挖掘整合以前未被专业服务利用的潜在供给者，通过一个高效的前端品牌进行消费客户的获取及分配，在实现“共享经济”模式的过程中，为整个行业实现了服务的增量供给，也降低了自身提供服务的成本，使自身相较同行具备了更强的竞争力。

人人快递在短期内可能遇到法律法规方面不够清晰的问题，但是完全有理由相信，只要是真正提升社会整体效率的模式，未来必将获得更多支持，反而是业务层面可能存在要进一步确认的方面：“众包”模式中非固定专职人员是否能提供持续稳定的服务，运输环节本身有赖于更前端的需求入口可能导致具体场景的话语权不够强（典型的外卖场景被饿了么、美团等企业占据）。

# 品胜·当日达 020 服务

**案例名称：** 品胜·当日达 020 服务

**所获奖项：** 产品创新类——银奖

**获奖单位：** 四川品胜品牌管理有限公司

扫描二维码，
查看完整版案例

## 背景 & 挑战

随着电子商务平台的日益繁荣，线上交易平台早已占据着数额不菲的消费人群，价格低廉、品类齐全、数据流通等优势也日益凸显，但物流和服务却是其不可规避的软肋。尤其是近年来智能硬件愈发普及，网络设备成为很多用户家庭所需，但不少用户网购了网络设备（如路由器、智能盒子）之后不会使用，也找不到专人指导，退换货十分麻烦，更不用说让网络卖家亲自为用户上门安装调试了。

在目前的电商市场，大多数的线上交易平台与产品服务是脱节的，并且目前还没有电商平台能将产品与服务相结合，这已逐渐成为影响行业发展的绊脚石；而另一方面，更着重于与客户面对面交易的实体经营却拥有强大的产品售前、售后服务能力，但因为经营成本高、产品价格吃亏等因素，在市场竞争中面临电子商务的冲击。

如何将产品服务与线上交易结合，使用户在网购以后既可以快速地收到货物，又能享受与实体购物一样舒心的服务？于是，我们想到了整合线上线下优势，在电子商务平台上将产品与服务相结合，消费者不仅可以享受快速的送货、得到心仪的产品，同时还能享受到免费的个性化上门服务，如上门安装路由设备、上门贴膜等，既能让用户体验更好，又能让产品服务更佳。

## 创新思维

整合线上线下优势，完善品胜·当日达 020 服务体系，通过电子商务平台将产品与服务有机结合，增加用户黏度，改善用户体验，并延伸增值服务项目，积累并开发更大客户群体，打造一个集产品和服务为一体的 020 电子商务购物平台。

为了实现这一目标，我们严格拟定自身量化标准，凡是用户在品胜网络金牌授权店铺购买的商品，收货地址在“百城当日达”范围内，均会在 24 小时内送达；在互联网平台购买的产品首次均享受免费上门调试、安装的服务；在售后方面，若是产品出现质量问题，也将享受免费上门退换及调试服务；在服务全过程中，品胜·当日达的“达仔”有统一的着装和专业装备，为客户提供上门安装和调试服务。

## 实施过程

品胜·当日达推出“线上线下同价”、“百城当日达”、“向日葵随身服务”三大服务体系，在电商领域实现突破与创新。

（1）线上线下同价：用户无论是在品胜·当日达商城里购买产品，还是在品胜全国 891 座城市的上千家实体店购买产品，价格均是一致。

（2）百城当日达：在品胜·当日达购物，收货地址在“百城当日达”范围内，我们均会在 24 小时内送达，并且做出“不

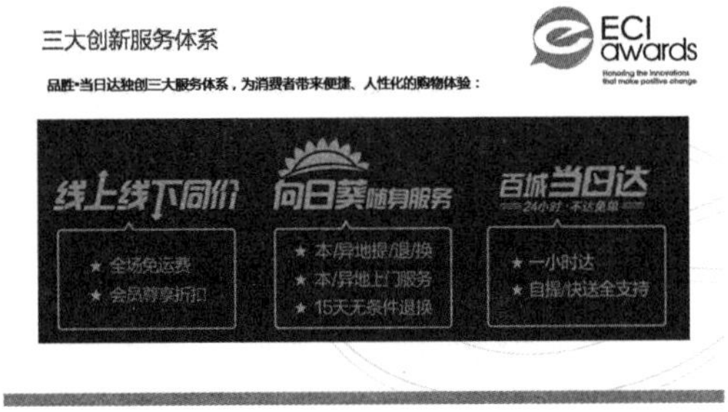


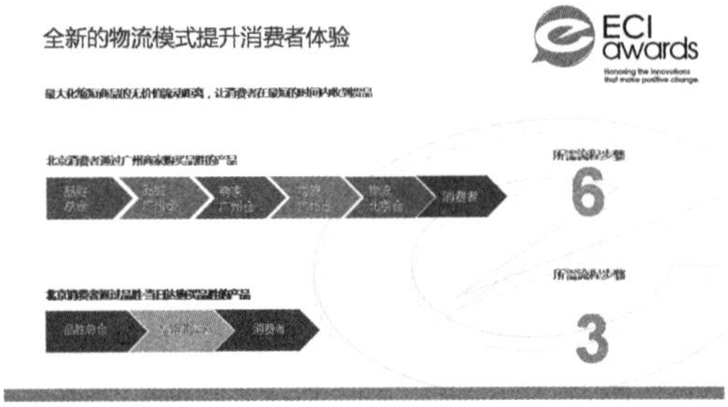


达免单”的承诺，此举开创了业界先河。此外，我们还能提供“一小时达”、“定时送”等增值服务。

（3）向日葵随身服务：依托在全国建立的上千家门店，无论用户在何处购买，在哪里下单，都可享受异地提、退、换的服务，并提供上门贴膜、上门设置路由器等个性化服务，消费者能够享受到售前咨询、免费安装、售后退换一站式服务。不仅如此，当送货上门时，如客户有需求，送货员甚至还能现场为客户下单，完成二次销售。这一服务模式打破了传统电商产品与服务隔离的困局，创造了一种全新的020服务体系。

2014全年，我们为完善服务体系，进行了一系列举措。第一、二季度进行个性化服务的试点，凡在品胜·当日达官方商城购买产品的用户，继续推行“24小时不达免单”、“异地可退换”、“定时送”等向日葵随身服务；第三、四季度全面落实免费上门安装、调试等附加服务；8月，正式与阿里巴巴达成战略合作，共推“1小时达”等个性化服务；10月，为完善用户体验，品胜·当日达在百度直达号正式上线。

## 效果评估

品胜 • 当日达产品服务类创新目前持续登陆全国各大城市，正在为消费者带来极速购物体验……

（1）当日达单量成效：2014 年，普通“百城当日达”门店自派送的订单量高达 25%，门店自提占总单量的 14%，当日达的成功开展极大节省了各方面运营成本，并提升了企业的综合竞争力。仅在 2014 年“双十一”当天，全网销售额就突破 2 000 万大关，用户在物流爆仓的情况下依旧能够按时甚至提前收到货物，不少用户在前一天晚上下单，第二上早上便收到了包裹，品胜 •24 小时达在“双十一”也能履行承诺，全年免单量仅有 24 例。

（2）品胜销量成效：2014 年，品胜再度蝉联移动电源销量桂冠，全年销售额成功突破 15 亿元。

（3）当日达扩展成效：品胜 • 当日达于 2014 年开放全国加盟体系，截至年底，020 服务体系已吸引 2 000 余家加盟商参与其中，1 000 余家加盟门店已在年内开业，覆盖全国 891 座城市。境外加盟商遍布新加坡、马来西亚，即将登陆印度、越南、美国、泰国等地，未来将覆盖 20 多个国家和地区。

**专家评语**

**点评：**黄博 / 华盟传媒首席执行官

在我看来，品胜 • 当日达这个案例最值得我们借鉴的，并不仅仅是产品设计的变革、在线平台与线下门店的融合、渠道拓展与营销品牌的有效配合，而是一个传统品牌在这个大时代破局变革的决心。我认为，传统企业要践行“互联网 +”的变革，必须是“一把手”工程。任何手下的精英骨干与优秀杰出的第三方均不可取代企业领袖坚定不移、身先士卒开展二次创业的信念与决心。

把岁月拉长来看，无论品胜 • 当日达最终将会走到何种高度，必然会成为中国电子商务发展过程中非常值得大家去思考与观察的案例。

# The ONE 智能钢琴

**案例名称：**The ONE 智能钢琴

**所获奖项：**产品创新类——铜奖

**获奖单位：**小叶子（北京）科技有限公司

扫描二维码，
查看完整版案例

## 背景 & 挑战

在创新运动开战前，该行业一直处于比较低迷和亚健康的状态，整个乐器类行业都处于一种稳定且没有增长的状态。乐器、音乐学习成为众多孩子眼中的死敌，也成为中国艺术教育不能逾越的横沟。如何让孩子一边在艺术的海洋中遨游一边学习，一直是中国全社会致力于解决的问题。

The ONE 智能钢琴的出现，改变了传统乐器行业的格局，使传统的乐器售卖方式不再局限于传统琴行，而是拓展到了超市、社区、咖啡厅等众多场合，不仅增加了人们的艺术素养，还提升了人们的精神文化生活水平。成功打破了乐器普及化的僵局，成为行业的“领头羊”，开创了乐器多元化的销售渠道。

## 创新思维

The ONE 智能钢琴的创新在于将移动互联网技术应用于音乐教育领域。作为一款软硬件结合的互联网产品，The ONE 智能钢琴不同于传统钢琴，它将作为乐器的钢琴拓展成教学工具，将单向被动的练琴变成了双向互动

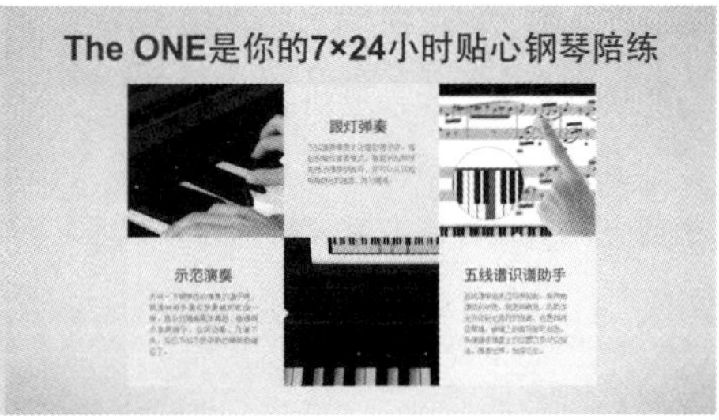

的玩琴。

在软硬结合的基础上，The ONE 的跟灯模式，能智能检测弹奏的每一个音符，弹对音才会亮下一个灯，零基础的用户，跟着灯第一次就能弹出自己喜欢的曲子。在熟悉键盘的基础上，配套 APP 里还提供中央音乐学院老师的教学课程，由易到难，每周更新，在线指点识谱、听音、手型、指法。

## 实施过程

The ONE 的跟灯模式，能智能检测弹奏的每一个音符，弹对音才会亮下一个灯，零基础的用户，跟着灯第一次就能弹出自己喜欢的曲子；在熟悉键盘的基础上，配套 APP 里还提供中央音乐学院老师的教学课程，由易到难，每周更新，课外通过微信和 QQ 替用户答疑解惑，在线指点识谱、听音、手型、指法；类似“节奏大师”的卡拉钢琴，以瀑布流的方式让用户游戏弹奏，同时培养乐感；The ONE 还与全球最大音乐出版商 Hal Leonard 和 Alfred Music 实现合作，免费提供 2 万首正版曲谱，既有古典，也有热门流行金曲，还有各种风格的专题供学琴者选择，用户通过打分、录音、分享等功能可以实现社交互动。

## 效果评估

The ONE 智能钢琴在 2014 年 4 月推向市场以来，已经是在天猫和京东

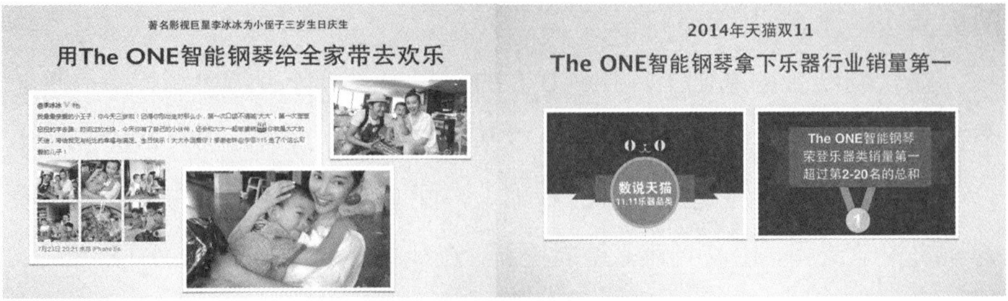


两个国内主要网购平台乐器类的销量第一。月销量过 3 000 台。同时，在购买过的客户的反馈中，我们的硬件产品和 APP 配合起来使用，为很多音乐初学者培养了学钢琴的兴趣。

**专家评语**

**点评：**杨冰 / 虎扑（上海）文化传播有限公司总裁

The ONE 创新性地通过先进的技术打造了智能钢琴，解决了传统钢琴学习中的钢琴硬件昂贵、学习方式枯燥麻烦、学习过程漫长痛苦等问题，帮助钢琴学习者更简单快速地参与钢琴演奏学习，降低了钢琴学习门槛后将推动更多人参与钢琴的学习，也直接推动了整个领域的发展。除了产品上的创新，The ONE 在商业模式上也实现了突破。基于这一相对传统中低端钢琴极具竞争力的硬件产品的规模化销售，The ONE 继续扩展了钢琴教学在线教育、以钢琴为基础的游戏玩法，扩展服务的同时为企业延长了与客户的联系，增加了收入可能。

The ONE 智能钢琴所代表的通过技术创新来实现对传统服务创新是非常值得推崇和推广的案例，尤其值得持续关注和思考的是，如何确保这样极具创新性的产品不会在某些关键体验上成为传统服务体验的“简配”，如何让市场更快地接受和理解以实现真正规模化。

# “小米功夫酒”新品上市微信推广案例

**案例名称：**“小米功夫酒”新品上市微信推广案例

**所获奖项：**产品创新类——铜奖

**获奖单位：**成都泽宏嘉瑞文化传播有限公司

安徽文王酿酒股份有限公司

扫描二维码，
查看完整版案例

## 背景 & 挑战

自 2000 年开始，白酒进入渠道竞争，各家放弃了对产品的思考，把更多资源和精力放在渠道资源抢占上，白酒企业的诉求对象变成渠道商和网点老板。随着消费者的日益成熟，2012 年开始白酒行业进入政策、市场的双重下滑期，政商市场限制消费，中间阶层选择地产家乡品牌，年轻消费者不喝白酒。我们面对着一个如同 30 年前的日本清酒市场，革命是必须要有先行者的。

从 2013 年至今，白酒市场的大幅衰退仍然没有好转的迹象。2011 年入市的联想控股丰联集团是白酒行业的新进者，在大举并购多家知名白酒企业后的今天，我们面对的却是一个已经陈旧衰退、缺乏创新、缺乏沟通的传统白酒市场。如何争取更年轻的白酒消费者？如何创新白酒体验？如何运用新媒体推广白酒产品？大胆突破传统白酒研发、推广、行销模式，创造出真正意义的整合品牌。

白酒行业陷入渠道竞争中，争夺的不是消费者，而是渠道商和网点，高额的毛利率让传播变成媒体大于内容，消费者对于白酒档次的认知也是来源于媒体档次和价格档次。年轻人不再喝白酒，转向洋酒、红酒和啤酒市场。

• 消费者洞察：写字楼的年轻白领，经常加班或者临时聚餐，尤其是晚上喜欢几个同事或朋友随意喝点小酒，而目前白酒品牌几乎都为应酬而生，唯一能选择的似乎只有“二锅头”，但“二锅头”为清香劣质酒，并不是所有人都能接受的口感，消费者需要一款精品的“下班酒”。

• 渠道需求：白酒的同质化，让渠道商在选择代理时也无法判断，清一色的“年份酒”、“窖藏酒”鱼目混珠，渠道商代理的目的是利润和发展，一款“蓝海”产品无疑是最佳需求。

• 品牌市场机会：市面上也有小酒品牌，无论广告怎么做，但行销动作仍然以渠道商为主，没有人真正关心消费者，尤其是年轻消费者。都是以自己意愿或“屌丝”形态灌输给消费者，“屌丝”是一种文化，但它不能成为行业的下一个时代。

### 创新思维

“小米功夫酒”作为一个创新品，不仅没有过往可参照，也不以任何同类竞品为参照，甚至不以白酒市场的传统指标为参照。

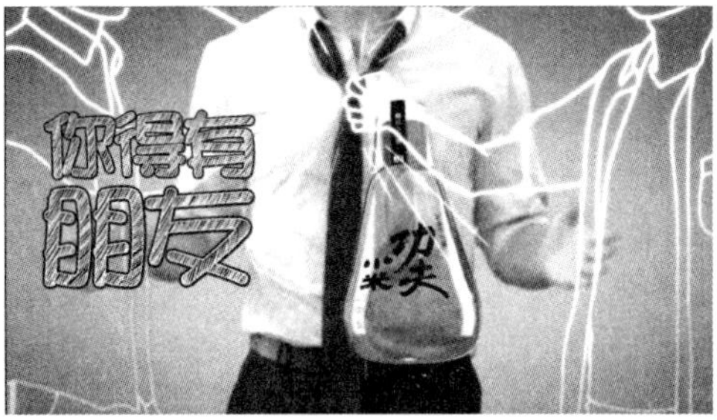

1. 产品研发：为粉丝研发一款酒

在“小米功夫酒”微信账号创建的 3 个月中，产品并未定样，我们不断根据微信粉丝的建议和试用反馈，改良产品口感及包装。其中包括：更多的米香口感；可做酒杯的环保瓶盖；像香烟一样卖的五瓶条装；用米粒，后调整为米哥饮酒图标示容量，等等。

2. 上市传播： 传播引爆，一夜出名

冠名周杰伦世界巡回演唱会合肥站。传播媒介上，200 台公交车车体广告、分众广告、安徽音乐广播、小米功夫官方微信及当地大号传播、市区 LED 大屏广告、合肥论坛、万家热线等多管齐下，把周杰伦做成小米功夫上市期代言人。为期 3 个月的立体传播，提升了“小米功夫”的知名度，也炒热了票房。

3. 上市进店： 二期铺市，重点动销

渠道策略：前期自营找标准打法，择期拓渠合力推广。线上：先建立自己的微信商城、微店旗舰店，后引入第三方电商。线下：两轮酒店渠道铺市，第一轮 500 家，第二轮 5 000 家。以 “小米功夫吃货节”为渠道动销手段。做到动销势头良好，再招大商拓渠推广。

## 实施过程

“小米功夫酒”主要通过微信平台与粉丝互动，在这个平台上单向广告宣传已无感，因此，我们创造产品的同时也要创造故事，创造乐趣。“小米功夫酒”创造了“米哥”这样一个以一粒米为原型的卡通人物，并通过微信推送塑造米哥的身世、米哥的师傅和伙伴、米哥有点儿“屌丝”有点儿二的性格、米哥“有功夫酒酿（亮）出来”的鲜明主张，等等。微信推送栏目有米乐漫话、米哥功夫 SHOW、吃货节等，同时助推的地面活动包括 2014 周杰伦魔天伦演唱会合肥站、合肥龙虾吃货节、2014 世界杯等。从而形成了围绕微信粉丝圈的娱乐、互动、行销的创意生活圈。

## 效果评估

（1）产品设计十分成功，并开创了白酒酒体及包装设计的“众包模式”，即与互联网顾客共同创造和修改产品的所有内容，此外还根据他们的关注热点快速研发主题概念产品，比如周杰伦演唱会纪念版。

（2）单一微信平台粉丝超过 6 000 人，他们不仅成为“小米功夫”第一批核心粉丝群直接带动销售，并成为不同于传统的白酒现代消费群模版，为“小米功夫酒”进一步实现白酒市场消费者合适的“体验行销”、“互联网行销”新模式奠定良好基础。

（3）合肥本地第一批无入场费进店数：500 家，突破了白酒行销模式的潜规则，意义深远。

**专家评语**

**点评：**黄博 / 华盟传媒首席执行官

---

“小米功夫酒”之所以能获奖，不仅因为社会化营销的亮点突破，更重要的是在它背后我们看到了试图带动酒业产品变革的元素。

在产品开发上，虽然从最初就引入粉丝参与貌似营销噱头，但在此之前鲜有酒类厂商会去真正聆听用户的需求。在中国，烟酒类营销通常是趋势营销而不是用户营销。而产品包装与设计上的革命，显然是在考虑产品细节极致化的同时，尝试解决物流问题与客单价问题。在营销上与周杰伦演唱会以及微信服务的有效捆绑，完成了用户群的筛选，让产品优势及服务优势在一定程度上能够更聚焦到真正可以持续发展的用户身上。

# 技术创新类
# Technology Innovative

参与该类别的案例，是基于电子商务领域的技术创新，如网络技术、EDI技术、安全技术、数据库技术、电子支付技术等，对原有的商业模式、用户体验有提升的技术创新与应用。

All cases should be innovative technology designed for e-commerce, e.g., Internet technology, EDI Technology, Security Technology, Data Management Technology, Digital Payment Technology, etc. It should improve the original commercial system and provide better user experience.

趋势与未来洞察

## 回归本源，勿忘初心

互联网的本质是连接，而连接背后的本源是科技，进而言之，所有舍弃“科技”本源去谈互联网的任何概念都背离了“科技”的本质精神方向。换一个角度，从电子商务这一特定细分互联网领域审视“科技”的问题，任何一个从业者都应该知道，搭建一个电商网站或者一个电商 APP 或者任何一个在线交易平台，均属于毫无技术难度的工作，真正的难点在于如何将互联网科技不断突破，形成科技应用于流量业务、运营业务、CRM 业务的电子商务全环节。

很遗憾，互联网科技发力于“电商”的尝试并不算理想，即便艾奇电子商务创新经济奖项作为电子商务行业内具有统治力的最权威奖项，尽管艾奇电商创新经济奖项获取到行业内顶级的技术创新案例，评审委员会仍然深深感知，互联网科技在电子商务技术方向的突破与晋级还有着太长太长的道路需要一步一步扎实走过。

尝试解析未来数年内电子商务技术创新的趋势，将客观面临观念上的悖论：绝大多数的电子商务技术创新均致力于营销客流量的更多获取，难点恰恰在于技术创新应该被普遍应用于运营、供应链、物流仓储、消费者生命周期等全环节。

一、技术创新向着移动端倾斜

别质疑“移动”的力量，截止到 2015 年第二季度，移动购物的百分比超过整体网络购物的 50%，这不仅是历史上首次出现“移动”压倒“PC”，更是未来网络趋势的明确指望——未来越来越多的网络交易行为将发生在移动端。一个值得注意的醒目现象会让所有电子商务行业从业者瞩目，截止到 2014 年年底，移动购物的交易金额中，高达 85% 源于阿里巴巴体系以及阿里巴巴附属体系电商APP，这也暗示了更多技术创新的力量可能需要从阿里体系的淘外流量以及淘内流量优化运营靠拢。

二、重新铸造入口，即便只是聚合类入口

作为电子商务领域最大的巨无霸，阿里巴巴以压倒性优势席卷电商交易规模，即便如此，阿里巴巴的技术仍然在于陈列、运营与流量分发，对于电子商务创新技术而言，“聚合”可能是另一个突破方向，利用爬取技术，聚合更多网站上的商品信息，并且打造在自有平台的闭环购买体验。类似的技术创新并不罕见，等于利用技术扮演商品分类搜索引擎与聚合购买的商业角色，并且基于此角色为商品售卖者提供流量从而变现。

三、运营、仓储，与物流

执笔者高度认可“智能密集储分一体化系统”案例，从电商商业模式解析，仓储与物流是绕不开的商业价值交付环节，消费者可见的显性技术创新常常呈现于视觉端与体验端，而隐性技术创新则会帮助电商企业从供应链端降低成本，从而赢取整体成本领先的竞争优势。我们有理由相信，未来数年内，帮助运营、仓储、物流进入更高技术水平的创新趋势会抬头，这不仅是电子商务行业之幸，更是国家制造业全面升级的重大利好，可预见的未来是动态仓储与动态物流产能协调等技术创新，将形成有价值的商业回报。

四、硬件规模级

互联网企业的商业属性使然，通常强于数字技术，却在物理技术领域处于彻底弱势，这也不难解释互联网企业一旦启动硬件级技术创新，多半停留在手环、手表、戒指、耳机等小件智能硬件层级，或者进入到黑白电等基础科技极度成熟的领域。极少有互联网公司敢直面硬件规模级的创新挑战。这种现状将在未来得到改观，电子商务技术创新同样将致力于硬件级技术打造，广泛应用于商品信息追溯技术，或者商品或服务结算技术——请注意，这类技术远远不局限于在线购买，还会服务于线下实体O2O领域电商。

五、大数据

大数据对人类科技来说，迄今只是站在门槛往内窥视的层级，真正的大数据对于信息诉求极为规模化，而从人类会书写文字直到现在的所有信息累计起来，也只不过帮助大数据技术初窥路径，远远无法走入到成熟的商业价值回馈期。电商领域的数据沉淀，会伴随未来数年内硬件规模级技术突破而形成质的突破。未来不多于五年，上万亿级的硬件传感器将遍布地球的人类文明角落，回馈回的数据量级，会直接帮助电商彻底进入到“场景为王”的阶段，而在此阶段逐步来临的冲刺期，大数据整合分析与商业应用技术也会得到更多方向的探索与实践。大数据技术的突破，对于“售货”起到的作用不只是更为精准的成本回报指数，还在于消费者信息环境降噪，消费者将在不知不觉中进入到购物场景，且在无抗拒心理情况下以最快速度埋单。

# 智能密集储分一体化系统

**案例名称：**智能密集储分一体化系统

**所获奖项：**技术创新类——金奖

**获奖单位：**山东兰剑物流科技股份有限公司

扫描二维码，
查看完整版案例

## 背景 & 挑战

电子商务的发展让人们摆脱了时空的限制，扩大了企业的营业范围，同时也从根本上改变了人们传统的销售方式和购物方式。据《2012 中国互联网产业发展综述》报告数据显示，2012 年我国电子商务交易额达到 7 万亿元，网购交易额超过 1.2 万亿元。当前电子商务的发展非常迅猛，物流技术水平却相当落后，物流体系远不足以支撑电子商务的发展，因此，先进的电子商务和落后的物流技术形成了鲜明的对比。电子商务发展目前仍处在比较困难的成长阶段，尤其是物流、配送体系的完善，是电子商务发展必须首要解决的难题。

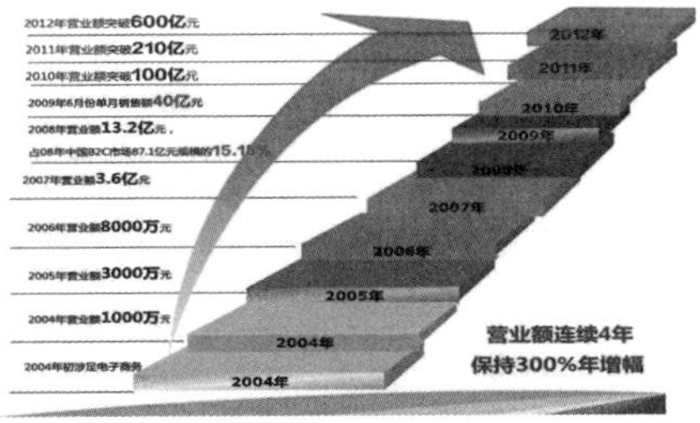


国内电子商务企业不断崛起，从开始依照行业区分各据山头的态势，发展到现在每个企业都要开辟不同的产品线，因此，大部分的电商已无法归纳所属行业，而是以其日出单量和波次来决定如何规划电商的分拣系统。正因为如此，体现电商服务质量的其实是订单履行效率，也就是所谓的配

送中心运作处理能力，这才是判断一个电商企业物流能力的指标。因此，如何正确并快速地依据订单拣货并进行包装到配送，成为电商物流中心至关重要的规划。这点可以参考发达国家电商企业的物流中心规划，一般AS/RS（自动化立体车库）绝非首选，而是会花心思规划“最后一段路”，也就是拣选、分拨、包装、集货。

由于电商运营模式逐渐走向以 B2C 为主的业态，面对的客户多为个人消费者，每个消费者购买的商品种类少，数量不多，因此订单特色是小批量、多频次但日订单量极为庞大。如何在短时间内处理大量订单，就需要快速分拣系统搭配输送设备来协助。电子商务企业密集储分一体系统正是基于此市场需求下提出的，解决电商物流的仓配一体，快速分拣包装发货难题，达到高效即时配送服务。

## 创新思维

运用科学的软件系统提升包裹的分拣能力，让传统的低效仓储出入库效率得到极大的提升。系统预计最大分拣处理能力为 720 订单行 / 小时，最大包装处理能力为 360 ～ 540 订单 / 小时。补货方式为系统自动补货。

## 实施过程

电子商务行业传统的“人找货”式拣选模式即拣货工人拿着拣货单在备货区相应的货位上找齐订单所需的各类货物后，由复核人员复核并包装发货；而本项目创新点在于：

1. 创新的“货动人不动”的出入库模式

本项目采用密集储分一体系统，它颠覆了传统的“人找货”式拣选模式，由高速穿梭车、输送机等自动化设备取代人工找寻的过程，由“人动货不动”

转变为“货动人不动”的出入库模式，是一种颠覆性的作业模式。

2. 采用高速智能穿梭车配合双深货架

为匹配双深货架存储形式以提高系统的存储密度，巷道内多层穿梭车采用三级伸叉、伸叉长度为 1.5 米以上的伸叉形式；同时为了匹配不同速度需求，系统采用巷道内多层穿梭车及高速转载穿梭车两种设备配合的出入库自动输送设备，并在穿梭车的伸叉形式、行走及定位方式、充电方式等方面均做了经济性考虑。

3. 拣货工作站设计结合人因工程学原理，拣选动作最经济，最大化提高拣选效率

拣货工作站设计结合人因工程学原理，既满足拣选效率需求，使拣选作业动作频率最低、动作幅度最小、单批次处理订单量最大，同时又结合电子标签提示，降低拣货差错率。

## 效果评估

目前，项目处于实施阶段，2015 年 6 月正式投入使用。

**专家评语**

**点评：**周翔 /KANCART 开旺铺首席执行官

---

兰剑物流科技不仅做技术创新、产品创新，同时还进行物流新模式的探索和创新。新的电商运营模式逐渐走向以 B2C 为主的业态，这种业态的特点是每个消费者购买的商品数量不多，小批量、多频次、种类复杂，日订单量却极为庞大。兰剑对于电商物流新模式的探索，使仓储面积、人员大幅度减少。“货动人不动”的理念，高效精准，解决了电商物流的仓配一体，适合解决新电商运营模式下的快速分拣包装发货难题。

# 飞搜 APP 搜索引擎

**案例名称：**飞搜 APP 搜索引擎

**所获奖项：**技术创新类——金奖

**获奖单位：**飞搜股份有限公司

扫描二维码，
查看完整版案例

## 背景 & 挑战

在我们开始这次创新运动前，虽然 APP 已经蓬勃发展，很多电商都由原本只运营网站进入到跨足 APP 领域， 纷纷推出自己的 APP。很多商家（餐厅、线下店）也开始推出自己的 APP，希望用户下载并安装使用，以达到后续继续做推广、运营或维持客户关系等目的。然而实际的状况是常常花了大价钱去制作 APP，推出后客人或用户的下载、安装意愿却不高。

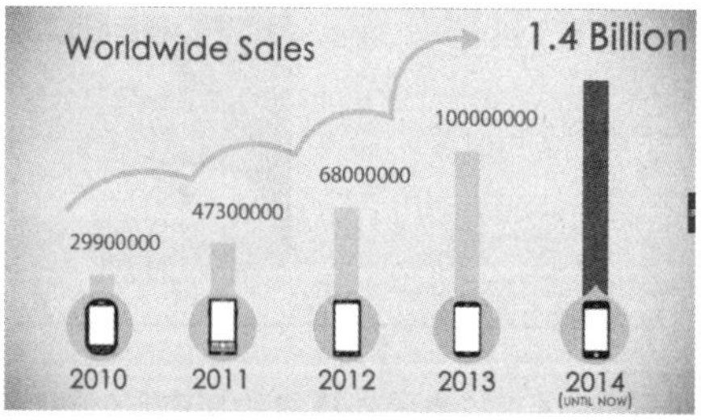

## 创新思维

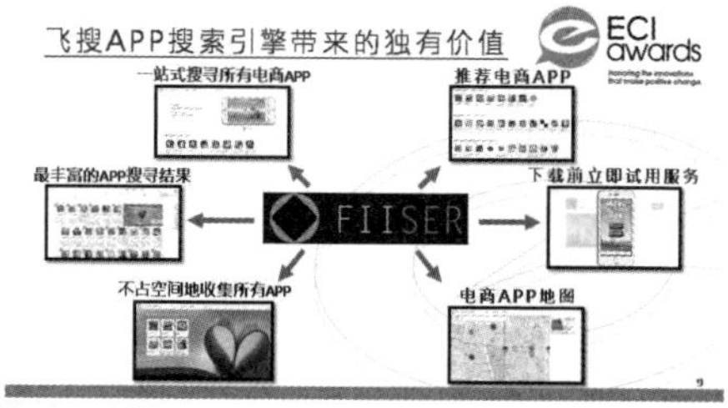


该创新的核心目标是：

① 搜集全球所有电商的 APP。

② 搜集全球所有电商的 APP 的相关资料。

③完成可以搜寻这些 APP 的 APP 搜索引擎。

④ 建置完成这样的云，让所有用户可以直接使用 APP。

## 实施过程

1. 组织

飞搜以目前全球 IT 领域中最高端的高新技术创新为本，组成高素质研发团队，研发人员全部是硕士、博士（并且清一色为台湾地区最杰出的台大电机所、资工所校友）。

2. 规划与设计

飞搜团队很特别，是以专利说明书当作设计书，设计完网站和系统的同时，专利就已经申请出去保护所有发明点子了，提升了竞争力与保护智财，关键技术将进行全球专利布局以保护智财产出，垫高竞争门槛。本公司在 2014 年内关键技术共产出 20 项发明，并以多年来实际参与美国专利争讼的专业美国律师团队对所有核心技术进行完整的专利布局保护，已在全球 35 个智慧手机主要市场进行专利布局，并可望在未来一年内在全球申请数百件专利保护所有关键技术。

3. 开发、研究与执行

在过去的一年里，飞搜共计投入了约 500 万人民币的研发费用与云端建置费用，演进至今现行的电商 APP 下载 / 免安装试用技术已经是我们的第三代技术，并且新的、效能更高的技术仍在持续研发中。我们完成了全球电商 APP 的安装档（apk 文件）与数据收集的自动化，只要一有新的电商 APP 推出，或者现有的电商 APP 一有更新，马上自动加到我们的数据库与系统中让用户能立即搜寻与使用！

4. 反馈、评估与改善

本公司有一个专业的由 27 人组成的专业 APP 测试部门，对我们的所有在线服务、APP、系统等进行功能性测试。另外，本公司另有个 400 人的试用团（来自投资方，其中包含男、女、年龄层在 15 ～ 65 岁间），每天试用并填入在线问卷给我们反馈。通过这些宝贵的测试与用户信息，我们不断调整与改善 user interface，务求做到让我们所收集到的电商 APP 可以真正免安装就可以让用户体验或取得在线购物乐趣。

## 效果评估

在过去的一年里，公司的主要成就包括：

（1）搜集了来自世界各地的 226 万种 APP（不只是所有电商的 APP，

基本上我们把所有 APP 都搜集回来了），我们的 APP 数量比号称最大的 APP 市场——谷歌的 Google Play 还要多。

（2）建置完成了先进的 APP 搜索引擎，让用户可以下关键词搜寻这 226 万种 APP，并且找到后就直接点击使用这些 APP，不用下载安装（请参考 https://www.fiiser.com ）。

（3）建置完成了这样的云，即用户可以直接搜寻到电商 APP 之后就立即使用（例如淘宝的 APP，不用下载或安装到手机，马上用）。

对本公司的竞争力而言，大大提升了与各大 APP 市场（包含欧美）抗衡的技术实力，对于电子商务行业更起了帮助的作用，让用户可以很便利、直接地使用电商 APP，预估可提高电商 APP 的使用率与交易量。

**专家评语**

杨冰 / 虎扑（上海）文化传播有限公司总裁

飞搜通过技术创新打造了一个跨平台的 APP 搜索引擎，覆盖了包括 Android、IOS 与 Windows Phone 三大客户端的 Google Play、App Store、Windows 商店、小米、百度助手等 16 大 APP 商店，使用者只要在飞搜搜索引擎输入关键字，就能一站式地找到想要的 APP，并预览到 App 中的内容服务，一定程度上解决了跨 APP 内容搜索难、APP 试用成本高的问题。对于开发者，飞搜降低了推广介绍自己内容服务的成本；对于普通用户，降低了了解试用 APP 的成本，最终提升了 APP 分发过程的效率。

飞搜 APP 搜索引擎的技术创新将信息的整合从 Google、Baidu 的 web 整合进一步延展到了 APP 内部的信息整合中，将互联网互相链接的范围进一步扩大。值得关注的是，飞搜如何更完整地匹配海量 APP 各种数据格式，如何获取 APP 内部资讯之外的信息，以及如何找到突破性的服务切入点，让自身成为一个大的入口，让 APP 端和用户端之间的价值互相增益。

# 精准行销

案例名称：精准行销

所获奖项：技术创新类——银奖

获奖单位：胜义科技

扫描二维码，
查看完整版案例

## 背景 & 挑战

随着手机、平板计算机的问世，行动广告以不到十年的时间相继击败报纸、广播等传统媒体，且目前仍持续以惊人的速度改变媒体生态。就普罗大众的接受程度来说，也渐渐以更亲民化的方式，给予广告主想要投递讯息的客群。

eMarketer 分析师 Cathy Boyle 表示：随着现代人使用行动装置时间的增长，相关广告支出也会随之流向行动平台。就进行的困难程度而言，也因智能型装置用户人数日趋扩增，而有所改变推行的难度。

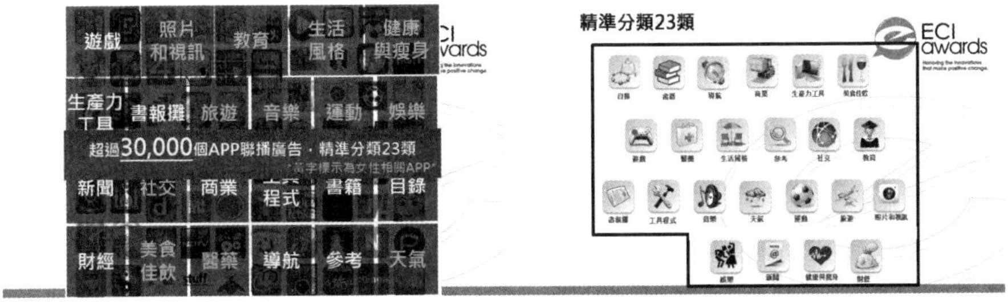


## 创新思维

胜义科技运用独家专利定位技术建立数据库数据，在全球深耕布建，进入商机潜力无穷的行动市场。从定位技术结合穿戴装置的软硬整合方案，到适地性精准营销的行动广告，胜义科技皆能提供端到端的全方位整合服务。

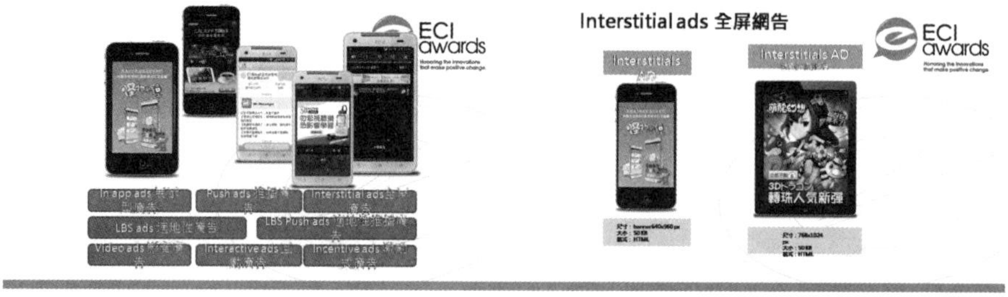


在行动广告领域中，胜义科技 AdLocus 行动广告平台拥有独家专利技术 LBS（Location Based Service）推播功能，其优势特性与其他同业的最大差异在于“LBS 适地性推播”，使用者不需启用 APP，即能根据所在区域自动发送推播讯息，运用精准投放技术，提供品牌客户广告展现实时现地，并借此接触到精准族群进行更丰富的互动，达到最大的广告效果并让使用者拥有更好的广告体验，广告表现 CTR 平均为 2% ～ 10%( 依广告性质不同 )。

## 实施过程

(1) 全球布局：胜义科技整体策略着重深耕定位技术在全球布建数据，进而打造“AdLocus 在地行动广告平台”。

(2) 差异化： AdLocus 行动广告平台其优势特性与其他同业的最大差异在于使用者不需启用 APP，即能根据所在区域自动发送推播讯息，运用精准投放技术，提供品牌客户广告展现实时现地。

(3) RTB(Real Time Bidding) 实时竞价技术，协助客户 ROI 优化：AdLocus 也是唯一专注在行动媒体上的需求方平台 (Mobile DSP)，运用竞价技术，能更有效地对目标族群进行广告投放。有效解决广告主三大问题：

①不再浪费广告预算在任何一个不适合的广告曝光上；②不再担心会将相同的广告重复投放到同一群消费者身上；③将有限的预算，分配在效果最佳的广告上。

## 效果评估

在行动广告领域中，胜义科技 AdLocus 行动广告平台拥有独家专利技术 LBS（Location Based Service）推播功能，其优势特性与其他同业的最大差异在于“LBS 适地性推播”，使用者不需启用 APP，即能根据所在区域自动发送推播讯息。运用精准投放技术，提供品牌客户广告展现实时现地，并借此接触到精准族群进行更丰富的互动，达到最大的广告效果及让使用者拥有更好的广告体验，广告表现 CTR 平均为 15% 左右（依广告性质不同）。

**专家评语**

**点评：**周翔 /KANCART 开旺铺首席执行官

胜义科技 AdLocus 行动广告平台的精准行销，通过 LBS（Location Based Service）推送功能，优势在于 LBS 的适地性推送。用户并不需要启用 APP, 就能根据所在区域自动发送推广信息，通过实时实地、丰富有趣的互动方式，提高了广告的互动性和用户体验，CTR 表现良好。移动互联网时代，用户需要适地性精准定位的优质行销推送，相信 AdLocus 是个不错的探索方向。

# 3D 引擎技术——同屏编辑

**案例名称：**3D 引擎技术——同屏编辑

**所获奖项：**技术创新类——铜奖

**获奖单位：**珠海必要科技有限公司

扫描二维码，
查看完整版案例

## 背景 & 挑战

传统的图片展示，无法真实地感受产品的细节。用户无法直观地了解产品的材质、细节。

增强现实。经过长达两年的技术研发，必要 C2M 商城利用增强现实 3D 引擎技术，实现了照片级 3D 电子商务平台，用户可以直观地观看产品的最终样式，真正实现了所见即所得，而不是传统的平面图。更为重要的是，中国的技术团队走出了自己 3D 引擎之路，实现了跨终端显示，不同的终端屏幕显示效果一致，目前此项技术已经申请了技术专利。

参与感是未来的趋势，参与不仅仅是用户参与到产品设计中，同时可以邀请朋友参与到设计中来，增加了用户的深度参与。好友同屏设计就是基于这样的用户需求而诞生，朋友在另外的终端定制产品，自己的页面同步变化，专业和趣味性并存。

## 创新思维

产品技术的最核心思想是解决 Online 消费者无法真实地感受产品信

息，来增强用户的现场体验感，带给用户身临其境的空间感受。未来增强现实技术将成为购物的新趋势。

## 实施过程

国外的 3D 引擎技术基于终端的展示，渲染效果好坏和终端的机器有很大的关系，导致最终呈现的效果不一样，用户体验也不一样。

为了提升用户体验，打造跨终端的现实，中国的工程师研发出新的 3D 算法技术，通过云端处理用户信息，将数据返回到消费者的终端上去，这样一来，用户浏览 3D 效果就像浏览普通网页一样，能够快速地响应。

## 效果评估

经过长达两年的技术研发，必要 C2M 商城实现了照片级 3D 电子商务平台，用户可以直观地观看产品的最终样式，真正实现了所见即所得，而不是传统的平面图。

**专家评语**

点评：王欣 / 扬罗必凯广告副总经理

必要公司推出的新型的电子商务互联网商业模式 C2M，是继消费者所熟知的电商经营模式 B2B、B2C、C2C、O2O 之后演变发展而成的能够为用户和厂家同时创造价值的模式。它以消费者个性化需求为原点，通过 C2M 平台与生产制造商无障碍对接，去除全部流通环节和库存，消费者看货下单后制造商生产，从而实现了产销合一。消费者看货下单是 C2M 模式的关键，然而，普通二维图片的展示，无法让用户准确地了解产品的材质和体验产品的细节。必要团队研发出的 3D 引擎技术，不但实现了照片级 3D 电子商务平台，使用户不但可以直观地看到产品的最终样式，真正实现了所见即所得，而且可以跨终端显示设计效果，增加了用户的深度参与，使得专业和趣味并存。3D 引擎技术案例获得技术创新类艾奇奖实至名归。

# 泰康瞬间

**案例名称：**泰康瞬间

**所获奖项：**技术创新类——铜奖

**获奖单位：**Cheil 鹏泰

泰康人寿保险有限公司

扫描二维码，
查看完整版案例

## 背景 & 挑战

泰康在线作为中国第一家在线保险，在业内有较高的地位。但是对于消费者来说，固有的保险负面情绪和对产品的不了解，影响了其最终的销量。

在客观情况下，消费者对于保险给予自身的保障性影响，没有足够的认知和重视。而泰康在线却在保障消费者利益上投入了大量的精力，并有着丰富的产品线。

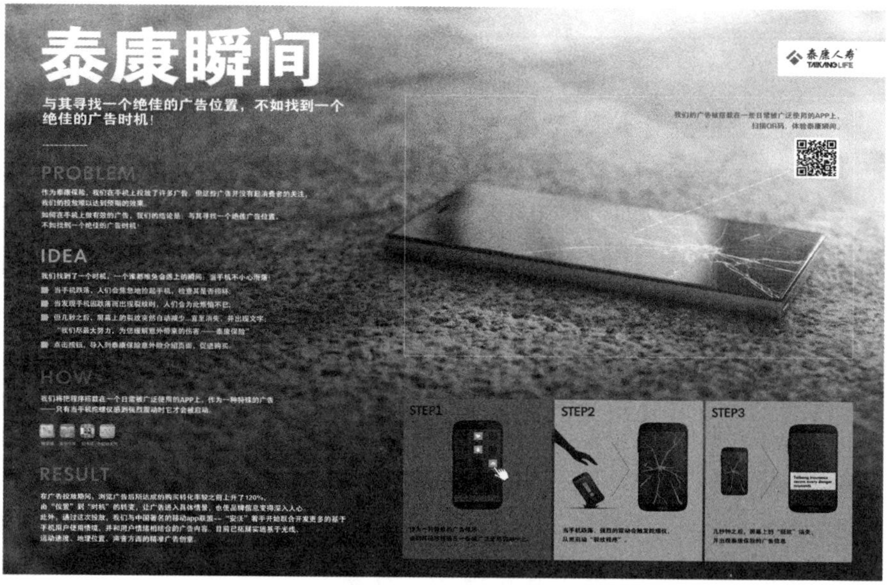

## 创新思维

目前，泰康在手机上投放了许多广告，但这些广告并没有引起消费者的关注，其投放难以达到预期的效果。

通过手机广告直接触达消费者，目标客户更为直接和精准，从而提高了购买转化率。

## 实施过程

• 创意：

我们找到了一个时机，一个谁都难免会遇上的瞬间：当手机不小心滑落！

①当手机跌落，人们会焦急地捡起手机，检查其是否损坏。

②当发现手机因跌落而出现裂纹时，人们会为此烦恼不已。

③但几秒之后，屏幕上的裂纹突然自动减少，直至消失，并出现文字：

我们尽最大努力，为您缓解意外带来的伤害。

——泰康保险

④点击按钮，导入到泰康保险意外险介绍页面，促进购买。

• 创意如何执行：

我们将把程序搭载在一个日常被广泛使用的 APP 上，作为一种特殊的广告——只有当手机陀螺仪感到强烈震动时它才会被启动。

## 效果评估

在广告投放期间，浏览广告后所达成的购买转化率较之前上升了500%，由“位置”到“时机”的转变，使广告变得深入人心。

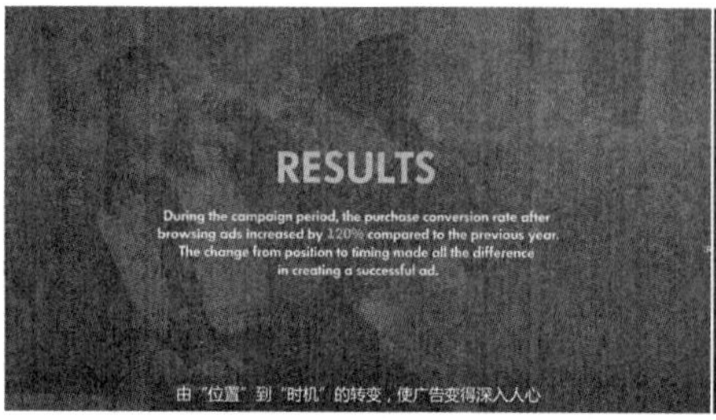

通过这次投放，我们与中国知名的移动APP联盟“安沃”达成战略合作。

着手联合开发更多的基于手机用户使用情境相结合的广告内容，目前已拓展实施基于光线、运动速度、地理位置、声音方面的精准广告创意。

**专家评语**

**点评：**周翔 /KANCART 开旺铺首席执行官

时机 + 情境 + 购买动机！泰康瞬间给了我们一个很完整的创意展示，在当下消费者对于固有的保险存在着负面情绪和不了解的情况下，化腐朽为神奇。泰康瞬间通过把程序搭载在一个日常被广泛使用的 APP 上，作为一种特殊的广告，只有当时机发生，比如手机坠落（手机陀螺仪感知到强烈震动时才会被启动），通过这样一个巧妙的情境设定，购买动机被扩大，浏览广告后的购买转化率上升了 500%，IDEA 很妙，值得学习。

# 营销创新类
# Marketing Innovation

参与该类别的案例，是基于电子商务领域的营销创新，包含但不仅限于社会化营销、无线营销、社会责任等，任何营销传播的成果，无论是营销策略整合，还是能够达成目标效果的单一策略。传播媒介可单一或整合，最终在互联网实现销售，属于电子商务销售范畴，都可以报送此类别。

All cases should be marketing innovation for e-commerce. Including but not limited to social marketing, wireless marketing, social responsibility, etc. It could be either integrated marketing strategy, or singular strategy targeted for specific goals. Communication media can be singular or integrated. Eventually, any marketing strategy that succeeds in boosting sales online can be submitted for this category.

趋势与未来洞察

# 剑气纵横背后的钩与沉

与所有的数字类奖项一样，营销奖项永远会是申报数量最多而且评审对抗最激烈的类别，艾奇电子商务创新经济奖项也难逃此惯例。营销创新奖项不论申报数量，抑或获奖数据，均堪称所有类别之首。并且每每在营销创新的评审过程中，都会洋溢激烈讨论的气氛，因为营销创新涉及洞察、分析、策略、创意、执行、技术、效果等综合维度的比拼，而其中的一些因素恰属于感性因素，而非理性因素。

营销创新的突破，同样会从多个维度发力，考验的是电商营销人的经验、智慧，以及执行力。

回过头审视2015年艾奇电子商务创新经济奖项营销创新类案例，我们很欣喜地看到了多种因素的整合应用，或者说，我们发现营销创新再也不是依赖一个视觉呈现或交互创意获取的结果，相反，营销创新更考验的是“整合”，也只有“整合”才能帮助电商从诸多信息中脱颖而出，寻找到精准消费者且深度对话获取到希望的结果。

一、营销创新场景化

由于移动端流量的增速惊人，电商营销创新也开始逐步聚焦移动，而“移动”作为一个行为代名词，背后的真实暗示是“场景”，即消费者在不同时间处在不同空间，而不同空间意味着不同场景，不同场景意味着消费者会对不同的商品品类、不同的营销信息、不同的沟通交互方式产生截然不同的反应。怎样捕捉消费者最适合交互的场景，进而获取电商营销创新的红利？这将是电子商务营销领域未来数年内的永恒课题，该课题会基于包括应用种类、对话路径、交互机制、地理位置定位特性、社交影响等的各个方向形成整合营销结果。

二、效果考核标准进一步颠覆

越来越多的企业将发现，尽管电子商务平台致力于建设消费者与商品之间的交易关系，但简单粗暴地将“交易关系”定义为“埋单”却是一件极其可笑的举止。消费者在信息高速公路上，不断学习获取到更适合自己的商业关系与商业体验，并没有多少比例的消费者喜欢被贴上“买家”的标签，恰恰相反，消费者愿意以自主中心化的逻辑，自主选择何时购买、购买什么，以及何种购买方式。可能消费者更为在意的并非购买过程，而是主宰消费过程的控制力。电商企业的营销者会在未来数年学习如何适应消费者的变化，学习怎样建立全新的效果考核标准，而非仅看着“ROI”这一项核心指标。

三、内容价值凌驾任何营销创意之上

“内容营销”早就不是一句口号，包括电子商务在内的很多行业都发现，与消费者最有效的沟通方式，是交朋友，而不是漫山遍野散布营销广告；同时，越来越多的消费者接受访谈时表示，他们愿意将更多的时间花费在阅读内容上，而非看视觉刺激的硬广。矛盾冲突与利益交错恰在此焦点，截止到2015年，数字硬广依旧是电子商务的主流营销传播思路，拒绝在内容广告投入更多的理由并非意识不到内容广告的价值，而在于诸多内容广告很难在既有的数据跟踪体系中得到投入产出比的评估。伴随移动端的流量聚合与评估体系在未来数年内的建立，内容广告对于电商营销结果的作用力将得到可量化的评估，进而促使内容广告成为最有价值的信息多向输送的选择。

四、情感共鸣，而非推销商品

电子商务营销者们，无论服务于电子商务商品品牌，抑或服务于电子商务平台，均逐步清晰地认识到，和消费者聊消费者具有情感寄托的东西，远比推销商品更为有效。从2015年艾奇电子商务创新经济奖项的营销创新类案例中，我们很欣喜地解读到，从体育赛事到闺蜜交友，从家庭关爱到相貌容颜，最容易让消费者寄托情感的标签，成为核心创意指向，形成鲜明对比的是大面积呈现“打折”、“促销”类的展示信息营销模式，呈现相应的降低趋势。怎样与消费者形成更具有黏性深度的“情感共鸣”，会成为电子商务营销创新的核心方向之一。寄托情感共鸣的载体可能是文字、图片、声音、视频、H5 页面甚至游戏，统一特征是符合目标消费者最喜闻乐见的承载载体，更为显著的统一特征是只和消费者谈感兴趣的共鸣，而大幅度降低商品性能、价格、规格、参数等信息出现比例或频次。

五、借势营销方法论化

曾几何时，一些卓越的借势营销被看作“神作”，数年营销摸索沉淀后，借势营销几乎成为任何一家电子商务营销部门的必修工作量，不同以往的是，借势营销再也不是拍脑袋的突发灵感，更多演绎为长效化工作机制，无论组织架构、工作流程、快速响应、病毒传播，均呈现组织化与系统化。虽然在 2015 年艾奇电子商务创新经济奖项的营销创新类中我们观察到大量的借势营销案例存在，却仍然未见借势营销的核心方法论问世。伴随未来数年内电商流量竞争加剧，借势营销将在“奇正结合”的营销基础配置中提供相当重要的“奇兵”突袭作用。而不难预测的是，借势营销的核心方法论也会在反复历练后成为普世营销理论，帮助借势营销在电子商务营销创新中占据一席之地。

# Innovative Shilla DFS China Mall Service

**案例名称：** Innovative Shilla DFS China Mall Service

**所获奖项：** 营销创新类——企业声誉与专业服务类——银奖

**获奖单位：** 韩国新罗免税店

扫描二维码，查看完整版案例

Before we launch our service, Chinese who travelled to Korea should have visited offline stores to purchase duty free products. Sometimes, they complain that they feel uncomfortable in the offline stores, because it is too crowded. Moreover, they complain that they spend too much time in the stores, just standing in the line in front of the cashier. Therefore, we came up with the innovative idea of enabling Chinese travelers to shop online in advance and pick up offline when they go back to hometown. Now, Chinese could buy duty free products in our online shop and mobile shop at home or anywhere before they visit Korea.

The main purpose is providing more convenient shopping service for more Chinese travelers. The main objectives is that more users visit our site and make transactions. We hope that "youke" could take time to travel around Korea without wasting time for shopping.

## We set our KPIs as followings

- # of visitors
- # of buyers
- Conversion rate

- Sales volume

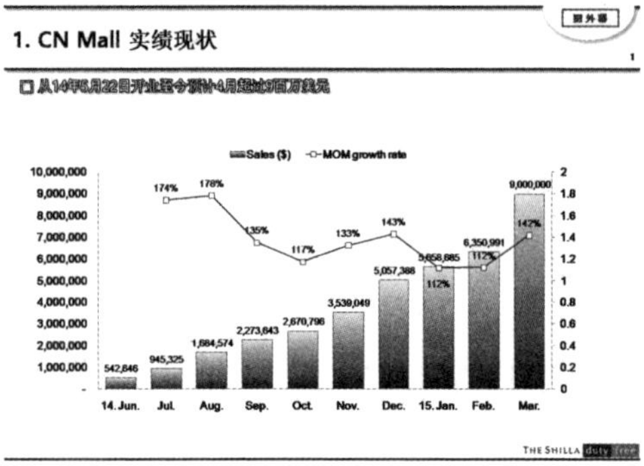


When we planned to launch our Chinese online duty free shop, we spent a lot of time studying and researching on the behavior of Chinese online users and benchmarking popular local sites such as Taobao to make our sites be familiar to Chinese.

With the continuous effort of site development, we provide a lot of seasonal promotion such as solo day event on 11th of November and hongbao promotion during new year's holiday.

About 1 million Chinese users visit our sites and over 30 thousands customers make transactions in February. Since we opened our China mall last June, our sales have been rocketing from USD 500 thousand to USD 9 million.

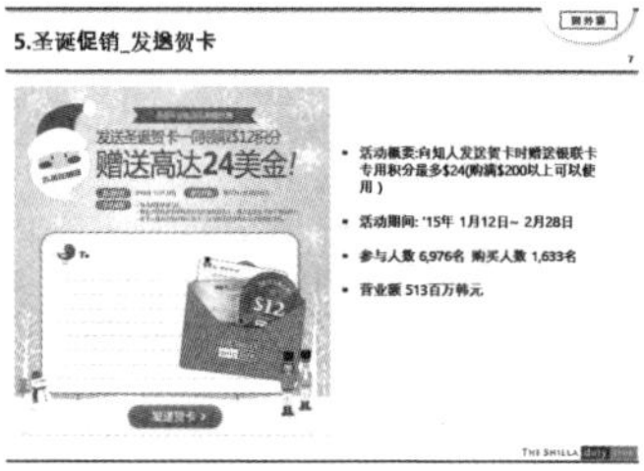


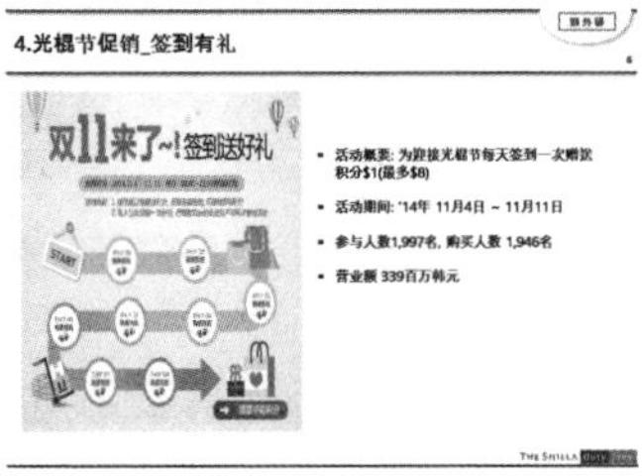

### Expert Comments

Viveca Chan/ Chairman & CEO, WE Commerce & WE Marketing Group

---

The biggest hurdle travel retailers face has always been transient customers who are difficult to catch and establish loyalty. DFS China Mall Service turned this problem into an opportunity by offering convenient O2O service. Customers can order, buy and pay on their on-line shop before taking their trip, and collect the product when they arrive at the retail shop. They can also add to their order at DFS retail. This offers time saving convenience and extra pre-sale opportunity for DFS.

The other big advantage is the ability to capture customer information for future re-targeting. This part has not been shared and we look forward to more smart data driven marketing programs from them in the future.

### Expert Comments

Jay Kim / Managing Director, AAAZA

---

When it comes to e-commerce, time is of essence especially to the consumers who does not want to waste time with offline shopping. This is exact case with Shilla DFS online store service. Their solution allows customers to shop in the Duty Free Store even before traveling to Korea. So that by the time they arrive, they can pick up their order at the DFS in the airport. This allows customers to make their travels simple and hassle free.

# Fortis Marketing Innovation

案例名称：Fortis Marketing Innovation

所获奖项：营销创新类——企业声誉与专业服务类——铜奖

获奖单位：Fortis

扫描二维码，
查看完整版案例

## Background & challenges

In 2013, business circumstance was very difficult. The macro economy still was not turning around even after financial crisis, and competition was very fierce all over the industries. This was a common concern among brands, vendors, and malls. Especially for fashion brands where we have our special expertise, brands were suffering due to

① economic downturn,

② appearance of SPA brands, and

③ fierce competition.

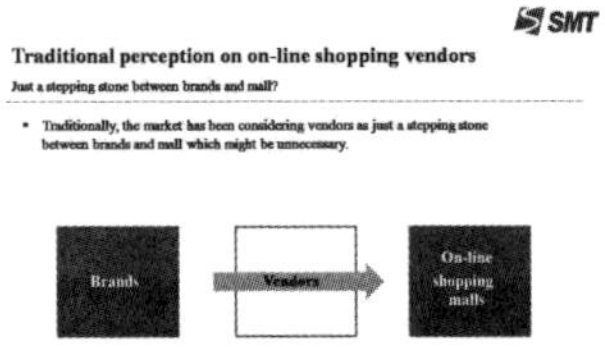


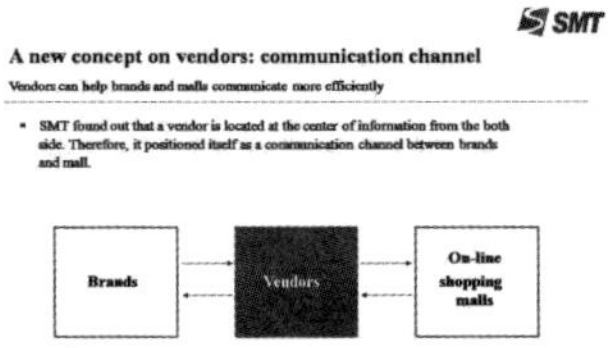


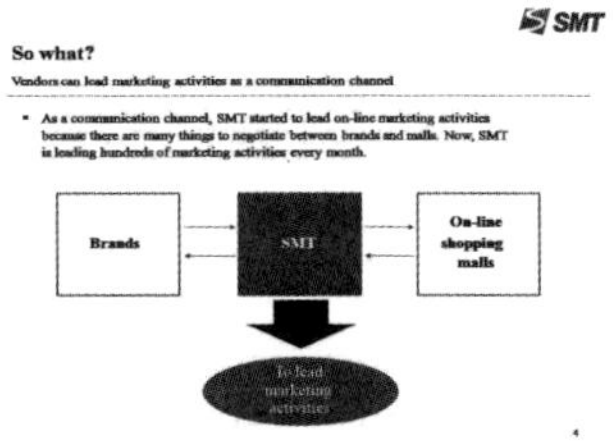


Under this situation, Fortis needed to differentiate ourselves to survive. So

① Share the goal: maximize revenue of each brands and malls

② Idea meeting: having meeting every week for performance review and generating idea

③ Communication between brands and malls

④ Planning based on the communication

⑤ Get feedback from both sides and execute

Among each step, communication was the most important but difficult part; ① Conflict of interests between brands and malls; ② Sudden retirement of employees in partner companies; ③ Different personal characteristics, and etc. However, we tried our best by suggesting optimized commission rate, relocating employees according to their advantages, human networks, and etc. Now all our members have know-how to communicate and execute innovations.

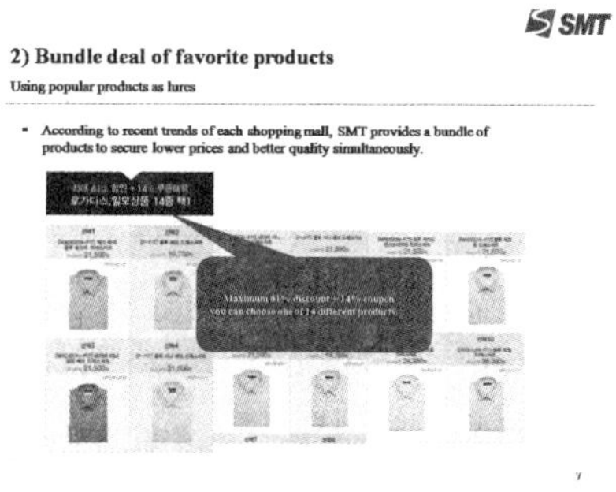

KPI

(1)Employee retention rate: Happier employees, better performance.

(2)Average # of education that employees got: Education improves service quality.

(3)Revenue by brands, malls, and items: Eventually, revenue explains many things.

(4)YoY revenue growth every month: Better growth cannot be made by chance.

(5)Customer exposure: We see page view, number of clicks and etc to measure marketing efficiency.

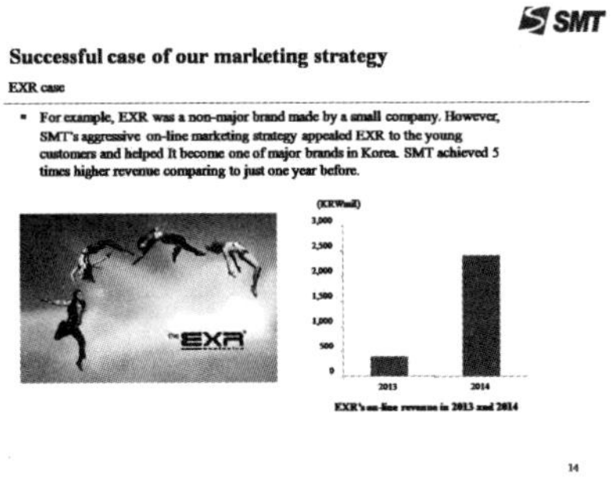


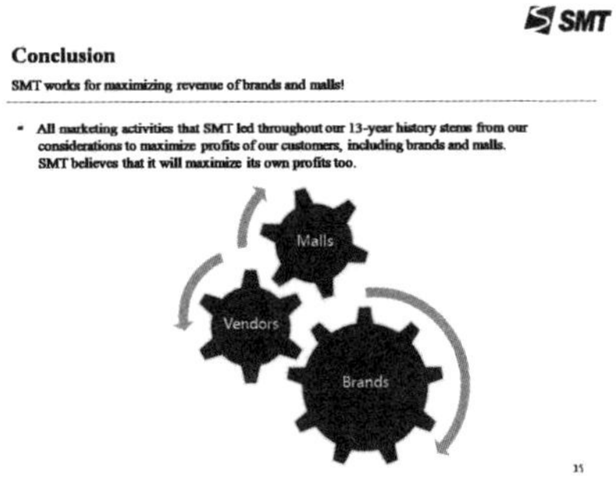


Our C/S employee retention rate is at 25% per annum which is significantly lower than market average of over 50%. It is continuously decreasing. Also we achieved Bean pole's revenue by 26% 4-year CAGR. It recorded YoY positive growth almost every month during 4 years.

**Expert Comments**

Viveca Chan/ Chairman & CEO, WE Commerce & WE Marketing Group

With the growth of on-line e-commerce sites, more vendors are making direct deals cutting out the middlemen. Rather than positioning itself as a dispensable service provider, SMT establish a new business model of aggregating various and even competitive brands, providing offers from more brands to attract more customers and provide better value proposition. On the on-line mall side, SMT helps create shopping themes, promotional templates to increase demand.

This customer focused aggregation and value add service creates a new business model that makes SMT indispensable to the consumer, the vendors and the sellers (on-line malls). A good business model to learn from.

**Expert Comments**

Jay Kim / Managing Director, AAAZA

Fortis's SMT Online Store case study shows that best way for a e-commerce company to flourish is investing in the people who make up the company. This was exactly their case with SMT Online Store. Their main goal was to inspire and motivate their staff by getting teams to involved in this refresh project and it brought non-traditional thinking like using brand competition as a way to promote brand and sales items is one example. With their in-depth analysis of customer behaviors, they were also able to insert key promotion pieces in their purchase cycle to increase sales and brand recognition for their partners.

# 麦当劳独家牵手百度：跑酷疯抢樱花甜筒

**案例名称：**麦当劳独家牵手百度：跑酷疯抢樱花甜筒

**所获奖项：**营销创新类——餐饮与零售商类——金奖

**获奖单位：**百度在线网络技术（北京）有限公司

麦当劳

扫描二维码，
查看完整版案例

## 背景 & 挑战

2014 年 9 月 24 日，麦当劳推出新品樱花口味圆筒冰激凌。此次新品上市，麦当劳没有选择传统广告投放形式，而是独家牵手百度地图，希望借助创新科技，将这一全新单品以独特的方式推荐给消费者。作为独家合作平台，百度地图活动的效果对这一新品的推广有很大的影响。如何利用好百度地图平台，设计全新的 O2O 触点，给消费者带来全新的线上体验成为最大的挑战。这次活动的终极目标是希望实现迅速提升樱花甜筒新品认知、线上成功售卖百万份“零元樱花甜筒”。

## 创新思维

“线下”甜品站是麦当劳的明显特征，顾客对于麦当劳的小食、甜品、饮料等产品的购买源于突发性需求。能否通过有限的线下基点触发更多线上的、可移动化的接触点，同时以极高的便利性和趣味性增加消费者对品牌和产品的好感度？于

是跑酷抢购“零元樱花甜筒”活动应运而生。此次跑酷活动通过创新科技联合百度地图，让用户在限定的时间内跑到门店，即可获得免费樱花甜筒，大大增加了互动趣味性。

## 实施过程

1. 定制化 020 营销

（1）情景定向，增加线上可移动接触点。

（2）吸引门店“附近”的消费者进入跑酷情景：百度地图联合百度糯米，结合 LBS 大数据分析和智能推送技术，对麦当劳甜品站周围 3 千米的用户进行匹配，推送活动消息；当你周围有参与活动的麦当劳门店时，你能看到一个粉嫩清新、漂浮在地图上的樱花甜筒代替原有文字的位置标识。

2. 全感官沟通，借助科技刺激扩大购买需求

跑酷挑战：拯救融化的樱花甜筒。活动结合跑酷概念，用户在点击参与后，百度地图会基于用户的地理位置计算出最近甜品站的距离，并自动匹配时间，用户只要在规定时间内抵达最近的门店，就可以免费享用一个樱花甜筒。而在跑酷的过程中，手机页面上的樱花甜筒会不断融化，新鲜又刺激的方式撬动了用户好奇心。

## 效果评估

1. 社交分享，无限扩大影响范围；晒挑战成果，小小冰激凌一夜成名

10 天内，活动页面访问量超 2 000 万，引发 50 多万次分享，社交媒体上阅读量近 7 000 万，登上新浪微博搜索热门排行榜。

100 万份樱花甜筒成功售卖；2 000 多万人进入活动页面；400 多万人因活动走到室外。

此次麦当劳新品上市，通过创新的科技，给这个关键的 moment 增加了一些甜度，将互动变得更鲜活有趣。消费者有了更多线上的、可移动化的接触点。这种新鲜的交互形式不仅能最快地把新品和促销信息传递到消费者面前，还能以极高的便利性和趣味性增加消费者对品牌和产品的好感度，让小小的冰激凌一夜成名。

2. 甜品站不再孤单

①单店人流量提高 30%。

②活动期间全国甜品站销售额增长 79%。

③对比 2013 年同期增长 6%。

**专家点评**

**点评：**郑敏 / 亿邦动力首席执行官

樱花口味圆筒冰激凌的新品推广案例有两个特别值得关注的创新。首先是传统广告主实施的一次电商突破。传统广告主公司规模大，销售渠道和方式标准化程度高，很难快速开展电子商务模式应用。但是麦当劳营销部门巧妙地借用了糯米网等电子商务平台的媒体传播功能，实现了一次准 O2O 电子商务营销活动。其次是地图平台的一次营销价值体现。活动利用地图的“位置服务、路径规划”两大核心价值，巧妙融入了基于位置、路径和时间的营销活动，既获得了营销回报，也验证了移动地图服务的营销价值。

# 刷脸吃饭——手机百度外卖 O2O 互动整合营销

**案例名称：**刷脸吃饭——手机百度外卖 O2O 互动整合营销

**所获奖项：**营销创新类——网络、电信产品与服务类——金奖

**获奖单位：**百度

扫描二维码，
查看完整版案例

## 背景 & 挑战

O2O 是移动互联网开辟线上与线下消费整合的一项全新领域，也是移动互联网进军传统消费行业的一个新突破口。2015 年，阿里巴巴、腾讯都在通过大额贴补的形式，在便利、打车行业上希望占领市场，而百度为 6 亿网民提供搜索服务的 APP——手机百度，应该如何撬开移动互联网 O2O 市场，将根深蒂固的搜索需求，转化为消费需求，是一个值得深思的问题。

在选择 O2O 移动互联网方向上，“外卖”行业市场环境不成熟、不做大额贴补、用户认知低，是其他行业没有触及的消费形式。所以，更需要找到一个市面上从来没有过的营销手段，做到真正的链接人与服务，来推动这项新型 O2O 消费行业。

## 创新思维

百度充分挖掘自己的优势，迅速组建外卖的互联网形态，这就意味着每家餐厅的上百道菜，一个城市的上千家餐厅，只要用户搜索一个“外卖”关键词就找到所有。通过“刷脸吃饭”的趣味互动活动，突出手机百度外卖的功能，吸引更多人使用手机百度叫外卖。所谓的“刷脸吃饭”就是调用人脸识别技术，以人的美貌长相进行标准化处理，将优惠现金植入到人脸中，拍照领钱点外卖吃饭，五官长得越标致，领到的现金越高。这种做法一方面

可以很好地融入百度的领先人脸识别技术，另一方面也能激发更多人的好奇心，还有人内心对外貌的攀比心理，激发更多的人参与和传播活动。

## 实施过程

手机百度对移动端行为的捕捉，实现最低的参与门槛，趣味性激励措施，让更多的人知道手机百度做外卖。平台具体实施如下：

1. 为“看长相”造势

用户通过搜索“外卖”，参与刷脸吃饭的互动环节，每个自拍照人脸识别技术都会以标准模板给出相应的长相分数，激起人们对自我长相的关注力，形成强自传播力。另一方面，通过向公众描述人脸识别技术的应用场景（人脸身份证、钥匙、银行信息、新时代社交），让更多人了解手机百度有关“人脸识别”技术的发展和未来走势，加深公众对手机百度“更科技、更未来”的品牌印象。

2. 突出“靠长相领钱”的独具一格性

活动将小面额的优惠券植入到人脸中，根据长相分数，产生相应的优惠券。

3. 加强“有意思的外卖”O2O 消费行为沉淀

此项措施引出手机百度的外卖体系，包括“小龙虾、火锅、进口水果”

在内的独具特色的外卖，都引进到手机百度外卖中，让真正靠脸吃饭的人，吃便宜点儿，吃好点儿。

4. 进一步出击“不可能的外卖”

将手机百度的外卖做差异化处理，结合线下，手机百度豪华外卖餐车也在北京各大写字楼商圈游走，凡是在手机百度上订外卖的用户，都可能被接到豪华外卖餐车上，体验超级外卖机会，更有米其林大厨亲自烹调。同时推出各种外卖爆款，比如黯然销魂蛋炒饭等，将手机百度外卖的菜品多样性和独特性展现出来。

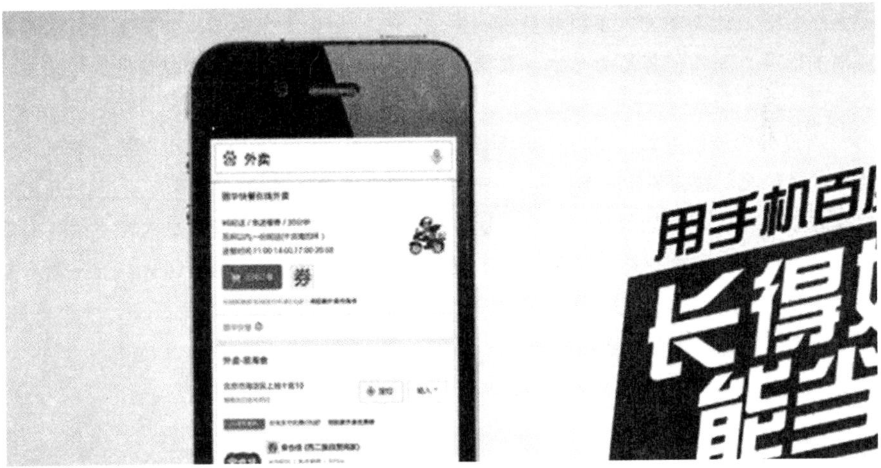


## 效果评估

通过这种“刷脸吃饭”的趣味互动活动，手机百度主要实现了以下三个层面的价值飞跃：

（1）品牌效果。活动在全国范围内引发了巨大反响，仅微博评论转发数就超过 1 200 万，微信转发次数和评论数达 689 万。用户纷纷对活动给予高度评价，极大地提升了百度品牌美誉度，有效拉近了百度品牌与用户的距离。同时，公众对百度的人脸识别技术给予了很大认可，关于人脸识别技术的视频被点击播放近 400 万次。

（2）用户效果。活动参与人数近 1 300 万次；活动上传图片 4 500 万张。重复参与率为 13 次 / 人，有近 10 万人重复参与，单人上传超过 20 张。

（3）产品效果。手机百度“外卖”的激活量，从每日 300 次，提升到每日 70 万次，手机百度产生的外卖订单，从 0 增长到 16 万单。

**专家评语**

**点评：**黄博 / 华盟传媒首席执行官

近几年将行为艺术与社会化营销相结合，诞生了不少经典案例，比如冰桶挑战、微笑点名等，此类案例大多以公益主题为主。在社会化传播领域，公益本身就是相对容易的话题，而如何将行为艺术与营销相结合，百度外卖刷脸吃饭的确是近年来的一个亮点。

百度外卖刷脸吃饭，有一个点值得我们去思考：在这个时代，用户最愿意参与和传播的是什么？如何设定一条润滑曲线让用户划进消费。随着“90 后”甚至“00 后”思维越来越独立，生活越来越衣食无忧，如何让流量“划进”篮子是大家必须花时间去思考的问题。百度刷脸吃饭抓住的不仅仅是有趣的话题与实惠的回报，而是用户越来越热爱自拍、越来越热爱自我表达的一种时代趋势，抓住这个点背后还有一个声音是，用这个点筛选出了自己真正需要的用户。

# KATE 女王驾到

**案例名称：**KATE 女王驾到

**所获奖项：**营销创新类——美容产品与服务类——金奖

**获奖单位：**上海丽人丽妆化妆品有限公司

佳丽宝化妆品（中国）有限公司

扫描二维码，
查看完整版案例

## 背景 & 挑战

KATE 品牌在中国的影响力并不大，很多人对这个品牌并不熟悉。这给我们的品牌宣传以及活动的推动带来了一定的挑战。

现在中国市场彩妆品牌众多，品牌竞争力比较大，我们该如何让客户选择我们的品牌？相对其他品牌来说，我们更大的优势在哪里？这是我们在开展营销活动时深刻思考的问题，同时也给我们带来了更大的挑战。

中国女性相对于外国女性来说，化妆人数的占比并不大，并且脸部化妆产品需求相对眼妆来说需求更大，这对我们的明星眼妆产品来说，也带来了一定的压力。

## 创新思维

• 营销目标：（1）通过互联网传播，扩大品牌影响力，占有更大的市场份额，吸引更多的新客户以及对老客户关系维护，传播更多的彩妆知识，扩大整个彩妆市场。（2）微博引爆，向店铺引流，为“双十一”造势。

• 核心创意：女王，你在哪里！我们在找你！ Where Are You？ My queen！ We’re looking for you.

本期妆容的灵感来源于《了不起的盖茨比》这部时尚大片。在这部影片中，我们看到了 20 世纪 20 年代复古风为我们带来的一波复古时尚潮流。波纹发型、复古发带、弧形弯眉、轮廓感深邃眼影等造就了 20 年代的复古妆容。剧中的女主人公 daisy buchanan 由演员 carey mulligan 饰演，金发的 bob 头无疑是华丽复古风情的代表，柔软的发丝在两颊处微微卷翘，年轻且不失甜美的造型诠释了一场奢华复古风的强势回归，华丽的着装让我们又一次回到那个纸醉金迷的时代，仿佛坐上时光机回到 20 年代感受到弧形柳眉、深红唇妆的魅力。

## 实施过程

1. 本次选拔赛分为三轮入围赛和终极 PK 赛。前三轮入围赛以微博综合人气排名为评选标准；每一轮入围赛美妆老师将从一等奖获奖者中选出最符合 KATE 品牌的一名选手，参加上海美罗城终极 PK 赛。

（1）每轮入围赛奖励机制

• 一等奖 3 名（价值 ¥999 的 KATE 礼包）。

• 二等奖 10 名（价值 ¥666 的 KATE 礼包）。

• 三等奖 50 名（KATE 官方旗舰店任意选择一款产品）。

（2）终极 PK 赛奖励机制

• KATE 女王 1 名：签约 KATE 官方旗舰店，畅游酷炫东京。

• KATE 时尚教主 1 名：KATE 官方旗舰店全线产品一套。

• KATE 靓妆先锋 1 名：KATE 官方旗舰店任选产品 2 件，并获得 2015 年 KATE 所有新品免费试用权。

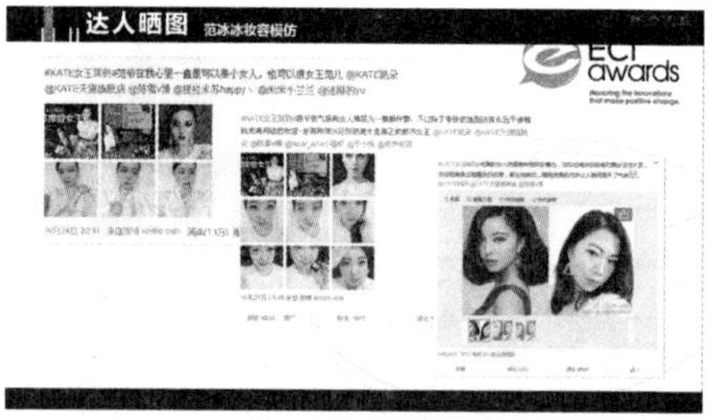

2. 现场请来高圆圆御用造型师张人之、辣妹掌门人陈雪、新浪微博知名博主 YUKIKO，为选手打气、点评妆容，现场参与天猫范儿晒图。

## 效果评估

（1）扩大了品牌影响力，让更多的人认知了 KATE 品牌。

（2）四大魅力妆容席卷美妆秋冬，掀起百万人群关注、讨论和模仿；宣传了产品并且让更多的人喜欢上了KATE产品，提高了店铺的产品购买率。

（3）通过这次活动，让更多的人认知以及喜欢上了 KATE 品牌，提高了 KATE 在美妆市场的份额。

### 专家评语

**点评：**吕晋杰 / 楚楚街创始人

---

KATE 女王驾到的营销方案充分证明了企业进行品牌宣传和市场营销活动时，必须真正理解和把握市场需求及用户的心理。

作为日本知名的美妆品牌，KATE 品牌在中国的影响力并不大，很多人对这个品牌并不熟悉。同时，中国市场彩妆品牌众多，品牌之间竞争巨大。因此，Kate 在开展营销活动时，选择了一条不一样的路径。通过互联网选拔赛的方式，吸引了大量爱美女性参与进来，以此来扩大品牌影响力，借助微博渠道来引爆话题，向店铺引流，为产品的销售造势。而高圆圆御用造型师张人之、辣妹掌门人陈雪、新浪微博知名博主 YUKIKO 等人的悉数登场，将这次营销活动推向高潮，充分展示了互联网传播环境下，KOL 对于公众行为的巨大影响。

KATE 女王驾到的营销案例，其实是一个在互联网背景下，深入了解市场需求、适应市场需求的过程。进一步诠释了营销“洞悉客户需求，满足客户需求，建立客户关系，获得客户价值”的本质。

# CK私人订制 大声说爱

**案例名称：** CK私人订制 大声说爱

**所获奖项：** 营销创新类——美容产品与服务类——金奖

**获奖单位：** 上海丽人丽妆化妆品有限公司

科蒂商贸（上海）有限公司

扫描二维码，
查看完整版案例

## 背景&挑战

CK香水市场目前水货泛滥，C店及专营店价格普遍偏低，正品保障过低，消费群体长时间习惯了低价模式，但是，通过淘宝指数搜索CK香水的排名一直位居前十，因此旗舰店的出现，首先给所有消费者带来了正品授权保障；其次满足了更多消费者对正品的追求。

基于目前相对激烈的竞争环境，CK策划了本次"大声说爱"的活动，吸引更多年轻一代的粉丝，加强CK在彩妆香水类目的影响力，提高了品牌知名度，同时也为整个CK市场培育和发展了更多的正品消费者，有利于香水彩妆市场进一步扩大和发展。

## 营销目标

通过互联网营销扩大品牌影响力和市场份额，同时培育和发展更多的CK彩妆香水用户，和其他品牌一起共同把彩妆香水市场做大、做好。

关键绩效指标，活动引流 6.48 倍增长、销售金额月度环比提升 46%。

## 创新思维

情人节，在年轻人中有日渐受欢迎的趋势，人人都在为给自己的另一半挑选礼物发愁之际，推出 CK 表白利器，不仅大牌而且不贵的基础上，还让自己的另一半更心仪。通过“大声说爱”活动，抓住了年轻人喜爱惊喜的心理，从而在 CK 品牌粉丝中扩大该活动的影响力。

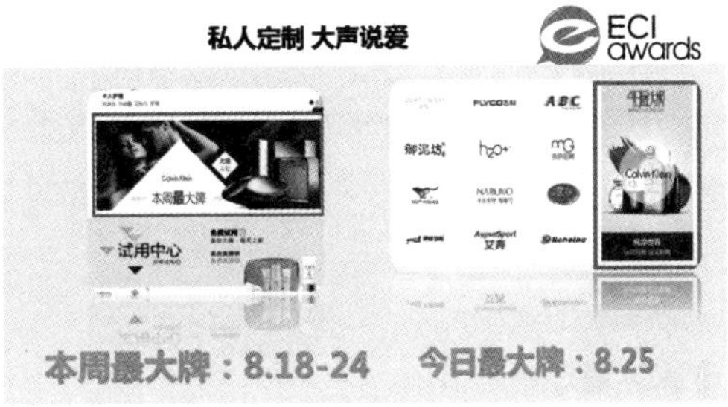


通过互联网营销扩大品牌影响力和市场份额，同时培育和发展更多的 CK 彩妆香水用户，和其他品牌一起共同把彩妆香水市场做大、做好。

## 实施过程

（1）四大表白利器：清新体香、重塑新生、魅惑电眼、性感红唇；

（2）活动露出：天猫美妆 PC 首页焦点图、淘宝 APP 首页焦点图、本周最大牌、今日最大牌、宝贝详情页 Banner、店铺首页 Banner。

## 效果评估

此次店铺活动以“大声说爱”的主题来推荐 CK 店铺主打产品，扩充了产品的广度定义，提供给消费者更多的购买“借口”。活动期间销售额增长 46%，PV 增长 2.5 倍，UV 增长 3.4 倍。活动吸引了新顾客数较活动前比较，呈 6.84 倍增长。

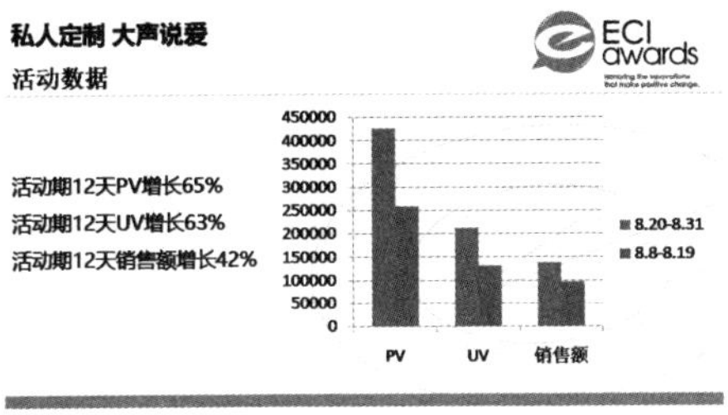


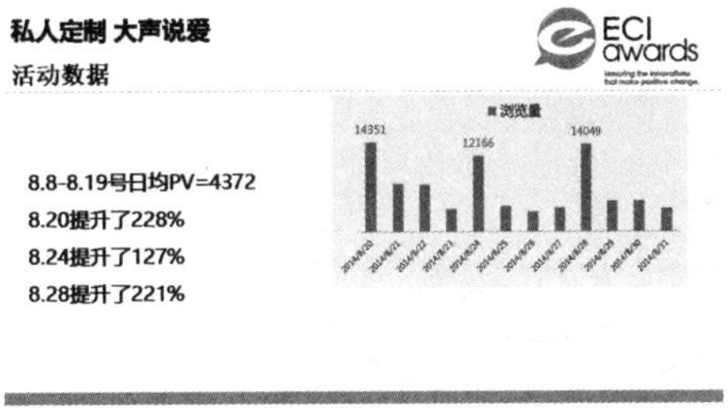

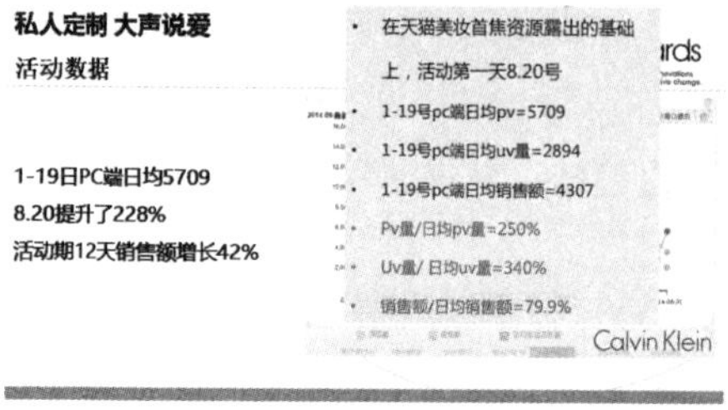


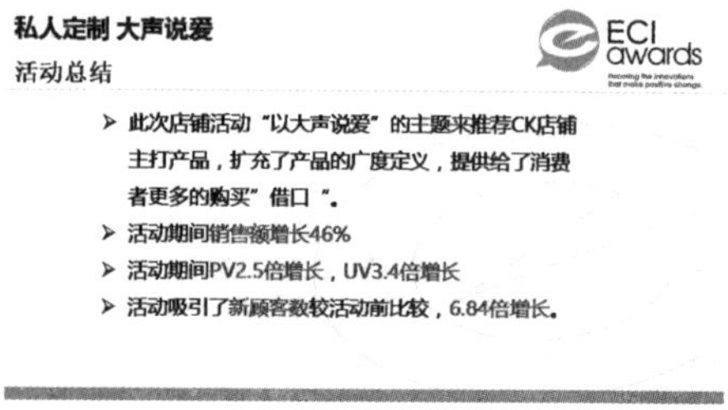

## 专家评语

**点评：**王海波 / 北京网库互通信息技术有限公司董事长

首先，CK 本次活动的主题“大声说爱”切合了“七夕情人节”这个热点，极易引起年轻人的广泛关注，进而带来更多的传播量和销售量。同时培育和发展了更多的 CK 彩妆香水用户。

其次，12 天内销售额增长 46%，PV 增长 2.5 倍，UV 增长 3.4 倍，客户比活动前增长了 6.48 倍，从整体上来说效果还是非常不错的。

最后，一次活动推出 4 种产品，从一定程度上扩充了产品的广度定义，给予了不同的人不同的选择，但是一次推出“四大利器”不如一次推一个“爆款”更能加深客户的印象。

# 不想扔的名片

**案例名称：** 不想扔的名片

**所获奖项：** 营销创新类——企业声誉与专业服务类——金奖

**获奖单位：** Cheil 鹏泰

深圳市易讯天空网络技术有限公司

扫描二维码，
查看完整版案例

## 背景 & 挑战

500.com 是中国第一家数字彩票公司。但是，中国客户对于数字彩票的接受程度并不乐观。作为新兴行业的代表，怎样才能让客户对 500.com 留下深刻印象呢？

## 创新思维

如何向客户提供最简便的、直接体验产品的过程，以促进客户对 500.com 的了解？我们想要通过战役，扩大 500.com 的品牌认知度，促使更多用户了解 500.com 数字彩票业务。

如果客户能够保留名片，将能极大地促成未来合作意向——如何让客户愿意保留名片，同时完全展示产品特质？

对 500.com 的名片进行改造，让客户可以直接体验 500.com 产品，并不愿丢弃名片，为此设计了世界上第一款彩票名片。每位产品经理的名片背面都印有一组体彩大乐透号码（每位经理的彩票号码相同），并在 2014 年全年有效。客户可以随时查阅当期体彩大乐透中奖号

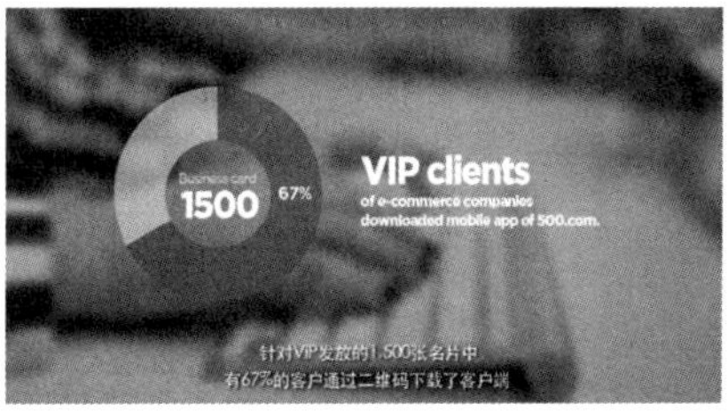

码，如果发现中奖，直接拨打名片上的客户经理电话即可兑奖。也可以随时请产品经理帮忙关注中奖信息。

## 实施过程

设计并印刷了1 500张彩票名片，专门发放给VIP大客户，以促进日后合作机会。同时，在网络、传统等媒体端进行推广，持续扩大影响。500.com为每位客户经理提供一组彩票号码，并连续追投2014年全年。

## 效果评估

发放的1 500张名片中，有83%的客户使用了名片上的彩票号码，67%的客户与服务人员建立了长期合作关系。500.com成功在高端客户心中留下了深刻印象，并进一步拉动了公司的业务咨询与销售增长，因此，顺利与百度、支付宝、中国移动等电子商务公司展开合作。当季活跃用户从374 000人增至894 000人，带来更多市场收益，公司净营收环比增长38.9%，表现高于华尔街分析师的预期（按美国通用会计准则GAAP计算）。

**专家评语**

**点评：**李西沙 / 中国4A理事会理事长

500.com本来是线上公司，但因为消费者对线上数字彩票的接受度较差，所以采用了传统的线下活动，以实现O2O的效果，不失为一种有实效的营销手段。

在互联网时代，很多虚拟在线的东西，如果不落地，消费者就会对其产生陌生感，很大程度上影响了电子商务的实际效果，因此，灵活运用O2O的传播手法极为重要。500.com案例对多数电子商务营销策略的制定有一定的指导意义。

# 丹麦蓝罐曲奇奇趣宝盒

**案例名称：**丹麦蓝罐曲奇奇趣宝盒

**所获奖项：**营销创新类——食品类——金奖

**获奖单位：**上海威库电子商务有限公司
丹麦蓝罐曲奇

扫描二维码，
查看完整版案例

## 背景 & 挑战

拥有 81 年历史的丹麦蓝罐曲奇是香港家喻户晓的品牌，在内地南方也具有较高知名度。2013 年末，丹麦蓝罐曲奇新有限公司启动电商项目，通过优秀的服务体验赢得消费者青睐，在线上销售呈稳定增长趋势，2013 年的线上销售增长率达 85%，与饼干行业的销售增长率基本持平。

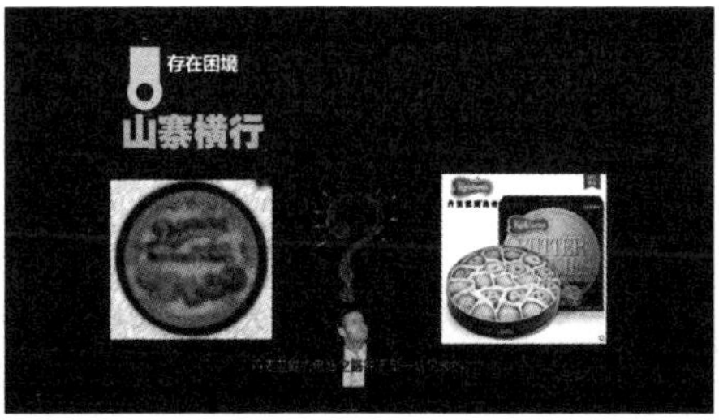


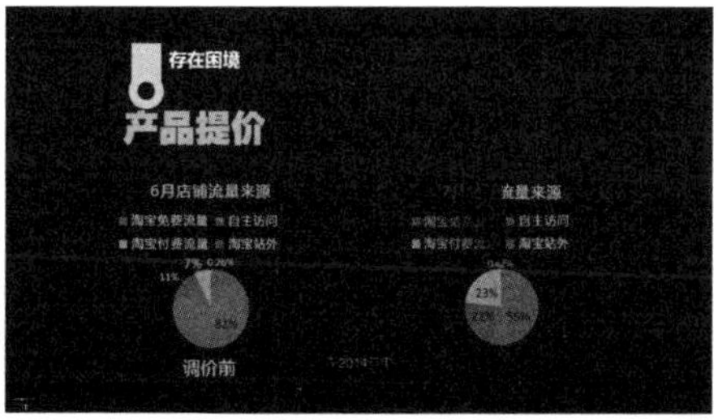


但由于不断受到低价且相似度极高的山寨“丹麦曲奇”的冲击，线上销售受到的冲击更为强烈。不但如此，蓝罐 2014 年更面临一个严峻的考验：随着生产成本的增加，蓝罐中国市场从 7 月份开始全面宣布提价，并且由于销售渠道众多，价格开始进入不稳定期。自提价以来，旗舰店线上推广费用提高至之前的 3 倍，但销售效果仍跌至预期的一半。此时面临最重要的中秋促销节点只剩下一个多月的时间。

在这样的市场背景下，丹麦蓝罐曲奇所面临的更多挑战在于如何在提价后给消费者更愿意购买的理由，吸引顾客进行购买？如何避免提价对天猫活动资源申请的冲击，争取品牌曝光机会？如何避免来自价格调节期与线下渠道的价格对比，保护品牌销售？如何控制营销费用，控制投入产出？这都是很迫切需要解决的营销问题。

### 创新思维

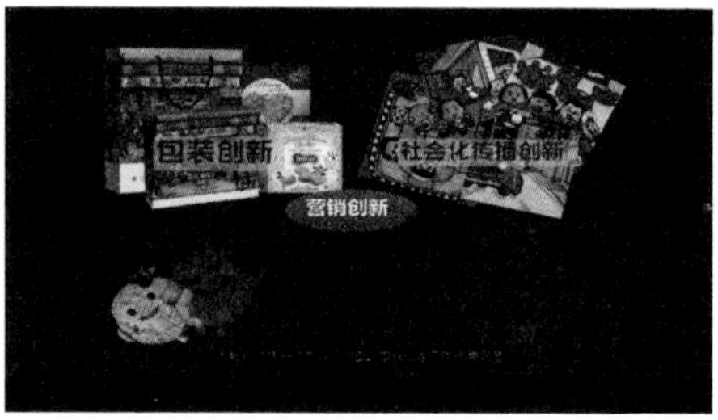


·本次营销传播目标：提高丹麦蓝罐曲奇在天猫销量的领导地位，争取2014年中秋促销饼干行业排名第一，夺取电商市场领导地位。增强丹麦蓝罐曲奇的品牌吸引力，增强品牌曝光率，吸引访客关注和访问，提升消费者的喜爱度。获得效果最佳的推广投入产出比，灵活使用各种推广手段，收集消费者的行为数据，更精准地投放推广资源，控制整合 ROI 不低于 1:4。

根据节日设定特色主题，并推出特色礼盒和周边赠品。吸引消费者购买和收藏的兴趣。

（1）时间洞察：中秋节作为中国最重要的节日之一，能够与家人团聚、共享天伦之乐是消费者心中最柔软的渴望。借着中秋节的临近，采用“奇趣全家福”，是寄托了蓝罐对粉丝温情的祝福，也希望粉丝通过向家人赠送表达团聚的礼物，表达中秋祝福。

（2）消费者洞察：20 ～ 29 岁用户人群是网络购物市场的主力军，其比例达到 56.4%。这个群体的消费者与他们的长辈相比，不但关注价格，同时也很注重产品的品牌和品质，更注重购物体验，影响购买决策的关键因素是“实惠”而不是“低价”。同时，他们容易被朋友推荐和社交网络流行信息所影响。

（3）传播渠道洞察：丹麦蓝罐曲奇多年来以“送礼体面过人”被知晓，并且伴随着与家人的团圆与欢聚，是许多“80 后”消费者童年里难忘的记忆。我们不但需要宣传“不一样的丹麦蓝罐曲奇”，也要为品牌注入温情及活力的元素，引发与年轻一代消费者的情感共鸣，延续他们对蓝罐的热爱与购买。

（4）销售渠道洞察：蓝罐提价后各电商渠道的价格调控尚未完成，以 1 号店及京东为代表的综合购物网站自营业务比例高于联营，涉及各方利益，需慎重选择受影响较小、可兼顾品牌与销售的渠道。

• 本次营销传播的核心创意：不一样的丹麦蓝罐曲奇，不一样的奇趣全家福。

## 实施过程

为更有效地实现品牌营销目标，特别制定了社会化营销传播的消费者旅程：“制作视觉风格冲击”—“新品引爆”—“优惠联动”。整合微博、微信、天猫等多个平台，以制作有趣话题等方式为品牌营销动作找到最佳切入点，并且有效引至电商平台进行销售。

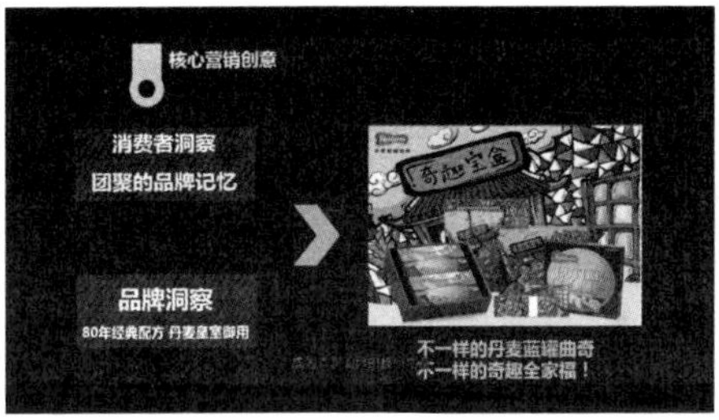


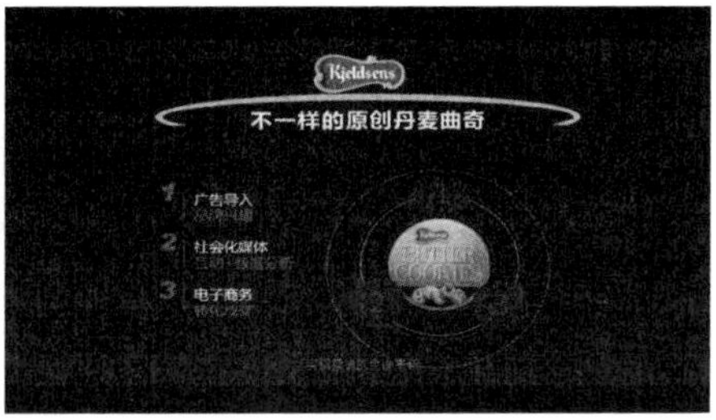


1. 营销主题：中秋节作为中国最重要的节日之一，能够与家人团聚、共享天伦之乐是消费者心中最柔软的渴望。采用“奇趣全家福”，是寄托了蓝罐对粉丝温情的祝福，也希望粉丝通过向家人赠送表达团聚的礼物，表达中秋祝福。

2. 视觉风格冲击：目标消费者为 20 ～ 29 岁的年轻人，也已经开始独立逐渐离开校园走向社会，他们更喜爱活泼有趣而不是严肃庄重的设计，通过微博微信的粉丝沟通，我们确定了卡通设计的方向。

（1）社会化媒体营销设计：以幽默活泼的方式描绘粉丝“奇趣全家福”的情景，并且描绘了家庭成员中的个性，呼吁粉丝们“中秋回家”。

（2）天猫页面：首页与限量礼盒的设计页面均互相辉映，采用“奇趣全家福”主图，以卡通形象表现全家齐聚、欢乐融融的情景。

3. 新品引爆：蓝罐全新限量版礼盒设计阶段即与天猫平台沟通活动资源，并以聚划算活动首次推出，确定上线日期后社会化媒体便进行活动渲染及引流，并在聚划算短短 3 天中累计了大量销售。

4. 优惠联动：蓝罐微博微信全程以有趣主题与粉丝们互动，更引导粉丝了解电商优惠信息，促成购买，也增强了社会化媒体的活跃度与话题量。对于活跃粉丝赠予“购买特权”，更鼓励粉丝们晒出自己已经购买的限量版礼盒，形成二次传播。

## 效果评估

成果一：成功提高销售额

中秋促销销量排名第一，赢得了市场领导地位。面对产品提价及各渠道价格冲击的困境，淘宝全网销售仍比去年同期增长 67.81%，其中蓝罐旗舰店贡献了 78% 的销售额。

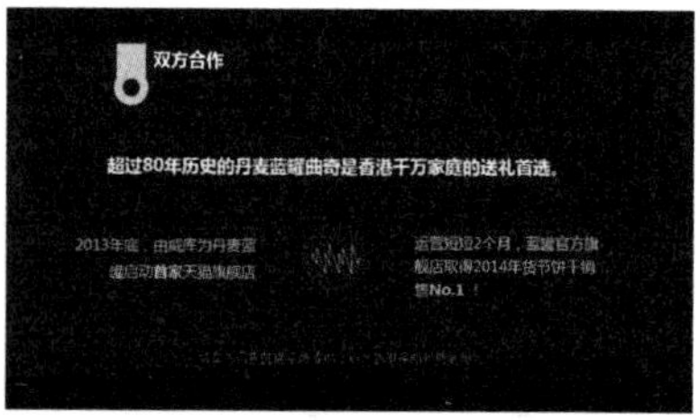


成果二：成功增强品牌影响力

自限量版礼盒开发到销售，全程与消费者互动，探索和再现消费者所喜爱的品牌元素。为蓝罐的品牌注入年轻与活力，唤醒年轻消费者对品牌的热爱，伴随忠实消费者成长。在重要节日推出特别设计与主题，促进品牌曝光，获得良好的口碑传播。

成果三：有效控制营销成本

零费用整合社会化媒体进行引流。持续优化淘宝平台投放，淘宝直通车 ROI 为 2.4 ，淘宝客 ROI 为 12.9。以限量版礼盒方参报聚划算资源，并以提价后的新价格进行销售，在开售 10 分钟内卖出 1 080 份。

**专家评语**

**点评：徐雷 / 京东高级副总裁**

作为知名度较高的细分市场品类，在商品提价后遇到了阶段性困境，该案例成功地抓住了适龄网民及消费者的喜好和行为进行营销放大，利用中秋市场、销售平台、社会化营销方式成功打造了一次营销活动，在销售数字的背后更引人注目的是将品牌的调性和定位成功地传播并可持续地发酵，一次活动却可以让品牌 / 商品长期受益，实属难得。在大数据和 CRM 运营方面，案例中有所提及但没有较多介绍，略嫌遗憾。

# 欢聚时刻 让红包飞

**案例名称：**欢聚时刻 让红包飞

**所获奖项：**营销创新类——饮料－酒水类——金奖

**获奖单位：**新浪网技术（中国）有限公司

青岛啤酒

扫描二维码，
查看完整版案例

## 背景 & 挑战

新浪微博的优势在于用户规模大，能够实现大面积的人群覆盖和快速的信息传播，也便于发放电子优惠券，从而有效为电商引流，拉动天猫旗舰店的销售。此外，春节是啤酒销售的一个小高峰，家庭和朋友聚会则是主要的消费动因。春节期间，中国人历来都有对于欢聚的渴望，更习惯于在新春聚会时以酒传情。因此，通过营销活动不但可以促进销售，也有利于拉近与消费者的距离。

春节期间，让青岛啤酒借助“让红包飞”在春节期间触发网友的主动传播，吸引用户参与此次互动活动，可以有效提高品牌 buzz，在促使用户参与互动的同时进行购买行为，增加新春销售量，而且也能助推青岛啤酒红运当头新品上市。

## 创新思维

为了充分传播“欢聚”的概念，青岛啤酒以 # 欢聚时刻 让红包飞 # 为主题，这一轮营销的明星产品则由红运当头担纲，这也是青岛啤酒为马年特别定制的一款产品，从名称、包装到品质都与春节元素格外契合。

## 实施过程

青岛啤酒联手新浪年度大事件“让红包飞”打造华人春节喜庆网络狂欢，首次以微博高级话题页承载活动区。首先选择@青岛啤酒啦啦队发起本次活动。青岛啤酒啦啦队曾多次亮相CBA全明星赛，在热爱运动的群体中拥有很高的知名度。其关注者大多是活力十足、乐于分享的年轻人，与青岛啤酒本轮营销活动的受众最为接近。由@青岛啤酒啦啦队发起#欢聚时刻 让红包飞#，能够将其粉丝充分转移到活动平台上，再通过这群铁杆粉丝将信息向外扩散，从而实现高效的推广。

在@青岛啤酒啦啦队发起活动的同时，青岛啤酒其他官微也通过转发、互推等方式对活动进行推广。青岛啤酒还整合了新闻客户端、门户和销售终端的资源进行推广。资源的整合使#欢聚时刻 让红包飞#活动始终火爆。

为了实现社会化平台和电商平台的对接，青岛啤酒提供了70万张、总价值高达1 300万的天猫优惠券作为奖品。实惠的奖品和极高的中奖率，让青岛啤酒在微博平台和天猫旗舰店双双实现了人气飙升。

## 效果评估

“新浪门户+微博”双平台的优质资源组合推广，让青岛啤酒“欢聚时刻”的品牌理念深入人心。活动实施以来，青岛啤酒的广告总曝光量达96 459 554 202次，总点击量为3 005 229次，红包申领数为973万，天猫优惠券&红运礼盒被申领70.3万张，直接促进了电商渠道的销售。

## 专家评语

**点评：**张志弘 / 台北数位行销经营协会荣誉理事长

一直以来，许多消费品牌一直在寻求与网络购物平台的联合运作模式，并且经常出现各种试验与尝试。在这个案例当中，青岛啤酒洞察了中国人在春节期间对于欢聚的渴望，并基于对传统习俗的掌握，通过推出“红运当头”新品，同时借力新浪微博“现象级”网路活动“让红包飞”串连天猫电商平台，成功打造了本次“欢聚时刻 让红包飞”的营销推广活动。

活动本身虽然缺乏独创性，却相当成功地利用正确的时机，策划了从新品上市、宣传活动、优惠促销及网络购物的完整活动，有效且快速地达到让消费者对于新品的认知，并借由红包包括实物奖励，普奖为青岛啤酒电商抵用券，带动电子商务消费。活动的结果是，天猫优惠券 & 红运礼盒被申领 70.3 万张，直接促进了电子商务渠道的销售，实现电子商务从流量到销量的价值营销，这对于消费品牌而言是一个相当成功的电子商务营销活动。

# 西门子家电 - 味觉大战

**案例名称：**西门子家电 - 味觉大战

**所获奖项：**营销创新类——家用电器与家居类——金奖

**获奖单位：**上海聚胜万合广告公司

西门子家电

扫描二维码，
查看完整版案例

## 背景 & 挑战

西门子家电作为国际品牌，需要在中国进行产品推广和品牌曝光，提升品牌的知名度，激发西门子家电品牌的活力。同时，国内消费者对高端洗衣机干衣机的需求比较薄弱，所以需要对消费者进行产品教育，培养消费者对干衣机的使用习惯，以扩大西门子家电的市场需求。

## 营销目标

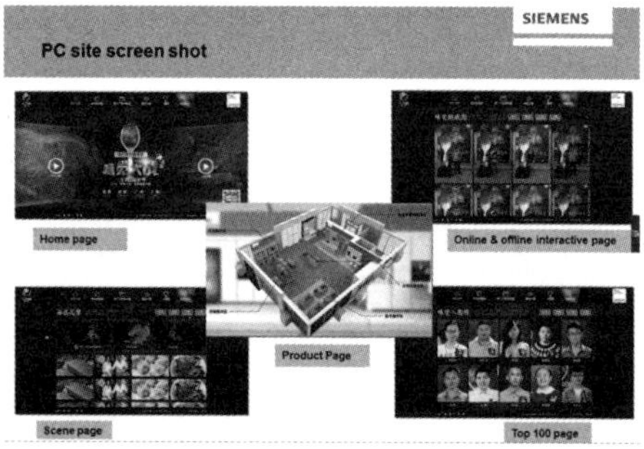


①广告的曝光点击。

②味觉大战视频播放量。

③消费者 UGC 数量。

以上 3 点均为主要的 KPI 考核指标，目的是了解此次传播是否得到了广泛的传播，以及是否引起了网民真正的讨论。

## 消费者洞察

西门子家电希望传播给大家一种生活态度和生活品质，从而吸引各种不同类型的人群来了解、接触、接纳西门子家电带来的能够融入生活方式的体验。无论你是处在怎样的生活状态中，无论你是想改变现在的生活方式还是希望维持现状，西门子厨电希望能引导消费者在家做饭，并享受这个过程。

根据电视节目中 7 种中国味道的播放节奏——苏醒、约会、治愈、下雪了、零点、在路上、团圆，活动迷你站每周同步渲染不同味道的敞开式厨房，让用户在浏览网站时能根据不同心情和味道，置身于西门子家电精心搭建的现代敞开式厨房当中。

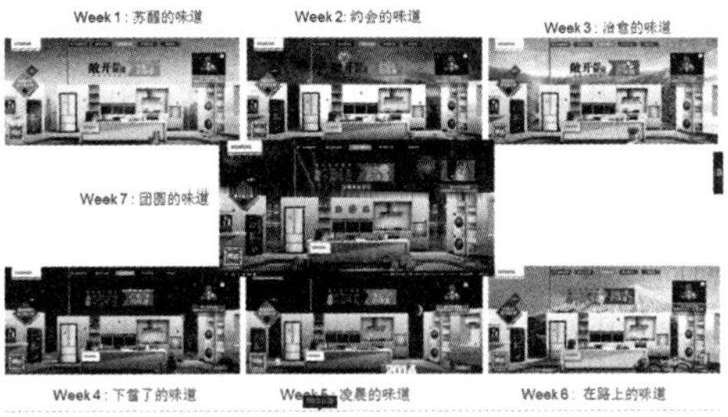


## 创新思维

用西门子整体厨房改变你的烹饪生活。

## 实施过程

自 2013 年 11 月 17 日至 2014 年 1 月 12 日，西门子家电冠名央视 2 套 2013 第四季度大型综艺节目《味觉大战》，品牌结合节目热潮开展互联网联合推广，逐层深入提高西门子家电在消费者及市场中的品牌力。

同时，为民间高手提供比拼的平台，与央视节目主题相互呼应，引发网络热议，提高品牌关注度。通过线上互动挖掘民间美食以及民间高手，满足消费者猎奇心理，给予品牌更多关注。也帮助挖掘美食背后的动人、神奇故事，让美食除了色香味俱全外，还能满足消费者的情感需求。

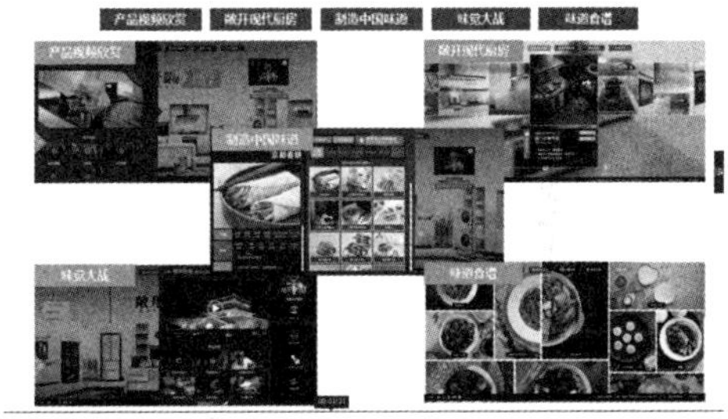

此次西门子家电“味觉大战”在网络上推广，从海选开始，直至节目开播，一直跟线下同步，相互配合。北京、广州、成都、上海四地的现场海选开始，西门子家电“味觉大战”的网络推广也通过优酷、豆瓣、迷你站等开始同步露出海选的相关信息。节目正式开播后，互动迷你站上线，让用户参与互动，同时结合节日点的话题引发网友进行讨论。圣诞、元旦、新年，以及次年的元宵节、情人节五节联动，既在节目播出期间引起广泛影响，又可以把活动的预热延续。

通过“味觉大战”节目冠名，西门子家电以生活方式为切入点，与消费者进行更进一步的沟通，不断传播“敞开现代厨房，制造中国味道”的概念。

本次活动选择的媒体类别有视频类（优酷、腾讯视频）；搜索引擎类（百度）；门户类（网易）；家电垂直类（天极，ZOL）；精准类（Mediav 聚效平台）；生活类（豆果、贝太）；移动端（Adchina）和社会化媒体（豆瓣、微博）。

门户类、垂直类等媒体可以有效地覆盖更多的人群，增加活动的参与性。社会化媒体则为“味觉大战”这个话题造势，在互联网形成热点话题。为了覆盖更多的人群，选择移动端的投放，涵盖各类移动终端。

## 效果评估

活动迷你站的曝光量达到了 1 119 647 613，点击量有 3 140 299，其中参与互动的人数达到了 102 082。

广告展现近 15 亿次，点击超过 440 万次，其中有近 200 万网友到达了迷你站。

网民在视频节目和互动中可以充分地认识到西门子整体厨房的优势，以及增加自身对厨房电器的认识。

**专家点评**

**点评：**王欣 / 扬罗必凯广告副总经理

由西门子厨房电器独家冠名赞助 CCTV-2 的平民厨艺竞技真人秀节目——《味觉大战》，定位于“中国味道的国际化表达”。使西门子品牌结合节目热潮开展互联网营销推广，将西门子的厨房电器先进技术、创新的产品和所倡导的全新生活方式与节目形态完美结合，让选手和观众充分体验到了现代厨房科学性、时尚性和舒适性与全民味觉娱乐的融合。

该案例从市场洞察到内容创意，从推广策略到媒体传播，从线上 PK 到线下互动，从品牌形象到产品创新，从制造话题到用户体验，从节目形态到结果实效，每个环节丝丝入扣，堪称完美，这是一个营销创新不可多得的好案例。

# 2014 新浪汽车电商 - 战国营销 Season1

**案例名称：**2014 新浪汽车电商 - 战国营销 Season1

**所获奖项：**营销创新类——机动车类——银奖

**获奖单位：**新浪汽车

扫描二维码，
查看完整版案例

## 背景 & 挑战

### （一）营销背景

电商进入群雄逐鹿的战国时代，汽车电商从 2010 年诸侯纷起到 2013 年“双十一”列强混战，虽然前路漫漫，但未来汽车电商格局日渐明朗，潜力无限，当下谁能掌握汽车电商的秘密武器，谁就能抢占先机，问鼎中原。

### （二）营销挑战

1. 突破单平台的局限性

缺乏纵横捭阖的策略，仅靠单一平台的单打独斗无法在影响力、电商专业度、用户触媒习惯等方面做到面面俱到，打造最完美的电商生态系统。

2. 打通线上线下，实现贯穿消费行为始终的 O2O

有了联合诸强的助力，如何发挥各自优势，整合、统领多方资源，为消费者打造从线上到线下的 O2O 完美购车体验，也是需要盖世的统筹智慧。

### （三）营销目标

1. 帮助汽车主机厂显著提升销量，收集销售线索，这是电商商业活动的直接目标；

2. 完美实现 O2O 汽车销售闭环，为购车用户打造“一条龙”的完美购车体验，这是打造新浪汽车电商品牌的终极目标。

## 创意洞察

Web 3.0时代的用户在线购物的社交化新动向，获取信息、购买、分享构成用户消费行为核心，以此进行的汽车电商才是以用户为本的完美电商。

新浪门户、微博、天猫多方平台大数据汇总、分析，我们洞察消费者在线购车需求和行为轨迹，满足围观关注→体验感知车型→汽车金融需求→购买决策引导→后续沟通服务→社交口碑分享，三平台以自身优势提供完美购车服务。

## 创新思维

基于新浪将门户、微博、天猫资源一站式整合，从导购到潜客收集，再到订车分享等各个环节，打通线上线下，实现完美的O2O闭环营销。

## 实施过程

（1）“广泛+精准曝光”策略：三方优质资源大曝光，覆盖亿万用户群，大数据指引精准点穴。

（2）精彩内容打造：汽车频道主导优质内容引导，提供最翔实的消费参考。

（3）社交形式扩散：汽车电商社交化的传播方式，造就最佳社交影响力和车型、活动口碑。

（4）完美购车体验：

①优惠狂欢：余额宝购车享收益、大量优惠秒杀车型、购车返现真实惠不断刺激用户；

②经销商参与：开放、提供经销商直销平台，为线下导流，为品牌挖掘更多的潜在客户群体；

③金融支持：联合天猫提供最便捷、低门槛、多选择的金融解决方案。

## 效果评估

欢乐购车季的火爆场面，

活动页面 5 890 万次的浏览量，而微博话题的浏览量超 13 亿，超过 15 万人意向订车，最终成交 8 023 台车。

“双十一”购车狂欢节活动页面浏览量一度飙升至 1 亿次，300 台奔驰 GLA 上线 66 个小时即被抢订一空，奔驰 ML 以 66 万元的价格被拍走，刷新了天猫销售单价的最高纪录，购车狂欢节的订车量超过 22 万台。

两次汽车电商狂欢促成了惊人的订单量，挖掘到海量潜在用户，同时也为品牌在淡季带来了亿万眼球，创造了良好口碑。消费者也获得了无限的乐趣和实惠。

**专家点评**

**点评**：韩松 / 汽车之家副总裁

---

跨平台整合新浪门户、微博和天猫的资源，将内容营销、社交扩散和精准广告相结合，获取了上亿用户流量。

有效利用天猫的“余额宝”进行余额购车享收益的活动，以及“支付宝”提供丰富的金融解决方案，形成活动的亮点。

为经销商提供直销平台，挖掘更多潜客，最终获取超过 8 000 台成交的优秀成绩。

如果能在产品的解读上有更深度的营销，挖掘更多增量，相信效果会更好！

# “不止加湿，更是呵护”之小熊加湿器圣诞登场

**案例名称：**“不止加湿，更是呵护”之小熊加湿器圣诞登场

**所获奖项：**营销创新类——家用电器与家居类——银类

**获奖单位：**上海平成混媒营销管理有限公司
广东小熊电器有限公司

扫描二维码，
查看完整版案例

## 背景 & 挑战

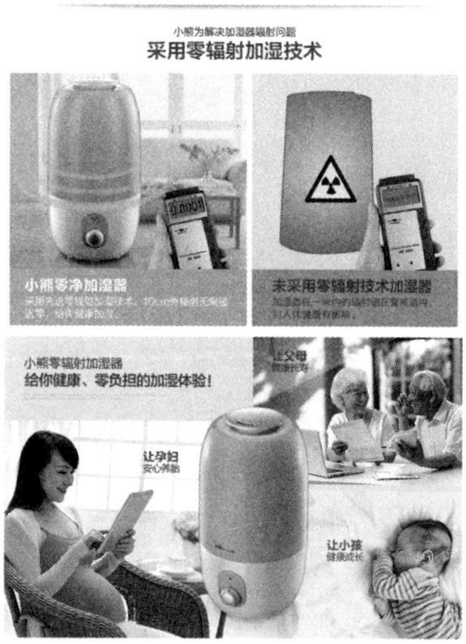


小熊电器新卖点是“热雾杀菌”功能，产品大容量满足家庭需求，不止加湿，更是呵护！小熊电器是加湿器品类的新跟随者，核心人群为家庭人群；12 月为加湿器销售旺季，面临亚都、德尔玛等传统品牌发动的低价竞争；上线时间紧迫，创意期离上线仅有一周准备时间。

• 消费者洞察：加湿器很传统，品类关注度低。但小熊积累八年的创意小家电信任度很高。

• 策略洞察：全面提升品类关注度，建立“小熊加湿器品类”关注度。采用大数据点对点精准挖掘，连接购买加湿器需求和潜力人群，通过新的关键词列表，建立新加湿器的“不止加湿，更是呵护！”

• 媒介洞察：借助爱奇艺“一搜百映”零浪费，有的放矢。准确判断

用户在百度的兴趣行为，进而在爱奇艺精准匹配推送前贴广告，大大提高了用户对小熊品类的关注度，以及产品的试用转化率。

**创新思维**

核心创意：小熊加湿器代表“最新的加湿器”！延伸熊形象，创造你身边的“呵护熊大使”主题，以创意互动贴片的形式表现产品利益点，转化为销售。

**实施过程**

创新在媒介与创意的策略型结合：

（1）找对人：通过百度大数据找到用户兴趣点，简单、精准、简约；

（2）做对事：形成多维度匹配关键字列表，需求建立连接；

（3）说对话：2014 年视频营销年，采用 15 秒 TVC，小熊加湿器“不止加湿，更是呵护！”

（4）混对点：15 秒视频整合，促销、视频、互动三不误。

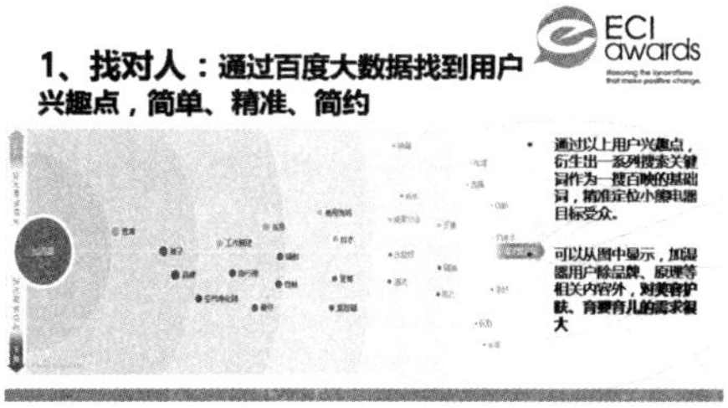


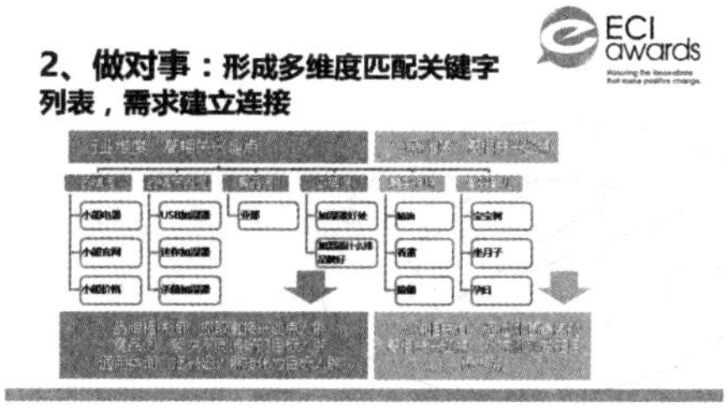

## 效果评估

（1）接触效果：互动广告贴片点击率达到 1.59% 以上，点击总量的完成率达到 239.9%。

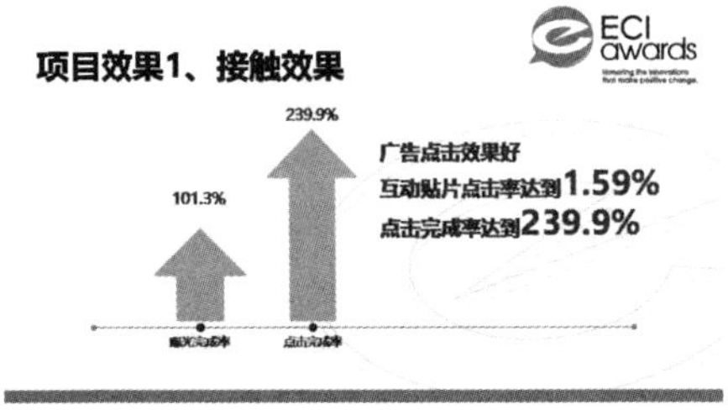


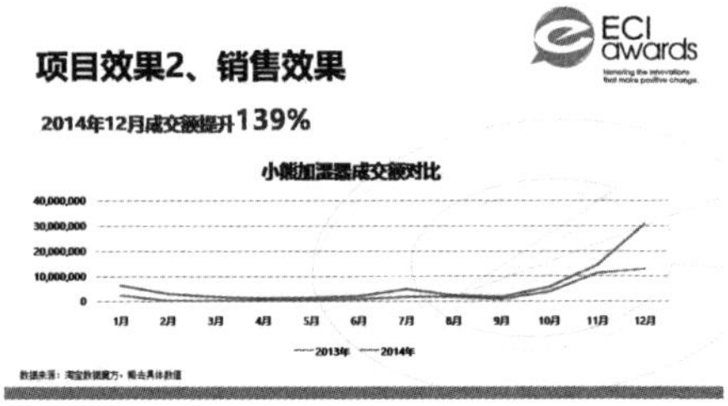


（2）销售效果：2014 年 12 月小熊加湿器成交额提升 139%。

（3）市场效果：2014 年小熊加湿器品类销量超越老牌竞品亚都、德尔玛，跃居淘宝全网第一！

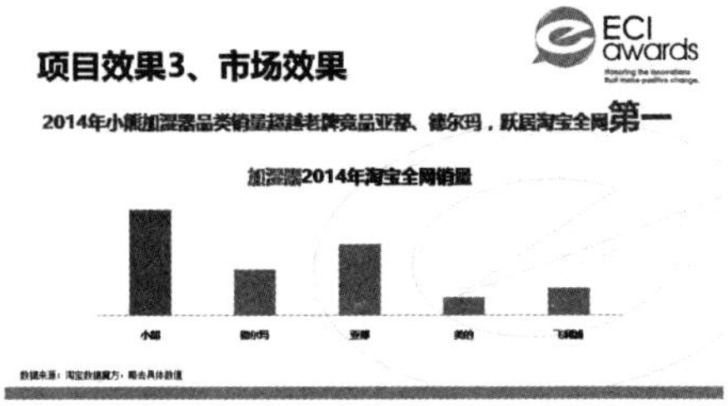

**专家点评**

**点评：**郑晓东 / 上海聚胜万合广告有限公司总裁、首席运营官

人群定位分析准确，并能挖掘更深的细分需求。在执行上，让用户好感度倍增的卡通形象引发关注，跳出了传统加湿器营销的固有形式。

# 爱不停炖 4：饭和爱情

**案例名称：**《爱不停炖 4：饭和爱情 》

**所获奖项：**营销创新类——家用电器与家居类——银奖

**获奖单位：**英扬传奇 & 喜邑互动复合品牌事务机构

广东小熊电器有限公司

扫描二维码，
查看完整版案例

## 背景 & 挑战

小熊电器经过《爱不停炖》系列三只微电影的网络推广，已在目标受众心中建立了深深的品牌烙印。小熊真空保鲜电饭盒新鲜上市，需要进行新一轮的传播推广。市面上已经有几款电热饭盒产品，基本都停留在产品的功能诉求。小熊电热饭盒如何才能突出重围，迅速提升品牌知名度及产品销量？同时，小熊电器应如何利用《爱不停炖》系列的好感积累，推陈出新？如何挖掘切中时弊的情感，唤醒目标群的共鸣？

## 营销目标

（1）短时间内进一步提升小熊电器的品牌知名度。

（2）促进小熊真空保鲜电热饭盒的销售。

具体指标：曝光量 7 500 万次，CPM 为 20 元（以优酷广告位为例：CPM 为 40 元，目标相当于提升 100% 的 ROI）。

## 创意洞察

小熊电器的目标消费群是一、二线城市 25 ～ 35 岁的白领女性，或俗称的“带饭族”。她们懂得给家人最好、最健康的饮食照顾。她们在乎健康营养不变质，同时，她们更在乎爱情不变质。她们经常会带饭给自己及家人，每一份饭里都注入了她们对自己和家人的爱。无论是热恋期还是平淡期，激情总会褪去，她们尤为担心爱不再新鲜。

网购、观看视频、虚拟社交是她们的兴趣所在，她们对情感类视频关注度高。在微信、微博、视频网站、女性论坛上主动关注、分享和讨论情感话题，是她们惯常的网络习惯。

• 结合情感主题，推出微电影，以视频网站为传播主阵地，再次发起一场感动全网络的为爱保鲜传播运动。

• 利用视频网站等各大媒介平台，通过微信、微博名人及大号针对视频引导网友热议，配合天涯硬广、常规女性论坛、社区网站扩散传播。

核心创意：爱要保鲜！

创新思维：当爱渐渐消散，谁来为爱保鲜？

## 实施过程

发动一场以微电影《爱不停炖 4：饭和爱情》为核心的为爱保鲜传播运动：

（1）优酷土豆专题页上线；

（2）小熊新浪官方微博发声；

（3）多阵地多元化方式推进传播；

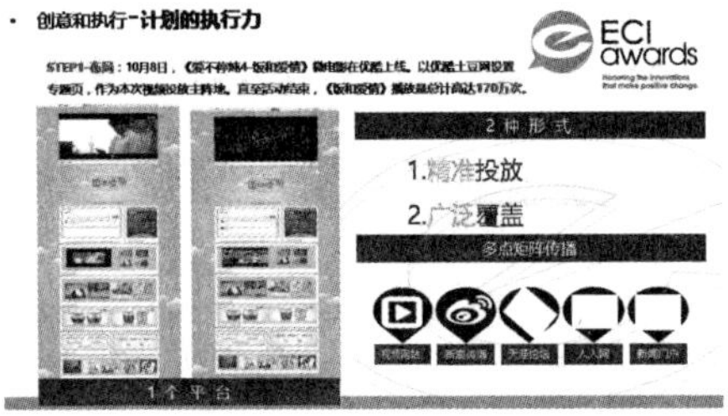

（4）权威媒体定性，多渠道回归小熊电器微电影。

## 效果评估

（1）《爱不停炖 4：饭和爱情》微电影自从在优酷上线，以优酷土豆网设置专题页，作为本次视频投放主阵地。直至活动结束，《饭和爱情》播放量总计高达 170 万次。

（2）小熊新浪官方微博上传《饭和爱情》视频，配合大号辅助推广，引发关注。微博转发量达 2.5 万条，评论达 6 029 条，阅读量近 184.4 万。

（3）多元化推进传播、互动活动辅助。利用各大媒介平台、优酷关键位置覆盖、微博名人及大号针对《饭和爱情》视频引导网友热议、微博推出晒单有礼活动、天涯硬广 & 常规论坛扩散、人人网持续推送。

（4）超过 200 个个人加 V 用户积极回应转发。

（5）大批网友自发转载微电影，参与网络传播热议。

（6）小熊微博紧扣《饭和爱情》主题推出晒单有礼活动：爱心便当挑战赛，活动总计获得 2 670 条转发、1 096 条评论，283.7 万次阅读量，近 1 500 人参加爱心便当挑战赛，作品质量极高。

（7）最终，权威媒体自发定性，《饭和爱情》感人视频引发多方自传播。《饭和爱情》共获得 10 家视频网站及社交媒体的自主转载，全网网友自上传视频超 50 个。

（8）14 家专业门户网站自主分享《饭和爱情》微电影。

（9）多家新闻门户网站自主转载《饭和爱情》新闻。

总之，优酷、土豆网视频点击量超 170 万次；新浪微博转发超过 23 955 次，评论超过 6 092 条，阅读量超过 1 844 万次；超过 20 家网络新闻媒体自主正面传播；活动最终关注度达 3 000 万人次以上。

小熊电器《爱不停炖 4：饭和爱情》延续了《爱不停炖》前三只微电影的催泪感染力，再次于网络上掀起了一波“为爱保鲜”热浪。小熊电器再次产生绝佳的传播效果，品牌美誉度以及品牌黏性得到全面提升，电热饭盒产品销量比去年同期增长 52%！

**专家点评**

**点评：**郑晓东 / 上海聚胜万合广告有限公司总裁、首席运营官

一款已经很常见的电热饭盒如何直击消费者内心？《爱不停炖 4：饭和爱情》对女性用户的情感洞察精确，从女性用户最容易受触动的简单又最能打动人的生活细节出发，切入点巧妙但情节又铺设合理，情感流露非常真实，让目标用户在得到情感共鸣的同时，自然而然地接受收热饭盒的产品功能诉求，并让人印象深刻，增加了品牌的好感度。同时配合社交媒体传播放大了品牌的正面声量，是一个非常典型的成功情感营销案例。

# 亚马逊 Kindle #爱上读来读往#

**案例名称：** 亚马逊 Kindle #爱上读来读往#

**所获奖项：** 营销创新类——电子产品类——银奖

**获奖单位：** 万博宣伟公关顾问

亚马逊（中国）投资有限公司

扫描二维码，
查看完整版案例

## 背景 & 挑战

• 根据最新数据显示，中国国民平均阅读书籍数量仅为 4.77 本，远远低于发达国家；

• 随着生活节奏的加快，碎片化阅读占据了大部分的阅读时间，人们难以尽享阅读的乐趣；

• 电子阅读器仅占整个阅读市场的 2.4%，如何复兴阅读，推广阅读的生活方式，成为 Kindle 面临的重大挑战；

•Kindle 作为电子阅读器市场领导者，以独一无二的“媲美纸质书阅读体验”，并提供“设备 + 内容”的整合阅读生态体系，在众多竞争对手

中脱颖而出；

•Kindle 深入分析深度阅读者和浅度阅读者的不同痛点，通过为深度阅读者提供“更加纯粹的阅读体验”和“丰富的书籍资源”，并分享阅读感悟的平台，进而影响浅度阅读者，营造“随时随地享受阅读乐趣”的生活方式理念，让人们重拾阅读乐趣。

**传播目标**

• 宏观上，改变阅读逐渐淡出主流生活方式的现状，通过整合的营销传播手段复兴阅读市场。

• 商业上，#爱上读来读往#主要配合 Kindle Voyage 新产品上市，通过阶段性，跨平台的传播方式，带领目标受众经历“引发反思－吸引关注－主动参与－激发共鸣”的过程，最终唤起读者重拾阅读乐趣的欲望，进而达到提升 Kindle 在社交平台曝光度、促进新产品销量的目标，从根本上影响消费者对产品的认知。

**创新思维**

快节奏的社会生活中，人们渴望通过利用碎片化时间进行阅读，提升气质和内涵，然而厚重书本带来的极大不便，使其望而却步。Kindle 电子书阅读器提供的媲美纸质书的纯粹阅读体验和轻质便携功能，恰恰满足了阅读者的需求。同时，阅读在中国被普遍认为是“小众的，一个人的事”，但阅读者又希望能够通过分享阅读感悟来找到志同道合的人，获得情感和观念的认同。因此，Kindle 提出了“随时随地分享你最爱的书语”的核心创意，通过话题讨论、视频引导、移动手机应用网站互动参与等多种传播工具，让阅读者分享感动，寻求共鸣的平台，让人们重拾阅读乐趣，将阅读推广成为一种人们所向往的主流生活方式，使用户充分参与到主题互动中，进而认同 Kindle 所传递的阅读理念。

**实施过程**

第一阶段：引发反思

在微博平台发起#碎片化时代的阅读#话题，邀请不同领域的意见领袖发表正反方观点，形成观点交锋，引导网友对碎片化时代阅读行为习惯和阅读现状的反思，并参与讨论，发表观点。

第二阶段：主题视频提升关注

以“不同身份”、“不同情景”下的阅读状态，配合可以展现“此时此地”阅读心情的书语，演绎 Kindle 倡导的“阅读是一种生活方式”，展现阅读状态下空间和时间的流动感。视频通过优酷等主流视频网站及微博微信等主流社交媒体传播。

第三阶段：# 爱上读来读往 # 主题移动轻应用网站 +Minisite，主动参与 + 激发共鸣

上线 # 爱上读来读往 # 主题轻应用网站 +Minisite，搭建跨屏分享平台，用户通过上传图片、添加书语、定位、分享等一系列步骤参与创作书语自己专属的阅读时刻，并以此为契机，找到与自己心有灵犀、志同道合的阅读伙伴。吸引目标受众形成参与创作、积极分享、关注他人作品获得启发、再度创作的行为闭环，不断激发情感共鸣，并最终达到使其认同 Kindle 倡导的阅读生活方式的理念。

## 效果评估

# 爱上读来读往 # 主题营销活动以精准的消费者洞察，创新的整合营销形式，成功吸引目标受众重新关注阅读，推广 Kindle 倡导阅读生活方式的理念。

通过新浪微博大数据以及完善的数据监测体系，从 impression, engagement, action 三个层面进行实际效果评估。最终获得在社交平台超过 2 亿的曝光量，是 2014 年微博平台曝光量最高的“阅读”话题。超过 22 万的主题视频点击量、用户主动上传逾 3 500 张阅读照片，帮助实现

kindle Voyage 销售提升近 40%，最终售罄，超出了预期的商业目标。

活动开展期间，赢得业内及市场的广泛关注，# 爱上读来读往 # 手机轻应用网站上线后一周即登上移动社交风云榜。

**专家点评**

点评：李斌 / 苏宁集团副总裁

移动互联网时代，所有的阅读都是碎片化的，即使是“爱读书的人”和“想读书的人”，读完一本书变得越来越难以完成。Kindle 基于移动互联网时代的中国阅读市场，以及用户的媒介接触习惯的深入洞察，选择以数字媒体为核心的沟通渠道，以期实现最广泛的目标消费群的覆盖。作为此次传播的核心支点，Kindle 推出的“爱上读来读往”基于 LBS 的 H5 应用，网友在分享阅读体验的同时，也可以找到附近同在读书的用户，更好地契合了年轻人的社交心理，以拍照晒书语找朋友的形式将阅读变成一件趣事。它传播门槛低，交互性强，可以覆盖到很多目标受众，可以完美地支撑 # 爱上读来读往 # 的核心创意，为爱读书和想读书的网友提供一个分享阅读心得的平台。总之，Kindle 抓住中国人浅阅读的现状，从社交媒体出发，利用多元互动的形式极大地满足了用户的参与感，更从心理层面给用户带来思考。

# 京东“正妆蝴蝶节”整合营销传播

**案例名称：**京东“正妆蝴蝶节”整合营销传播

**所获奖项：**营销创新类——餐饮与零售商类——银奖

**获奖单位：**180 China

京　东

扫描二维码，
查看完整版案例

## 背景 & 挑战

• 传播背景：2 月春暖花开，女性春季大促来临，同时适逢“三八”妇女节和“3•15”消费者权益日，网购正品化妆品成为讨论的主要话题。目前的化妆品网购市场对于女性而言，100% 的女性不能接受谎言和欺骗，然而现实中往往真假难辨，因此需要找一个靠谱的人、值得信任的人。就像网购的化妆品不知道真假，需要找一个靠谱的平台，以保证购买的化妆品是真货。京东需要用“正品行货”博取女人的信任。

• 面临挑战：京东一向吸引男性消费者促销为主，而女性消费者确是网购销售增长的关键。如何在女性消费群体中引发“正品”话题，让女性产生“买正品化妆品上京东”的认知，同时提升化妆品品类的销售量？

• 应对策略：迎合女性话题，洞察女性“最恨被人欺骗”的心理，用“不骗女生”直击女性心理，打出“蝴蝶节、购正品”的口号，以正品策略来吸引女性用户，塑造京东正品形象。

• 传播目标：借势“3•15”，强化“买正品上京东”的品牌印象；化妆品品类销售额增长，订单量增加；女性用户增加。

## 创新思维

核心创意：通过“全城男人要小心”、“骗女生后果很严重”的悬念式传播，层次揭秘京东“不光低价，真才靠谱”的促销主题，传递“买正品，上京东”的品牌主张。

## 实施过程

1.2014年2月19日

在京沪两地楼宇大屏发布“全城男士要小心”的悬疑广告。

2.2014年2月21日

在相同的媒体发布 “骗女生后果很严重” 揭秘广告，京东正妆节Campaign正式打响。

3.2014年2月21日—3月9日

在电视、影院、互联网发布Campaign TVC，在户外发布系列平面，并在网络发布joy打假游戏，传递京东皆正品的认知。与此同时，在互联网发布了骗女生遭雷劈天气预报病毒视频、十二个星座男生如何骗女生、男人的十大谎言、各地老婆如何惩罚老公漫画，让“骗女生后果很严重”的话题持续升温。

4.2014年3月9日—3月15日

基于“骗女生后果很严重”的传播，在活动收官阶段，我们号召所有男生参与不骗女生的“真言运动”，通过15张“说真话”的系列平面，进一步强化京东“真才靠谱”的理念。

## 效果评估

1. 传播实效

社会化平台：“全城男士要小心”、“骗女生后果很严重”、“真才靠谱”三大话题讨论量达到2 661 506人次，传播覆盖量累积超过1 952 597 619人次。

在“正妆蝴蝶节”的促销期内，女性新注册用户高于男性。截至3月11日，共售出36万余瓶洗发水、近40万片面膜、4万余瓶香水、2万余支唇膏。美妆大牌如薇姿、伊丽莎白雅顿、佰草集、兰芝等国内外知名化妆品牌的销售额与平时相比，增幅近 7 倍。

2. 传播影响

京东推出“蝴蝶节”，选择化妆品作为蝴蝶节的引爆品类和撬动女性消费的敲门砖，不仅为女性用户提供一站式购物体验，也将大幅提升客单价与毛利水平。通过改进的迎合女性用户的体验，极有可能形成重复购买，并带动服饰、母婴、食品等其他生活品类的销售，为京东的业绩和利润提升做出贡献。

**专家点评**

**点评：**郑敏 / 亿邦动力首席执行官

京东“正妆蝴蝶节”整合营销传播，又是一次京东强调正品核心竞争力的成功营销，也是具有浓厚“京东”营销风格的一次大规模传播，即“挑起进攻 + 网络用语”。传播中使用了“骗女孩遭雷劈”、“你敢说爱我吗”等传播语言，对年轻人群“滥情”、中年人群“移情”进行了时代调侃，用“人艰不拆、点到即止”的方式与女性消费者产生了共鸣。

# 泰康瞬间

**案例名称：**泰康瞬间

**所获奖项：**营销创新类——金融产品与服务类——银奖

**获奖单位：**Cheil 鹏泰

泰康人寿保险有限公司

**扫描二维码，查看完整版案例**

## 背景 & 挑战

泰康在线作为中国第一家在线保险，在业内有较高的地位。但是对于消费者来说，固有的保险负面情绪和对产品的不了解，影响了其最终的销量。

在客观情况下，消费者对于保险给予自身的保障性影响，没有足够的认知和重视。而泰康在线却在保障消费者利益上投入了大量的精力，并有着丰富的产品线。

· 营销目标：泰康在手机上投放了许多广告，但这些广告并没有引起消费者的关注，投放难以达到预期的效果。

通过手机广告直接触达消费者，提高购买转化率。

## 创意洞察

如何在手机上做有效的广告，我们的结论是：与其寻找一个绝佳的广告位置，不如找到一个绝佳的广告时机！

· 新思维：

我们找到了一个时机，一个谁都难免会遇上的瞬间：当手机不小心滑落！

（1）当手机跌落，人们会焦急地捡起手机，检查其是否损坏；

（2）当发现手机因跌落而出现裂纹时，人们会为此烦恼不已；

（3）但几秒之后，屏幕上的裂纹突然自动减少，直至消失，并出现文字：“我们尽最大努力，为您缓解意外带来的伤害。——泰康保险”。

（4）点击按钮，导入到泰康保险意外险介绍页面，促进购买。

## 实施过程

• 创意如何执行：我们把程序搭载在一个日常被广泛使用的 APP 上，作为一种特殊的广告——只有当手机陀螺仪感到强烈震动时它才会被启动。

• 媒体的受众属性：对于无线广告，虽然有着众多的投放形式，但消费者更多看到广告的地方，还是偏向于与 PC 网络类似的“广告位”。而如何真正利用手机的特性，以与产品有超强关联的形式出现在消费者面前，才是让无线媒体媒介真正起到差异化传播的要点。

• 媒体的策略组成：在已经形成的创意点上，我们最大化地选取了可以采用的形式，包括锁屏广告、InAPPs 广告（APP 须调用陀螺仪）的组合形式，力争捕捉用户在实际生活中每一次能触发广告的“掉落”。

## 效果评估

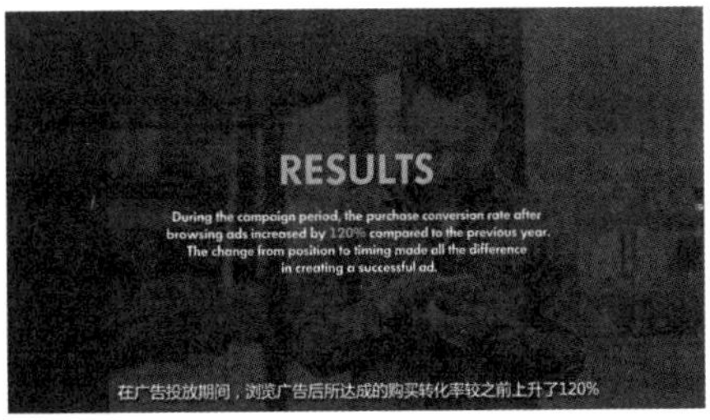


在广告投放期间，浏览广告后所达成的购买转化率较之前上升了 500%，由“位置”到“时机”的转变，使广告变得深入人心。

通过这次投放，我们与中国知名的移动 APP 联盟“安沃”达成战略合作。

着手联合开发更多的基于手机用户使用情境相结合的广告内容，目前已拓展实施基于光线、运动速度、地理位置、声音方面的精准广告创意。

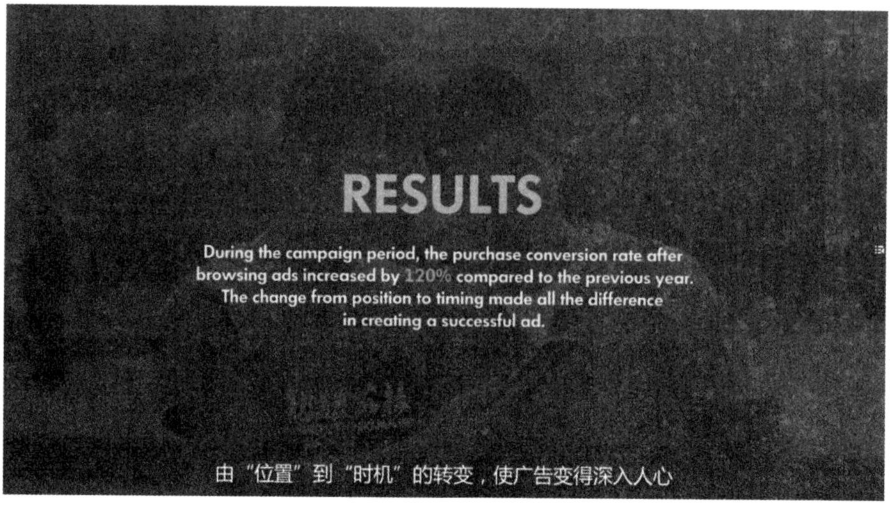

**专家点评**

**点评：**吴孝明 / 宣亚国际传播集团首席战略官

这是一个非常有创意的情境广告，既精准，又很抓眼球。

借由程序的植入，使广告主的信息在用户最专注的时刻，也就是手机意外掉落时出现在手机屏幕上，当用户正在悔恨如何补救的时刻，也是最能接受保险概念的时刻。

这样精准的创意虽然到达率不一定很高，毕竟消费者不是常常掉落手机；但借由技术实现创意，或说借由创意去开发技术，应该就是移动互联网时代的营销创新精神所在，值得肯定。

也因为很精准，所以我认为 120% 的转化率应该可以更高才对？或许是因为冲突性太强，可能多少会造成些反感吧！

# 青岛啤酒“我的足球预言秀”网易《超级颜论》深度内容营销

**案例名称：**青岛啤酒“我的足球预言秀”网易《超级颜论》深度内容营销

**所获奖项：**营销创新类——饮料酒水类——银奖

**获奖单位：**网易
青岛啤酒

扫描二维码，
查看完整版案例

## 背景 & 挑战

青岛啤酒的目标消费群体，以年轻男性为主，四年一度的足坛赛事，他们化身某支球队的死忠粉，或是章鱼保罗式的狂热猜球派。网易《超级颜论》是中国第一档互联网足球脱口秀节目，由“叱咤体育业界的媒体大腕”——网易副总编颜强倾力主持，话题涉猎精彩纷呈，足坛风云一网打尽，网聚大批球迷关注，拥有深厚的“我的足球预言秀”用户传播基础。

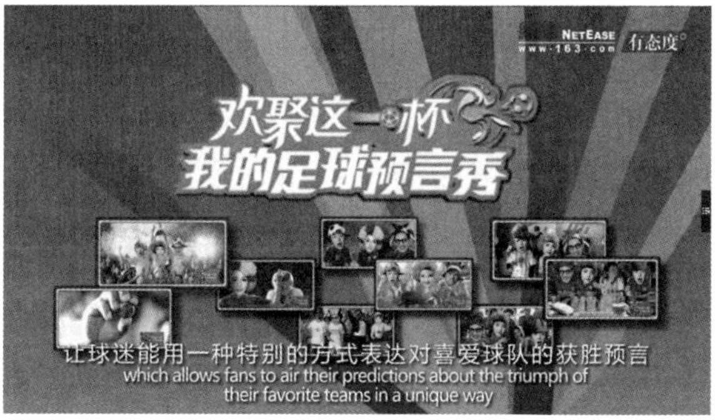


在丰富多样的世界杯营销项目中，如何找到与青岛啤酒“我的足球预言秀”相通的传播契合点，最大兴趣的引导球迷参与“预言秀”制作，并分享传播支持球队的预言秀 MV，赢取青啤天猫旗舰店优惠，从而拉动销售转化，是品牌需要面临的巨大挑战。

## 创新思维

青岛啤酒与《超级颜论》世界杯版深度合作，对世界杯热点深度剖析的同时，更有众多名人参与一起号召球迷参与“我的足球预言秀”活动。通过“欢聚这一杯”的品牌主张，鼓励球迷激情看球，畅快喝青啤，将激情、快乐和分享的品牌感受传递给消费者，进而提升青啤天猫旗舰店的销售份额。

## 实施过程

2014 “巴西世界杯”前夕，青岛啤酒特别量身打造了 9 支热门球队的专属助威 MV《我的足球预言秀》，引导球迷喝青岛啤酒，为支持的球队加油呐喊，享受世界杯的劲爽狂欢。具体实施措施如下：

（1）全面挖掘网易《超级颜论》世界杯内容营销新尺度。除了常规专题利益露出、演播厅场景植入、视频贴片植入、主持人颜强口播、“我的足球预言秀”官方 MV 展播等之外，更有青啤高层作为节目嘉宾，参与节目录制。

（2）深度挖掘网易关键意见领袖（KOL）营销价值，足坛名人助阵青岛品酒“预言秀”。由网易提供的范志毅、颜强、郜林等 KOL 资源，支持头像上传视频内并进行全媒体传播，发挥意见领袖效应，吸引球迷们参与“预言秀”。

（3）“1+3”传播模式，开启 2014 年世界杯全新营销典范。“1”档

世界杯原创视频脱口秀栏目，“PC+ 新闻客户端 + 甘肃卫视”三屏传播。

## 效果评估

每一场大型体育赛事，都有青啤的激情演绎。短短一个多月，《超级颜论》以引人入胜的话题、精心的节目编排，三屏同步传播，刺激球迷参与热情，取得了不俗效果：

（1）《超级颜论》栏目内容植入效果：总 PV（页面浏览量）达 494 026 828 次，可点击位置 CLICK 为 88 930，CPM（每千人成本）为 5.47，CPC（每点击成本）为 30.36；

（2）KEYDAY 硬广曝光数据，总 PV 达 570 072 628 次，总 CLICK 为 648 307 次；

（3）新闻客户端 BIGDAY 引爆效果：启动画面（1/2 轮替）总 PV（页面浏览量）为 320 699 999 次。

依据权威市场咨询机构华通明略的《世界杯媒体营销价值研究报告》显示：青岛啤酒《超级颜论》营销项目，在“对门户网站印象最深广告或营销活动中品牌及产品的回忆”调查显示中，位居前列，高达 94% 以上。

**专家评语**

**点评：**劳博 / 广告门首席执行官

网易请出超级球评家颜强，对世界杯进行了深度解读，无论对《超级颜论》、2014 年世界杯还是参与品牌青岛啤酒而言，都是非常聪明的做法。

有专业意见引领，众多球迷会聚集在栏目周围，进行观球狂欢。作为最佳佐球伴侣，青岛啤酒的加入最为适合，不仅在参与度上深入到球迷的记忆中，更成为“世界杯”这一名词的激情点燃工具。

# 百利甜酒闺蜜日

**案例名称：** 百利甜酒闺蜜日

**所获奖项：** 营销创新类——饮料 - 酒水类——银奖

**获奖单位：** 新浪网技术（中国）有限公司

百利甜酒

扫描二维码，
查看完整版案例

## 背景 & 挑战

百利甜酒继2013年推出“百利闺蜜日”概念以后，在2014年又推出三段明星闺蜜微电影，讲述了三对明星之间的闺蜜友情。女性网友观看微电影后，被触发对闺蜜友谊的思考，促使女性网友也来分享闺蜜故事，进一步让大家了解“百利闺蜜日”的意义，从而引申到关注百利甜酒本身，进行购买。

如何吸引女性网友观看明星闺蜜微电影后进行互动分享自己的闺蜜故事？如何通过社会化媒体平台帮助百利甜酒提升天猫销量？

目标一：激励目标受众参与互动

百利甜酒邀请三对名人闺蜜参与故事拍摄，希望通过这三对闺蜜的故事，激励女性与她们的闺蜜一同分享专属“她们”的故事，说出那些匿藏已久的心里话，愿更多女性勇敢表达自我，参与“展翅吧，百利闺蜜”活动。

目标二：宣传“百利闺蜜日”限量版产品

同时，百利甜酒携手张沙娃和方海燕这一对闺蜜设计师，推出百利

2014 闺蜜日限量版礼盒装以及百利闺蜜蝴蝶首饰系列，而灵感来源正是百利甜酒经典双 B 标志幻化而成的蝴蝶。

## 创新思维

• 洞察品牌消费者属性：

①她生活在一个满怀抱负又优雅十足的世界，也是这个世界的化身。

②她魅力动人，无论是外在穿着，还是内在谈吐。

③她的举手投足既有意气风发的一面，又不失女性柔美的光芒。

• 洞察媒体的受众人群属性：

①年轻人扎堆。

②活跃度高。

③用闺蜜之间的故事所产生的情谊打动消费者，关注作为链接闺蜜之间的感情道具——百利。

• 洞察和策略 - 媒体的受众属性

①用户主力年龄段分布在 20～29 岁，相比整体网民年龄结构优势明显。

②微博用户呈现高学历特征，大学 / 大专及以上学历用户占比高达 73.0%。

③覆盖 190 个国家的全球华人社群。

④超过 1.43 亿月活跃用户量。

⑤ 70% 以上移动端用户。

⑥月内容发布总量 28 亿多条。

（数据来源：2014 新浪微博招股说明书 F-1/A）

• 洞察和策略 - 媒体的策略组合

①广告投放聚拢新浪女性人群——吸引目标女性受众群到达百利活动。

②闺蜜活动触发女性情感——目标女性受众群参与活动并分享。

③社会化分享形成病毒传播——分享活动链接+头像水印回流到活动。

④为百利天猫导销——最终导流百利天猫店促进商品销售。

通过对女性类时尚类的频道广告以及微博的社会化广告投放，吸引目标受众群参与活动并分享，从而实现吸引消费者对百利甜酒产生购买意向，导流天猫进行商品购买。

## 实施过程

百利甜酒继 2013 年第一次推广“闺蜜日”这个概念以后，在 2014 年第二次发布了三段明星闺蜜的感人视频，目的则为了触发女性网友内心对闺蜜友情的重视，激励女性网友分享闺蜜故事，欢度闺蜜日，从而将注意力转移到百利甜酒本身，导销到百利天猫。

于是就有了三对胜出的百利闺蜜与闺蜜故事。

①观看百利明星闺蜜故事视频。

②分享与闺蜜之间的故事。

③分享成功后获得百利闺蜜头像水印视频。

④跳转到百利闺蜜限量礼盒导销天猫。

## 效果评估

短短 6 周时间，活动页面 UV：1 030 000；视频播放数：500 000；闺蜜故事分享数：40 000；活动分享（参与 + 点赞分享）：300 000；最终导向天猫点击数：2 000+。

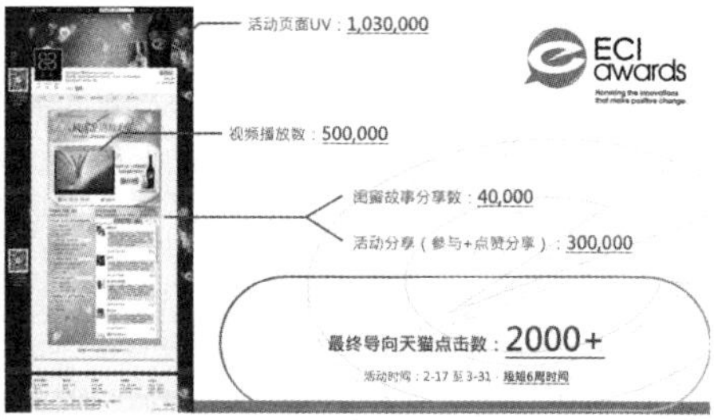

**专家评语**

**点评：**劳博 / 广告门首席执行官

大创意是营销制胜法宝，本案例的大创意是“闺蜜日”。利用“闺蜜日”这个节点切入，百利甜酒就掌握了“天时”；根据“闺蜜”做文章，就争得了“人和”；在最有传播性的微博上分享，加上颇有意思的微电影，就拥有了“地利”。天时地利人和三者俱备，百利甜酒的“闺蜜日”传播就成功了。品牌提供的导购转化数字，充分说明了这一点。

# 打脸“双十一”

**案例名称：**打脸“双十一”

**所获奖项：**营销创新类——媒体媒介类——银奖

**获奖单位：**苏宁云商集团股份有限公司

扫描二维码，
查看完整版案例

## 背景 & 挑战

“双十一”前 15 天的传播周期内，来自各大电商平台的造势愈演愈烈，消费者一早已经陷入各种“雷同”的、打鸡血的营销话术中，很难在海量碎片化的信息中集中注意力聆听某一家平台在讲什么。传统手段的传播到达率极低。

以投放换流量整体乏力，每一寸广告位都是兵家必争之地，在竞争对手甚至提前溢价买断网络入口的前提下，硬广整体 ROI 急剧下降，陷入恶性竞争，这是当时面临的状况。

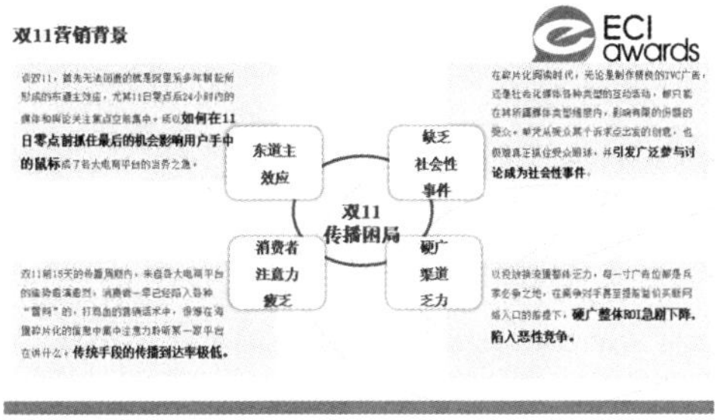


## 创新思维

突破传统渠道限制，制造话题，不仅仅依靠传统媒体投放，而是急需制造能够产生社会化事件的营销内容。在“双十一”东道主为天猫的背景下，天猫是我们唯一需要在策略上关注的竞争对手，整个营销策略都围绕一个目标即“强势分流天猫”来展开。

通过网络化、口语化创意海报线下纸媒投放，成为社会议论焦点。传播上另辟蹊径，以传统纸媒线下媒体作为引爆点，社交媒体做助理承接，引发媒体舆论自发跟进报道，形成“双十一”前具有社会事件意义的舆论热点。

以唤醒用户，提倡理性消费为创意出发点。针对天猫剁手族这个冲动

消费群体，以打醒用户、提倡理性消费为创意出发点，即“殴打消费者”。

## 实施过程

（1）10日上午，选择纸媒《南方都市报》、《京华时报》、《扬子晚报》、《新闻晨报》作为六连版“打脸海报”的引爆口，并分别在（北京、上海、广州、南京）4个网购能力发达的地区投放。

（2）城市（南京、广州）数十处橱窗广告出街。

（3）10日整天利用社交媒体（微博、微信）作为此次创意主线进行二次传播预热。投放3个小时，话题“打脸双十一”已占据话题榜第12名。

## 效果评估

1. 百度指数：“双十一”当天流量达到415 862

在10日大规模的纸媒与社交媒体投放后，苏宁易购百度指数开始显著提升，在本身“双十一”流量增加的前提下，也说明了打脸海报创意本身为苏宁易购带来了显著的流量提升，有效地分流“双十一”当日天猫的流量。

2. 社交媒体投放数据：传播话题#打脸双十一#

话题阅读量总计达到了2.5亿以上；微博有效转评达5万余次；24小时内微博讨论量突破1万；微博热门话题榜第12名；话题覆盖人数超3亿。

**专家评语**

**点评：**劳博／广告门首席执行官

一场看起来无法打赢的仗应该怎么打？针对强悍的“双十一”，苏宁云商一直落后于对手甚多，无法争得更大的市场份额。是屈从对方的淫威，还是揭竿而起造反到底？

总结历年来“双十一”消费者反馈出来的问题，苏宁云商的打脸活动确实是一着险棋——万一自身也有类似问题怎么办？幸好，苏宁云商的内外功准备足够充分，在销量上的体现，这着险棋确实是赢了。

# CK 新品首发
## ——点亮睛彩假期，寻找 CK 彩妆模特

**案例名称：**CK 品首发——点亮睛彩假期，
寻找 CK 彩妆模特

**所获奖项：**营销创新类——美容产品与服务类——银奖

**获奖单位：**上海丽人丽妆化妆品有限公司
科蒂商贸（上海）有限公司

扫描二维码，
查看完整版案例

### 背景 & 挑战

CK 香水市场目前水货太滥，C 店及专营店价格普遍偏低，正品保障过低，消费群体长时间习惯了低价模式，但是，通过淘宝指数搜索 CK 香水的排名一直位居前十，因此旗舰店的出现，首先给所有消费者带来了正品授权保障；其次是满足更多消费者对正品的追求。

基于目前相对激烈的竞争环境，CK 策划了本次 “新品首发” 的活动，吸引更多年轻一代的粉丝，借助寻找 CK 彩妆模特，广而告知 CK 彩妆来袭，加强 CK 在彩妆香水类目的影响力，提高品牌知名度，同时也为整个 CK 市场培育和发展更多的正品消费者，有利于香水彩妆市场进一步扩大和发展。

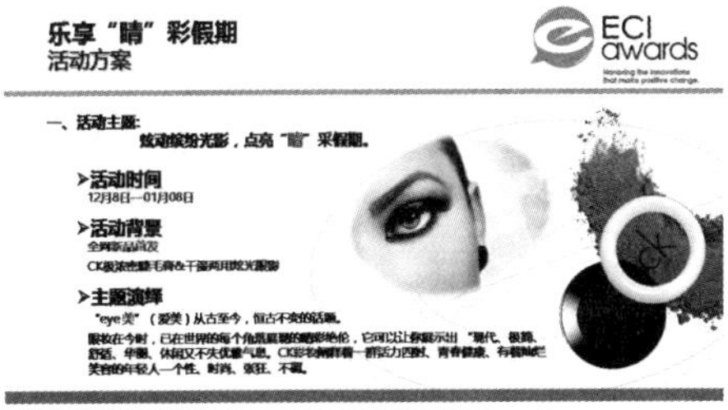

## 创新思维

借助爱美的女孩儿都有一个明星梦，推出为 CK 寻找彩妆代言人，借助 CK 眼部新品首发提供曝光，线上购物，线下体验免费妆容打造，扩大 CK 彩妆在年轻粉丝群中的影响力，提升传播性，培育和发展更多的年轻用户通过新品来了解 CK 这一品牌。

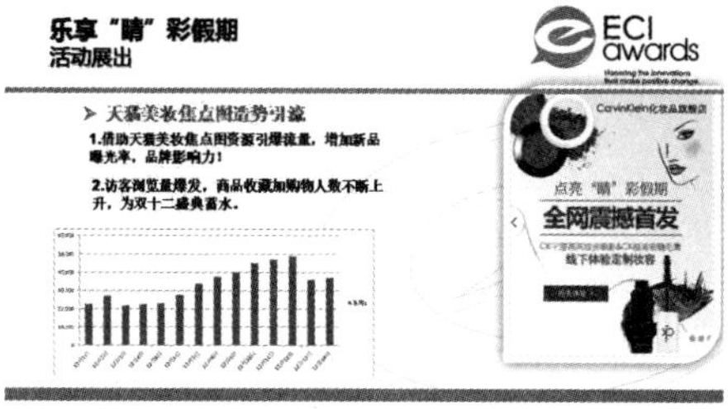


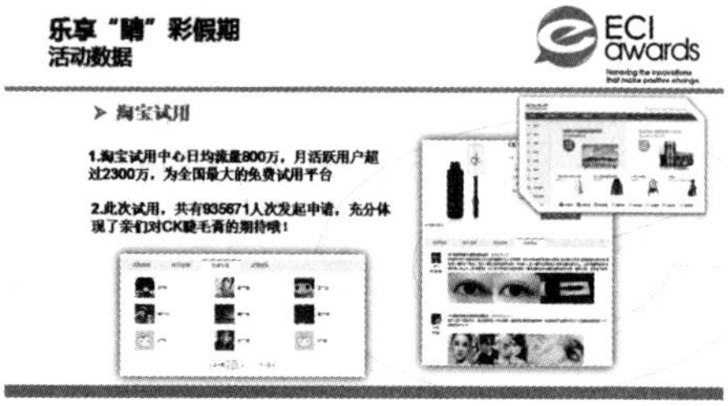


活动引流达到 35 万，在线微博、微淘转帖传播人次达到 37 万，讨论次数达 7.5 万，提升了品牌的影响力以及传播性。

整月销售目标提前超额完成 31.9%，同比 10 月份销售额增长 268%。

## 创意洞察

通过对 CK 用户群体的分析，发现 CK 客户群体的年龄主要分布在 19 ～ 29 岁，主要特点为：消费层级中高级，彩妆买家以女性为主。针对该部分彩妆消费群体，通过借助于线上购物线下体验彩妆师妆容打造引导消费者。（数据来源：数据魔方、百度指数、淘宝指数）

通过市场分析调查可知，CK 彩妆客户群的特色标签有：潮范儿、个性自我、音乐狂人、关注八卦新闻、追求时尚生活、对新生事物有极大热情等。寻找 CK 彩妆模特正好抓住 CK 客户群体的爱美、自我等特性，因此，借助于“模特”一词的影响力来影响一些年轻群体。

“CK 眼部新品首发”通过向年轻粉丝推出 CK 彩妆一支多效，引发关注和传播，通过互动、分享进而养成为 CK 的粉丝客户。

## 实施过程

· 造势期：

①发起 CK 晒图活动，吸引广大年轻人参与。

②免费试用、达人试用。

• 爆发期：

①三微配合活动发帖宣传。

②买新品唇膏就送限量 CK 化妆包。

借助爱美的女孩儿都有一个明星梦，推出为 CK 寻找彩妆代言人，借助 CK 眼部新品首发提供曝光，线上购物，线下体验免费妆容打造，扩大 CK 彩妆在年轻粉丝群中的影响力，提升传播性，培育和发展更多的年轻用户通过新品来了解 CK 这一品牌。

## 效果评估

之前在 CK 店铺购买过产品的顾客，在吸引这一部分顾客的过程中主要通过了 SNS 互动、达人推荐、数据赢家等工具，全方位地传播新品首发信息。

**专家评语**

**点评：** 曲飞宇 / 瑞云智锐首席执行官

首先，建立粉丝经济，利用 BIGGANG 粉丝见面会，配合天猫平台活动，以促进销售。

其次，见面会宣传，通过官方微信发布见面会消息，并配合 CK 新品预热；通过百度贴吧，参与话题前期及直播曝光等，为活动进行宣传，进而宣传产品；通过问答类平台发布产品类相关信息，增加曝光率；通过 KOL 等大号，推广见面会等讯息。

最后，销售落地在天猫店铺，与天猫美妆置换资源，店铺内获得流量，新品得到曝光。

CK 香水气质与代言人契合度较高，且 BIGBANG 在国内粉丝见面会不多，容易引起关注。案例中运用了明星效应，从签名 CD 到见面会，利用最流行的方式进行宣传，贴近用户，拉近距离。

# 我买网与舌尖 2 的整合营销

**案例名称：**我买网与舌尖 2 的整合营销

**所获奖项：**营销创新类——网络、
电信产品与服务类——银奖

**获奖单位：**北京派瑞威行广告有限公司
中粮我买网

扫描二维码，
查看完整版案例

## 背景 & 挑战

2014 年年初到 8 月前，我买网站内无“大事件策划”，无“自制节造势”，无“其他电商合作”的联合推广。站内却又面临着流量和新用户的双重需求。单纯的造势营销，对网站推广的预算、推广渠道、联合营销、品类储备等因素要求较高，造势营销的方式，受众斯通见惯，越来越难以吸引受众关注。

2014 年 4 月，《舌尖上的中国 2》回归央视荧屏，其拍摄制作上的精

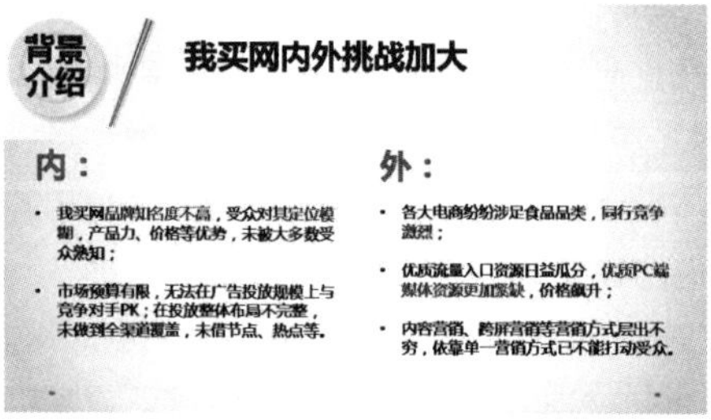


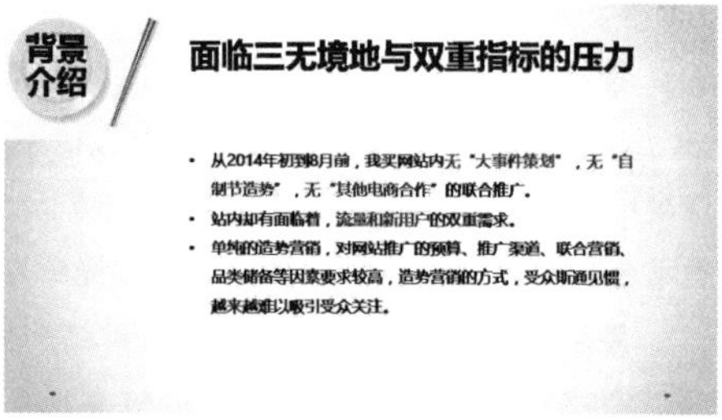


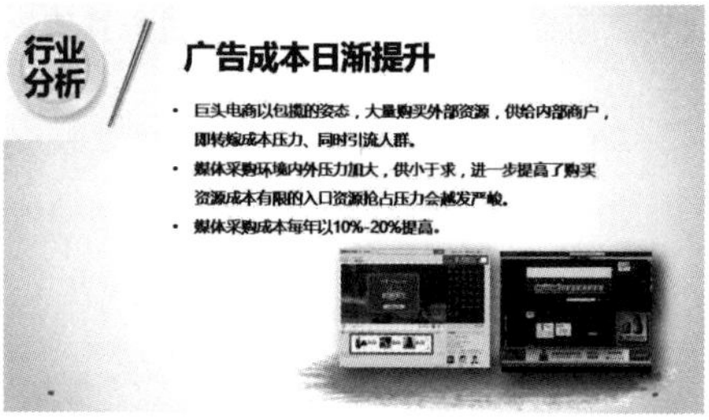

致大气，美食范围选择的广泛全面，引发诸多关注，再度掀起未播先火的热潮。将二者有机结合起来，会实现品牌价值的大提升。

**创新思维**

从整个大行业来说，广告成本日渐提升。从受众角度来说，我买网的受众主要特点是注重用户体验、注重美食和健康、喜爱分享和参与美食。借助食品类热播剧《舌尖上的中国2》，可迅速提升我买网的食品网购专家的品牌认知度。

**实施过程**

我买网与《舌尖上的中国2》实现实时互动，以“舌尖美食尽在我买网”作为整体传播核心，增加新的商机。具体平台实施措施如下：

1. 确定策略核心

借《舌尖上的中国2》热点势头，进行无缝营销，主打食品品类，形成品牌与节目间的自然联想，获得品牌推广；以全民共通的话题做连接，成功拉近与消费者的距离，加深用户对我买网品牌的认知和了解。

2. 传播层面：以用户浏览历程，实现全路径覆盖

以用户的浏览路径做到品牌展示的全路径覆盖，从用户在首页进入到搜索结果页、相关频道专题页以及最后视频播放页内投放，从而使得品牌在“陌生”群体中形成强化认知，品牌认知度得到最大化曝光。

3. 内容营销层面：跟紧剧情的内容承接

我买网与剧情同步，建立《舌尖上的中国2》与我买网的品牌联结。根据剧情创造具有网络化特性的语言，以情动人，将美食和温情紧密联结，以情感营销的方式加深网友对我买网的品牌印象。

4. 以用户参与分享的内容互动主题

凭借简单而有趣的互动方式吸引网友参与活动，并鼓励网友自发表达自己最想要的美食，并成为我买网后续促销及传播的内容。

## 效果评估

通过活动，我买网品牌曝光和新客占比双重爆发：品牌曝光 3.5 亿，点击累计 300 万，到达量 200 万，新访客占比 75%；PC 品牌指数平均提升 30%，移动品牌指数达到 2 次峰值。

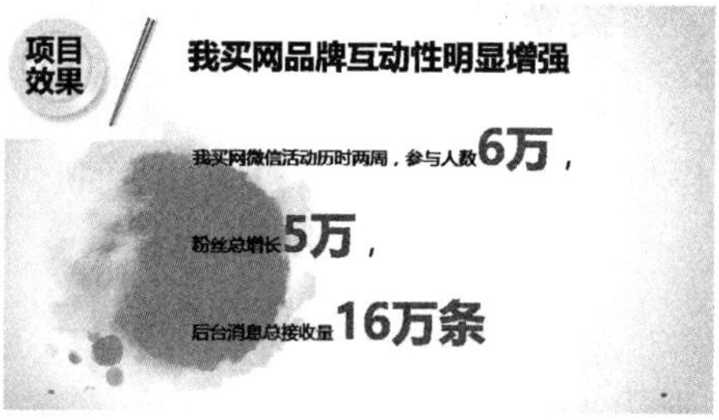

**专家评语**

**点评：**王岳华 / 德丰杰龙脉基金合伙人

在我买网与《舌尖上的中国 2》的整合营销案例里，我们可以看到传统的电视媒体，通过互联网思维，借助网络电商升级转型。《舌尖上的中国 2》拥有大量的优质用户流量，将这些优质的流量变现，针对用户需求与电商相结合，开拓了电视节目电商化的新思路；同时，“T2O”（TV to ONLINE）的商业模式，也将电视媒体的影响力、传播力转化为网络流量。这种粉丝营销让用户在购买前对品牌产生认知及信任感，激发了观众的购买力，释放潜在价值，提升品牌溢价空间。通过把“舌尖”引入搜索和销售概念，打造了一个从电视节目到电商平台实品销售的完美循环，形成一个围绕热播节目的完整生态产业链。

# 脑电波画家的故事

**案例名称：** 脑电波画家的故事

**所获奖项：** 营销创新类——网络、电信产品与服务类——银奖

**获奖单位：** 百度

扫描二维码，查看完整版案例

## 背景 & 挑战

在很多网民看来，百度只是一个搜索工具，很难有情感上的联系。如何使百度和受众建立起情感联系，建立百度和受众的情感联系，提升百度品牌的关注度和美誉度，这是百度面临的挑战。

## 创新思维

“没有情感的科技，只是冰冷的技术。只有当科技和人文情怀相结合的时候，才能爆发出更加震撼人心的力量。”这正是百度品牌微电影想传达给受众的感受，也是百度第一次尝试用此种方式塑造品牌形象。

百度选用被Discovery探索频道报道的真实故事《Mind Art》，改编成百度品牌形象微电影《脑电波画家的故事》，用科技情怀和人文艺术相结合的方式，引起受众的关注。

## 实施过程

这部微电影从“爱情”的维度唤起人们关于爱与寻找的感动，从爱的

角度构建品牌新高度：“爱是最好的答案，百度支持你的每一次寻找”。具体实施措施如下：

1. 真实故事的剧本改编

百度选用被 Discovery 报道的真实故事：一位 34 年前意外被高压电击伤，失去双臂和右腿的绘画爱好者崔长江。34 年后，妻子在百度上搜索找到脑电波作画的信息和艺术家熊超，最终在妻子和熊超的帮助下，用脑电波作画仪器让崔长江 35 年前的画作得以重生。

2. 电影拍摄

电影由知名创意人王宏伟 (David Wang) 先生主导、创意和执行，他是一位集传统 4A 广告公司创意总监经验，和互联网巨头公司市场营销创意总监经验于一身的“80 后”知名创意人。

## 效果评估

《脑电波画家的故事》是百度自创立以来，首次进行的整体品牌形象建设。在其筹备和制作期间，其故事原型被全球知名媒体和网站持续报道，如 Discovery 探索频道、美国《连线》Wired 杂志、《赫芬顿邮报》(The Huffington Post)、TED、Designboom、Creators Project、纽约现代艺术馆、日本东京国际设计周、上海国际设计周等。

《脑电波画家的故事》在优酷和腾讯视频上线以来，已超过400多万次观看，感动数百万网友。传播期间，百度品牌关注度增长52%，百度新闻首页热点推荐、爱奇艺原创频道首页推荐、麦迪逊邦网站首页报道。品牌好感度得到明显提高。

**专家评语**

**点评：**王岳华 / 德丰杰龙脉基金合伙人

百度的这次视频推广活动很好地抓住了用户的心理诉求，为互联网企业“情感营销”提供了最佳的参考案例。一个好的切入点和营销方案是情感营销的关键。在本案例里，将百度的搜索功能通过一个小故事与关于爱的寻找相联系，增加了其与用户的情感性依附，达到一种情感上的共鸣关系，增强了用户黏性，从爱的角度构建品牌的温度。既向用户展示了百度搜索的实用功能与特性，同时也诠释了“以人为本”的理念，利用情感来加强沟通，利用感性来影响和激发用户行为。在社交推广上，随着大量用户的参与和分享，此次活动的营销效果被快速放大，品牌关注度和好感度得到明显提高。

# 承包整栋楼

案例名称：承包整栋楼

所获奖项：营销创新类——食品类——银奖

获奖单位：北京九城天时生态农业有限公司

沱沱工社

扫描二维码，
查看完整版案例

## 背景 & 挑战

生鲜配送由于受到商品温度、季节、区域的影响，一些品类，比如肉禽、海产只能定时定点配送到用户家中，否则会影响肉质。受此影响，导致在办公室收单量额度较小，而一些核心商圈楼宇的用户才是沱沱最核心的目标用户。沱沱工社经过 1 个月的技术改造，服务升级，开通当日达服务，上午 11 点的订单，下午会送到客户手中。

困难之处在于：楼宇地址数据的真实程度；如何基于用户到用户的传播，在一些核心商圈或者高端楼宇吸引核心新用户参与；如何鼓励用户下单到楼宇，增加用户对楼宇收单的习惯，打消用户对生鲜物品收货的顾虑。

## 创新思维

如何提高商圈、楼宇地区新购物用户数，订单数，销售额。如何提高配送到楼宇地区用户的订单包裹数量。

沱沱工社提出全新的配送模式（当日达），白领消费者（商务男士、高端女士等）是沱沱工社的主要消费群体。这部分人群的特点：白天多半都在办公室工作，晚上的自由时间，偶尔还需要参加交际活动，十分注重个人形象和身体健康，是网购生鲜的主力军。挖掘这部分人群，提升品牌影响力，要通过线下和线上结合的形式，接触用户群体，扩大品牌影响力，让消费群体了解、知道沱沱。

可以利用技术手段，用报名的方式吸引用户参加活动；并借助用户之间的传播，将活动告知其他用户，进一步扩大用户数量。

## 实施过程

楼宇项目是全场活动，针对北京市独享的区域性划分，分为 4 个阶段，第一阶段主要以朝阳区为主，第二阶段是全北京市，第三阶段是上地大兴，第四阶段是全北京市。

运作流程为收集楼宇地址，制作活动主题页，上线推广，地推活动，作弊处理，调节配送运力等，推广配合了楼宇内的推广宣传，WIFI 定位推送、短信点对点、PR 传播、官微直播。

## 效果评估

活动上线后，报名期间，用户参与人数为 6 万人左右，在无任何大范围推广和传播的基础上，活动当日订单数突破 2 万单。

| 期数 | 楼宇数量 | 参与人数 | 购物会员数 | 销售额 |
|---|---|---|---|---|
| 1 | 180 | 3234 | 2520 | 276690 |
| 2 | 638 | 26536 | 19830 | 2150754 |
| 3 | 172 | 16022 | 12102 | 1278938 |
| 4 | 68 | 1784 | 600 | 64760 |
| 合计 | 1058 | 47576 | 35052 | 3771142 |

**专家评语**

**点评：**徐雷 / 京东高级副总裁

此案例的可贵之处在于整体营销费用较少但需保证活动质量的前提下，通过有节奏的活动控制方式，进行社会化媒体传播，并利用了物理空间和人群族群交叉的方式取得了不错的效果。此类活动看似“小”，但实际上对营销节奏的把控精准度很高，其中对营销力度的弹性需要进行测试、调整，可以看出营销团队在此方面下了功夫。但同时，此类营销如果持续放大则有较高的门槛，复制性和持续性的挑战较高，活动的复杂程度将会远超目前，所以此案例的影响程度受制于模式和流程本身，有一定的局限性。

# “真男人”吸引“女吃货”的世界杯！百草味全渠道联动营销

**案例名称：**“真男人”吸引“女吃货”的世界杯！
百草味全渠道联动营销

**所获奖项：**营销创新类——食品类——银奖

**获奖单位：**杭州柏立广告有限公司
杭州郝姆斯食品有限公司

**扫描二维码，查看完整版案例**

## 背景 & 挑战

互联网零食领域竞争凶残：光天猫就有 400 多个品牌竞争，每天上演跌至 1 元的疯狂抢购，消费者缺少品牌忠诚度。

曾经在旺季创造“全网零食销售第一”的“百草味”遭遇了“三只松鼠”的竞争。百草味不仅销量落后竞争对手，社会化营销、新客户群体增长也明显缓慢，外网搜索热度落后 25%，线下认知度也偏低。

每年 6—7 月是超级淡季，如何在短短的 1 个月内，让更多的消费者认识、认可、认同、认购百草味，这不仅是产品销售更是品牌认同的巨大挑战，百草味需要一场绝地反击：提高新用户群体访问数；提升淡季销售量；获取潜在目标群的认知。

这是超级销售淡季的一次绝地反击，更是中国互联网零食品牌第一次多屏全渠道联动营销。

## 创新思维

本次传播目标，希望解决以下问题。商业性方面，提高新用户群体访问数，与上年同比，新客户群体平台访问数增加 200%。消费者认知与态度方面，互联网（天猫平台外围）潜在消费群对百草味的认知提升 10% 以上，缩短了与三只松鼠外网搜索率的差距。消费者行为方面，提升淡季销售量，提高活动期间成交转化率。

目标消费群体是 20 ～ 35 岁的年轻女性，懂美食、热爱生活，是实实在在的“真吃货”。而在 2015 年 6 月，她们会被卷入世界杯这一全球性话题。因此，一群披着“伪球迷”外衣的“真吃货”诞生了，但她们绝对不是“世界杯的黑寡妇”。

她们懂得参与即乐趣，更懂得参与能增加自己的社交魅力。她们不屑于讨论球赛规则也懒得关心成败，她们只热议世界杯的“真男人”：屏幕上的帅哥球星、自己身边的帅哥球迷。

美味的零食、帅气的男人、交流的乐趣，唤醒女性“真吃货”的雌性荷尔蒙；美味的零食、热辣的女伴、欢畅的啤酒，激发男性真球迷的雄性荷尔蒙。

所有有关世界杯的一切，都是为生活增添一抹趣味。世界杯，少不了这一味！

## 实施过程

•“伪球迷”中“真吃货”的行为特征分析：社交网络是主要的资讯来源；世界杯“真男人”中不仅有超级球星，还有磁性声线、疯狂附体的男解说员；不喜欢被灌输、不听专业战术；渴望球赛外围的乐趣，热衷转发评论和热议；与“真男人”互动，会大大激发她们的雌性激素；从“真男人”那儿收到礼物，更会让她们鸡血沸腾……

因此，百草味历经艰辛拿到 C 罗、梅西、因涅斯塔等巨星的球衣，作为互动福利；邀请中国体育界名人——黄健翔，作为“真男人”

的媒介窗口；从电商渠道上“走下来”，通过全渠道联动、多屏传播，围绕“吃”和“趣味”，制造一波接一波的互动话题，走近消费者。

• 预热：传播了世界杯趣味视频，创造全民交流、热议、欢乐吐槽的话题

全网视频联动：

（1）《黄健翔点评世界杯》：6 月 12 日世界杯开幕式，通过新浪门户、优酷、土豆、腾讯视频、黄健翔微博、明星大 V 等各类视频渠道，发布《黄健翔点评世界杯》。黄健翔作为前方特派，从吃货的角度趣评世界杯球队特点。

（2）《世界杯安全看球指南》：利用世界杯中男球迷与女人之间永恒的“矛盾”，精心制作、全渠道播出视频《世界杯安全看球指南》，达到最高评论和转发。

阶段一：押错球队，零食安慰，跟黄健翔互动送“真男人”球衣和零食

（1）微博微信 SNS 联动：以百草味创始人蔡总的微博账号（@ 百草味老蔡）和黄健翔猜球赛输赢为切入点，号召吃货们站队，再通过胡海泉、陈羽凡、郝云、李响、微博红人，进行广泛扩散，提升百草味的关注度。

（2）线上门店联动：打造“真男人”世界杯定制礼包，通过站外定位投放以及天猫站内的引流广告，直击吃货，增加、刺激销量。

（3）网络媒体联动：把百草味零食直接植入到新浪《老黄够》和乐视《黄段子》等节目，提升网络传播。

阶段二：与王梁比吃货，送“真男人”球衣

（1）电视媒体联动：植入王梁主持的 CCTV 5《豪门盛宴》，用球星、球衣和美食互动，打造“舌尖上的世界杯”，再引入 SNS 聚焦讨论，提升传统媒体的人群覆盖。

（2）手机、Pad 无线端联动：推送黄健翔《女人看世界杯指南》的视频，达到目标人群的二次提醒。

（3）微博微信 SNS 联动：利用世界杯的网络热点，持续发布“吃货世界杯”的文案和海报，用戏谑、搞笑的方式调侃球赛热点，和“伪球迷”

保持高频率的互动。

阶段三：线下拼热情，参与的乐趣就是吃

（1）微博线下联动：与新浪门户地方站举行互动活动，参与即可获得百草味零食，深刻植入吃货看世界杯的乐趣。

（2）电视、电台媒体线下联动：植入电视台、电台等传统媒体举行的线下活动，让百草味参与线下球迷活动，百草味无处不在。

## 效果评估

1. 新客群的访问数与成交数

短短 18 天，新 UV 访客数为 1 908 402；同比 2013 年的 217 709，新客户群体增长 777%。

2. 品牌曝光数与外网搜索率

微博视频转发与话题阅读总量：品牌总曝光数达 266 606 257，共 2 亿多次。百度指数显示，6 月 12—30 日相较于去年同期，搜索指数上升 108%。淘宝指数显示，6 月 12—30 日相较于去年同期，搜索指数上升 113.4%，成交指数上升 212.9%。

3. 销售转化量与提升额

销售成交额为 30 905 497 元，相较 2013 年同时期 6 430 542 元，提升了近 480.6%。

**专家评语**

**点评：**徐雷 / 京东高级副总裁

活动目标清晰，人群定位准确有效，借势营销，较好地利用了活动代言人及周边明星，活动节奏清晰、紧凑，多屏全渠道营销的概念基本落地，活动效果可量化且指标优异。美中不足没有总费用投入，无法衡量投入产出比，且此活动整体对品牌的建设缺乏长期持久的支持点。

# TA 们穿了我的马克华菲

**案例名称：** TA 们穿了我的马克华菲

**所获奖项：** 营销创新类——时尚风格类——银奖

**获奖单位：** 上海广告有限公司

上海马克华菲电子商务有限公司

扫描二维码，
查看完整版案例

## 背景 & 挑战

年年“双十一”，各家电商群雄逐鹿。马克华菲作为时尚男装品牌，历年“双十一”成绩表现不俗，2013 年度“双十一”男装排名第五，但营销策划缺乏颠覆性动作。

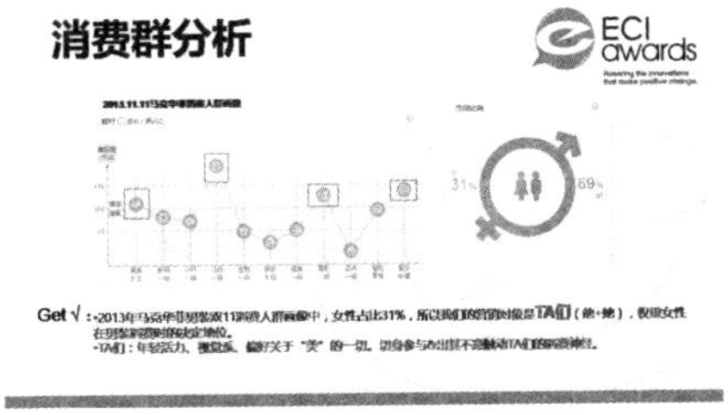


本次“双十一”，马克华菲希望利用品牌互动营销，多渠道结合，吸引更多优质站外流量。此外，马克华菲 90% 新品将参加“双十一”。

## 创新思维

品牌男性受众人群对于女性的关注，利用微情色（非色情）的视频和 SNS 传播形式进行品牌曝光，让更多互联网用户链接马克华菲品牌，为“双十一”传播造势，并且引入更多的站外流量。

在电子商务行业内颠覆性地引用女神穿男装营销引爆“双十一”。打造“TA们穿了我的马克华菲” 事件。利用“错位营销”，女生演绎男装，制作女神系列视频，激发“眼球效应”。“粉丝经济”聚拢网络红人影响力，为天猫旗舰店聚焦人气，同时也引出“女友经济”话题，引导媒体更多地关注品牌。关键绩效指标：红人投票3万以上，微博曝光5 000万，“双十一”品牌销售目标1.2亿。

## 实施过程

历年天猫“双十一”是各大电商群雄逐鹿，品牌打响自家知名度，提升销量的重要途径。

为了给2014年“双十一”马克华菲营销大战造势，提升其销量，增加品牌知名度。特邀请7名多领域人气网红，将服装打造成男女间亲昵情感的联结点，并以此拍摄系列视频，制造眼球经济，吸引关注的同时，给品牌目标受众一个新的消费理由。

此外，整合资源，利用微博微信平台，通过品牌官方传播系列视频与邀请函，联合传统公共关系活动（PR）制作话题爆点，并凭借网红的影响力充分使营销事件发酵，博得消费群、行业内、媒体圈的各界关注。

而随着“双十一”天猫站外流量持续涌入，采用为女神投票换取优惠券的方式，增加用户“双十一”当天的消费机会，有效提升了传统流量的投资回报率（ROI）。

在执行过程中，依据营销热度多次进行专题页设计改版，随着购物狂欢节的氛围逐步浓烈，避免用户视觉疲劳，增加页面浏览黏着度。另外，紧跟传播节奏，在短时期内分别针对女神邀请、“双十一”攻略、以及致谢主题定制相应 HTML5 页面，增加无线端的品牌曝光。

精准把握每个传播时间点，保持品牌“双十一”期间的新闻热度以及网络声量，站内外流量双管齐下，软性的产品推荐以及丰富的专题页板块设置调整为整个营销案打下坚实的基础。

## 效果评估

• 预期关键绩效指标（KPI）：微博曝光 5 000 万，“双十一”品牌销售目标 1.2 亿。

• 实际效果：# 女神的诱惑 # 、# 女神男装大赛 # 、# 原味女神秒杀 # 女神话题冲上新浪微博热门榜。累计创造 5 269.9 万次曝光，引发 8.7 万余次话题讨论。截至 2014 年 11 月 12 日零点，马克华菲品牌全天销售额达 1.362 亿元，与去年“双十一”相比增长 64%，跃居天猫男装品牌排名第三。181 家时尚、娱乐、行业类网络媒体发布。获得 5 亿多曝光，让营销事件充分发酵。12 家权威纸媒陆续跟踪报道，“女友经济”消费新论更扎实。整体的宣传效果从最终的曝光量、引起的互动讨论量，以及最终销售额已得到体现。

**专家评语**

**点评：**俞雷 / 深圳市金立通信设备有限公司集团副总裁

“双十一”的营销，传统的手法是购买站内站外流量，促进销售。但马克华菲显然不满足于此，他们借助一个极具创意的《TA 们穿了我的马克华菲》的“逆袭”广告，吸引了消费者的注意，引起了消费者的话题和参与，这样的手法在传统电商中非常罕见。

并且，马克华菲又能在“双十一”当天有效地“拉回”这些传播，让营销没有流于形式，而是转化成了有效的销售。营销与促销并举，拉动品牌的参与感并且提升“双十一”销售，紧扣品牌主要诉求点，这是马克华菲此案例最优秀的地方。

# 方太“双十一”：“一棵树的梦想”项目

**案例名称：**方太“双十一”：“一棵树的梦想”项目

**所获奖项：**营销创新类——家用电器与家居类——银奖

**获奖单位：**上海奥狮网络科技有限公司

宁波方太营销有限公司

扫描二维码，
查看完整版案例

## 背景 & 挑战

• 项目背景：2014 年“双十一”方太电商销售目标过亿，而在这一场电商营销大战中，方太电商避免纯粹的价格战，在“双十一”战役中卖高端、售体验，将“双十一”营销玩出新颖和高度。方太首创的体验式营销已运用于电商营销方案 3 年，2014 年如何在已有营销创新模式上再创新高，方太选择从“文化”、“产品”两个突破口入手，在创新营销模式平台“味爱告白”中走情感路线包装产品，打造“产品”体验式营销，在“文化”上则选择“绿色网购”这一创新公关营销打造用户体验。

• 公司概况：方太，高端厨电领导者。拥有近 600 项专利，行业内遥遥领先。获行业至高“全国质量奖”。连续 6 年蝉联“中国公司人品牌调查”厨电占有率第一。全国吸油烟机标准化工作组组长单位。

• 营销挑战：从“双十一”期间各大品牌丰富的营销活动中脱颖而出，打造成社会热门公益行动，在社会化媒体充分放大方太营销公关内容的声量，成就品牌热门话题。

## 创意洞察

·消费者洞察：从促销手段来看，虽然低价格无法让人抗拒，但影响家电类目消费者决策的早已不仅如此。家电类目消费者所期望的价值不只是产品本身，产品所附加的企业服务、品牌体验对顾客的吸引力同样大。

·传播渠道：结合项目背景与目标用户特性，以微信平台传播为主，做内容与实时互动，微博打造用户交互体验。

·促销渠道：满足消费者在功能需求之外的情感利益，增强用户体验。同时倡导绿色网购，与方太的健康产品风格匹配。拉长网购过程，让消费者与品牌的接触更紧密，提升服务内容和内涵。

## 创新思维

方太体验式营销——文化篇《中国首个 3D 打印公益活动》。

## 实施过程

1. 借势传播

实时跟进热点，借助普京总统访华赠苹果树与 APEC BLUE，定制个性化内容，传播效应明显。

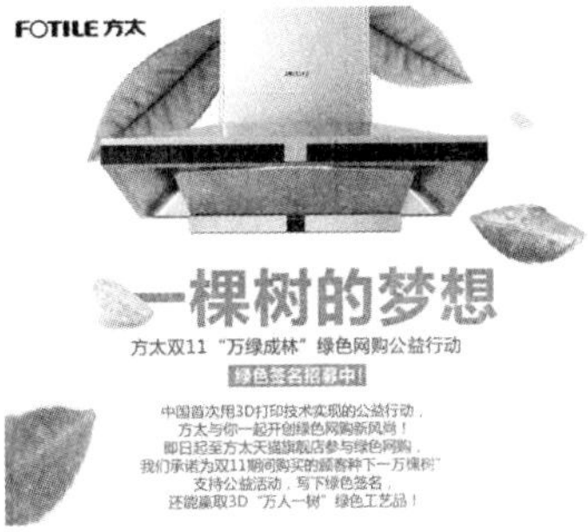


2. 资源整合，协同推广

多平台话题露出、全渠道资源集中引爆，营销、促销首次实现闭环。

3. 互动活动，话题分享

结合高科技创新互动活动（万人一绿绿色签名活动）、紧扣话题（绿色网购倡议——一棵树的梦想）分享绿色网购宣言话题，软性传播更深入人心。

## 效果评估

（1）绿色签名采集量完成 233%。

（2）话题阅读数完成 140%。

（3）2014 年“双十一”当天，方太实现天猫平台订单量 21 277，销售量 1 亿多元，比去年同期增长 100%，位列天猫厨电排行第 1 名，大家电整体排行第 10 名。

**专家点评**

**点评：**洪天麟 / 广东省电商投融资协会常务副会长、秘书长

当高昂的钻展直通车聚划算再也无法为品牌导入更多流量的时候，方太把“双十一”活动的重点从电子商务平台转向了新媒体传播。《一棵树的梦想》抓住了消费者的购物心理，分享活动，既能为自己省下费用得到优惠，又可以为绿色环保做出自己的贡献；不得不称赞的是 3D 打印绿色签名这个环节，既可以成为一个话题，进行二度传播，又可以让客户在参与活动的时候留下痕迹，获得成就感，从而增加品牌的好感度，在建立品牌高大的公众形象之余，充分履行了社会责任。

# 老板电器大吸力油烟机极致 62E8 上市运动

**案例名称：** 老板电器大吸力油烟机极致 62E8 上市运动

**所获奖项：** 营销创新类——家用电器与家居类——银奖

**获奖单位：** 卓越创新传播集团
杭州老板电器股份有限公司

扫描二维码，
查看完整版案例

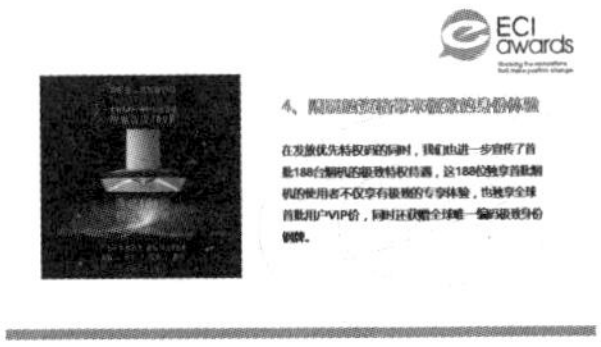

## 背景 & 挑战

62E8 是老板电器全网价位最高的机型，也是代表着老板电器最高端的技术，无论外形还是功能，都堪称烟机史上的极致巨作。目前，电商主流价位在 3 000 ～ 4 500 元，7 000 元这个价位在线上绝对是一个难以逾越的价位，想卖出爆款更是难上加难。

## 营销目标

上市设定 188 台的销售目标，并期望通过上市的成功来奠定老板电器在厨电电商领域的制高点。

## 创意洞察

62E8 作为高端烟机，在整体产品线中售价最高，对应的是高端人群，因此制造稀缺感与身份认同感是整个活动最核心的手段——因为稀缺所以高贵，因为首批所以尊贵。洞察来自于购买人群对高端产品的心理感觉，除了产品本身代表最先进的科技、理性价值之外，制造产品之上的感觉价值，对于高端人群而言，是有绝对杀伤力的。

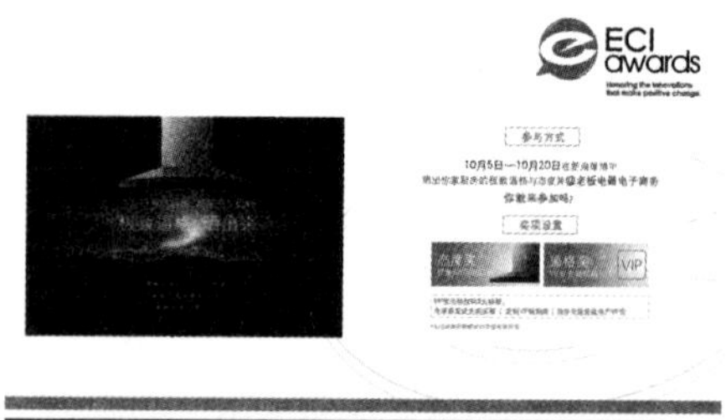

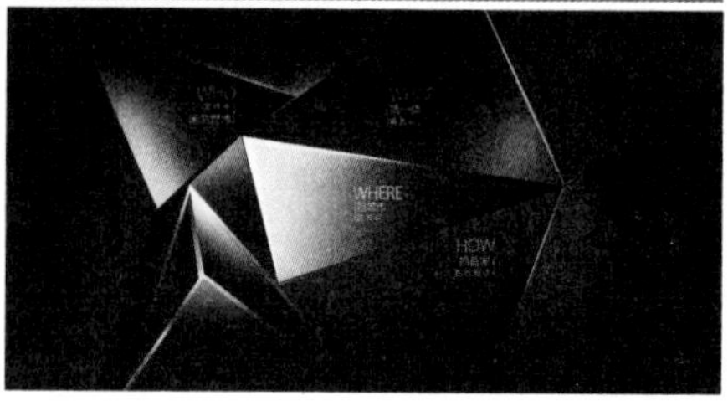


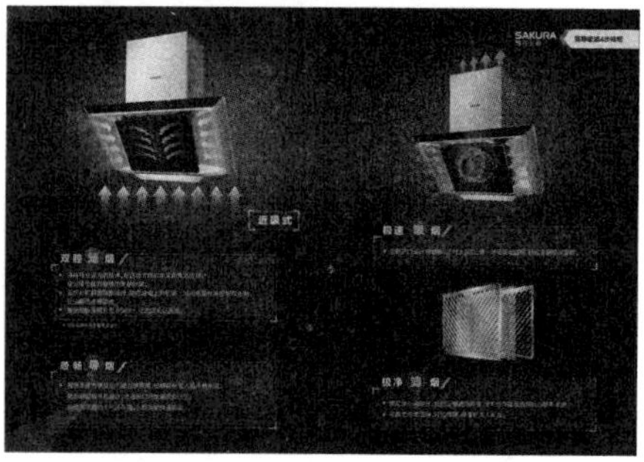


## 新思维

核心创意是稀缺感的制造，全球首发仅188套，通过预约抢特权优先码的形式进行预热和预售，将用户购买情绪调动到顶点，进行定点定时爆破。

## 实施过程

依靠天猫、京东、苏宁三大自有平台，以及微博微信平台，进行前期产品上市预热造势，为62E8产品定制了三波活动，分别为晒极致厨房、预约抢优先特权码、188台限量首发等三大活动，中间低成本利用了厨电、家居关联的KOL进行转发，将活动的网络声量推向高潮。

## 效果评估

极致•62E8一上线，便引发了全网抢购浪潮，限量首发的188台62E8产品当天即全部售罄。

82E8的成功，对于老板而言，是里程碑式的，奠定了老板电器在电商领域的高端引领，打破了过去老板电器6 000元以上无爆款的现况，推动了厨电电商高端市场的快速发展。

**专家点评**

**点评：**洪天麟 / 广东省电商投融资协会常务副会长、秘书长

这个项目面向的市场应该是实用，而且用互联网营销这一优势作为销售手段值得肯定。现在人们的物质生活水平不断提高，对于生活品质也有一定的要求。这样的一款高端产品，千万不要等到完美了之后再上市，速度要快，因为电器这块市场竞争太过激烈。首批产品可以简单，后续慢慢完善，比如增加智能化，更加人性化。抓住客户的消费心理，特别是高端人群对于产品稀缺的追求，也是这个案例成功的重要因素。

# 爱宝乐园大韩航空联合促销

**案例名称：**爱宝乐园大韩航空联合促销

**所获奖项：**营销创新类——公共交通类——银奖

**获奖单位：**爱宝乐园

扫描二维码，
查看完整版案例

## 背景 & 挑战

面对巨大的中国游客消费群体，主要竞争对手积极发展电子商务，推出一系列针对中国游客的活动，企业需要进一步打开线上的局面，特别是对庞大的来韩国自由行的中国游客。

## 创新思维

通过提供韩国自由旅行必备的优惠（包括交通、无线网、热门景点门票等全方位）和全方位的传播优惠，引入三星爱宝乐园，达到营销的效果。关键绩效指标是优惠兑换券下载及转换率。深度洞察目标人群的需求，量

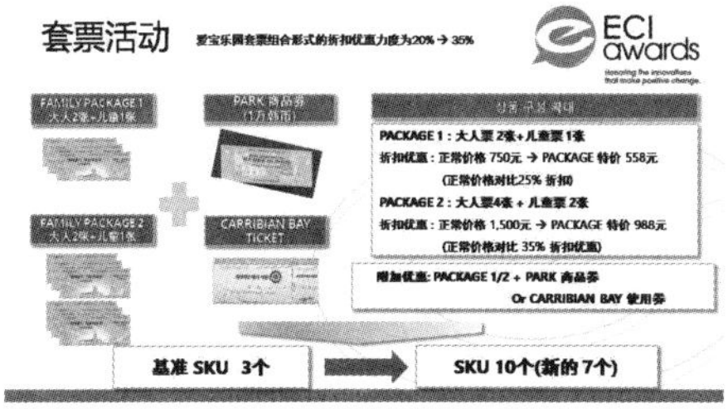


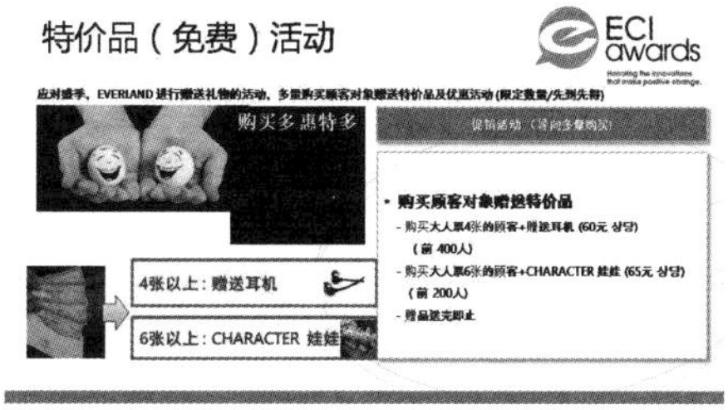

身定做优惠，从线上到线下，再回归线上。

## 实施过程

该创新的执行过程是：首先设定优惠，定位在提供韩国旅行的机票及门票折扣。不仅通过将爱宝乐园优惠券放在游客的乘机座位下，更是引导微博微信分享，实现二次传播。并行策划了韩国旅行游记分享主题互动，激起粉丝们对意见领袖游记的兴趣，也强化了爱宝乐园是去韩国旅行游玩的必去之地。通过 SNS 分享抽奖，强化粉丝对三星及三星爱宝乐园品牌认知的概念，并通过软文的方式激发去韩国游爱宝乐园的想法。

## 效果评估

消费者实际收到优惠券 35 000 张，优惠券推广新增游客 507 人，微博推广新增游客 503 人，“爱宝乐园”百度关键词搜索量增大。推广效果

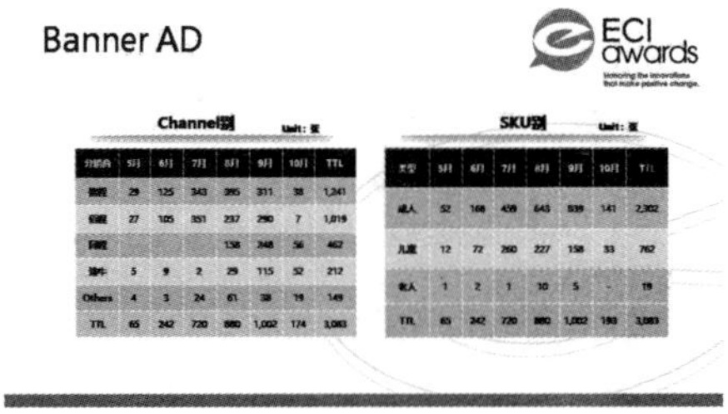


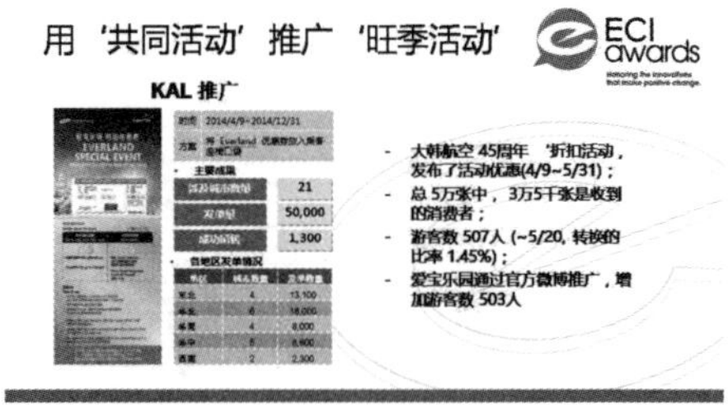

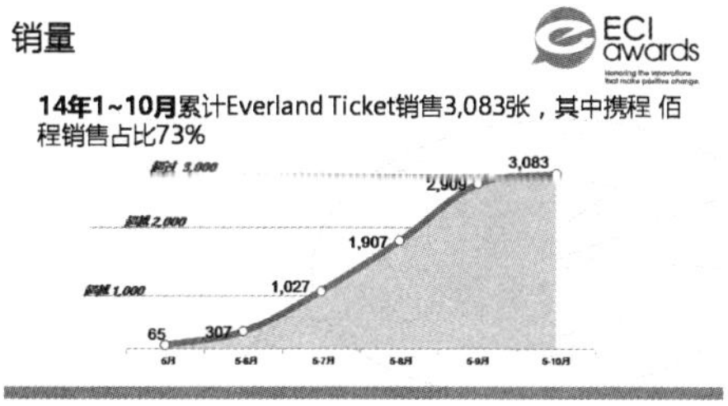


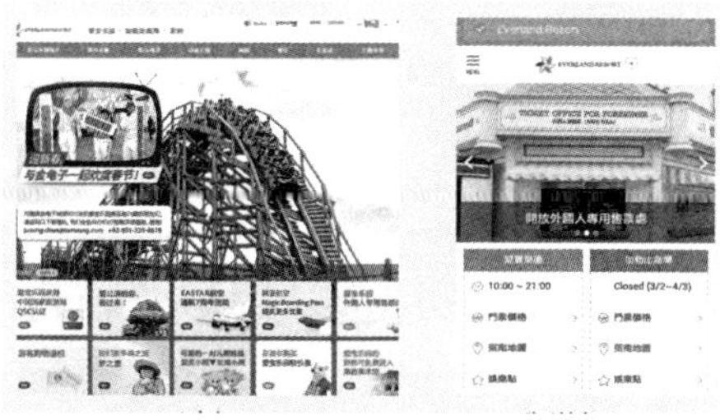

带来的影响首先是直接带来了线上线下销售的提升，其次通过评论和访问后期可以判断粉丝们对三星爱宝乐园的品牌好感度上升，并愿意主动分享自己的购物感想和图片。

**专家评语**

点评：朴世桓 /Cheil 鹏泰 VP 兼电商事业部总经理

爱宝乐园与大韩航空的联合促销活动将优惠定位在提供韩国旅行的机票及门票折扣上，营销定位针对韩国游的目标人群，量身定做优惠，创新点突出且具体，实操性很强。

在营销推广中不局限于游客的乘机过程，还通过 SNS 等社交网站分享推广，进行二次传播，营销渠道的选择符合目标消费者及潜在消费者的习惯，营销方式不仅具有时效性，还具有延展性。

旅游景点和航空公司之间有太多可以合作的点，挖掘出消费者喜欢的点本身就是很好的创新。建议做好“意见领袖”编写游记的指导工作，提高软文推广的转化率。

# 绘儿乐创造力美术馆

**案例名称：**绘儿乐创造力美术馆

**所获奖项：**营销创新类——营销创新类文化、娱乐与运动类——铜奖

**获奖单位：**VML IM2.0

上海易必派网络科技有限公司

Crayola 绘儿乐

扫描二维码，
查看完整版案例

## 背景 & 挑战

市场营销以实效论英雄，对市场占有率及知名度皆低的绘儿乐（Crayola）更是如此。在严峻的形势下，通过数字营销与电商运营的联动，达成品牌及销售双赢需要面临更大的挑战。绘儿乐要突破一般电商营销以让利、促销为主的模式，提供创新的服务以增强品牌偏好及黏性，加以提炼用户 / 粉丝价值，最终引导转换及销售。

## 创新思维

文玩具在实体通路及电商的消费者行为存在明显差异。当电商普遍仍以价格导向时，新一代的父母则试图通过实体通路及社交媒体寻找新奇有趣的产品，期望能讨孩子欢心，又可向朋友分享与炫耀。结合绘儿乐鼓励孩子自由创造的品牌理念，以及互联网时代父母追求新鲜的需求，提供一

个新颖又系统化的方式让父母可以长期收藏及分享孩子的创作，并在过程中适时置入产品，有效引导至电商购买。通过绘儿乐，父母可以“看见”潜藏在孩子作品里的可能性及发展性。

## 实施过程

绘儿乐通过官方微博、创造力美术馆、微信服务号和天猫旗舰店，实现三平台资源联动、信息互通、体验延续。具体平台的实施措施如下：

1. 绘儿乐创造力美术馆

绘儿乐微信服务号全新为每一个孩子打造独有的美术馆。在这里，父母可以持续地拍摄孩子的创作及上传，并将这些作品呈列在独特的手机三维体验中。通过作品的编辑、布置，开启孩子人生中的第一场画展，在社交媒体传播并邀请亲友前来参观。上线初期的名作对比功能，通过颜色数据和笔触分析，将孩子的作品与大师名作类比，具体呈现孩子作品里的潜力，丰富了美术馆体验。

2. 看见绘儿乐

整个美术馆上传及体验流程中，巧妙地曝光及置入产品讯息，并直达电商购买平台。设置互动积分系统，降低用户购买门槛，增强品牌偏好及黏性；加强用户试用，扩大用户亲手接触到产品的可能性。

电商端产品分类明确，消费者可轻松依照孩子的年龄纪及不同的创造力属性，找到合适的产品。

3. 内外借力，增效引流

邀请最具人气的“爸爸去哪儿”田亮父女及曹格父女参与创造力美术馆，赢得社交媒介上的用户关注。提炼电商平台的口碑评论，以内容的形式在社交媒体上为品牌背书，将流量引回“创造力美术馆”。

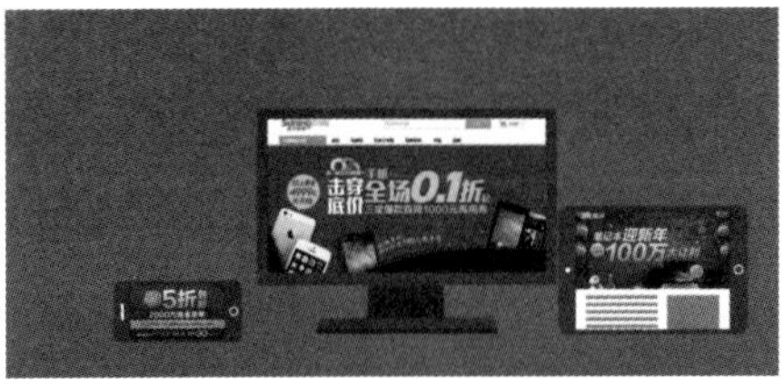
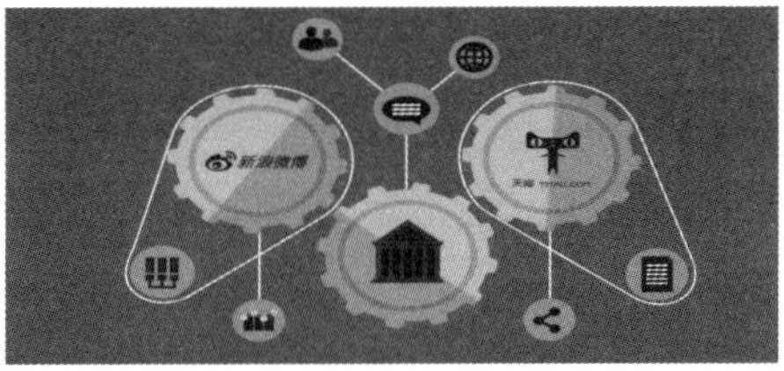

旗舰店及产品包装上露出“创造力美术馆”，鼓励消费者在购回使用后上传及分享。另外，独立在店铺内举行“全天猫最会画画的宝宝”活动，与创造力美术馆相呼应，让用户的购买体验更上一层。

此外，借助三平台联动的优势，争取到天猫“双十一”期间“我为品牌助威”类目活动的参与权，提前预热了店铺活动，并最终为“双十一”当天引入大量额外流量。

## 效果评估

天猫旗舰店下半年销量增长 116%，“双十一”单日销售达 260 万元人民币。国际儿童类品牌销售金额排名增长 14 位，从 2013 年的第 31 位提升至 2014 年第的 17 位，百度搜索指数上升 49%，由 128 提升至 191。

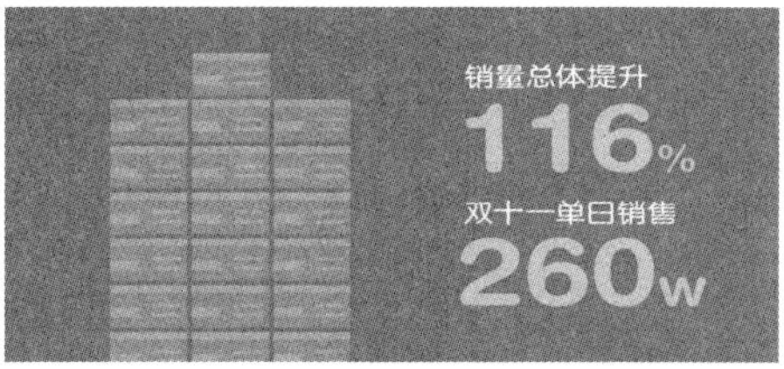

**专家评语**

**点评：**陈传洽 / AdMaster 首席运营官

绘儿乐案例巧妙地利用了自身面对的“市场阻力”（销售渠道的限制），善用社交媒体作为推广阵地，搭配明星 KOL 的助力宣传，引起消费者注意。

此外，其适当的“借势营销”也是非常成功的。首先通过时下流行的“爸爸去哪儿”，进一步突出父母对孩子的亲情和爱护，而通过发现、激发宝宝在美术画画方面的天分和才华，带动与绘儿乐受众群的情感共鸣。与此同时，绘儿乐也搭载着“双十一”电商节日的时机，“兑现”前期的品牌好感度，带来实际的销售，体现实效性。

# 守爱 守岁 守健康春节活动

**案例名称：**守爱 守岁 守健康春节活动

**所获奖项：**营销创新类——医疗及营养保健产品与服务类——铜奖

**获奖单位：**新浪网技术（中国）有限公司
辉瑞制药

扫描二维码，
查看完整版案例

## 背景 & 挑战

岁末年尾，辞旧迎新之际，最热门的话题莫过于过年，而红红火火、热热闹闹的中国年，自然少不了红包咯。在新浪微博上，#让红包飞#处处可见。善存、钙尔奇、善存沛优希望借助新年契机进行联合推广，覆盖更多新年送礼、年轻具有购买力的消费人群。希望传递除了新年祈愿守岁，送红包、送礼品，还有一种“送健康”的方式表达情感。

如何将新年祈福与辉瑞品牌相结合？使品牌的健康理念在更多消费者中进行传播？促使消费者在线上购买产品？这些值得深思，也成为传播挑战！

## 创新思维

让红包飞，这一席卷微博平台各个角落的超大型运营活动，背后是微博切入公共话题、联动各方力量、活跃用户参与，形成了一套非常成熟的大型活动运营模式。活动以“情感共鸣引发微博话题互动，微博红包奖品刺激消费”为创意点，充分结合活动的调性和覆盖人群与品牌需求的契合度，可以很好地为辉瑞制药提供一个与粉丝互动情感和新春回馈的平台。

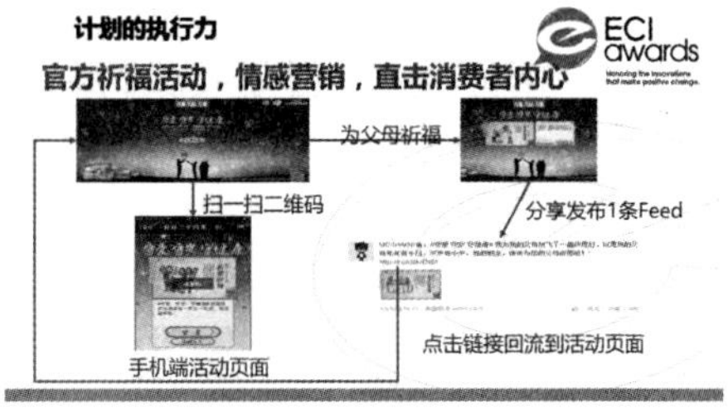


## 实施过程

中国人最看重过春节、一家团圆，更愿意守岁，为父母家人祈福健康，传达爱与关怀。辉瑞旗下三大品牌善存、钙尔奇和善存沛优作为国际知名健康倡导品牌，希望成为子女关爱父母健康的纽带。

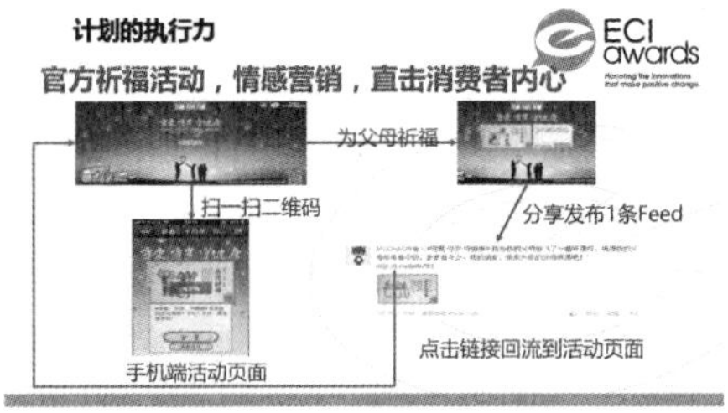

具体实施措施如下：

1. 微博红包限时抢，激发购物荷尔蒙

选择在农历立春特别时间，推出 4 999 元的旅游基金红包限时抢购的活动，迅速激发年轻白领人群的抢购荷尔蒙，使品牌活动关注度和参与度极速上升。

2. 双屏祈福活动，直击消费者内心

打造双屏(PC+mobile)新年祈福互动活动，营造出浓郁的新年新春氛围，互动创意中展现出多种中国民俗文化元素，如孔明灯、24 孝、祈福、中国结。吸引网友来到平台放飞“虚拟”孔明灯为父母送出祝福，赢得品牌送出的多种尽孝奖品：1 号店抵金券、产品试用包、健康礼包、健康旅游基金。

3. 新年话题互动，品牌红包全网飞

新浪微博 # 让红包飞 # 总站大曝光和海量流量引导至品牌页，为品牌赢得超高人气。全新合作微博定制版话题互动 # 让红包飞 #，指定品牌定制话题互动页 # 钙尔奇善存让红包飞 #。通过贴近人心的虚拟红包话题，让话题带动BUZZ增长和销售引导。网友进入#让红包飞#页面参与抢红包，即获得新春礼遇并分享品牌BUZZ。

## 效果评估

在不到一个月推广的时间里，微博平台掀起的辉瑞制药“抢红包，送健康”的线上活动页面浏览量达2 576 693次，页面唯一访问者达2 229 345次；以@钙尔奇官微为例，品牌粉丝增长2 439 289人，增长的粉丝在1个月后粉丝活跃度仍保持在90%，品牌1号店的销售业绩同比上升186%；立春掀起的#钙尔奇善存让红包飞#话题短时间引爆关注，1个小时就引发微博转发数87 472次，评论数118 983次，后续话题页更具长尾效应，共计转发数达60万以上，共计评论数达539万以上。

## 专家评语

**点评：**陈传洽 / AdMaster首席运营官

辉瑞通过结合“情感营销”和“奖品激励”比较实效地完成了钙尔奇的推广项目。如今，都市小白领和年轻家庭平日专注于工作，对家人尤其是老人的关心和照顾不周到；项目通过春节的抢红包、送祝福，调动消费者的情感参与，而抢红包后获得的折扣又能带动电商平台销售，案例展示了如何利用情景和情感营销触动消费者，从而带来实际效果。

# Smart BoConcept 特别版微信购车

**案例名称：**Smart BoConcept 特别版微信购车

**所获奖项：**营销创新类——机动车类——铜奖

**获奖单位：**腾讯网

奔驰（中国）

扫描二维码，
查看完整版案例

## 背景 & 挑战

奔驰 Smart 已在全球受到欢迎，每年都有 10 万台以上的销量。2014 年，Smart 发布全新 BoConcept 特别版，以北欧高级皮质内饰著称，期望在短时间内实现卖车并形成一定的事件效应。Smart 的全新 BoConcept 特别版定位比较年轻化，针对人群是 18 ～ 35 岁的年轻男女，这群人对生活品质有较高要求，喜欢享受生活，属于白领精英和新锐一族，愿意尝试全新事物，喜欢参与互动分享。

## 创新思维

通过微信卖车，颠覆传统购车流程，重塑传统行业售卖模式，缩短消费者购买路径，利用“精选商品 + 微信支付”创造最便捷的移动购车体验。

## 实施过程

（1）在微信“我的银行卡”中出现小红点提示，引起关注。

（2）点击进入，发现精选商品 Smart 特别版售卖活动。

（3）进入活动页面，点击 banner，还可以进入 360 度重力感应页面，体验 BoConcept 的内饰并分享。

（4）填写个人信息，用“微信支付”交 999 元订金，获得抢购资格。

（5）4 月 21 日上午 10 点开始抢购 388 辆 Smart，最终未抢到的用户退还订金。

（6）朋友圈分享，让事件影响力不断裂变。

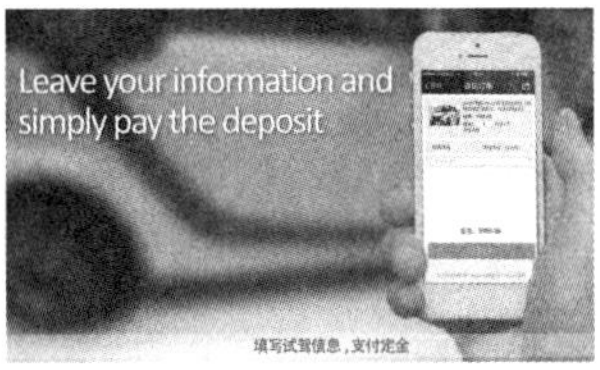


## 效果评估

（1）3 分钟 388 辆 Smart 全部抢购一空，平均每秒售出 2 辆；

（2）1 751 人成功微信支付 999 元订金（包含最终抢拍成功的 388 人）；

（3）销售线索：8 天收集 6 677 个；

（4）平均每个线索成本 480 元（总投放金额 / 销售线索数），低于业内平均成本一半左右；

（5）获得30篇业内外文章报道，成为2014年汽车行业最重要的事件。

此推广效果再次刷新了在线卖车的纪录，体现了微信以及移动互联网的威力；奔驰通过此次推广再次打造了汽车行业的大事件，塑造了奔驰在豪华车领域创新引领的品牌标识；同时，此次推广也是移动互联网对传统汽车行业营销和销售模式的变革与颠覆。

**专家点评**

**点评：**韩松 / 汽车之家副总裁

抓住 Smart BoConcept 用户在 18 ~ 35 岁之间的年轻、享受生活的特性，正好是微信的活跃用户群体。

深度与微信进行了营销合作，全面运营其资源，形成在线产品展示、在线社交扩散、在线订金购车的营销逻辑。

这是一次成功的微信电商 O2O 案例，是一次移动端社交媒体流量变现的成功尝试！

# 东风标致微信抢钱运动

**案例名称：**东风标致微信抢钱运动

**所获奖项：**营销创新类——机动车类——铜奖

**获奖单位：**飞拓无限信息技术（北京）有限公司

东风标致

扫描二维码，
查看完整版案例

## 背景 & 挑战

### （一）面临的挑战

1. 移动互联 + 社会化媒体 = 难以驾驭

社会化媒体从来不是一个有买有卖的媒体形式，移动互联时代的社会化媒体更是如此——没有统一的媒体定价，没有汇聚大流量的hero媒体。“基于客户官方微信自媒体平台的粉丝群，通过微信等社会化媒体进行病毒扩散”——这是本轮传播中，东风标致指定的媒介传播方式。

2. 不仅要传播品牌，更要卖汽车

本轮传播，是东风标致微信卖车的第三季。在前两季成功通过微信传播实现了汽车售卖之后，本轮传播，客户希望我们不仅实现品牌传播的效果，更要带来实际的汽车销售。

3. 微弱预算下的“穷传播”

本轮传播，客户的想法是，充分利用官微的粉丝人群，进行一轮基于自媒体扩散的传播。所以，客户基于移动互联拿出的预算非常有限，比电视媒体、户外媒体甚至互联网媒体的

东风标致

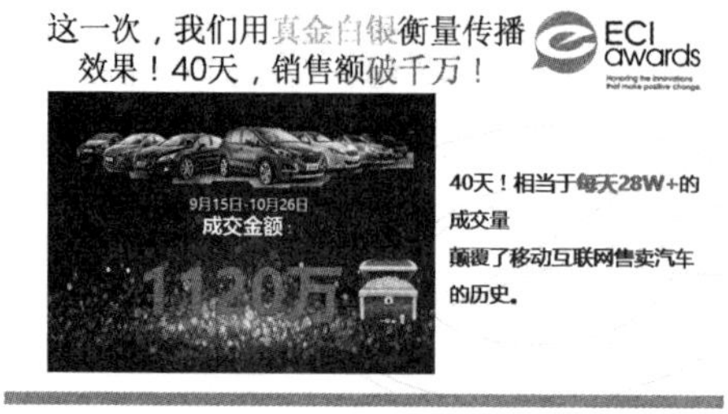

传播预算要小 1 ～ 2 个数量级。

（二）传播目标群体

东风标致的用户，是一群不断追求创新、偏年轻化人群，年龄 20 ～ 39 岁占比较高，男女比例为 7:3，从兴趣关注上看，他们是影视 fans、综艺达人、体育爱好者、吃货和旅游爱好者。

从购买汽车的特点上看，对应法国车的浪漫，目标用户是一群追求释放真实自我，寻求个性表达的感性消费群体。

（三）营销目标

1. 品牌传播目标

通过移动互联及社会化媒体的传播，提升东风标致的品牌影响力。同时在与用户的沟通方式上，尽可能地贴合用户的心理感受，提升品牌美誉度。

2. 潜客获取及销售转化目标

这一轮传播，客户希望能够通过与用户的互动，筛选出具有购车意向的潜在消费者，并引导用户完成最终购买。

3. 用户黏性目标

鉴于社会化媒体的自媒体属性，客户希望通过本轮传播，强化东风标致与粉丝群体的品牌关联，同时尽可能为品牌带来新的会员（狮友会），并提升官微的粉丝数量。

## 创新思维

“东风标致微信抢钱运动”是一个基于移动互联的创新营销活动，在完全不动用常规付费媒体的情况下，以“抢钱”为核心号召，通过有趣的互动活动与独特的积分

互赠机制，引发了网友大规模的自发参与和朋友圈分享，最终实现了“病毒传播”的扩散效果。

## 实施过程

### （一）策略特点

（1）利用年轻人热衷于朋友群体的社交互动，以及微信的自媒体病毒传播特征，通过“抢钱运动”的号召力，在没有花费一分钱媒体采购费用的前提下，取得了 40 天销售 1 026 辆东风标致汽车的营销效果。

（2）在活动策划的起始阶段，就考虑将活动打造成为一个具有“自传播”特性的“病毒种子”。我们在活动中设计了分享朋友圈，拉 3 位朋友参与，即可获得免费彩票的激励机制。同时与彩票公司合作，开发了即刻开奖的技术平台。每张彩票的直接成本虽然仅仅 1 元左右，但是对于用户的激励，来自免费获得 500 万大奖的可能性，从而以非常低的扩散成本，获得了出乎想象的分享扩散效果。

（3）在活动互动环节的设计上，我们结合东风标致品牌的特点，设计了简单好玩儿的互动游戏，网友参与游戏可获得积分红包，例如获得 1 000 积分，在购车时可享受 1 000 元的现金优惠。

（4）结合积分抵现金的游戏机制，设计了独特的“积分互赠”环节，参与互动的网民通过把积分赠送给身边有购车需求的朋友，帮助我们完成了在海量病毒扩散过程中筛选潜在用户的目标。

（5）有明确购车意向的网友，可以直接来到东风标致的官方微信商城，在不需要从微信跳出的情况下，在官方微信缴纳 500 元的购车“意向订金”。随后，我们通过 LBS 定位的方式，将该网友的信息给到离他最近的线下经销商（4S 店），4S 店的工作人员在 24 小时内电话联系该用户，最终落实购车行为。

### （二）推广方式

（1）在本案的活动推广中，我们的一大特点是没有花费 1 分钱的媒体采购成本，完全通过企业自媒体及微信红人等自媒体资源进行推广。

（2）活动最初在东风标致的官方微信上线，借助东方标致官微的粉丝，完成了活动的第一轮病毒扩散。在随后两周时间内，我们用有限的传播预算，请到了十几位微信红人，帮助我们转发活动信息，助推了活动扩散速度。

（3）“自媒体（0 费用）+ 微信红人（少量费用）”就是本轮传播中我们动用的全部媒介资源。相对应的，我们把更多的资源投入到活动本身，与彩票公司的合作，以 2 元钱彩票成本，实现了 3 位用户的转发。同时，东风标致对于参与活动用户的“积分抵现金”购车补贴，也成了拉动用户参与的重要条件。

## 效果评估

截止到活动结束，东风标致服务号新关注人数共 7 万人次，10 月 26 日东风标致服务号累计关注人数达到 12 万人次，抢钱运动活动引爆服务号粉丝数增长 145%。

活动期间，有近 6 万人参与活动，参与抢彩票的共有 4.5 万人，参与赢红包的共有近 3 万人，参与赢红包游戏的共 23 万人次。

日均参与活动人数高达 1 400 多人！

活动期间，满千元红包人数共计 2 000 人，邀请 10 位好友获得 500 元红包人数共计近 300 人，分享传播的效果可见一斑。

抢钱活动在不到两个月的时间产生总订单量共计 1 026 单！短短 40 天，最终卖车成交金额 1 120 万元，颠覆了移动互联网售卖汽车的历史。

**专家点评**

**点评：**韩松 / 汽车之家副总裁

利用微信平台，借助微信红包积累的海量用户基础，打造东风标致抢钱运动。

以“去营销化”为核心，打造原生内容，让用户成为自媒体进行自发式的裂变扩散，实现小预算获取大流量，并最终转化为销量。

虽然活动的核心创意并不出挑，但是效果才是硬道理，也许越是简单的活动才能更激发用户参与，不是吗？

# 小熊泡芙小姐联合推出 “毕格”电炖盅，新品提升同期 50% 品类销量

**案例名称：** 小熊泡芙小姐联合推出 “毕格”电炖盅，新品提升同期 50% 品类销量

**所获奖项：** 营销创新类——家用电器与家居类——铜奖

**获奖单位：** 上海平成混媒营销管理有限公司
广东小熊电器有限公司

扫描二维码，
查看完整版案例

## 背景 & 挑战

1. 市场挑战：不是豪门，胜过豪门

（1）传统大牌加剧竞争：冬季到，传统厨房家电（美的、九阳等）全面跟进电炖盅品类，小熊电器竞争对手从电商品牌到传统品牌，品牌缺乏明显的优势。

（2）产品切入高端价位：小熊电器开始推出品牌高端价位产品，如何借着 9 ～ 10 月份电炖盅的销售旺季，让电炖盅在众多品牌中突出重围，并精准触达 20 ～ 40 岁都市白领时尚人群，形成销售购买，这是企业也没有十足把握的事。

2. 营销目标

（1）提升电炖盅总品类的 20% 同比销量。

（2）针对网络都市白领时尚人群品牌目标受众，营造小熊电炖盅的高端产品形象，以产品力拉近与传统大牌的品牌差距。

## 创意洞察

市场洞察：从媒介接触到内容认知的混媒推广，创造一个基于热点的小熊电炖盅的故事。

（1）从媒介接触点策略出发，根据大数据，找到受众熟悉、认同的人物“泡芙小姐”。

（2）选择泡芙小姐作为产品推介人。自 2010 年 10 月在优酷网首播以来，《泡芙小姐》始终是优酷网截至目前最大规模的在线短片，屡次刷新优酷热播榜，越来越深厚的粉丝基础，成就了“泡芙小姐”的品牌影响力，且在其固定粉丝群中，都市女白领占据多数，这与小熊电器的受众高度契合，使传播的精准度大幅提升。并且网剧的连载播出能带来更高效的持续性热度。对于致力于打造“妙想生活”的品牌价值并专注瞄准都市女白领的小熊电器，《泡芙小姐》成为其探索内容营销的不二之选。

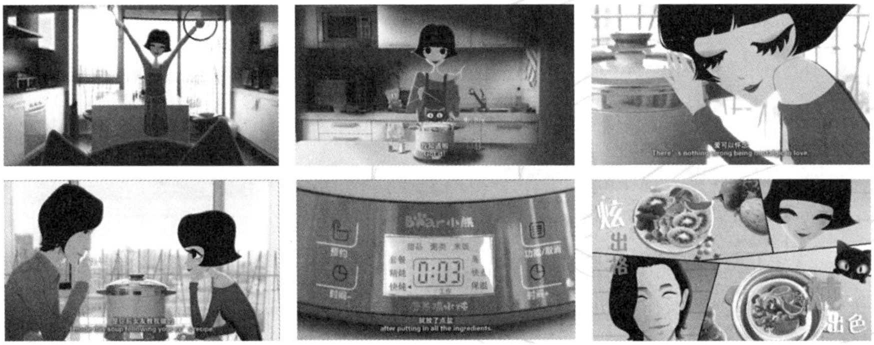

## 创新思维

核心创意：创造一个高端风格“毕格”电炖盅——“小熊”“泡芙小姐”联合出品；以“泡芙小姐”文化产品小熊“毕格”电炖盅的推出，结合双平台基础受众作为“毕格”电炖盅的第一批产品粉丝，形成传播与销售的市场基础及扩散地。

## 实施过程

执行策略：小熊“毕格”电炖盅与《泡芙小姐》联手打造“产品植入＋形象代言＋线下发布＋硬广投放”四合一的混媒内容传播。

（1）硬广投放：定制泡芙小姐版TVC，定向剧集内容。

（2）产品植入：《泡芙小姐》单集定制剧情，深度传达产品使用和理念。

（3）线下发布：泡芙小姐五周年生日趴和小熊电器新品发布会高度融合，用线下发布会进一步加强了品牌与栏目的“捆绑效应”，打通线上线下，从而形成完整的营销链条。

（4）形象代言：泡芙小姐代言小熊电器，推出限量合作款电炖盅，深度挖掘粉丝价值。

## 效果评估

（1）小熊电器全网电炖盅总品类销量，从目标要求的 20% 同比销量提升到 50% 的销售达成。

（2）不是豪门，胜过豪门！推广数据的大传播效果，EPR 实时推广，覆盖粉丝 2.47 亿，小熊"泡芙小姐"专题页游戏参与量 3.2 万次；配合《泡芙小姐》内容创作广告素材点击涨幅 54%；定制剧《泡芙小姐与调味瓶》最终回播放量 386.1 万；实现了新产品带动小熊电炖盅品类的形象升级效果，同期传统品牌的品类推广缺乏亮点，小熊电器电炖盅总品类实现 2014 年秋季突围，达成以小熊"毕格"电炖盅产品力拉近与传统大牌的品牌差距的市场总目标。

**专家点评**

**点评：**郑晓东 / 上海聚胜万合广告有限公司总裁、首席运营官

人群洞察准确，与产品的诉求定位契合，与当红网剧结合是一种非常有效的方式。植入与剧情搭配合理，在粉丝中能形成较好的正面影响。通过完整有效的整合营销配合，达到了不错的传播效果。

# lOVO 品牌再发力，勇夺家纺三连冠
## ——罗莱电商“双十一”大促整合营销案例

**案例名称：** LOVO 品牌再发力，勇夺家纺三连冠
——罗莱电商“双十一”大促整合营销案例
**所获奖项：** 营销创新类——家用电器与家居类——铜奖
**获奖单位：** LOVO 家纺

扫描二维码，
查看完整版案例

### 背景 & 挑战

每年的天猫“双十一”大促，都是电商企业冲击年度销售目标展示实力的重头戏，跨类目跨平台的营销大战层出不穷。2014 年“双十一”，LOVO 家纺作为罗莱电商主打的互联网品牌，剑指家纺三连冠。从营销活动筹备之初，便以火辣挑逗的“双十一，床战 24H”为传播主轴，在淘外、纸媒论坛及双微平台热炒的“三次元只走肾”的“床品”大测试，“二次元才走心”的“家的记忆度”实验性视频、“LOVO 老公”事件营销引发网友众议，针对微信开发的 HTML5 社交游戏“大家一起掀床单”引发朋友圈海量疯转；在淘内，开发百万红包级别的互动游戏——“莱，梦享世界”和“疯狂摇钱树”，搭配高黏性的花样玩法活动，成功唤醒沉睡会员。高度社会化互联网语境的内容、话题、游戏、事件，借力最新 HTML5 效果展示技术、双微平台、大号 KOL，网媒大打舆论营销立体攻坚战，使得 LOVO

品牌成功占领消费者“双十一”消费心智。

营销目标：

①目标：冲刺家纺三连冠，提升“双十一”大促后客户满意度。

② KPI：“双十一”家纺类目排名——天猫数据魔方排名；品牌影响力——百度指数；消费用户增量——微信粉丝数。

## 创意洞察

家纺行业常被认为是常规固化的代表，营销方式单一，同质化竞争严重，而 LOVO 作为诞生于互联网的家纺品牌，如何打破常规，在“双十一”百万商家的营销战中打造自己的“与众不同”？我们通过对社会热点和人性传播痛点的分析，挖掘床品背后所代表的“情侣、夫妻、家庭、生活”的意义，打造“双十一，床战 24H”这一话题，抓住互联网人群特性，用幽默风趣的语言轻松调侃男女之间的那些事儿，在“双十一”品牌营销大战的硝烟下，打造 LOVO 区别于传统家纺品牌的独特魅力。

## 创新思维

以火辣挑逗的“双十一，床战 24H”为传播主轴，围绕“床事”打造高度社会化互联网语境的内容、游戏、话题、事件，借力最新 HTML5 效果展示技术、双微平台、大号 KOL，网媒大打舆论营销立体攻坚战。

## 实施过程

在销售为王全品牌大战的“双十一”，企业需要的是叫好更要叫座的营销活动，可以说，“在‘双十一’，不以导流为目的的营销活动都是耍流氓”。LOVO 品牌以“双十一，床战 24H”为传播主线，结合高度社会化互联网语境的内容、游戏、话题、事件，借力最新 HTML5 效果展示技术、双微平台、大号 KOL，网媒大打舆论营销立体攻坚战，使得 LOVO 品牌成功占领消费者“双十一”消费心智。

### 三次元只走肾，二次元才走心

针对“双十一”的“床战”主题，我们设置了持续性的话题活动与实验性视频，一步步地强化 LOVO 个性自由，# 床品（床品即床上品格）大测试 #，以“床品”为话题，结合创意互动图 GIF 动态图片巧妙地将产品与传播相关联，通过千万级 KOL 的传播有效地获得年轻群体的参与和转发，收获了较高的转发与二次传播。

#家的记忆度#实验视频作为“床战”主题的第二波推广活动，主要是在精英白领中做了一个辨认床单的测试，目的在于测试中高阶层男士在家庭生活中的关注指数，通过“床品选得好，老公回家早”的趣味调侃，既软性传播了 LOVO“双十一”的购买信息，也在网上引起了消费者对于家庭的反思。实验视频单个网站点击量超过 30 万，在微博上制造了将近 800 万的阅读数，超过近 11 万人次的讨论。

**土豪我们一起做朋友**

#LOVO 老公#炫富事件作为“床战”第三波活动，以老公包场电影院给老婆网购为线索，事件本身符合年轻群体的好奇心，在事件炒热后男主以罗莱员工身份曝光，顺势邀请 LOVO 的预售买家包场网购增加知名度，引导受众参加预售。即软性植入 LOVO 品牌，引流受众到 LOVO 天猫旗舰店。

#包电影院给老婆刷网购#在微博上引起了强烈的讨论，话题阅读量超过 1 400 万，讨论超过 4 万人次。后续话题# LOVO 老公#同样获得超过 700 万的阅读量，讨论超过 2 万人次。同时，针对今年“双十一”天猫对特定商家的扶持策略，我们邀请了“八爷”冯绍峰为我们品牌站台助威，在微信微博双微平台发起有针对性的话题活动，成功为店吸睛导流。

**百万红包分享计划**

大多数淘宝店铺在“双十一”大促期间，往往是以低价促销，搭配海量发送优惠券（实际使用率极低）的方式在做营销活动。今年参与“双十一”的商户众多，单个用户每天会接收到大量的优惠券。如何避免优惠券领域的红海竞争，让我们店铺的实惠能够真正直达用户，被用户所使用？经过调研，发现用户最接受游戏的方式，而且直接送支付宝红包的优惠使用率最高。而对于游戏设计和游戏形式，则需要力求画面精美和玩法简单。经过近一个月的研发，我们专门定制了 PC 游戏（莱，梦享世界：畅游罗莱集团的多品牌世界，摘星赢红包）和无线端游戏（疯狂摇钱树：摇一摇发现惊喜），将用户所想真正变成用户所爱。2014 年 10 月 20 日游戏上线，截至 2014 年 11 月 10 日游戏下线，PC 及无线游戏互动近 450 万次，参与人数达 70 万余人，直接带来超高频次的 LOVO 品牌和产品曝光，红包关联销售超越预期。

**创意技术哪家强，就看微信 LOVO 家纺**

2014 年，HTML5 小游戏在朋友圈盛行，隔一段日子就会被某个小游戏占领朋友圈。于是我们抓住热点，针对LOVO“双十一”销售情况与品牌特点，进行了两轮以HTML5小游戏为主抢占朋友圈活动。第一轮活动“票选所爱”投票选出最爱的“双十一”预售产品，转发活动可抽取相应奖品。活动期间参与投票人数近两万人，活动页面累积约25万阅读量。第二轮活动“好友一起掀床单”，成功发起掀床单游戏，并分享到好友或朋友圈，只要3名好友帮忙一起掀床单，即可抽取惊喜大奖！活动期间参与游戏人数近1.8万人，活动页面累积约129万阅读量。

通过“双十一”预热期全方位多角度的立体营销，从11月11日零点开始，罗莱电商就一直稳居家纺类目第一，完美达成天猫“双十一”家纺三连冠的伟业。

## 效果评估

（1）强势登顶2014“双十一”天猫家纺类目第一，全天猫第八。

（2）百度指数环比提升355%，移动端1OVO家纺移动端搜索同比提升1000%

（3）微信粉丝数增加近2万，同比增加200%。

（4）PC及天猫无线游戏互动近450万次，参与人数达70万余人。红包关联销售占比达预期。

**专家点评**

**点评：**郑晓东 / 上海聚胜万合广告有限公司总裁、首席运营官

传统企业在互联网营销中该如何发声，仍是不少品牌一直在探索的课题。罗莱家纺作为传统企业的代表，在这个案例中通过灵活和务实的营销思路，用互联网的语境进行营销上的创新，灵活地应用了双微平台、KOL、网媒等社会化媒体，取得了不错的效果。

# 京东“我是歌手喜摇摇”整合营销传播

**案例名称：** 京东“我是歌手喜摇摇”整合营销传播

**所获奖项：** 营销创新类——餐饮与零售商类——铜奖

**获奖单位：** 180 China

京　东

扫描二维码，
查看完整版案例

## 背景 & 挑战

开年大战，京东作为《我是歌手》赞助商，该如何吸引消费者的眼球，从而在众多品牌中脱颖而出？在这个用户自主选择的时代，品牌如何与消费者进行沟通？同时，京东在 PC 端具备完善的营销体系，拥有强大的消费群体。但在移动手机端，京东迫切需要提升京东 APP 的下载量和使用率。

应对策略：消费者在观看节目过程中，往往同步使用移动设备在微博、微信上参与话题讨论，分享观看心情，为歌手加油。调查显示，在娱乐节目直播时间，微博的话题讨论量也明显增高。因此，借势“我是歌手”，定制“我是歌手”专属移动端 APP 活动“喜摇摇”，利用用户使用移动设备分享、讨论的特性，在这一碎片化时间内，号召大家参与活动，并传播品牌；基于消费者在观看节目过程中常常同步使用移动设备的这一消费者行为洞察，在“我是歌手”期间推出 APP“喜摇摇”活动，用户可以边看“我是歌手”，边上京东 APP，参加喜摇摇活动，实现电视和手机的双屏互动，这种情景体验式的营销方式，有效利用用户碎片化的时间，形成消费者与品牌的互动。

## 传播目标

（1）借助“我是歌手”的影响力，提升京东知名度与美誉度。

（2）通过喜摇摇活动，推广京东移动端 APP，提升京东 APP 的下载量和使用量。

## 创新思维

事件行销，借势“我是歌手”，定制专属 APP 活动“喜摇摇”，并创意 3 支轻松幽默的 TVC，告知受众通过摇手机即可参与活动，获得《我是歌手》节目门票及京东购物券等大奖。

## 实施过程

• 传播形式：仅依靠湖南卫视单一媒体，深度合作。

• 传播策略：由于传播战线较长，传播活动分为3个阶段。

第一阶段：喜摇摇——摇不停手

吸引并告知受众“喜摇摇”活动，创意产出 1 支 TVC《喜摇摇篇》。

第二阶段：喜摇摇——摇上瘾

营造全民参与，全民摇上瘾，创意产出 2 支 TVC《摇不停手篇》。

第三阶段：喜摇摇——摇！为歌手加油！

决赛阶段，用喜摇摇为歌手加油！

## 效果评估

1. 传播实效

①社会化平台传播累计覆盖 12 亿人次。

②京东移动端 APP 下载量增加 30%。

③“我是歌手”第二季结束后，京东决定将“喜摇摇”游戏更名“摇啊摇”，成为京东首支常态游戏，长期活跃于京东 APP 中。

2. 传播影响

此次营销传播运动，仅依靠湖南卫视单一媒体，以全新的互动思维实现传统媒体与京东 APP 的无缝链接，推动了京东移动端 APP 的下载量，引领电商移动端的发展新趋势。

**专家点评**

**点评：**郑敏 / 亿邦动力首席执行官

京东“我是歌手喜摇摇”整合营销传播，创新点在于敏锐洞察和跟进消费者娱乐新方式。一是洞察到消费者最新娱乐方式的变化，及时选择了“我是歌手”为代表的最新娱乐节目，获得了大消费人群入口。二是找到了电视节目与电商之间的链接方式，用手机摇一摇功能和活动门票奖品构建了京东 APP 与“我是歌手”观众之间的联系。三是配合的广告片创意幽默，适合时下互联网和年轻人群的喜好，也反映了京东营销部门对用户的敏锐洞察。

# 京东商城美妆节电视广告创新投放

**案例名称：**京东商城美妆节电视广告创新投放

**所获奖项：**营销创新类——餐饮与零售商类——铜奖

**获奖单位：**群邑上海广告有限公司

北京京东世纪信息技术有限公司

**扫描二维码，查看完整版案例**

## 背景 & 挑战

• 市场环境：目前网购化妆品成为消费热潮甚至已经转化为消费者的日常生活习惯，但大部分电商网站信誉较差，售卖化妆品真假难辨，鱼龙混杂，部分商家以假充真，消费者对电商平台售卖化妆品的信任度降低，每年“3·15”消费者权益日更会聚焦商品真假问题。

• 公司概况：京东商城作为中国最大的B2C电商网站，信誉度高，实力雄厚。

• 竞争环境：美妆类电商网站种类繁多，已有大批品牌如聚美优品、乐蜂，在消费者心目中已占有一席之地。京东以3C产品起家，对女性的吸引力远不如专业美妆类电商平台。

• 挑战：如何在短时间通过风暴式宣传，树立京东售卖正品美妆的形象？

• 策略：挑选央卫视及地方台黄金资源，以5S TVC跟播国际大牌化妆品广告，快速建立消费者对京东售卖正品美妆的认知，逐步树立京东售卖正品美妆的形象，短时间迅速提升京东美妆品类知名度。

• 目标群体：20 ～ 35 岁女性。

## 创新思维

TVC 跟播国际大牌化妆品广告，塑造京东售卖正品的形象。

## 实施过程

（1）营销传播策略：紧跟国际品牌化妆品 TVC，背书正品形象，突出京东均有销售的概念，制造传播话题，获取关注。

（2）创意方面，我们与创意公司沟通后决定制作 5S TVC，突出显示“京东有售”和“美妆节”概念，简单明了地传递促销信息；媒体策略方面，根据我们对市场的洞悉了解到，每年 2—3 月份会有大量化妆品广告投放，于是选择央卫视黄金资源，并提前与电视台沟通，将京东的 TVC 安排在化妆品类 TVC 之后，强化京东与化妆品关联，达到借势营销的目的。

## 效果评估

（1）美妆节期间，京东 35 个重点市场 3+ 到达率 28.3%，北京、南京、杭州、广州的 3+ 到达率超过 40%。（数据来自 CNRS）

（2）“美妆节”是京东首次在妇女节这个关口展开的大规模的“女性营销”，一改最初服务男性“3C 控”的形象。加上之前京东陆续推出的文艺范儿的“青春”频道、闪购“红”，以

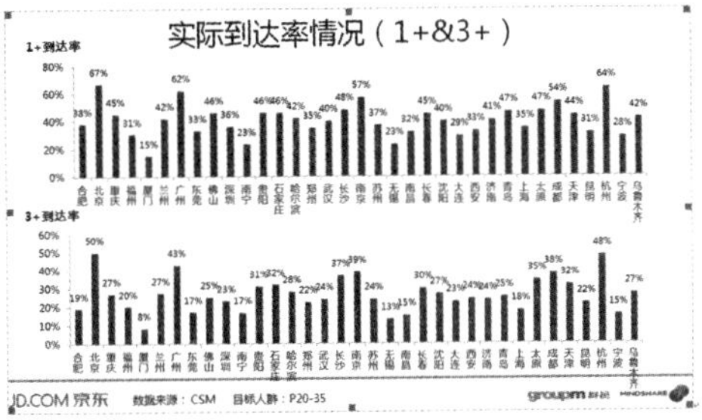

及诸多时尚发布会，京东“拉拢”女性用户、改变气质的柔化策略已见成效，也使京东的用户群体更加男女平衡。

**专家点评**

**点评：**郑敏 / 亿邦动力首席执行官

京东商城美妆节电视广告创新投放是一次简单“粗暴”但有效的传播。一是找准了网购化妆品的共性痛点，传播点聚焦在“真”；二是搭载国际化妆品大牌的电视广告片，虽然我们不知道京东如何让对方接受搭载，但搭载方式毫无疑问产生了国际大牌给京东背书的效果。

# 红米 2 QQ 首发

案例名称：红米 2 QQ 首发

所获奖项：营销创新类——电子产品类——铜奖

获奖单位：小米科技有限责任公司

扫描二维码，
查看完整版案例

## 背景 & 挑战

千元机市场在 2013 年 7 月红米手机发布后异常火热，国内手机厂家紧随小米公司发布诸多同类产品，高性价比千元机市场竞争白热化。红米手机 2 主打 64 位双 4G，价格仅 699 元，针对智能手机入门级年轻人群，小米公司选择将红米手机 2 在 QQ 平台上发布，手机 Q Q 的用户群体占比大于 60%，与红米手机 2 的用户定位极为吻合。本次发布的最直接目标是首发预约量打破之前红米手机在 QQ 空间的 745 万人预约纪录和红米 Note 在 QQ 空间首发的 1 500 万人预约纪录。

## 创新思维

QQ 月活用户约 8.2 亿，其中手机 QQ 月活用户约 5.21 亿，是中国目前当之无愧最大的社交媒体平台。但还没有企业使用 QQ 平台来进行营销活动。因此，核心创意即是用一款高性价比的红米手机 2 来引爆 QQ 用户的讨论。

## 实施过程

2014 年 12 月 30 日，小米公司一条微博开启了整个活动，同时腾讯平台通过与小米公司的微博互动引发了用户和行业关注，相应的媒体和自媒体自发发稿猜想双发的合作。

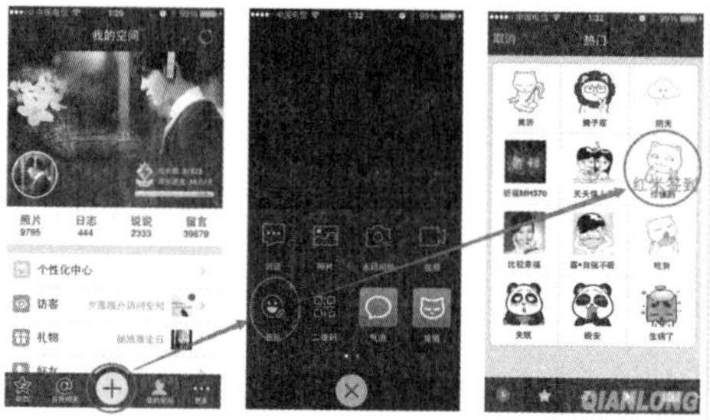

2014 年 12 月 31 日，预热活动正式启动，小米公司所有的平台资源将用户关注引导到手机 QQ 的活动落地页。

2015 年 1 月 4 日，小米正式对外发布新品和预约。

2015 年 1 月 9 日，12 万台红米手机 2 新品正式发售，并在 4 分 16 秒内售罄。

## 效果评估

（1）红米手机 2 在 QQ 平台的首发预约人数 1 867 万，打破了之前任何一款小米产品和其他竞品的预约量，异常成功。

（2）2014 年是中国手机市场从 3G 网络向 4G 网络过渡的一年，红米手机 2 作为红米手机的 4G 版本手机，通过在 QQ 平台的首发，引起了足够的媒体和用户关注，尤为重要的是目标群体做到了充分的曝光、挖掘和参与。百度指数也超过了竞品，体现了产品的热度和活动的关注度。

（3）红米手机 2 在 QQ 平台独家首发，没有在任何第三方平台和小米官方平台发布发售，对活动成功起着决定性的作用。

**专家点评**

**点评：**李斌 / 苏宁集团副总裁

社交网络的营销能力超乎绝大多数人的想象，一个优质的原生态社交环境，对产品的推广和内容产生的营销价值具有极其重要的意义。除了产品本身超强的性能与超值的价格外，红米 2 将手机 QQ 作为首发平台必然起到了不可忽视的作用。这一切都源于其对用户的精准定位、预期管理和熟人社交。选择具备定位精准能力的庞大用户数的 QQ 为载体，采用“粉丝 + 熟人社交”的惯用手法，先蓄后转，一触即发。互联网思维，最最核心的还是以用户为中心。

# 来自新芯的你——英特尔 64 位芯平板首发

**案例名称：** 来自新芯的你——英特尔 64 位芯平板首发

**所获奖项：** 营销创新类——电子产品类——铜奖

**获奖单位：** 北京北联伟业电子商务有限公司

英特尔（中国）有限公司

扫描二维码，
查看完整版案例

## 背景 & 挑战

作为 PC 处理器领域的领先厂商，英特尔在平板市场遇到了前所未有的挑战。很多用户在购买平板电脑时，还没有把处理器表现作为购买的决定因素；Intel 自 2013 年第三季度开始全面进入平板电脑处理器市场，至 2014 年第一季度，淘宝数据魔方显示英特尔芯平板的市场占有率仅为 8% 左右；采用英特尔芯处理器的各平板电脑厂商在新品推出阶段，也都是各自为战，使得英特尔芯在平板电脑用户的认知也没有得到充分认知。

就产品技术层面，在 2014 年年初，市场上大部分平板处理器还基于 32 位处理器之时，Intel 是唯一提供 64 位处理器解决方案，应用于安卓和 Windows 平台的厂商；且在 2014 年 4 月，逾 10 家平板电脑厂商均有英特尔 64 位芯平板新品面市。

• 营销目标：

（1）提升英特尔芯平板的销量及 TMALl 平台销售占比，相比第一季度，至少提升了 20% 的市场份额；

（2）提升平板消费者的互动，保证百万级的活动曝光及用户参与，

并通过电商、SNS、IT、搜索引擎网站整合营销形成市场销售双重突破；

（3）广泛形成“买平板认准英特尔芯”的认知，处理器型号成为消费者选购平板产品时的一个重要指标。

## 创新思维

英特尔整合天猫、IT Portal、Social 传播等优势资源，共推英特尔 64 位芯平板十大品牌新品首发。

## 实施过程

以往的品牌单品首发，往往由于推广渠道单一、产品力度不足等原因，未能形成广泛的市场认知。联合 10 家 OEM 厂商共同推广新品，扩大产品市场影响力；而天猫是平板厂商重要的销售渠道，所以活动落地在天猫电器城中。

整合淘宝 / 天猫平台的淘宝二手、新首发、电器城活动频道共同推广，淘宝二手以旧换新淘汰旧平板，天猫新首发为活动造势，电器城完成终端销售，产生“1+1+1 > 3”的效果。

微博微信等传播平台可以形成话题热点，百度搜索、IT Portal 聚焦目标用户并传递产品和活动信息，多渠道、跨平台是活动的一大亮点。

其他营销推广手段：

①零售终端的推介，平板卖场宣传及导购推介；

② OEM 品牌推广，在品牌官网、媒体广告中的推介力度；

③广告，淘宝钻展、淘浪及站外广告等；

④ APP 推送，潜在用户定向推广。

## 效果评估

• 销量贡献：英特尔 64 位芯平板首发活动上线两周，英特尔芯平板

在淘宝 / 天猫共售 19 022 台，英特尔芯平板在淘宝 / 天猫的市场份额由活动之前的 8%，飙升到活动期间的 15%+，并在整个第二季度，市场份额达到了 13%， 比第一季度的 8% 增长了 62.5%。

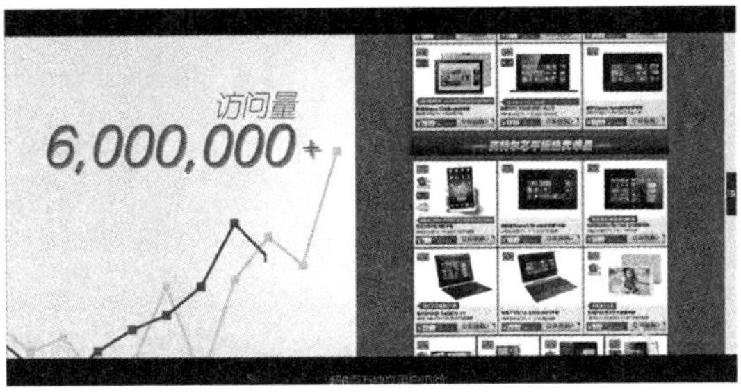


• 品牌贡献：淘宝数据魔方后台显示，3 款英特尔芯平板进入平板销量前 9 名，提升了英特尔芯平板在平板市场的占有率和认知度。

• 用户关系：活动期间，600 万独立访客到达活动专区，参与微博互动，活动商品评论的用户数在 10 万次以上。

• 传播及媒介：主流媒体英特尔引领平板电脑进入 64 位芯时代，百度搜索“64 位平板”，英特尔 64 位芯平板及本次活动信息占据了主要位置，相关搜索量达 44 700 000 条。

• 品类发展推动：平板电脑，Intel inside 的标识和认知逐步建立和强化，英特尔 64 位芯平板，成功区隔所有竞争产品，牢固树立 64 位领先者的形象。

**专家点评**

**点评：李斌 / 苏宁集团副总裁**

一个企业拥有了优质的产品并不意味着必然的市场，还必须依靠行之有效的营销策略去进行拓展，而营销的灵魂就是行之有效。英特尔与天猫合作开展“来自新芯的你”营销活动，汇集了来自国内外的多家 OEM 厂商，涵盖了大多数搭载 64 位英特尔处理芯片的平板电脑，借助淘宝、天猫两个电商平台，以及微信、微博两个主流的社交媒体平台引爆，将产品的市场影响力和品牌知名度全面打响。这种高举高打的市场营销策略，快速地获得消费者的认可，引领平板电脑进入了 64 位芯时代。

# 京东——中超二十年

**案例名称：**京东——中超二十年

**所获奖项：**营销创新类——网络、
电信产品与服务类——铜奖

**获奖单位：**新浪网技术（中国）有限公司
京　东

扫描二维码，
查看完整版案例

## 背景 & 挑战

中国足球协会超级联赛（Chinese Football Association Super League），简称“中超”，其前身为中国足球甲级A组联赛。它由中国足球协会组织，是中国大陆地区最优秀的职业足球联赛（中国港澳台有各自的联赛），联赛开始于2004年。

事实上，京东始终对体育事业保持了高度的热情。2010年3月，京东正式成为中超联赛主赞助商。2013年3月，京东与中超联赛签署五年战略合作协议，并成为中超联赛一级合作伙伴——零售企业和购物网站独家合作伙伴。2014年正值中超20周年，除传统营销外，如何以更加新颖突出的方式，将京东品牌与中超赛事重要节点深度结合，面向海量中超球迷进行品牌宣传，有效实现品牌强关联及用户转化，是京东品牌知名度和美誉度提升的大好时机。

## 创新思维

京东品牌的目标受众以男性为主，大多为IT发烧客，并且对体育赛事有浓厚兴趣，是中超的忠实观众。而新浪体育聚焦80%以上年轻男性受众，购买力强，活跃度高。从品牌与媒体的受众契合度来看，京东品牌借新浪体育平台，聚焦中超 20 年大事件，用球迷对中超 20 年的独特情感拉近网友的关注热情，台网联动将球迷情感转移到品牌关联，将为品牌赋予特殊情感，唤起用户共鸣，将球迷转化为京东用户，进而推动销售转化。

## 实施过程

近年以来，京东以强大的电子商务影响力，实现了对球迷的服务创新。体育精神中的“奋勇拼搏”和京东文化中的“积极进取”高度契合。在本次活动中，具体实施措施如下：

### （一）台网互动，融合品牌

新浪联手北京卫视推出《中超 20 年》专题，独家制作中超 20 年视频节目，以台网联动形式传播，将京东品牌融合其中。

### （二）互动活动，引发球迷参与

活动定制票选“中超 20 年最强本土阵容”、分享微博获得抽奖机会等多种形式的线上互动内容，最大限度地激发球迷广泛参与，通过大批优惠券发放，成功引导球迷成为京东用户。

## 效果评估

京东以独有的电商模式切入中超赛事，这次体育营销提升了京东在消费者中的认知。上线一个月后，活动页面 PV

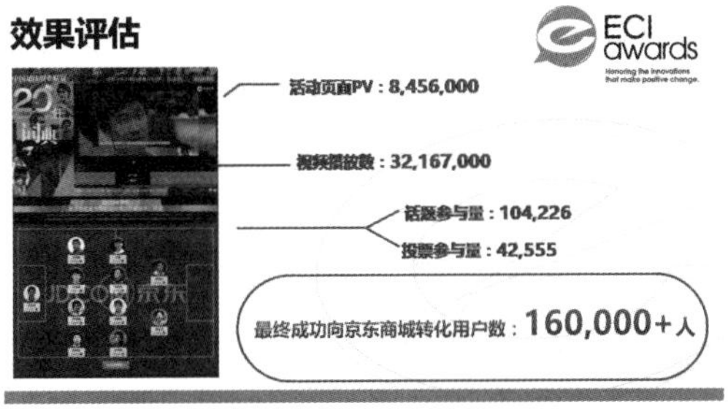

达到8 456 000次，视频播放数达到32 167 000次，话题参与量为104 226次，投票参与量为42 555次，最终向京东商城转化用户数达160 000人以上。

此外，京东还特别推出中超专题销售专区，全面满足消费者票务订购、周边购买等一站式购买需求，为球迷们提供专属的电子商务体验。

**专家评语**

点评：黄博 / 华盟传媒首席执行官

从2006年左右中国足球宝贝风靡开始，我们见证了足球社会化营销在中国广告界一个华丽的波浪线。貌似在广告界已经很久没有看到与中国足球有关的经典案例。作为一个大平台，京东在许多营销动作上不存在借势而为，因为它本身就已然是一种趋势。因此，京东这次营销可以用四个字来概括“顺势而为”，当中许多回顾历史、重温热血、参与评选，固然颇有亮点，但这只是营销过程中的“术”，而在营销策划初期如何把握好整个时代的“势”，如何顺势而为，甚至营造更大的趋势却是营销的“道”，这是最值得每一个营销者去思考与借鉴的。

# Bing Ads Dash（Bing关键字广告账户总览）

**案例名称：**Bing Ads Dash （Bing 关键字广告账户总览）

**所获奖项：**营销创新类——网络、
电信产品与服务——铜奖

**获奖单位：**HackerAgency(IPG/FCB)
Microsoft

扫描二维码，
查看完整版案例

## 背景 & 挑战

必应（Bing）是全球排名第二的搜索引擎，必应出口通（Bing Ads）已支持中国主要出口贸易国共 34 个国家和地区 12 种语言的推广。必应出口通是微软全球化网络搜索营销服务的一部分，这一服务专门为中小型出口企业、跨境电商和其他海外推广需求客户，提供面向海外市场的推广服务。海外买家在使用 Bing、Yahoo 搜索引擎时，通过主动搜索与出口企业的产品和服务相关的关键词，获知并访问企业网站，了解产品和服务，进而达成交易。

现在，Bing 与客户的沟通成本高，信息碎片化且效率低。每个月客户会收到各类电子邮件，如每月新闻、促销活动、广告建议等不同性质的邮件通知，但是多频率的邮件并没有帮助客户提高营销效果，或是增加他们对平台的资金投入。

## 创新思维

Bing Ads 的主要客户是中小型企业业主。整体来说，这些中小型企业人力资源有限、缺乏经费、缺乏专业的营销知识，属于实效和结果驱动型的企业。Bing Ads Dash 的建立和实施完全基于广告主账户的数据信息，动态生成的每一封邮件的内容具有个性化和针对性，旨在帮助中小企业业主增加对自身账户健康状况的了解，分析营销活动的投资回报，提高客户对 Bing Ads 的满意度和认可度，进而提高他们在平台上的投入。

## 实施过程

基于客户数据库， Bing Ads 通过数据挖掘了解到客户最想在平台上获得的信息，将对他们有帮助的信息整合分类汇总，以板块形式清晰展示。通过在后台定义商业规则和机制，系统可以自动触发生成个性化月度账户总览，通过提供个性化的优化建议，提高营销活动的效果。

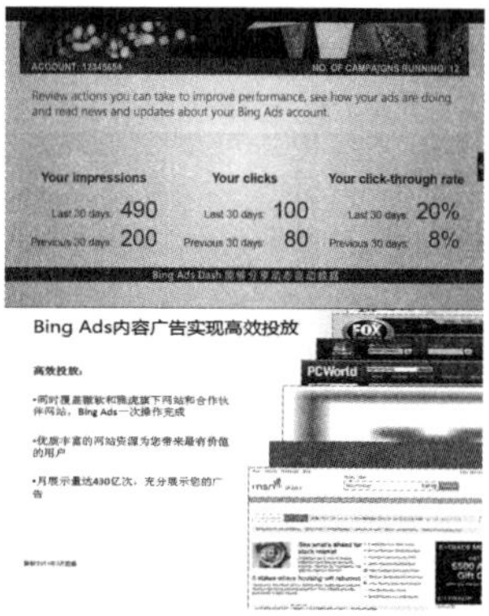


## 效果评估

Bing Ads 将 Bing Ads Dash 的打开率、点击率和客户投资转化率设置为 KPI（关键绩效指标）。有效实施之后，Bing Ads Dash 月度账户总览打开率和点击率较之前均提高 1 倍，转化率根据不同的营销内容也有大幅提升，最高增加了 3 倍。同期，Bing Ads 在全球范围开展圣诞节和新年营销活动，帮助提高了平台知晓度和知名度，提高了客户对平台的投资，提升了客户保留度。

**专家评语**

**点评：**王海波 / 北京网库互通信息技术有限公司董事长

微软的这款搜索引擎显然是一款非常优秀的产品。然而，一款产品是否优秀，还得分析其功能和展现的商业角度。

在中国内地，使用较多的是百度，为什么用百度？因为它符合我们的生活习惯和研究事物的习惯。我们认为，对一件事物，如果“新闻”代表“正史”，那么“网页”代表野史，而“贴吧”能让我们听到大众的声音，这就相当于多了个“评论”层面，它就更能让我们了解事物的宽度和深度。

我的理解，Bing 的功能设计是从其广告客户层面出发的，而百度更兼顾“大众使用”的层面。因此，Bing 若想走向更大的成功，其基础必定是通过功能创新，吸引更多用户使用。面向广告主的后台设计，如果没有前台用户群体和数据背书，又能产生什么商业价值呢？

# “帮支付宝洗白白”互动整合传播

**案例名称：**“帮支付宝洗白白”互动整合传播

**所获奖项：**营销创新类——金融产品与服务类——铜奖

**获奖单位：**NTA 创新传播上海公司
支付宝（中国）网络技术有限公司

扫描二维码，
查看完整版案例

## 背景 & 挑战

（1）支付宝是全球规模最大的第三方支付工具。但 2013 年年底，随着移动支付的普及：微信支付凭借春节红包强势吸引公众关注、各大银行纷纷推出移动支付服务，市场格局前所未有的复杂，竞争开始加剧挑战。

（2）余额宝让支付宝从支付工具变成“储蓄、理财”工具；移动支付让支付宝成为手机应用，应用频率更高……用户的安全需求更加迫切；但是，支付宝安全品牌建设尚处于起步阶段，支付宝移动支付安全常识、安全保障措施等用户认知度不足。

（3）2014 年年初，支付宝遭遇不实负面信息——一则“网传手机丢失支付宝易被盗”新闻被反复发布，引发用户恐慌，辟谣速度远远比不上谣言的传播速度；同时，工行等传统银行宣布下调支付宝快捷支付限额，引发公众猜测，造成用户对支付宝钱包安全感的担忧，威胁支付宝品牌形象。

（4）命题：如何通过社会化媒体，迅速打消人们对支付宝钱包的安全担忧？同时有效普及支付宝钱包安全常识，初步树立支付宝安全品牌？

（5）主要沟通人群为支付宝用户，尤其是年轻女性用户，她们是最易受到舆论影响的群体。

（6）通过激活大多数忠诚用户的正向口碑，让消费者产生倾向性联想，即支付宝不安全是谣言，是黑手抹黑，是金融守旧势力恶意打压。

营销目标：

（1）激发 10 000 名用户参与 # 帮支付宝洗白白 # 互动活动，主动谈

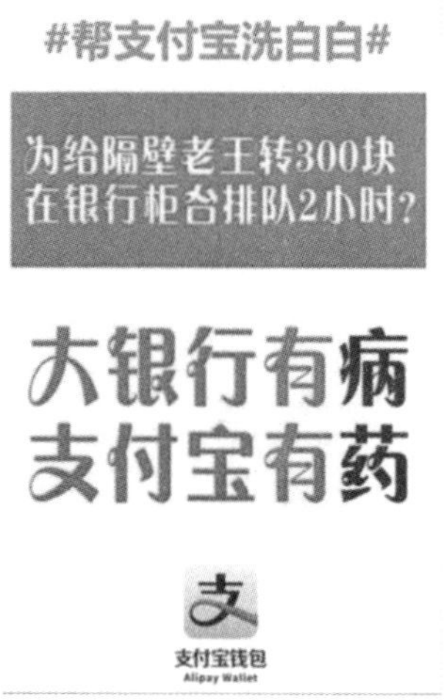


论并提供正向观点——以话题参与讨论用户数计算，通过第三方软件“一找”微分析，分析其中内容倾向性。

（2）通过内容营销，将支付宝安全常识趣味化，覆盖不少于 5 000 万微博用户——以具体微博阅读数及粉丝数统计。

**创意洞察**

（1）对支付宝安全性担忧的用户，以年轻女性客户为主，主要是“恐慌”和“疑虑”情绪，因此，需要正向口碑消除用户疑虑。

（2）微博活跃用户富有正义感，乐于“打抱不平”；支付宝作为金融革新者，遭遇来自对手和传统金融巨头不公平待遇时，通过向用户“求助”，可以有效激发用户情绪；

（3）支付宝用户基础良好，用户基数大，即便在负面新闻社会化传播过程中，也有不少用户理性对待，进行力挺。

（4）社会化环境下，拥有“魅力人格体”的意见领袖是传播最佳渠道和通路；知名作家 @琢磨先生 拥有 200 万粉丝，2014 年年初在《财经郎眼》担任嘉宾讨论“支付宝和金融改革”话题时，曾发表过力挺支付宝的观点；@王自健 作为“80 后”脱口秀演员，通过他“戏说”支付宝，可以有效承担将支付宝安全常识内容趣味化、社交化的角色。

**创新思维**

#帮支付宝洗白白# 安全不安全，用户说了算；通过用户自创内容及王自健戏说，从不同层面达成一场企业完全向用户求助的品牌“攻防战”。

**实施过程**

由破到立：先破除支付宝不安全传闻，将之定性为谣言；然后对外传递支付宝安全常识，完成用户初步安全教育。

（1）通过 @琢磨先生 发起 #帮支付宝洗白白# 话题，表明态度：“背后泼脏水啥的最烦人了”，同时号召用户参与“心血来潮发起个主题活动：#帮支付宝洗白白# 安全不安全，难道不是用户说了算的吗？”

（2）@王自健 参与话题，并对自己脱口秀将戏说支付宝进行预告。

（3）举办小型核心媒体沟通为目的的“支付宝安全 Party”，由 @王

自健 作为主持人，全场脱口秀对支付宝安全常识进行戏说。

（4）@王自健 戏说内容以微博段子、视频形式广泛传播。

## 效果评估

（1）参与人数：新浪微博统计话题参与人数 3.9 万，有效调动并激活了用户参与。

（2）覆盖和阅读人数：根据第三方统计软件“一找微分析”对主要微博统计，直接覆盖微博用户超 1.5 亿人次。

（3）UGC 内容质量：用户原创内容佳作频出，如“大银行有病、支付宝有药”的简单海报，跨平台广泛、持续传播。

（4）传播影响的人群抽样：对于参与话题、转发、评论的用户进行抽样，尤其关注其中黄 V 及实名认证用户的数量和身份，支付宝此次传播有效调动了不同圈层影响力人群参与，如 360 安全董事长周鸿祎主动转发评论称：“值得 360 同事学习。”

**专家点评**

**点评：**吴孝明 / 宣亚国际传播集团首席战略官

当支付宝遭遇谣言攻击、品牌信誉度受损时，该如何反击并引导舆论？本案例的核心创意是“用户说了，才算”。首先采取惯常使用的微博大号转发，引起话题先辟谣；接着推出名人代言，录制线下脱口秀，以诙谐的方式沟通支付宝账户安全问题；最后散播视频，形成 UGC，引发关注。这是一种中规中矩的处理模式，如真要说有营销的效果，那就是借由大号与名人来为品牌背书，既处理了危机，又树立了品牌，而不仅只是官方发布新闻稿辟谣式的自说自话，是借由第三者的证言与自嘲来提高用户对支付宝的接受度。所以，换个角度，本案例亦可说是危机处理的社会化营销案例，值得借鉴。

# 潘婷 Clinicare 高端黑

**案例名称：**潘婷 Clinicare 高端黑

**所获奖项：**营销创新类——美容产品与服务类——铜奖

**获奖单位：**时趣互动（北京）科技有限公司

广州宝洁有限公司

扫描二维码，
查看完整版案例

## 背景 & 挑战

在洗护发这个高度成熟和稳定的市场中，对于所有日化企业来说，如果没有新的消费热点，增长将会乏力，而高端洗护发品牌的竞争仍然处在共荣共存的状态，因此护发品牌的竞争逐步转向高端，同时应对消费者在品质和档次上日益提升的需求。

市面上已经有众多高端护发品牌，包括施华蔻、欧莱雅、丝蕴，宝洁公司旗下的沙宣、海飞丝等均有高端护发产品线，市场竞争非常激烈。

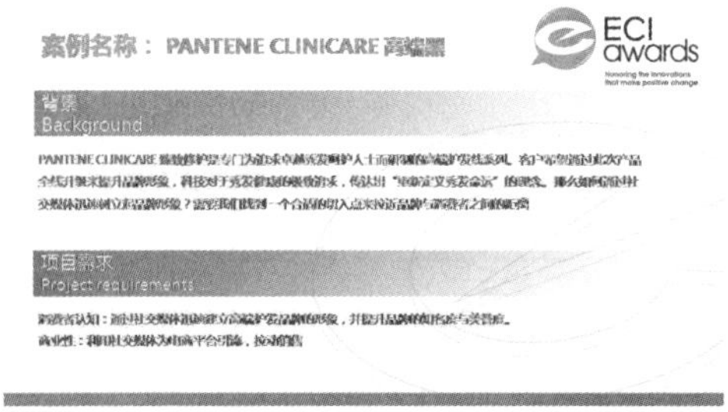


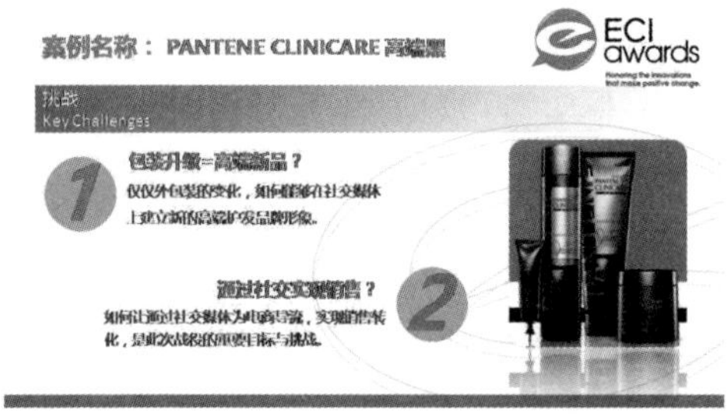


如何从众多护发产品中脱颖而出，通过此次产品升级来树立潘婷 Clinicare 高端护发形象，提升产品的知名度？同时，如何帮助电商拉动销售？

为品牌注入社交基因，借助奢侈品来建立高端护发品牌的形象；开创新的电商预售模式，紧密结合社交话题提升销售。传播目标群体为左右脑同时工作的女性，阅历丰富；理性派，不盲目，相信产品的科学技术，相信科技改变未来，有很好的品位，崇尚简约和设计感，注重感官和质地上的细节，相信好的产品能够帮助提升生活品位。

社交平台上年轻群体占多数，而高端产品高冷的品牌调性难以让消费者接近，又如何在短时间内引发全网的热议和信任成为最大的难点。

## 创新思维

潘婷 Clinicare 此次通过产品升级，重新打造品牌形象，并提出重新定义秀发命运的理念，来提升产品的高端护发形象。对于女性消费者来说，购买高端产品不仅仅是功效，更多是追求高品质的生活；而对于品牌，一个易于传播的“社交形象”能够大大拉近消费者与产品的距离。那么，结合黑色包装的产品特性、消费者高品质生活的追求，以及社交平台传播的特点，最终产出了我们的核心创意。

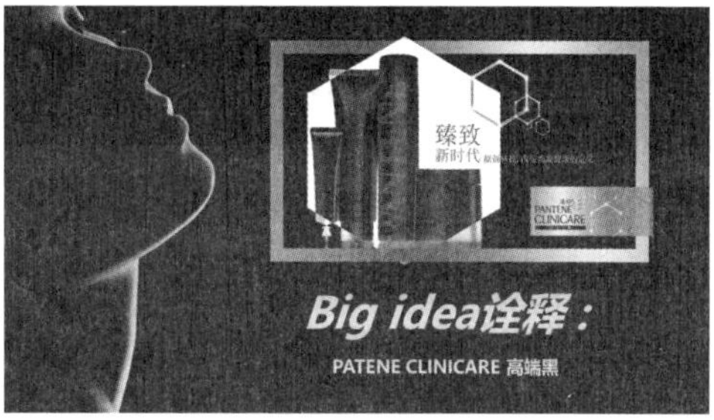


此次营销的核心创意：让“高端黑”成为潘婷 Clinicare 的代名词，传递出“重新定义秀发命运的理念”，树立高端护发品牌的形象。

目标是在短时间内提升潘婷 Clinicare 的知名度，清晰传播“重新定义秀发命运”的核心理念，在消费者心中建立潘婷 Clinicare 的高端护发品牌形象，驱动消费者产生购买。

关键绩效指标、传播总曝光量：450 万～ 520 万；传播总互动量：50 万～ 70 万。品牌认知度和好感度明显提升，引爆销售。

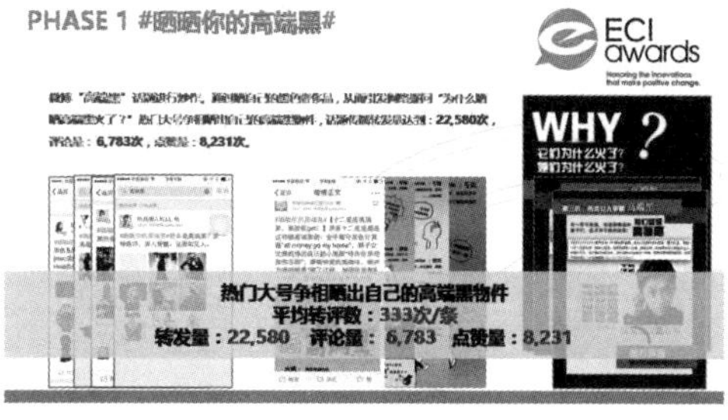


## 实施过程

“高端黑”原本是网络热词，是天然的社交基因，但原本含义过于戏谑。那么如何将

“高端黑”与品牌建立关联，让消费者看到“高端黑”就自然联想到潘婷Clinicare，以及产品理念，便成为此次传播的关键点。

首先为品牌注入社交基因“高端黑”，用奢侈品的理念将戏谑化的词汇转化为高品质的生活方式，通过话题炒作在短时间内迅速引爆，提升了产品知名度。其次，通过借助多方平台深度解读传达“重新定义秀发命运”的产品理念。与聚美优品的合作，创新性的电商预售模式，将移动端H5作为传播内容与引流电商的载体，成功地在营销活动炒作的前期就促进产品销售。

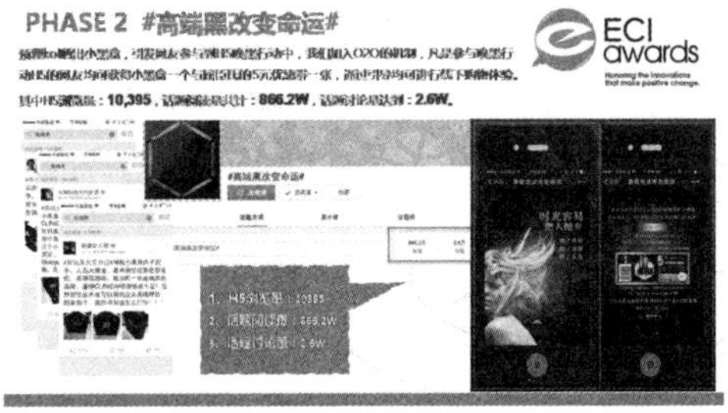


此次传播抓住女性对于测试游戏的喜好，推出了《你是什么命的女人》微信H5应用。通过精美的设计，以及场景化的问题设置，让参与的玩家有极强的代入感，巧妙地将“改变秀发命运”的品牌理念植入到测试当中，从而引流电商销售，成为此次传播的重要手段之一。

## 效果评估

在对目标消费人群深入洞察的基础上，用奢侈品的理念重新演绎了高端黑，在微博上发起#晒晒你的高端黑#的话题，成功冲到话题榜的第一位，赢得了网友的广泛关注。#晒晒你的高端黑#分两个传播阶段对话题层层引入，借助微博微信红人扩大了话题影响力，引起网友对“高端黑”的关注和探讨，话题阅读量达到6 000多万。通过社交平台引流在聚美优品电商预售页面，两天内出现上万人预约哄抢的局面。10月30日产品正式上

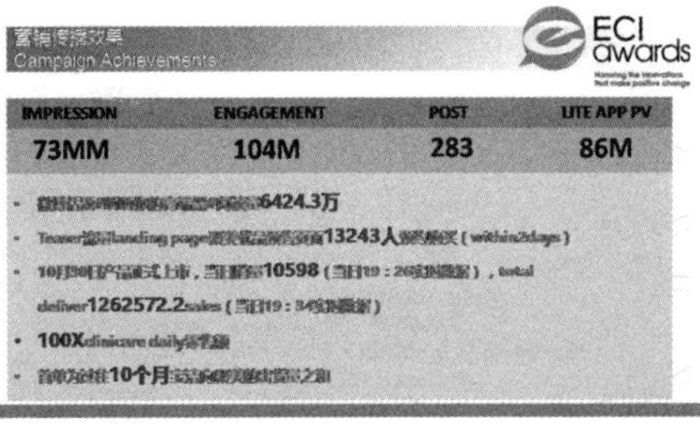


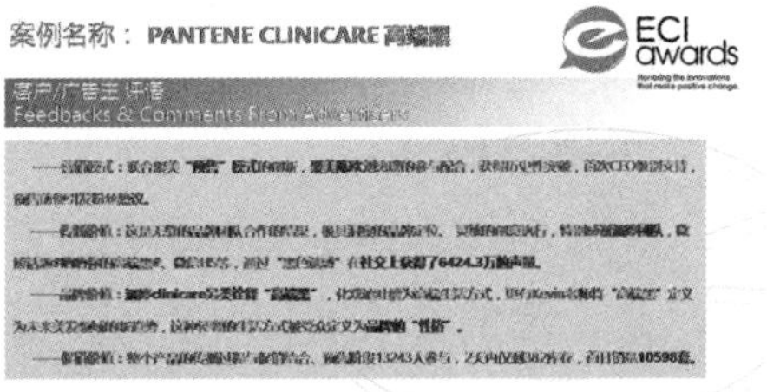

市当天就达到一百多万的销售额，是日常潘婷 Clinicare 销售额的百倍。

通过此次创新营销活动，潘婷 Clinicare 获得了广泛的社会关注。挖掘到了贴合品牌形象的切入点，迅速抢占社交热词，与其他品牌进行区隔。同时为潘婷 Clinicare 带来较大销量，得到了客户内部的一致好评。经过调查发现，“高端黑”已经逐渐成为潘婷 Clinicare 的代名词。

**专家评语**

**点评：**吕晋杰 / 楚楚街创始人

在洗护发这个高度成熟和稳定的市场中，面对施华蔻等已有品牌的竞争，PANTENE CLINICARE 臻致修护，凭借其极具洞察的品牌定位、灵敏的创意执行，获得了极高的传播价值。

它巧妙地借助“高端黑”这个网络热词，用奢侈品的理念重新诠释了一个原本充满“戏谑”色彩的网络热词。在为品牌注入社交基因后，又通过“12 星座黑色物件”和“命运测试”等话题炒作，让参与的用户有极强的代入感，并在短时间内迅速引爆，提升了产品的知名度。通过对“黑色时尚”的形象解读引发品牌联想，并成功地将其产品理念定义为未来美发领域新趋势，还将“高端黑”塑造成女性追求品质生活的一部分，与“魅力女人”挂钩，将这种轻奢的生活方式塑造为品牌性格。

通过建立社交媒体与电商的强关联，从话题炒作的前期就实现了销售的有效转化，将产品的传播过程与促销完美结合。

# CK-BIGBANG 代言

**案例名称：** CK-BIGBANG 代言

**所获奖项：** 营销创新类——美容产品与服务类——铜奖

**获奖单位：** 上海丽人丽妆化妆品有限公司
科蒂商贸（上海）有限公司

扫描二维码，
查看完整版案例

## 背景 & 挑战

CK 香水市场目前水货泛滥，C 店及专营店价格普遍偏低，正品保障过低，消费群体长时间习惯了低价模式。但是，通过淘宝指数搜索，CK 香水的排名一直位居前十，因此旗舰店的出现，首先，给所有消费者带来了正品授权保障；其次，满足了更多消费者对正品的追求。

基于目前相对激烈的竞争环境，CK 策划了本次“CK BIGBANG 代言”的活动，借助明星效应吸引更多年轻一代的粉丝，加强 CK 在彩妆香水类目的影响力，提高品牌知名度，同时也为整个 CK 市场培育和发展更多的正品消费者，有利于香水彩妆市场进一步扩大和发展。

## 创新思维

借势 CK one 淡香水代言人——BIGBANG 太阳在年轻人中日渐受欢迎的趋势，以及太阳粉丝见面会话题人物的效应。通过“CK BIGBANG 代言”活动，借助明星粉丝效应扩大品牌影响力。通过互联网营销扩大品牌影响力和市场份额，同时培育和发展更多的 CK 彩妆香水用户，和其他品牌一起共同把彩妆香水市场做大、做好。

## 实施过程

### （一）官方微信

（1）太阳照耀北京，你还在等什么。（宣告活动开始时间——预热）

（2）上天猫购物，就有机会和你的偶像面对面。（领取入场券倒计时）

（3）CK ONE TAEYANG 代言版限量发售。（销售阶段 9 月 15—30 日）

（4）TAEYANG 限量签名 CD 等你来拿。（销售阶段 9 月 15—19 日）

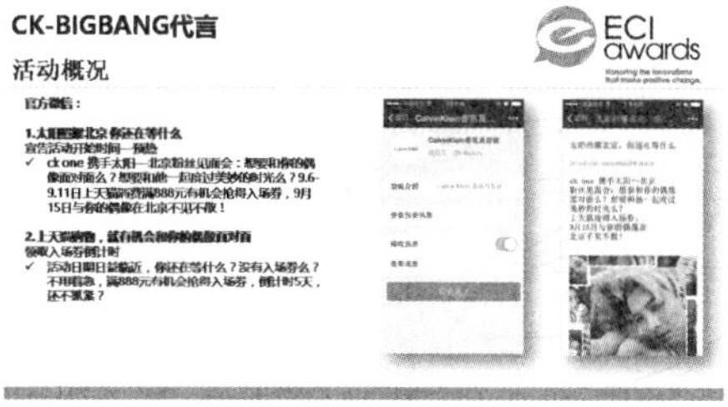


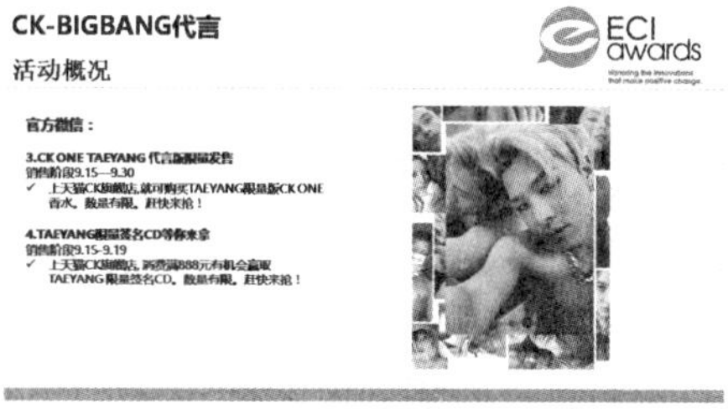


### （二）百度贴吧

利用多账号在百度贴吧发起 TaeYoung in Beijing 的话题，提高网友的关注度，为活动做宣传。

角度一：活动前期，对于活动的期待。

角度二：参加完活动后，现场情况 。

### （三）百度问答

在百度知道等上发起 WIKI 问答，和太阳 CK ONE 北京歌迷见面会香氛有关的话题并回答，增加网友搜索概率。

问题方向：太阳与 ck one 香水的关系；CK ONE 香水产品介绍信息；如何获得活动入场券；活动地点的询问；发布平台： Baidu, Onlylady, Tencent, Pclady, Soso。

### （四）微博、微信大号 Viral 话题传播

利用微博大号的影响力，宣告太阳 CK ONE 北京歌迷见面会活动，提

升活动覆盖范围。

（五）CK 化妆品旗舰店微博话题传播

本次活动露出形式共包括：展示广告、品牌网站 / 微网站、SEO、天猫彩妆学院、淘宝站内外广告、微博微信微淘宣传。

## 效果评估

作为 CK 化妆品官方旗舰店第一次和品牌明星互动的线上活动，利用韩国人气组合成员“太阳”的高人气和知名度，打造 CK 官方旗舰店高端、时尚、年轻的品牌调性。

此次活动重点落在微博话题，为官微带来 6 倍的粉丝量和 31.6 万的传播量。话题引流也为官方旗舰店带来了新的年轻用户群，9 月共引进新客数 805 位，占成交用户数的 98%。

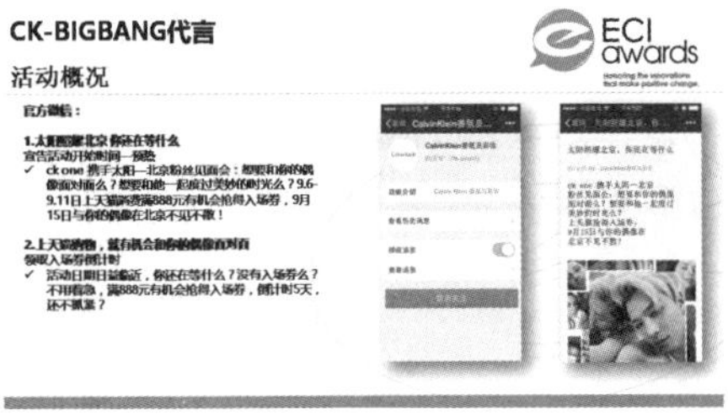

## 专家评语

点评：吕晋杰 / 楚楚街创始人

韩流明星因在亚洲的火爆程度被各大品牌选为代言人的情况非常普遍，丽人丽妆的“CK——BIGBANG 代言”项目既迎合了大众对于美的追求，也捉住了时下对于“韩风”的追捧与热爱，利用韩国人气组合成员“太阳”的高人气和知名度，打造 CK 官方旗舰店高端、时尚、年轻的品牌调性。

同时借用微博和媒体资源抛出话题，不断地提升活动热度，打造口碑效应，通过合理的资源运用与线上互动，聚拢消费者，大幅提升活动的覆盖范围，直接拉动产品的销售，多重资源整合营销模式值得借鉴。

# “史上最贵试用”舒客淘宝推广

**案例名称：** “史上最贵试用”舒客淘宝推广

**所获奖项：** 营销创新类——美容产品与服务类——铜奖

**获奖单位：** 上海丽人丽妆化妆品有限公司
广州薇美姿个人护理用品有限公司

扫描二维码，
查看完整版案例

## 背景 & 挑战

营销活动开展初期，该品牌运营时间不长，且店铺流量处于初始较低状态。从竞争对手而言，相对于黑人等产品，从价格上来讲，不具备明显优势；相对于云南白药等高价产品，产品知名度方面压力较大。但是，基于舒客品牌在市场良好口碑的基础上，借助贝克汉姆在广大粉丝中的强大影响力，掀起了一次免费试用引发的热卖潮。

## 营销目标

舒客入驻天猫之后，提高知名度、打造口碑、扩大产品销量等成为重点。首先，基于舒客入驻天猫的时间较短，从消费习惯而言，无法说服消费者；其次，相对于天猫排名靠前的其他同类产品而言，产品口碑有待提高；最重要的一点，自上线天猫以来，舒客产品没有好的推动力和亮点使其得到消费者的整体认可。基于以上几点因素，此次营销活动势在必行。

## 创新思维

基于舒客自身的品牌理念、价值、目标，同时也为了更加迅速地传播“早晚分护”的专业口腔护理理念，带动专业口腔护理系列产品在中国内地的

普及，舒客战略性地选择了最具国际知名度和影响力的国际巨星大卫·贝克汉姆担任舒客品牌代言人。此次活动基于小贝在大众心目中良好的形象和粉丝对于小贝的喜爱，以此为亮点，达到提高品牌知名度、更好地打造口碑、从而增加销量的目的。传播核心创意点：唯一绝版小贝签名足球，只给唯一的你。

## 实施过程

基于消费者对于产品熟知度不高的问题，本次活动的重点首先从打通消费者对于产品的知名度开始，前期小贝签名足球 2 万件试用大派发；爆发阶段利用“答谢宴”抢美白神器，赢小贝球衣掀起高潮；结合聚划算，并行其他营销方式共同提升店铺流量，增加销量。

## 效果评估

此次活动相对于众多营销品牌而言，总投资不多，但是达到的效果超越实际计划。淘宝试用总销量达 25 222 元，150 万曝光，8 万人申请试用，知名度大大提高，建立了贝克汉姆与舒客的品牌联系。聚划算活动期间销量破 50 万，总销量达 512 653 元。舒客品牌挤入聚划算频道一线品牌行列。活动期间品牌曝光人次达 77 万，关注度大幅提升。活动开始 15 分钟即卖出 1 000 份，30 个小时内售罄。销量比第一次聚划算活动提高了 2 倍。

## 专家评语

点评：王海波／北京网库互通信息技术有限公司董事长

该案例能从舒客品牌的实际出发，策划出区别于竞争产品的相应活动，通过贝克汉姆借助明星效应在短期内取得相当不错的促销效果，不失为一个较成功的案例。整个活动的平台虽然仅限于天猫聚划算这样的局限性活动形式，但是却带来如此快速的效应。不过个人短见认为，就其投入的成本与获得收益来说，可能并不成正比。该案例仅是一次促销活动，通过活动人们可能更多的只是记住了贝克汉姆的签名球衣与足球，而此次活动过后人们有可能就忘记了舒客品牌，无法深入人心，这对长期营销的影响效果可能不大。

# 杜蕾斯世界杯主题游戏“射出奇迹”

**案例名称：**杜蕾斯世界杯主题游戏“射出奇迹”

**所获奖项：**营销创新类——医疗及营养保健产品与服务类——铜奖

**获奖单位：**北京美广互动广告有限公司
环时互动（北京）科技有限公司
利洁时家化（中国）有限公司

扫描二维码，
查看完整版案例

## 背景 & 挑战

世界杯期间，比赛相关信息充斥核心媒体，想在核心媒体（如门户网站、新闻媒体等）对目标进行信息传达，难度非常大。但是由于用户现今碎片化的触媒习惯，手机成为这次推广中最为适合的媒介。而杜蕾斯竞争品牌同时抢占各大社交平台，同消费者开展互动。如何结合世界杯主题与杜蕾斯产品的情趣特点，出新出奇吸引消费者，是需要突破的主要挑战。而微信平台对品牌内容管制严格、相对封闭，如何在做好服务与内容的同时，引导消费者进行手机端消费——微信轻营销，更是需要突破的挑战。

## 创新思维

杜蕾斯用户借助和球迷共同的G点——双关语“射”，推出了紧扣世界杯的“射出奇迹”的微信轻营销，用短、平、快营销方式来攻占用户碎片时间，轻量化整个营销过程——用最简单的玩法，挑逗最高的参与热情，创造了一个简单有趣的互动体验。

## 实施过程

鉴于现在人们时间的碎片化，以及“短、频、快”的行为习惯，杜蕾斯整个营销过程都被轻量化了。用户只需快速点击屏幕或者摇一摇，就可将足球“射”进杜蕾斯的安全套球门，足球顶着套套“射”入云霄、冲进太空、闯出银河系，饱览各种重口味“奇景”。在足球冲刺之旅中，一个嗲嗲的娇魅画外音会持续为用户加油呐喊，活脱脱一场杜蕾斯式的“视听盛宴”。整个轻营销与电商捆绑，心动的折扣刺激使得用户反复挑战，相信自己下次一定会“射”得更远，参与度不断加深。

## 效果评估

根据来自第三方监测 Admaster 的数据：“射出奇迹”游戏上线 32 天，共有超过 50 万用户进行了游戏在线体验，平均访问持续时间 179 秒，近 3 分钟；平均游戏次数为 3.85 次，游戏加载成功率 80%；在社交媒体上的 Impression 高达 10 235 693，该项目获得了客户的广泛好评，被当作优秀案例收入内部每月学习资料中。

杜蕾斯把品牌理念和产品功能充分融入每个游戏环节里，以微信为实现平台，使用 HTML5 技术最优化用户体验，通过杜蕾斯官方平台及少量的

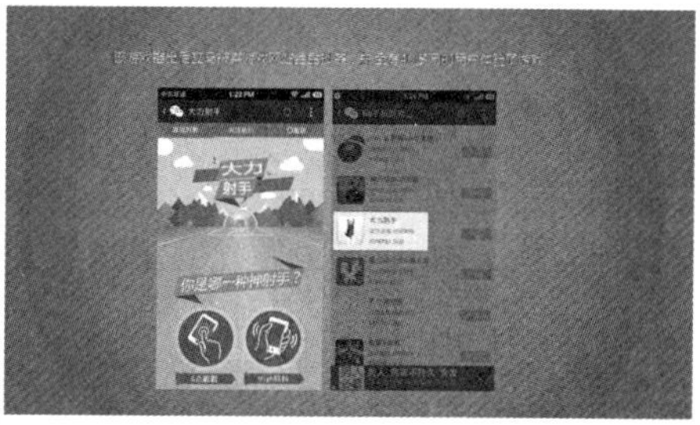

in-APP广告进行推广，主要依靠游戏本身的病毒属性进行人际间的自然传播，实现营销性价比的最优化。整个轻营销使用最简化用户互动难度，最优化用户体验。另外，与电商平台打通，完全满足了客户“软营销、硬促销”，提升品牌喜好度的需求。

**专家评语**

**点评**：王岳华 / 德丰杰龙脉基金合伙人

杜蕾斯的社会化营销一向被奉为营销经典，品牌深谙社会化媒体传播的特点，善于对热点快速反应，注重情感价值的挖掘，并与粉丝进行持续互动。在“射出奇迹”的移动应用APP案例里，我们可以看到社交化、移动化和电子商务这几个属性。与以往的微博事件营销不同，品牌开始了移动应用的转变，显示了社交媒体整体环境的变化，依靠游戏本身的病毒属性进行人际间的自然传播；同时，将品牌理念和产品功能充分植入到每个游戏环节里，通过趣味性充分调动起网友的参与热情。最后，社会化营销与电子商务打通，完成了营销的闭环。

# 海尔商城“11·11”换想症

**案例名称：**海尔商城“11·11”换想症

**所获奖项：**营销创新类——企业声誉与专业服务类——铜奖

**获奖单位：**北京新意互动广告有限公司
海尔集团电子商务有限公司

扫描二维码，
查看完整版案例

## 背景 & 挑战

“11·11”这一时间节点中，各大电商促销活动聚集，流量竞争激烈。家电品牌争先抢占网购份额，纷纷在“11·11”利用广告及促销抢占潜在消费者。

海尔商城为海尔集团官方建立的海尔全系列家电一站式销售服务平台。借助“11·11”热度，海尔商城希望在电商大战中以独特姿态占据一席之地。

在电商集中大力度促销中，海尔商城作为单一品牌电商，所占市场份额及营销预算水平均低于天猫、京东等几大电商平台，因此，如何在电商集中放声的时间节点内有效放出品牌声量成为较大挑战，挑战难度较高。

作为海尔集团官方电商平台，具有品质保证及人性化服务。本次传播目标群体以“85后”男性为主，“11·11”期间主要针对有家电需求人群及网购爱好人群。围绕“‘11·11’我想换台新家电”的slogan，将重点由促销转移至参与体验。

## 创新思维

海尔商城作为海尔集团唯一一家网上官方商城主打在线销售，到目前为止已拥有500万注册用户。在各大电商竞相追逐“双十一”半价噱头的同时，海尔商城别出心裁，通过提出“双十一我想换台新家电”的概念，戳中用户的痛点。

海尔商城用户群体分布在20～50岁之间。由于海尔坚持不断创新，并研发出了品类多样的智能产品，积累了众多年轻用户。在“双十一”期间，利用家电换新的概念，配合线上促销机制，细分产品，针对不同年龄层的用户抛出这一概念。

通过线上线下联动作用，深度渗透用户，以良好的参与体验提升品牌好感度，并引导销售，完成销售目标。在海尔商城站内通过搭建MINISITE的形式进行传播，站外通过互联网广告、微博、微信等社会化传播以及媒体软性报道的方式进行多次曝光。推动海尔商城与海尔天猫旗舰店双渠道销售。跨平台打造O2O活动，利用内容趣味性引发用户自主参与线上活动，线下活动中利用自媒体发力促发传播，打破电商“重促销轻体验”的营销思路。

## 实施过程

1. 上网站建设，引发参与兴趣

线上以MINISITE形式吸引用户参与，兼顾PC端优质体验与无线端随时随地黏性参与。MINISITE以二次元调性平面创意及网络化文案设计，打造贴近用户并易于传播的内容。产品通过内容包装有效传达卖点，并保证用户好感度。

2. 线下互动活动，大幅提升参与程度

线下举办以“换想症”为主题的互动活动，通过现场游戏、产品创意体验并给予现场参与者奖励，有效提升用户参与积极性，并深化产品认知、提升品牌好感度。

3. 社会化传播，口碑传播并引流

发布“11·11 我想换台新家电”活动主题海报，引流线上交互，同时，线下活动微直播及活动后二次传播，全面扩大“11·11 换想症”活动声量及影响范围。

## 效果评估

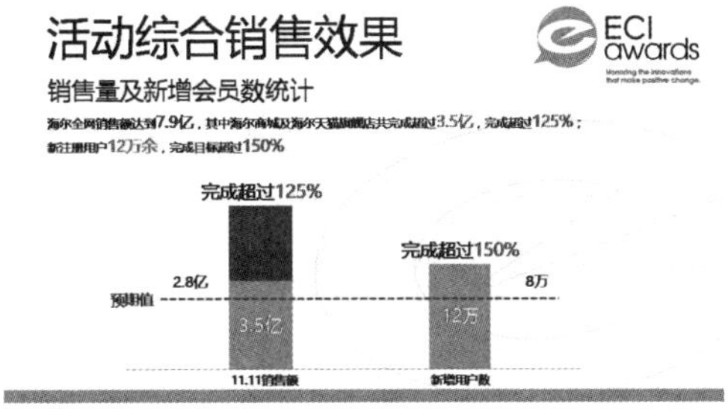


“11·11”当天百度整体搜索指数达到 2.3 万，较以往均值翻 3 番，完成超过 150%。海尔全网销售额达到 7.9 亿，其中海尔商城及海尔天猫旗舰店共完成超过 3.5 亿，完成 125%。新注册用户 12 万余，完成超过 150%。

在电商平台大促节点营销策略中，基于对销售的达成，以促销行为作为常规重要关注点，而海尔商城“11·11 换想症”项目，通过跨平台打造 O2O，打破电商“重促销轻体验”的营销常规思路，致力于通过活动参与引流销售，获得了较好的效果，为今后重要节点的营销策略树立了有效参考模式。

## 专家评语

**点评：**李西沙 / 中国 4A 理事会主席

海尔“换想症”案例，总体上是不错的，特别突出的是它们发现电商的促销体验式营销策略已成为广大商家、厂家的重要营销手段。所以，海尔商城在电子商务营销过程中充分注意利用用户体验，应该说是 O2O 的典型案例。

但是，我们也看到其线下活动（至少是汇报资料中看出）参与人数较少，体验活动的内容偏弱、游戏与抽奖内容占比过大与真实体验有较大的差距。

# 携程在手，说走就走

**案例名称：**携程在手，说走就走

**所获奖项：**营销创新类——旅游、景点与房地产类——铜奖

**获奖单位：**分众传媒集团
携　　程

扫描二维码，
查看完整版案例

## 背景 & 挑战

面对目前互联网思维的浪潮冲击中，面对不断崛起的艺龙、同程网等具有酒店、门票等特色品牌的竞争态势，面对消费者的选择更多、接收信息的渠道更多，并且比价、低价、不同类型的服务选择纷至沓来。携程作为线上旅游行业的知名品牌，也在持续思考，如何深化品牌效应？如何使自身品牌毅然保持行业的领先地位？如何使受众对于品牌不断更新印象？

随着移动互联网的迅猛发展，携程在 2013 年年初即确定了无线优先的战略，全力拓展无线旅行预订市场，2014 年开始更是着眼于未来发展。

## 创新思维

本次营销传播运动的目标设定为：①扩大携程品牌影响力，增强携程手机客户端知晓度，提升客户端下载量和无线预订产出。②提升携程的品牌印象，与 2013 年相比，品牌印象通过百度等公众平台，关注搜索度是否增长。

营销传播运动核心创意的洞察，主要围绕三个方面：

①契合目标受众：年龄集中表现为 25 ～ 50 岁，中高收入，爱生活，爱旅游，消费活跃，善于接触新事物。

②迎合目标受众：通过热点互动，以明星效应牵引受众的关注。

③打动目标受众：找寻最适合的传播载体，使受众可真切感受到携程品牌的产品优势。

该营销传播活动的核心创意是通过特殊的场景或者公众人物吸引受众的眼球，“短时间，最醒目，热点化”，第一时间使携程品牌受到注目，即通过邓超代言，传递“携程在手，说走就走”的核心理念。

## 实施过程

(1)名人大牌效应——采用邓超作为形象代言人引发名人效应，使“携程”这个响亮的名字备受关注，锦上添花。

(2)广告语简洁易于记忆——携程在手，说走就走！八个字简单明快，同时强调“在手”，突出强调无线客户端的产品宣传。

(3) 产品选择——手机客户端使用方式日益普遍，通过大牌邓超使这种生活方式更为醒目，无意间提升目标受众对于手机客户端的下载关注。

(4) 场景设置——通过两个酒店与机场的场景，通过年轻男女邂逅片段，男主角及时利用携程 APP 追踪女主角芳踪，得知流星雨要来临，再度通过手机 APP 预订酒店看流星雨。诸多浪漫温馨场面展现的同时，使受众通过简单的故事情节，设身处地地感受携程手机客户端的应用快捷便利——说走就走，快到赶上流星雨。

(5)媒体的应用——通过 LCD 四屏联动，形象宣传与暑期大促活动结合，以不同城市个性化投放的方式，在楼宇电视，采用一周邂逅篇、一周酒店的方式轮播投放，广告均为 15 秒，最少每天播放 60 次，并且通过互动屏平面

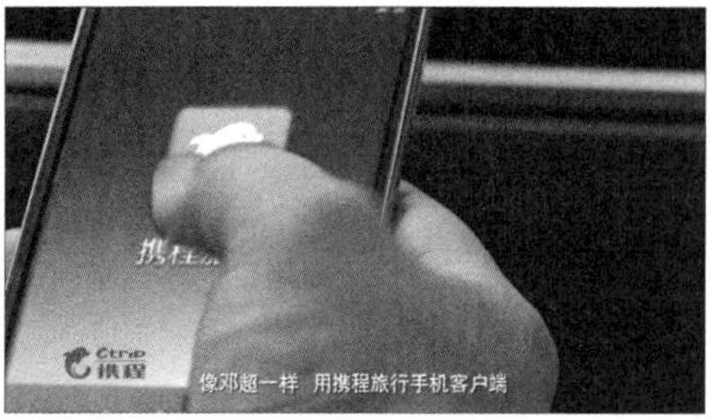

广告形式联合播放。在形象宣传的同时，可通过小屏观看接送、酒店、机票的携程一站式服务，再次凸显携程的综合性服务，以及一体化到位的优势。

## 效果评估

通过 LCD 四屏联动，形象宣传与暑期大促活动结合，不同城市进行个性化投放，携程在百度的品牌关键词搜索量增速大幅加快，带来大量直接受益。不但如此，通过对携程会员的调研发现，看过视频广告的用户对客户端的知晓度更高，也带来更多无线下载和使用。随着 LCD 投放的深入，也采取了框架平面、卫视、网络视频和地铁等其他渠道的组合，使得投放效果更加立体。与 2013 年相比，百度搜索与知名度提升等，达到 50% 左右的增长。

### 专家评语

**点评：**郝伟 / 凤凰网全国营销策略总监

“敢不敢来一次说走就走的旅行”与“世界那么大，我想去看看”等话语的流行，其背后是消费者对潇洒旅行、一切行程尽在掌握的向往与追求。

携程此次营销活动，在老套的“明星代言短片”的外衣下，通过邓超的视角，着力营造消费者向往的生活场景，在迎合消费者心理追求的同时，也充分地展现了产品的特性。广告情节浪漫、有想象力，但却让人感觉真实。邓超精彩的表演，也充分迎合了携程用户时尚、个性洒脱的调性。

如果说项目中存在美中不足的遗憾，就是没有进一步对提升客户端下载量和无线预订产出的效果进行监测。如果这部分能够加强，可以帮助我们更全面地对此次项目进行评估。

# 爱卡汽车 12 周年感恩季

**案例名称：**爱卡汽车 12 周年感恩季

**所获奖项：**营销创新类——媒体媒介类——铜奖

**获奖单位：**爱卡汽车

扫描二维码，
查看完整版案例

## 背景 & 挑战

### （一）背景

从 2013 年开始，汽车电商 020 一路升温，天猫、京东等综合电商跃跃欲试，汽车厂商也纷纷摩拳擦掌。2014 年，越来越多的企业加入了汽车电商的大军，无论是汽车企业、传统综合电商还是汽车媒体，都纷纷布局汽车电商平台，为争夺线上购车的消费者展开激烈的争夺。纵观当下汽车电商，大致可以分为三大门派：以京东、天猫为代表的传统电商；以上汽集团为代表的汽车厂商；以汽车之家、爱卡汽车、易车为代表的汽车垂直媒体。

### （二）挑战

（1）无法实现纯电商模式：由于汽车的大型交易物品属性、汽车流通法规和各方利益格局现状等因素，注定了汽车不可能像普通商品那样实现传统的纯电商模式。

（2）无法保证销量：汽车作为一款复杂型商品，其购买流程基本上都会经历较长的决策周期。据统计，一个普通消费者从看车、选车、试车到定车、提车的周期需要 3 ～ 6 个月，因此无法像普通商品一样实现集中销售。

## 创新思维

汽车消费的痛点并不是集中在一年中的某一天，对中国的消费者而言，买车仍是刚需——基于场景和需求来看，不一定会因为“双十一”的价格优惠而等到这一天再买，也不存在“囤货”的可能。据统计，一个普通消费者从看车、选车、试车到定车、提车的周期需要 3 ～ 6 个月，因此无法像普通商品一样实现集中销售。基于此，爱卡汽车在其 12 周年之际，发起一场为期半年的，结合爱卡汽车品牌营销的电商感恩活动。

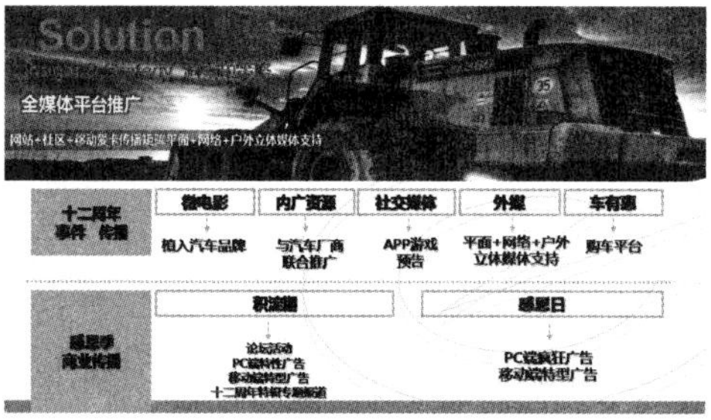


创新营销运动的目标主要为两点：一方面，增强爱卡汽车媒体平台的交易属性。另一方面，在目前的汽车电商阶段，用户痛点在交易前，因而汽车电商首先要做的是缩短决策流程。

核心创意：12 支主题微电影，共同见证爱卡汽车的成长历程，诠释 12 周年爱卡回归品牌初心再起程；12 个汽车品牌，爱卡汽车携手汽车品牌，优选经典热销车型，倾力打造 12 周年感恩季活动；品牌与电商结合，利用爱卡汽车社区力量创造更多口碑，打造不止于电商层面的感恩活动。

## 实施过程

爱卡汽车希望帮助用户将决策周期缩短至一个月内。此次“爱卡汽车 12 周年感恩季”活动，从用户角度出发，通过品牌微电影、感恩促销活动、内容选题、口碑互动和 PC+ 移动端互动游戏，打造不止于电商层面的活动。协助品牌在促销产品的同时以情感沟通

触达用户，完成销售任务的同时传递品牌理念。

• 品牌微电影：爱卡汽车建立 12 年以来，基于社区不断成长壮大，涌现出一大批或经历“传奇”，或具有鲜明特色的卡友们，活动搭配“十二周年影像计划”，通过社区的甄选和推荐，联合 12 个汽车品牌，将其中最具特色的卡友故事拍摄成人物纪录片和品牌微电影，配合电商活动，传递出爱卡汽车 12 年来“简单热爱 始终陪伴”的精神内涵。

• 内容选题：爱卡汽车提供客观、真实、全面的导购资讯，以车型的生命周期为主要报道方式，打造最全面的覆盖式报道，直抵品牌与消费者需求。

• 感恩促销活动：爱卡汽车联合梅赛德斯 - 奔驰、宝马、特斯拉、东风日产、一汽丰田、东风标致等 12 家知名汽车厂商，共同推出为期半年的“爱卡汽车 12 周年感恩季”大型购车优惠活动。本次活动以“简单热爱 始终陪伴”为主题，旨在以最优惠的购车价格和千万级豪礼，回馈多年来一直关注爱卡汽车的广大卡友，传递爱卡汽车以用户为核心的运营理念和人文情怀。

• 全媒体推广：“网站 + 社区 + 移动”爱卡传播矩阵；“平面 + 网络 + 户外”立体媒体支持。

## 效果评估

“爱卡汽车 12 周年感恩季”活动，凭借“专业报道 + 社区口碑”，构建多元化内容平台，让汽车电商不止停留在简单的交易，而且产出更多真实的用户口碑。此次爱卡汽车向汽车电商领域的试水，一开始就受到了梅赛德斯 - 奔驰、宝马、特斯拉、东风日产、一汽丰田、东风标致等众多厂商的高度认同，同时也得到了更多媒体的报道。

爱卡汽车本次交出的 30 分钟订单破 5 亿，为其在汽车电商领域的布局增添了很大信心。同时，作为汽车垂直媒体代表，爱卡汽车向业界证明了其独有的“社交属性 + 交易属性”商业模式，更能催化用户购车需求的释放和转化，从而带来品牌与平台双赢的良好收效。相比同行在导购、资讯等方面的专注，爱卡汽车天然具备的“用户基因”更能直抵品牌与消费者需求，从而也使得“三巨头”在这一领域的竞争拥有更多想象空间。

截至目前参与品牌有奔驰、东风日产、一汽 TOYOTA、东风标致、奇瑞、东风雪铁龙、宝马、东风风行、特斯拉，共 9 个品牌。经爱卡汽车统计，此次感恩季共收集销售线索 31 491 个，交订金人数 9 300 人，订单总价近 24 亿元。

**专家评语**

**点评：**郝伟 / 凤凰网全国营销策略总监

由于汽车的大型交易物属性和周期较长的购买决策过程，决定了汽车电商营销无法完全复制现有普通电商的成功经验。对于爱卡而言，增强交易属性、缩短消费者购买决策的挑战显然是艰巨的。

作为此次活动的核心元素，12 支微电影体现了爱卡希望带来的气质——和品牌在一起、和用户在一起。12 支微电影讲述了消费者的生活，也讲述了 12 个品牌的“生活”，成了此次活动的情感通路。我们一直在提倡的“原生营销”，通过爱卡这次的营销尝试得到了很好的展现；而最终 30 分钟突破 5 亿元的成交量，也成了最好的注解。

# 汽车之家“双十一”疯狂购车节

**案例名称：**汽车之家“双十一”疯狂购车节

**所获奖项：**营销创新类——媒体媒介类——铜奖

**获奖单位：**VML China

汽车之家

扫描二维码，
查看完整版案例

## 背景 & 挑战

汽车电商进入第二年，群雄割据，剑拔弩张：淘宝天猫、易车、爱卡、搜狐汽车，均蓄势待发，不惜砸钱抢地盘。

汽车之家正处于媒体和电商双重品牌建立的转型中，在这个连“双十一”都被淘宝天猫注册垄断的情况下，如何异军突起，实现与去年相同费用情况下，销售量大幅度增长？

## 创新思维

消费者网络购物行为已经从多品类低价值产品扩展到多品类高价值产品，例如汽车，在线刷卡几十万也可以。

而他们对于例如汽车等高价值产品又有很多担心，例如承诺价格不兑现、中间环节加价、线下提车缺货、付款环节安全保障等问题。总之，消费者需要安全、客观、真实，以及可信任的网络购车体验。

# 汽车之家“双十一”疯狂购车节 # 是一次整合传播营销战役，其中创新营销亮点是利用社交平台双微并进的内容营销。内容营销目标：最大

量曝光 # 汽车之家“双十一”疯狂购车节 # 活动信息，吸引潜在购车人群到汽车之家平台查看产品信息，参与促销活动，帮助转化订单。简单说就是内容前 端负责吸引、提升活动知名度，声量压过竞争对手，后台汽车之家平台负责销售和购买流程。

内容营销 KPI，包括消费者认知 / 态度：活动信息曝光量；消费者行为：用户 UGC、主动阅读量等（A+B= 内容营销总互动量）；第三方监测数据，如百度指数、社交平台监测系统品势、新浪微博数据等。

汽车之家的品牌愿景是“引领车生活”。为完成该愿景，汽车之家品牌在 2015 年面临的核心品牌传播任务有两个：一是打造清晰的媒体品牌形象，二是建立汽车之家汽车电商属性。因此，汽车之家是以用户利益为中心的。

如果分为前后端，则后端为打磨安全、方便、透明的消费产品，优化购车体验；帮助整个汽车市场如经销商和线下 4S 店建立快速有效的网络销售渠道，帮助品牌实现销售转化。前端，品牌传播明确自己的角色，永远为消费者带来客观的、真实的、可信任的产品信息和消费体验。

因此，本次营销传播的核心创意为：# 汽车之家“双十一”疯狂购车节 # 3 个“真”：真编辑导购，真用户口碑，真优惠底价！ # 汽车之家“双十一”疯狂购车节 # 传播口号：有真相，再买车！

## 实施过程

# 汽车之家“双十一”疯狂购车节 # 内容营销创新策略：

（1）用汽车之家自己的“真”编辑变为购车导购，直接坐等用户提问——你有疑问，给你真相。

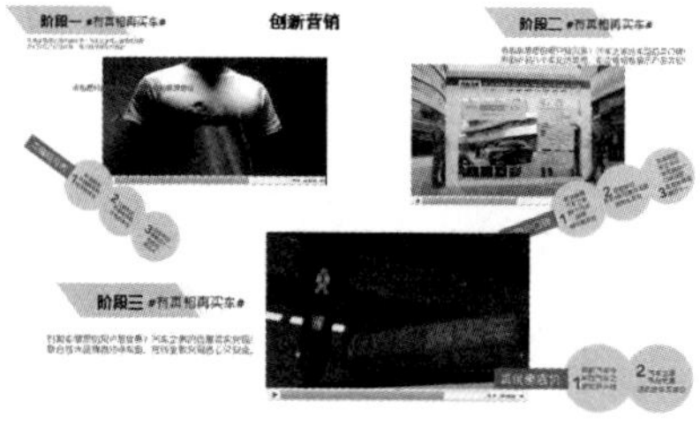


40 位汽车之家真编辑直接成为品牌发言人，每位编辑都是社交平台的意见领袖，直接变身成为在线真导购，事半功倍。

（2）用汽车之家自己的“真”用户口碑，变成购车真口碑，挑逗品牌，为用户吐出真相。

3 000 万用户在线对多款车型的真实评价，真口碑不会因为品牌压力而删除，对用户来说，这些真口碑尤为重要。汽车之家在线直接点名 8 个汽车品牌，马赛克海报逼品牌回应用户关心的真相，“用户真口碑变海报”，深得人心。

（3）用汽车之家自己的“真”底价对比你的爱车价格，例如价格真相刺激购买转化。

车主最关心自己的车型现在优惠了多少，汽车之家巧妙利用车主心理，放大落差，提出真优惠底价，吸引车主以外也更吸引了广大潜在购车人群的注意力。

汽车之家“双十一”疯狂购车节内容主要作战平台：一是汽车之家站内，二是“弱关系微博 + 强关系微信”，双微并进。通过社会化媒体组合传播，双微并用，抢占话题热度。封闭微信负责打通好友强关系，开放微博负责打通品牌和大众消费者弱关系。除以上内容营销创新，期间组合利用购买媒体放大声量，巩固传播优势：占据重要数字媒体平台，为品牌做最广度告知；锁定汽车相关人群的媒体轨迹，为线上交易引导有效受众。

## 效果评估

内容营销互动总量超过 58 万次（双微），新浪微博单独话题标签 # 汽车之家疯狂购车节 # 总阅读：2.9 亿次，超过 500 个黄 V 主动评论；总评论：23.1 万。第三方监测数据如百度指数显示：汽车之家百度指数增长 10%，购车节关注度上升 512%。用户访问：1 274 万次互动点击到达活动页面 /680

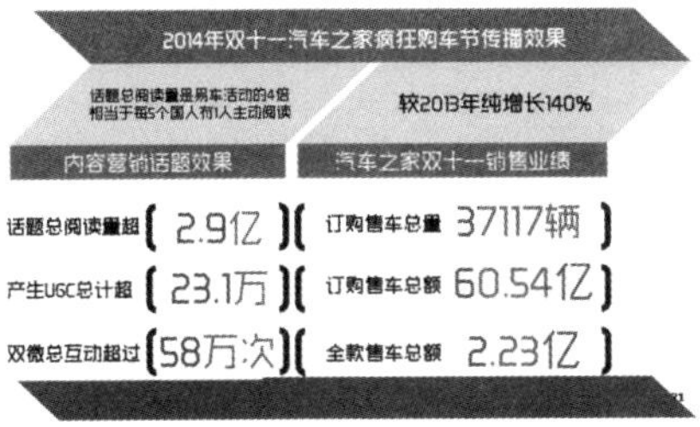


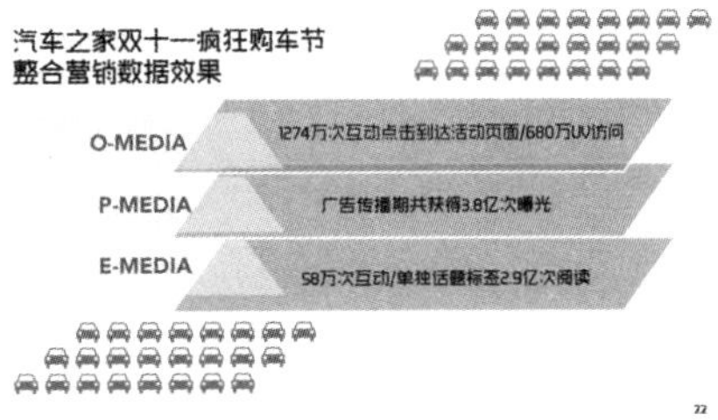

万 UV 访问。付费媒体：获得 3.8 亿次曝光。

汽车之家销售业绩（“双十一”当天）：订购售车总量为 37 117 辆，订购售车总额为 60.54 亿元，全款售车总额为 2.23 亿元。在相同传播费用下，比上一年纯增长 140%。

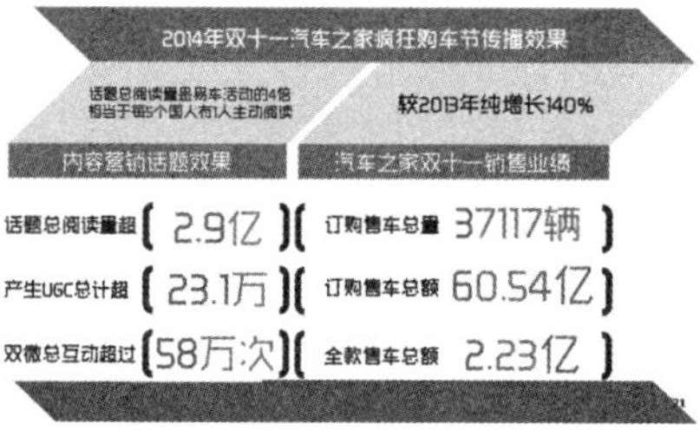


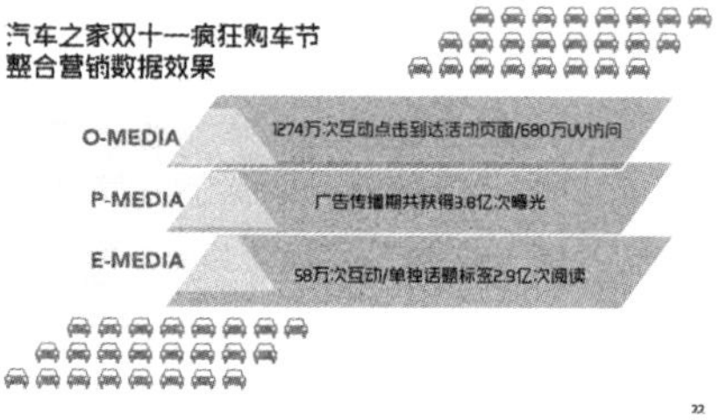

## 专家评语

**点评：** 郝伟 / 凤凰网全国营销策略总监

从这个项目中，我看到的不是酷炫的设计、精心的传播计划，也不是汽车之家的雄心壮志；而是“真实”的分量和汽车之家的决心。

高昂的价格、对安全性的敏感等因素，让消费者的购车决策过程非常冗长，对汽车网购更是望而却步。横亘在用户、平台及品牌之间的障碍，表象是“信任”，而其核心便是“真实”。在这次传播中，汽车之家聚焦在“真实”之上，用真编辑做在线客服、真口碑做品牌背书、真底价做优惠促销，为消费者创造了比 4S 店购车更加可靠的场景，直击消费者担忧、恐惧货不符实的消费痛点，让消费者买得明白、“疯狂”得有底气。

# 从舌尖，到指尖——视觉与味蕾的双重体验式营销

**案例名称：** 从舌尖，到指尖——视觉与味蕾的双重体验式营销

**所获奖项：** 营销创新类——食品类——铜奖

**获奖单位：** 搜狐视频
中粮创新食品（北京）有限公司

扫描二维码，
查看完整版案例

## 背景 & 挑战

《舌尖上的中国 1》（以下简称《舌尖 1》）热播，《舌尖上的中国 2》（以下简称《舌尖 2》）重磅回归。自 2012 年《舌尖 1》播出以来，以其精良的制作、丰富的文化底蕴收获观众一致好评，片中提及的各地美食更是备受爱好者欢迎，当之无愧称为“最具商业挖掘价值的中华美食纪录片”。2014 年 4 月 8 日，在万众期待下，《舌尖 2》重磅回归。

消费者对中粮我买网品牌认知度欠缺。中粮我买网作为中粮集团旗下专注于优质美食的购物网站，目标人群与节目受众高度匹配，但一直以来与受众沟通较少，在品牌认知度上有所欠缺。

电商市场硝烟不断，我买网如何脱颖而出？伴随着“6·18”、“双一十”、“双十二”电商新词的出现，电视竞争已进入白热化阶段。淘宝、天猫、京东、一号店、顺丰优选，几大主流电商已抢占大部分市场份额，地方性生活、团购网站也极力抢夺当地市场。

我买网品牌认知度不足。作为专

注提供优质安全食品的购物网站，我买网尚未在消费者心中形成明确的定位，消费者对于我买网品牌概念模糊甚至无任何了解。在与其他电商网站实力相当、商品及服务竞争力相当的前提下，未能同消费者建立良好沟通，欠缺广泛深度的品牌认知。

## 创新思维

营销目标：与受众迅速建立沟通，明确我买网品牌定位，大幅提升我买网品牌认知度。明确定位，形成品牌联想，借势《舌尖2》达成捆绑营销效果，形成品牌与节目间的自然联想，最大化品牌推广。深度沟通，强化认知，以全民共通的话题做链接，成功拉近与消费者的距离，加深用户对我买网的品牌认知。

策略思考——爱美食，更爱做美食。《舌尖2》内容将极大激发美食爱好者的烹饪兴趣，从《舌尖1》播出后淘宝“舌尖类”食材热销可见一斑。我买网作为专注优质美食的购物平台，第一时间为消费者提供安全、优质的食材，将同消费者建立下一步沟通机会，提供便捷体验，并直接促进销售。

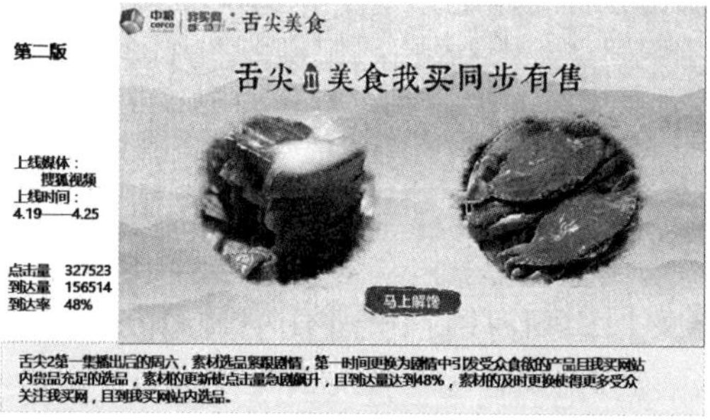


创意亮点——勾起你的烹饪欲，舌尖食材一步到位。中粮我买网与搜狐完美配合呈现舌尖盛宴：在搜狐视频观看《舌尖2》节目，成功勾起用户烹饪欲；中粮我买网同步提供《舌尖2》美食食材，通过搜狐视频专题页、节目暂停广告、片尾贴片等多点位广告，满足美食爱好者的食材采购需求，提供从舌尖到指尖的一站式服务。

## 实施过程

### （一）专题页面独立版块，素材随节目即时更新

在《舌尖 2》专题页面设置独立版块，随每期内容增加最新美味食材购买通道。根据已知的每期《舌尖 2》播放内容，共制作 9 版广告素材。每周《舌尖 2》线上更新后，广告素材同步更新为最新一集中的美食食材。根据数据反馈的用户表现，及时调整素材内容。

### （二）暂停 + 贴片，硬广提升曝光有效率

巧妙利用硬广投放时间，前后贴片进行信息告知，暂停时刻硬广的曝光更易引起消费者点击体验，提升整体曝光的有效率，真正以消费者需求出发进行沟通。

### （三）矩阵资源强化曝光

利用搜狐矩阵化资源，在全站各优质频道下，提供多种形式的专题入口。在《舌尖 2》播出期间，让美食成为搜狐视频不可忽视的焦点内容，极大提升我买网曝光度。

## 效果评估

在《舌尖 2》三个月播出期内，搜狐视频播放量位居全网第一，并通过《舌尖》系列相关内容的整合呈现在用户间备受好评，吸引大量忠实粉丝。

中粮我买网通过搭载热门节目《舌尖 2》，利用搜狐视频矩阵资源，使品牌短期内曝光最大化，极大提高了品牌在目标受众间的认知度。凭借节目与我买网受众的一致性优势，配合巧妙的广告曝光时点、矩阵资源的广覆盖，在曝光达成的同时促成了更多用户点击，以高到达率真正实现我买网的有效引流。

通过本轮中粮我买网对《舌尖 2》的联合赞助，以紧结合的大曝光形式成功提升了消费者对于品牌的认知度。并以便捷的体验感达成与《舌尖

2》、美食的高度联想效果，全面拉近与消费者的距离，强化我买网优质食品购物网站的定位。从品牌认知、影响，以及整体销售成绩上，均取得了成功。

**专家评语**

**点评：**徐雷 / 京东高级副总裁

成功借助《舌尖 2》电视热映进行营销，通过电视栏目内容的高关注度，利用其对应的商品进行营销，多套创意科学投放，最大化地获取广告价值，整体操作流畅；活动投入精简，除利用相对标准的视频广告外，通过精美的社会化营销方式最大化的宣传，整体紧凑、“小而美”。但对案例的效果描述偏宏观和感性，缺乏数据的支撑，无法更细致地洞察活动策划、执行与效果之间的关系。

# 天鹅庄大金羊

**案例名称：**天鹅庄大金羊

**所获奖项：**营销创新类——饮料 - 酒水类——铜奖

**获奖单位：**天鹅酿酒集团

扫描二维码，
查看完整版案例

## 背景 & 挑战

2014 年，中国的葡萄酒市场仍处于寒冬阶段。据海关数据统计，2014 年中国进口葡萄酒的年度跌幅为 2.43%，略超 2013 年跌幅。瓶装酒的跌幅再次收窄，2014 年度最终收于 -1.27%。不难看出，市场非常不景气。

每到年底，中国人有送礼、聚会、全家团圆等需求。2014 年，恰为中国 60 年一遇的吉祥金羊年。天鹅酿酒集团推出了 1.5L 的天鹅庄“大金羊”2015 羊年开运大酒，这也是天鹅酿酒集团首次尝试移动互联网的营销模式。在飞速发展的移动互联网时代，如何抓住市场痛点，通过互联网的手段取得成功，是营销过程中的一大挑战。另外，让消费者跳过对产品的好感度、美誉度的需求，直接选择购买产品，打破中国消费者养成的购买习惯，更是营销过程中的一大挑战。

## 创新思维

天鹅酿酒集团以罕见的 1.5L 大瓶、代表吉祥的金羊图案打造了一款专门用于春节消费的进口大金羊葡萄酒，这款为羊年特别定制的葡萄酒适合于中国消费者和中国市场情况。

## 实施过程

2014 年 10 月底，大金羊通

过移动互联网的营销模式，在公司员工的朋友圈进行销售。与传统的营销模式不同，大金羊从筹备到上市没有做过任何广告或宣传，仅仅通过朋友圈营销。

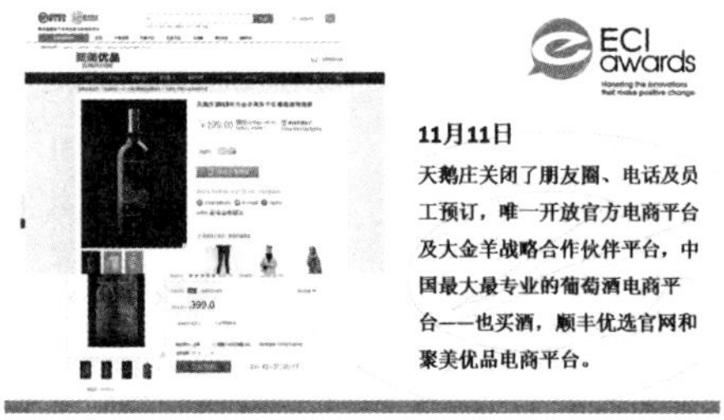


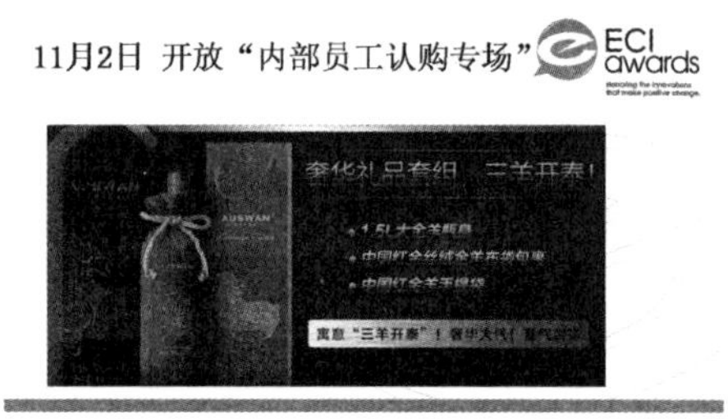


具体实施措施如下：

## （一）四轮传播告捷

大金羊的营销过程主要通过四轮传播，打破了没有广告宣传就没有销量的怪圈，取得了首次移动互联网营销的成功。第一轮开放内部购买并转发扩散，形成互联网传播的第一轮核心涟漪。全员动员扩散后，全国接近200家经销商形成第二轮扩散涟漪。核心消费者或单位购买后，是第三波的购买并转发扩散，形成互联网传播的第三轮传播涟漪。第四轮传播便是核心消费者下单后，分享自己购买的大金羊，在自己的朋友圈形成互动传播。

## （二）销售模式紧扣消费者心理

大金羊采用不同时间不同预售价格的销售模式，这种方式不但让消费者的年货需求提前了，同时也抓住了消费者的消费心理，也给了消费者提前购买商品的一个理由。

## （三）吉祥寓意契合消费者购买需求

大金羊 1.5L 定制瓶型、红色的酒帽、细到毫巅的瓶身烫金工艺，以及大金羊葡萄酒、中国红金丝绒金羊布袋和中国红金羊手提袋组成的“三羊（阳）开泰”等吉祥寓意，切合了消费者年货购买需求，击中了中国人春节送礼、聚会送祝福的心理。

## 效果评估

大金羊精准定位目标人群，开创了通过移动互联网低成本的直接营销模式，证明了即使是商业的葡萄酒也可以进行基于移动互联网的期酒销售，增强了用户和全国性的网络客户对品牌的强大信心。并通过以下三方面实现了营销的实效性：①从销售数量的角度来讲，大金羊的预计销售额为3万瓶，实际销售量为12.8万瓶；②根据内部调查，大金羊100%地完成了最终销售，并且回款情况达到100%；③在行业媒体关注度方面，获得了媒体的广泛关注，成为2014年进口葡萄酒行业最受关注的新营销模式和新产品。

**专家评语**

**点评：**张志弘 / 台北数位行销经营协会荣誉理事长

天鹅庄“大金羊”作为天鹅酿酒集团的一款节庆单品，打破传统上所有的进口葡萄酒的品牌都是用全球性标准化的产品在中国营销的现况，根据春节期间中国人大量送礼和自用的进口葡萄酒消费特点，打造一款为羊年特别定制的、适合于中国消费者及中国市场情况的葡萄酒。并且通过单一的移动互联网的模式进行基于人际关系的营销，以此来推一款极致单品并做此方法营销的试验。商业用酒进行期酒预售的试验，对于传统红酒市场来说，是一种创新突破营销手法。

在没有任何广告投入的情况下，仅仅借由微信作为主要营销传播平台，通过内部员工、经销商、购买者在朋友圈的扩散，同时再利用不同时间不同预售价的销售模式，抓住了消费者的心理，进行提前预购。而其1.5L定制大瓶型、精致的包装设计切合了消费者年货购买需求，成为成功的原因之一。

# 向日出 Say Hi，茵曼全球首个云端发布会

**案例名称：**向日出 Say Hi，茵曼全球首个云端发布会

**所获奖项：**营销创新类——时尚风格类——铜奖

**获奖单位：**广州蓝色光标市场顾问有限公司

广州市汇美服装有限公司

**扫描二维码，查看完整版案例**

## 背景 & 挑战

2014 年，阿里巴巴集团给天猫的定位是“跟时尚更贴近”，时尚化是天猫五大战略方向之一。淘品牌要保持竞争优势，就需要建立更鲜明的品牌形象。

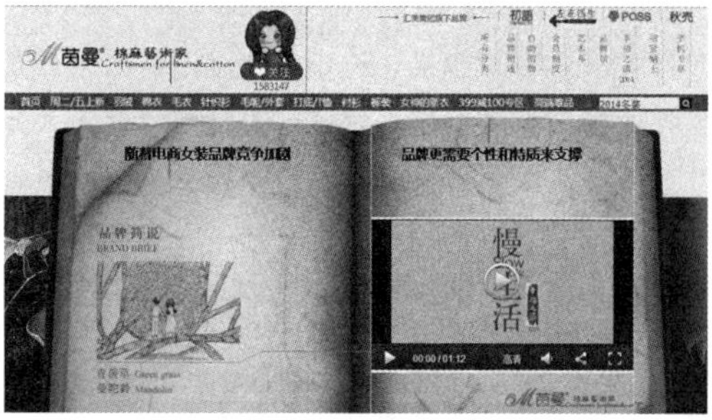


burberry，Calvin Klein，Coach 等大牌进驻天猫，“淘品牌”面临更激烈的竞争环境。品牌商要以创新的形式与消费者进行情感互动，建立品牌优势。

淘宝、天猫女性消费者活跃人群，定位为 25 ～ 35 岁、文艺气质、关注生活质量的青年女性。茵曼以“棉麻艺术家”为定位的原创设计享誉互联网，是中国成长最快、最具代表性的网络服饰零售品牌。茵曼需要洞察目标消费群体的需求，以应对品牌挑战。

## 创新思维

城市人工作忙碌，无暇留心身边的美好，而日出是慢生活的象征。结合慢生活的品牌主张，为消费者创造一个慢下来的理由。

颠覆传统发布会，用日出唤醒天性的感动，策划一场服装史上最文艺

的运动。目标是提高品牌曝光度，提升茵曼品牌与消费者的情感连接，提高品牌影响力。

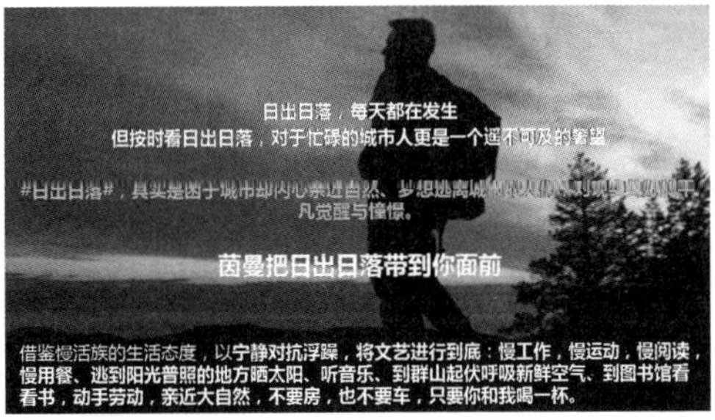


天猫平台是茵曼最大的销售渠道，我们把主战场选在天猫。天猫、淘宝是消费者完成购买的渠道，而平面媒体、社交媒体、网站则是消费者了解资讯的主要渠道，通过平面媒体、微博、微信、网站的全媒体传播，提高活动关注度。

## 实施过程

### （一）传统媒体包版炒作

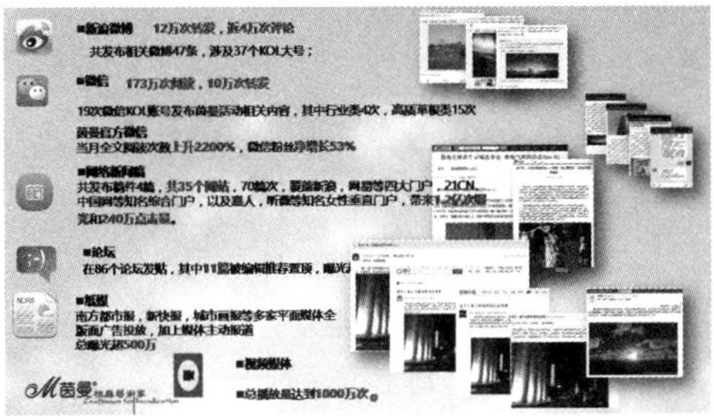


《南方都市报》包版广告引发全城热议。以南都包版为传播核心，配合官方传播渠道，微博、微信，以及高层自媒体、微博微信大号、KOL 转发，扩散事件影响力。

### （二）线下互动活动，传递品牌主张

在广州琶堤的 3D 巨幕下，安置 5 台跑步机，路人可以走上跑步机进行互动体验。画面会因应跑步的速度而变化：跑得越快，视频就播放匆忙的都市生活；跑得越慢，视频就播放日出之旅的画面。视频最终定格在日出的瞬间，并将云端发布会的信息告知大家。

### （三）病毒传播，话题分享

在发布会当天让微博大号发布热气球出现的微博，营造热气球出现在全球的氛围，并吸引用户点击发布会链接。让用户在无须转发、只需点击链接的前提下参与，最大范围内扩散发布会。

## 效果评估

品牌影响力方面，百度指数比去年同期增长 2 倍，完成率 150%；淘宝指数同比增长 1.5 倍，完成率 100%；微博搜索结果同比增长 1.7 倍，完成率 200%。销售方面，“双十一”茵曼品牌单日完成 9 585 万元的销售额。

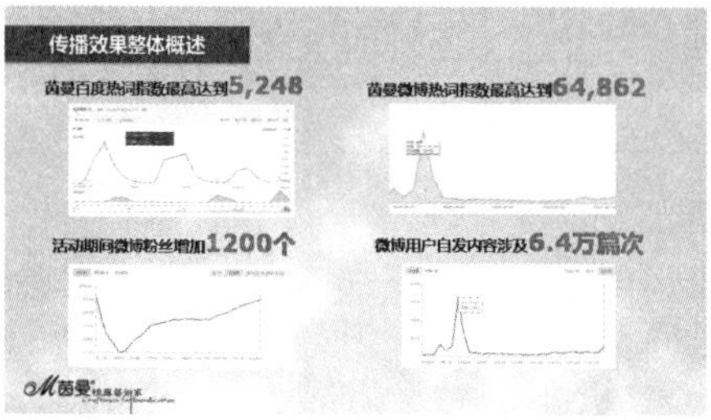

### 专家评语

**点评：**俞雷 / 深圳市金立通信设备有限公司集团副总裁

---

茵曼之所以能在“淘品牌”里脱颖而出，最关键的一点是，能在淘品牌原有最为突出的电商运营、销售能力的基础上，增强了品牌推广的能力。而恰恰是这点，决定了一个品牌能够走得很远，更为持久。

从运作手法上看，茵曼的品牌推广技巧已经非常纯熟，并且有着十足的互联网创新精神，不流于传统品牌推广的俗套；又因为融入了“淘品牌”惊人的转化能力，把传播的势能转化成了销售的实际数据，这是很多传统品牌望尘莫及的。

茵曼是互联网品牌的一个异数，这种品牌和销售两手都强的品牌，注定会是一个优秀的而且具有生命力的品牌。

# 茵曼“慢活良品”系列《爱因慢而生》“双十一”推广

**案例名称：** 茵曼“慢活良品”系列

《爱因慢而生》“双十一”推广

**所获奖项：** 营销创新类——时尚风格类——铜奖

**获奖单位：** 华邑品牌数字营销

广州市汇美服装有限公司

扫描二维码，
查看完整版案例

## 背景 & 挑战

淘宝内女装品牌竞争加剧，价格战进入白热化阶段。国内外大品牌纷纷加入“双十一”狂欢，品牌竞争加剧；淘内流量成本将日益增加，价格战不再是万能法宝。

茵曼于2008年创立，凭借以“棉麻艺术家”为定位的原创设计享誉互联网，是中国成长最快、最具代表性的网络服饰零售品牌；2013年“双十一”女装品牌全网销量第一。茵曼亟须助推品牌“文艺范儿”升级及多元化，增强品牌在淘外的知名度，实现品牌和销量双提升。

茵曼产品基于消费者洞察，高度契合茵曼“慢生活”品牌理念。本次营销传播目标群体为“双十一”到天猫购物的女性人群，20～35岁，追求生活细节之美，懂得经营生活与爱情的文艺范儿群体。

以明星产品带动品牌升级，发挥互联网品牌在消费者洞察上的优势，从产品概念的开发、重新定义茵曼——慢活良品的品牌理念与生活哲学主张。制作最有洞察的爱情观微电影，策划“金婚夫妇揭开——爱因慢而生”事件引流观看的创意传播，并通过达人试穿撬动。打造“以情动人、以款传情”的至爱品牌粉丝经济，以内容聚拢消费者，实现有限资源下的影响力最大化。

## 创新思维

茵曼的消费者是阅读爱好者、乐活族、文艺族，喜欢通过在旅途中找寻自己内心，在衣服材质的选择上偏好棉麻质地。而现代中国女性承担多种角色和压力，生活节奏快，爱情也是来得快去得快。家庭离婚率高企、明星丈夫出轨都时有新闻，很多人迷失对爱情的经营与初衷，因此我们号召慢下来，发现细节之美，细细经营生活，细细经营爱情，从细节中发现生活的不简单，从细微处感悟大爱与幸福，爱情没有捷径，只有慢慢经营，爱因慢而生。

互联网思维时代，单一网络平台传播难以让品牌与消费者真正互动起来，只有交互式整合线下线上的传播渠道，让社会、产品、渠道整合发挥才能推动品牌在营销中的影响和作用，才能持续卷入关注，实现影响力最大化。

产品即营销，基于消费者洞察，以产品传递品牌理念，以微电影深入打造茵曼质朴的文艺范儿生活哲学“慢下来，发现细节之美，让爱因慢而生”。以明星产品系列“慢活良品”助推茵曼品牌的文艺范儿升级，实现销量和品牌美誉的双提升，巩固品牌行业领导者地位。

## 实施过程

### （一）紧扣品牌主张，在产品设计上诠释慢生活哲学

选取云南独有的意象作为创作来源，寻找与“慢爱”、“慢生活”、“质朴而细腻”相关的设计理念，精工细作，体现慢生活的细节之美，完美演绎“因慢，发现细节之美”的品牌主张。

### （二）打造爱情微电影，引发情感共鸣

基于“爱情没有捷径，只有慢慢经营”的消费者洞察，

结合慢活良品的设计理念以及深刻的用户洞察，制作现象级的爱情微电影《爱因慢而生》，巧妙植入品牌理念和产品信息。

### （三）借时借势借力传播，提升品牌知名度

巧借9月9日“长长久久”时间契机和电影《一生一世》首映，通过“金婚银婚伉俪，见证爱因慢而生”事件，带出微电影《爱因慢而生》。同时，线下活动通过“唱情歌”的互动形式为官方媒体平台增粉，并助力微电影的传播；线上网络意见领袖乘势引出线下事件，以#爱因慢而生#为话题进行出色的内容营销推广微电影，引发大量微博粉丝关注并进行讨论。

结合慢活良品“发现生活中的细节之美”设计理念，挑选具有口碑及影响力的时尚达人，进行试穿体验，打造达人同款效应，引发粉丝的深度关注，撬动粉丝经济，引流终端销售，形成口碑传播，提升产品知名度和美誉度，而整个过程都与#爱因慢而生#主题紧扣。

## 效果评估

传播活动品牌曝光量1.08亿次，TVC网络点击播放量270万次。付费推广带来观看人数占30%，主动搜索观看人数占70%。消费者主动搜索量189万次，茵曼9月9—10日在微博上日均搜索量增幅330%，百度指数增幅达230%。5天内品牌官微粉丝增量近4 350人次，正常增粉平均速度为145个/天，活动期间348个/天，增长率达240%。

整体项目传播效果明显。热门话题#爱因慢而生#仅23个自发KOL，引发近150+个KOL转发，阅读量近1 500万，评论量高达5.3万次。广东电视台、广州电视台、南方卫视、

广东卫视四大电视台对金银婚事件进行陆续报道，最长报道时间达到 4 分钟，并有 11 个网络视频平台转发扩散。事件引发新浪网、凤凰网等媒体主动报道。微电影登上腾讯视频和乐视网频道首页焦点推荐位，配合话题传播，视频点击量近 270 万。成功助力销售，品牌占据天猫“双十一”女装类目销量榜前列，获得女装类目第三销量：9 700 万。

**专家评语**

点评：俞雷 / 深圳市金立通信设备有限公司集团副总裁

茵曼在本案中展示了高超的品牌营销技巧，不仅通过“因慢”的谐音与品牌名字形成强关联，并且用“爱”这个点打造了所谓的“价值观”营销，这点在淘品牌中非常罕见。并且在云南元素的运用上也十分巧妙，云南暗喻了“民族”、“传统”、“艺术”这些元素，这些元素的确对拔高品牌调性、打造“文艺”品牌十分有帮助。

在传统传播技巧上，茵曼也十分纯熟。加上诉求点明确，文艺腔十足，茵曼获得本次艾奇奖可谓实至名归。

# 马上有惊喜——搜狗亚马逊浮层品牌专区

**案例名称：** 马上有惊喜——搜狗亚马逊浮层品牌专区

**所获奖项：** 营销创新类——企业声誉与专业服务类——铜奖

**获奖单位：** 北京搜狗科技发展有限公司
亚马逊

扫描二维码，
查看完整版案例

## 背景 & 挑战

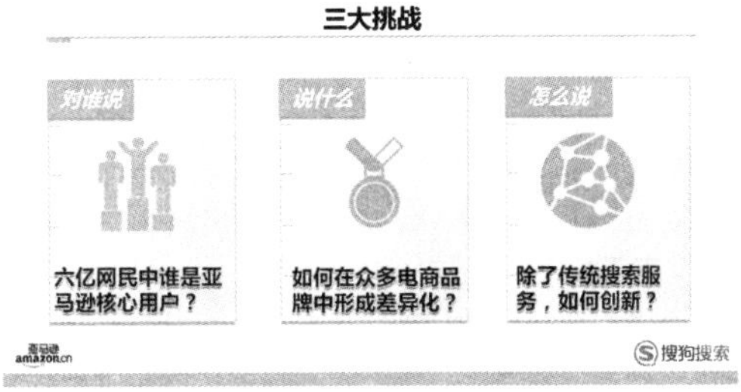


淘宝“双十一”采购单日创下350亿元的销售额，让电商行业竞争愈演愈烈。亚马逊作为国际化电商巨头，希望在电商大战中，达到需求个性化、创新性、国家化的品牌高度，并能在2014年开年，打响电商第一枪。为此，亚马逊也对搜狗提出了三个挑战。

（1）六亿网民中，谁是亚马逊的核心用户？中国网民的快速发展和流量的迅速攀升，让亚马逊对有效流量的需求愈发迫切。如何有针对性地找到受众，在广撒网的同时精准地找到消费受众，是营销能否成功的关键。

（2）如何在众多电商品牌中形成差异化？如何将推广与自身定位匹配，实现品牌和销量共赢？

（3）搜狗除了传统的搜索服务，如何创新？亚马逊不希望搜狗只是单纯地提供PC搜索服务这一广告形式，需要有更多广告展现样式，更多流量入口，让营销变得更加饱满、丰富。

## 创新思维

亚马逊希望能够在本次营销活动中，让品牌和销量实现双赢。

（1）品牌层面：在电商白热化竞争中脱颖而出，深度展示品牌信息，传递品牌创新理念。

（2）效果层面：在元旦春节采购季，提高年货采购量，并且借助 PC 和移动双网联动，覆盖全网用户。希望达成在原有基础上，仅用 6 万元预算，提高投资回报率 10%，覆盖百万用户。

如何满足亚马逊的双重需求？搜狗有机结合了品牌展示广告和搜索广告，为亚马逊定制化推出全新搜索引擎推广形式——浮层品牌专区。在用户搜索“亚马逊”等信息时，搜索结果以 Flash 方式弹出全屏广告，占据搜索结果页整个屏幕。此时，恰好“马上有”的活动席卷微博微信，借助马年，搜狗为亚马逊推出“马上有惊喜”浮层专区，让丰富商品“在马上”轻松阅览。借助“马上有”热潮和创新浮层，满足亚马逊品牌推广和效果考核的双重需求。

## 实施过程

合作充分利用了搜狗搜索的两大核心平台——PC 搜索 + 无线搜索平台，借助如搜狐网、腾讯网、搜狗浏览器、QQ 聊天、搜狗输入法等多样的入口资源，让用户在搜索亚马逊相关信息时，在搜索结果页以浮层弹框形式出现动态的 Flash 广告。覆盖屏幕的立体动画，可以让用户充分点击。结合“马上有”的热潮，让用户很轻易地想到采购年货选择亚马逊；更配

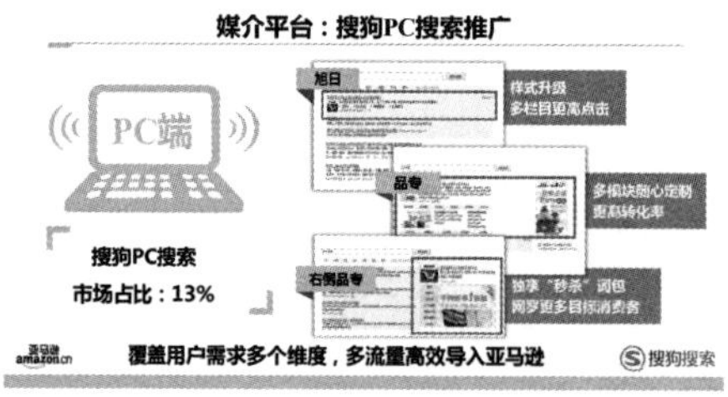

合搜狗 PC 品牌专区和无线品牌专区，在搜索结果页增加购买转化。全面打通搜狗系、腾讯系、搜狐系资源，多入口、强曝光、全覆盖，短时间内增加亚马逊搜索转化效果，提升品牌价值。

此次营销是搜索广告形式的重要突破，是搜索精准广告和品牌展示广告的有机结合，也开启了搜狗与众品牌的浮层品牌专区深入合作。

## 效果评估

较前一年效果提高 50%，浮层品专大幅提高的广告转化率，无线资源丰富了搜索流量，让流量和转化实现双赢。

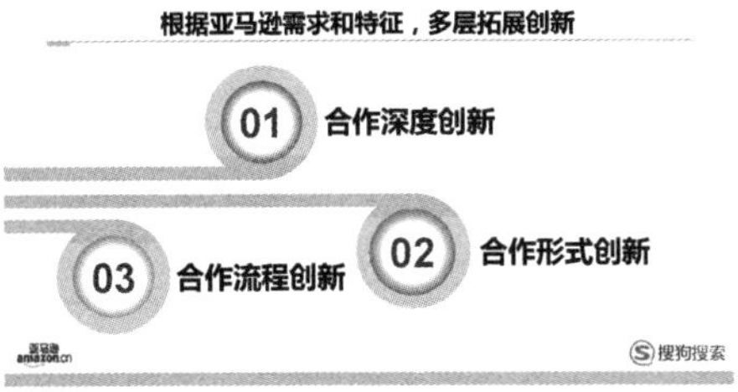


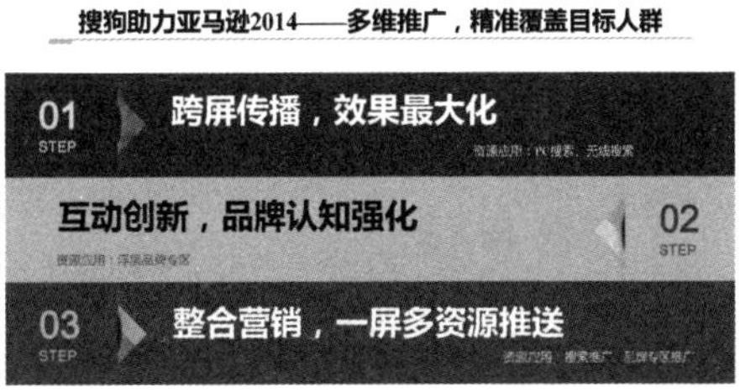


活动意义：①对亚马逊：将每年的春节采购作为重要的营销阵地，在其他竞品收缩推广预算时集中发力，预计明年会增加元旦采购季费用；认可了搜索广告也可以品牌展示类投放，并在 3 月份与搜狗签订为期一年的品牌专区框架合作。②对搜狗：全新的广告形式获得成功，可以为十余家品牌客户推荐类似的优质服务，满足品牌客户推广的展现需求。

**专家评语**

**点评：**袁俊 / 牵牛信息科技联合创始人

创新的搜索引擎浮层品牌专区呈现形式，帮助消费者获取到耳目一新的营销信息感受，摒弃本案例给消费者留下的在交互层面的差异化印象，这种“差异化”还直接让受众联想到亚马逊与众不同的商品品质以及电商品牌特质。与浮层品牌专区相结合，亚马逊本身有针对性开展的促销活动等，为最终的营销整体效果提供了有力支援。

# 十万颗碧浪洗衣凝珠免费抢

**案例名称：** 十万颗碧浪洗衣凝珠免费抢

**所获奖项：** 营销创新类——家用电器与家居类——铜奖

**获奖单位：** Porter Novelli

广州宝洁有限公司

扫描二维码，
查看完整版案例

## 背景 & 挑战

### （一）传播背景

一直以来，碧浪品牌利用其洗衣粉产品在高端织物护理用品行列广受好评，并占据一定的市场份额。但随着洗衣机在中国不断普及以及消费者洗衣观念的改变，消费者对于使用方便且不伤手的洗衣产品的需求量呈现爆炸式增长。根据 AC 尼尔森的数据显示，截至 2010 年年底，我国市场上洗衣液品牌数量为 45 个，单品数量为 601 个。伴随着品牌数量的集中爆发，为争夺更多的市场份额，各大品牌都在不遗余力地进行品牌营销，洗衣产品市场竞争呈现白热化。

### （二）品牌概况

碧浪是全球日化龙头宝洁公司旗下知名洗涤品牌，品牌定位为高端织物护理品牌，目标人群主要为年轻时尚的一线城市女性。

自 1993 年进入中国以来，碧浪一直不断创新洁净技术，力图为中国消费者带来洁净如新的完美洗涤体验。

2010 年，碧浪推出其全新洗衣液，

这是碧浪进入中国市场以来首次推出作为高端洗涤品类的洗衣液。

2013 年年底，洗衣液产品升级。但由于当时洗衣市场呈现多品牌洗衣液“混战”的现象，且洗衣产品作为低关注度的消费品类，在一般的消费者眼中，洗衣液产品大同小异，选择哪一款完全取决于长年品牌偏好、经验或者冲动购买。所以，价格偏高的碧浪洗衣液难以在市场中占绝对优势。

于是，2014 年 4 月，碧浪推出创新性洗衣产品——洗衣凝珠。意图占领“机洗”市场。

碧浪洗衣凝珠，专为机洗设计，操作简单，性质温和不伤衣物，方便不脏手，2 倍洁净力，小小一颗洗衣凝珠能洗一筒衣服。（更多洗衣凝珠信息见 http://baike.baidu.com/view/11734321.htm ）

碧浪洗衣凝珠推出后迅速占领“机洗神器”这一说法，但由于洗涤剂市场上有多种产品，如何扩大洗衣凝珠影响力并展示洗衣凝珠特殊产品功效，从而让消费者尝试并购买碧浪新品——洗衣凝珠，成为主要的传播重点。

**（三）营销目标**

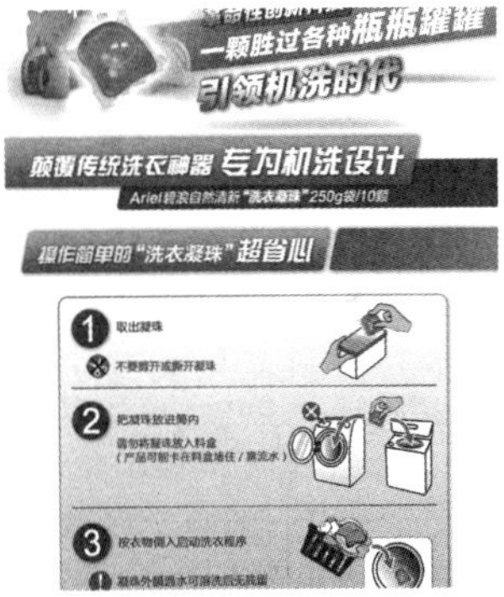


（1）提升碧浪新品——洗衣凝珠的产品知名度，KPI：每波活动平均 15 万独立真实消费者参与，平均 40 万次转发到朋友圈；衡量指标：独立微信账号。

（2）完成消费者教育。第一波是教育消费者使用碧浪洗衣凝珠；第二波是教育消费者碧浪洗衣凝珠的正确使用方法。

（3）提升消费者对碧浪洗衣凝珠的黏性，KPI：每波活动至少有 10 000 名消费者成功完成任务，获得凝珠。

（4）塑造碧浪在微信平台的品牌形象：前卫、具有科技型的洗衣产品，社交性、好玩儿的互动形式，持续、消费者教育的 H5 活动。

**（四）消费者洞察**

基于与专业机构联合开展的消费者调查，我们发现碧浪的消费者主要为 25 ～ 35 岁的女性，她们集中在一、二线城市，拥有较强经济实力，易于尝试并接受新鲜事物，且对生活质量有着较高的要求。我们称她们为“完美主义者 (Perfection Seeker)”。

在购买习惯上，她们愿意花更多的钱，甚至购买奢侈品，但是必须向她们证明购买的产品值得她们的付出；在织物护理方面，她们有意愿花更多金钱在洗护衣物上，从而长时间保持昂贵衣物的良好状态。

## 创新思维

测测谁是真朋友？快来帮我抢洗衣凝珠！

邀请朋友帮忙集齐10颗凝珠（第一波）或集齐14件脏衣服（第二波），朋友点击参与活动帮忙，但有可能“帮倒忙”！所谓“帮倒忙”，是指帮朋友用掉×颗洗衣凝珠（第一波）或扔给朋友一些不属于脏衣服的东西（第二波）。这样一来不仅增添了活动的趣味性，更促进朋友间讨论互动，从而实现口碑传播。

## 实施过程

传播策略：基于上面的洞察，我们发现：H5活动无论是对于产品试用发放还是消费者教育以及品牌推广，都有着巨大的传播效果。而对于线下活动，通过KOL号召，将消费者从线下吸引至线上，这让传播不只是局限在社交媒体，更让传统媒体例如报纸和杂志等出现品牌声量。

因此，我们策划了两次营销运动，包含线上两拨“十万颗洗衣凝珠免费抢”和线下“洗衣凝珠3D画”。

通过H5活动的互动机制，吸引消费者参与分享活动的同时，在社交媒体上和朋友互动并引发对活动、产品和品牌的讨论；然后，邀请时尚界KOL参与线上活动体验和线下活动，提高品牌媒体曝光量和美誉度。

### “十万颗洗衣凝珠免费抢”第一波

• 活动目标：推出第一波“十万颗洗衣凝珠免费抢”，让消费者迅速了解碧浪创新性产品——洗衣凝珠。并以社交媒体为传播入口，实现在社交媒体上的爆炸式传播，从而引发消费者讨论，实现品牌背书。

• 活动机制：消费者参与活动，邀请朋友来帮抢，集齐10颗洗衣凝珠后即可免费兑换10颗装洗衣凝珠。但在朋友帮抢的过程，会出现“帮倒忙”情况——用掉洗衣凝珠。通过这种奖励机制和朋友间的互动口碑传播，使更多的人参与到活动中来，并主动讨论。

• 活动引流：平台搭建完成后，最大的挑战就是发展第一批活动用户，让用户参与其中并扩散。而此次活动是依附在微信平台上的，主要面向白

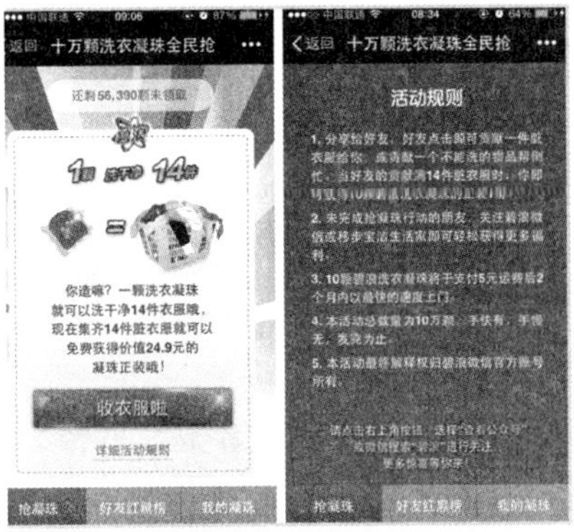

领女性，所以我们仅仅与“宝洁生活家”微信账号合作，进行导流。宝洁生活家官方微信账号是微信平台上粉丝数最多的品牌官方微信，并且粉丝主要为女性群体，所以活动发出后，活动参与人数骤增。

• 线下活动：洗衣凝珠 3D 画展示。此次活动邀请 50 位时尚界媒体和 KOL 线下参观洗衣凝珠 3D 画，并现场体验抢凝珠活动。这使得活动进一步传播，并通过时尚人士的推荐和分享，提高了产品的美誉度以及媒体曝光量。最终，十万颗洗衣凝珠在 36 小时内被抢光，碧浪官方微信粉丝数增长 300%，参与活动人数 156 904，讨论量高达 440 000，且从活动页面到电商的跳转率高达 28%。

**“十万颗洗衣凝珠免费抢”第二波**

• 活动目标：网友试用了第一波洗衣凝珠后，迅速推出第二波“十万颗洗衣凝珠免费抢”活动，教育消费者正确的产品使用方法，并宣传产品功能。

• 活动机制：消费者参与活动，邀请朋友给自己扔脏衣服，自己集齐 14 件脏衣之后，即可免费获得 10 颗装洗衣凝珠。朋友在帮忙过程中不但会扔脏衣，还有可能扔出一些其他非脏衣的东西。

最终，十万颗洗衣凝珠在 36 小时内被抢光，碧浪官方微信粉丝数增长 200%，参与活动人数 295 067，访问电商人数 70 890，且从活动页面

到电商的跳转率高达 24%。

### 效果评估

首先，品牌曝光方面，有关新碧浪洗衣液的曝光达到了历史新高的 210 000 000+ 人次。同时，在品牌声量比重方面，碧浪在半年内首次超过所有竞争品牌，拿到了 68% 的品牌声量（微博微信平台）。其次，在电商倒流方面，两拨活动的电商页面跳转率分别为 28% 和 24%，而一般水平在 1.8% 左右。最后，此次 H5 传播活动开启了一种新的活动机制和品牌活动方向——以朋友互动为主导，引发讨论，实现自主的口碑传播，而不是一味追求游戏本身的趣味性，毕竟，我们不是在开发一个游戏，而是进行一场营销活动。所以，对传播效果来说，让消费者讨论起来，分享出来，比让消费者自己玩儿起来会更好。

**专家点评**

**点评：**洪天麟 / 广东省电商投融资协会常务副会长、秘书长

在日化洗涤用品中，碧浪的品牌声誉是属于小众化的。随着综艺节目的热潮，各大洗涤产品似乎都热衷于冠名，以求品牌拥有更多的曝光率及关注度；从各数据分析中不难看出，冠名节目确实能为品牌带来更多的客户关注，但其成本也是高昂的。碧浪反其道而行之，放弃熙熙攘攘的电视广告投放，把重心放在新媒体上，这一点是很值得赞许的。

基于现在社会群体的网络习惯，手机端是占据大部分的。而在手机端中，客户更习惯用微博微信等新媒体。碧浪选择了更易于传播的 H5 游戏，不仅能带动一大群客户的参与，更能把“洗衣凝珠”这一新的洗衣概念深深植入到参与者的脑海里，从而提升品牌的知名度，带动客户的消费欲望。事实上，数据也表明，这是一个非常成功的营销方案！

# 1 号店进口牛奶销量创吉尼斯世界纪录活动

**案例名称：**1 号店进口牛奶销量创吉尼斯世界纪录活动

**所获奖项：**营销创新类——饮料 - 非酒水类——铜奖

**获奖单位：**国安 DDB（DDB 中国旗下品牌）

1 号店

扫描二维码，
查看完整版案例

## 背景 & 挑战

电商营销大多是进行价格战，这种营销手段长期背负负毛利的压力，且消费者用户黏性不高。1 号店的进口食品饮料品类是战略品类，尤其是进口牛奶，行业数据显示，在中国每卖出 10 瓶进口牛奶就有 4 瓶来自 1 号店，但普通消费者对此的认知度不够。

## 创新思维

目前国内对于进口食品的需求日益增多。此类消费人群主要通过网络进行选择购物，在追求品质生活的同时可以到更多的优惠。1 号店通过鼓励消费者共同打破世界纪录的创意点，增加消费者自我满足感及荣誉感。希望通过这次活动，在最短时间内提高用户对 1 号店是进口食品饮料专家的认知，提升 1 号店的品牌知名度，希望用户不光成为这次活动的消费者，同时还能成为事件的传播者。通过活动的整合，在 3 月 18 日当天 24 小时内销售 60 万盒进口牛奶。

## 实施过程

1 号店用挑战吉尼斯世界纪录的概念包装牛奶促销，具体实施措施如下：

（一）实施渠道的选择

通过门户 Crazy 广告、腾讯 AIO 互动广告、地铁通道、分众传媒及互动屏等关注度高、到达率高的媒体形式进行宣传，同时，也加强了微博、微信等社交平台的自媒体传播。

（二）活动预热期

（1）3 月 12—17 日，为“3·18”牛奶闪购活动预热，1 号店官方微博、微信订阅号及微信行大众、业公众号第一时间发布牛奶闪购图文预热消息《下一个吉尼斯世界纪录由你来创造！》；官方微信持续推送系列相关图文消息，炒作牛奶氛围预热闪购活动，引发 10 名 KOL 纷纷分享朋友圈；官微日常持续发布与牛奶相关的氛围 #30 个集装箱冲击吉尼斯 #。

（2）3 月 15—17 日，为了让消费者对 30 个集装箱的进口牛奶有更直观的了解，1 号店官方微博、微信订阅号及微博大众类大号、微信大众号共同发布趣味漫画《30 个集装箱进口牛奶相当于什么，你造吗？》，引发用户集体自传播，短时间内使“你造吗”的句式形成一阵热潮。

（3）行业层面，互联网分析师、自媒体人 @ 钱皓 发布深度点评文章，引发行业人士的关注与讨论；发布两篇稿件《1 号店进口牛奶闪购 我们追过的进口牛奶》及《3·18 1 号店冲击 30 集装箱进口牛奶吉尼斯世界纪录》。

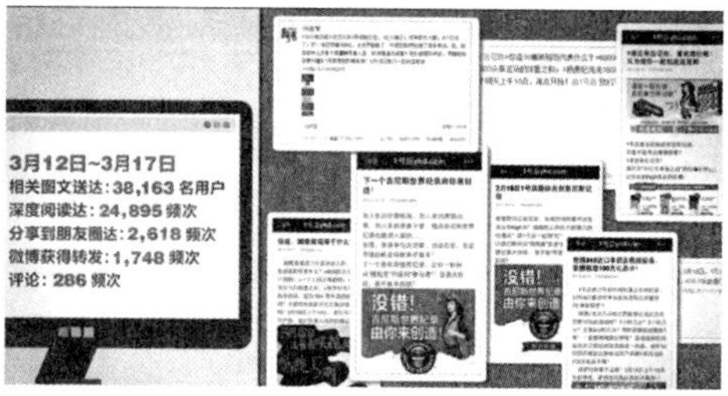


（4）大众层面，发布牛奶知识贴《进口牛奶和国产牛奶的区别》，引发外围关注。

（三）活动当天

3 月 18 日 10 点牛奶引发网友准时开抢，官微 /KOL 现场直播，10 分钟销售过半，52 分 25 秒卖空 30 个集装箱破吉尼斯纪录！

## 效果评估

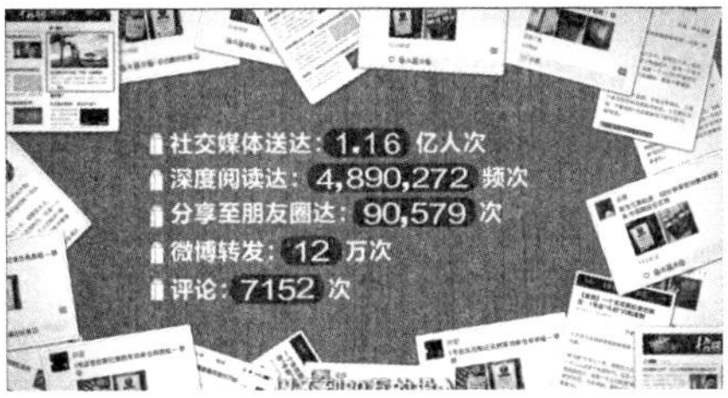


电商行业竞争激烈，促销活动形式同质。活动引发京东、我买网阻击，上线牛奶促销，外围引发行业话题化严重，创造一个富有新意的促销活动对新顾客来说更有吸引力。活动当天 52 分钟即完成销售任务，24 小时销售了 133 万多盒进口牛奶，销量同比增长 1 277%，进口牛奶客户数同比增长 815%；1.16 亿用户到达，870 万用户深度阅读，12 万条转发，7 152 条评论。

**专家评语**

**点评：**张志弘 / 台北数位行销经营协会荣誉理事长

在中国如此激烈的电商平台的竞争环境当中，1 号店能够跳脱出价格战这种电商行业所惯用的促销模式，利用扩大用户参与一同达成目标的手段，来刺激用户从消费当中获得成就感，是相当难能可贵的。活动本身充分利用网络及电商平台的技术特性，并且掌握了互联网用户热爱参与创造具有成就感、参与感的活动，诱使用户积极参与，不仅仅能成为消费者，同时还成为事件的传播者，相当具有跳脱性的创意。

而活动本身利用两阶段的预热期来告知与创造热潮消息之外，活动期当日也通过官微 /KOL 进行现场直播，来鼓动更多用户的支持。除了活动本身的创意之外，在活动的规划与执行方面也相当优异。唯一可以再强化的部分是，或者可以将活动期分为两个阶段，在达成吉尼斯世界纪录后，通过颁给所有参加活动的用户一个“共创世界纪录”的网络证明书，让用户还可以再次通过社会化媒介进行延续性的传播，也许会有更好的收尾与效果。

# 小米功夫酒新品上市微信推广案例

**案例名称：** 小米功夫酒新品上市微信推广案例

**所获奖项：** 营销创新类——饮料－酒水类——铜奖

**获奖单位：** 成都泽宏嘉瑞文化传播有限公司

安徽文王酿酒股份有限公司

扫描二维码，
查看完整版案例

## 背景 & 挑战

自 2000 年开始，白酒进入渠道竞争，各家放弃了对产品的思考，把更多资源和精力放在渠道资源抢占上，白酒企业的诉求对象变成渠道商和网点老板。随着消费者的日益成熟，2012 年开始白酒行业进入政策、市场的双重下滑期，政商市场限制消费，中间阶层选择地产家乡品牌，年轻消费者不喝白酒。我们面对着一个如同 30 年前的日本清酒市场，革命是必须要有先行者的。

从 2013 年至今，白酒市场的大幅衰退仍然没有好转的迹象。2011 年入市的联想控股丰联集团是白酒行业的新进者，在大举并购多家知名白酒企业后的今天，我们面对的却是一个已经陈旧衰退、缺乏创新、缺乏沟通的传统白酒市场。如何争取更年轻的白酒消费者？如何创新白酒体验？如何运用新媒体推广白酒产品？必须大胆突破传统的白酒研发、推广、行销模式，创造出真正意义的整合品牌。

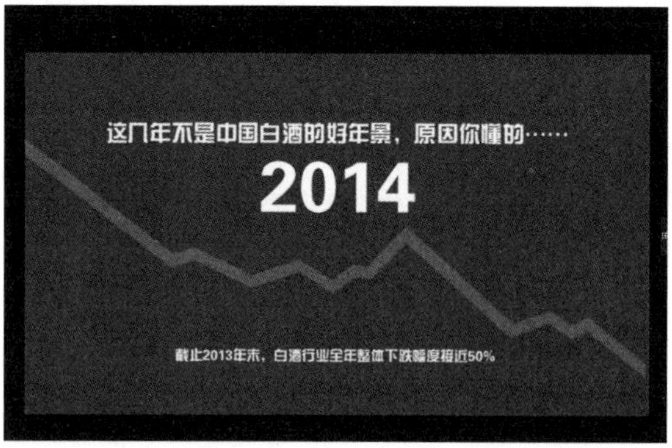

白酒行业陷入在渠道竞争中，争夺的不是消费者，而是渠道商和网点，高额的毛利率让传播变成媒体大于内容，消费者对于白酒档次的认知也是来源于媒体档次和价格档次。年轻人不再喝白酒，转向洋酒、红酒和啤酒市场。

**创意洞察**

• 消费者洞察：写字楼的年轻白领，经常加班或者临时聚餐，尤其晚上喜欢几个同事或朋友随意喝点小酒，而目前白酒品牌几乎都为应酬而生，唯一能选择的似乎只有“二锅头”，但“二锅头”为清香劣质酒，并不是所有人都能接受其口感，消费者需要一款精品的“下班酒”。

• 渠道需求：白酒的同质化，让渠道商在选择代理时也无法判断，清一色的“年份酒”、“窖藏酒”鱼目混珠，渠道商代理的目的是利润和发展，一款“蓝海”产品无疑是最佳需求。

• 品牌市场机会：市面上也有小酒品牌，无论广告怎么做，但行销动作仍然以渠道商为主，没有人真正关心消费者，尤其是年轻消费者，都是以自己意愿或“屌丝”形态来灌输给消费者——“屌丝”是一种文化，但它不能成为行业的下一个时代。

**创新思维**

“小米功夫酒”作为一个创新品，不仅没有过往可参照，也不以任何同类竞品为参照，甚至不以白酒市场的传统指标为参照。

1. 产品研发：为粉丝研发一款酒

在“小米功夫酒”微信账号创建的 3 个月中，产品并未定样，我们不断根据微信粉丝的建议和试用反馈，改良产品口感及包装。其中包括：更多的米香口感；可做酒杯的环保瓶盖；像香烟一样卖的五瓶条装；用米粒，后调整为米哥饮酒图标示容量，等等。

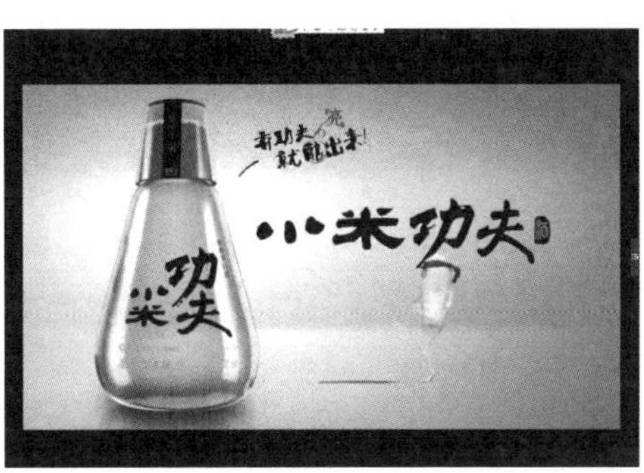

2. 上市传播： 传播引爆，一夜出名

冠名周杰伦世界巡回演唱会合肥站，传播媒介上，200 台公交车车体广告、分众广告、安徽音乐广播、小米功夫官方微信及当地大号传播、市区 LED 大屏广告、合肥论坛、万家热线等多管齐下，把周杰伦做成“小米功夫”上市期代言人。为期 3 个月的立体传播，提升了“小米功夫”的知名度，也炒热了票房。

3. 上市进店：二期铺市，重点动销

渠道策略：前期自营找标准打法，择期拓渠合力推广。线上：先建立自己的微信商城、微店旗舰店，后引入第三方电商；线下：两轮酒店渠道铺市，第一轮 500 家，第二轮 5 000 家。以“小米功夫吃货节”为渠道动销手段。做到动销势头良好，再招大商拓渠推广。

**实施过程**

“小米功夫酒”主要通过微信平台与粉丝互动，在这个平台上，单向广告宣传已无感，因此，我们创造产品的同时也要创造故事，创造乐趣。“小米功夫酒”创造了“米哥”这样一个以一粒米为原型的卡通人物，并通过

微信推送塑造米哥的身世、米哥的师傅和伙伴、米哥有点儿屌丝有点儿二的性格、米哥“有功夫酒酿(亮)出来”的鲜明主张，等等。微信推送栏目有：米乐漫话、米哥功夫 SHOW、吃货节等，同时助推的地面活动包括：2014 周杰伦魔天伦演唱会合肥站、合肥龙虾吃货节、2014 世界杯等。从而形成了围绕微信粉丝圈的娱乐、互动、行销的创意生活圈。

**效果评估**

(1)产品设计十分成功，并开创了白酒酒体及包装设计的“众包模式”，

即与互联网顾客共同创造和修改产品的所有内容，此外还根据他们的关注热点快速研发主题概念产品，比如周杰伦演唱会纪念版。

（2）单一微信平台粉丝超过 6 000 人，他们不仅成为“小米功夫”第一批核心粉丝群直接带动销售，并成为不同于传统的白酒现代消费群模版，为“小米功夫酒”进一步实现白酒市场消费者合适的“体验行销”、“互联网行销”新模式奠定良好基础。

（3）合肥本地第一批无入场费进店数为 500 家，突破了白酒行销模式的潜规则，意义深远。

**专家评语**

**点评：**张志弘 / 台北数位行销经营协会荣誉理事长

最传统的白酒碰上最前卫的互联网思维，诞生出了奇妙的产品与奇妙的营销活动！小米功夫酒应该是全球第一个通过“众包模式”由互联网用户一同设计包装、酒体所诞生的白酒！首先，无论这个产品是否成功，是否卖得很好，产品包装设计是否精美，酒体口味如何、好坏、受不受欢迎，光是这个产品从无到有、通过用户参与的“众包模式”的一切过程，对于白酒这样的传统酒类产业，已经足以成为高校当中作为营销创新研究的教本之一了！

小米功夫酒，除了产品本身的诞生方式就极具有噱头之外，其产品的营销模式与过程也是非常具有创新性的。几乎可以说是倒过来走，先建立产品粉丝、打响产品知名度，然后再拓展渠道，突破市场规则。这个案例本身不仅仅是说互联网思维，而是对于白酒行业的颠覆性思维，绝对的话题十足！唯一可惜的是，产品本身面对的是整个消费者对于酒类产品的年轻族群偏好转移与大环境的变化，虽然这个产品与营销活动绝对吸引目光，但却未必能真正撼动整个大市场的变化趋向，但单就这个案例本身，无疑是一个非常富于创新且值得研究的经典营销案例！

# 服务创新类
# Service Innovation

参与该类别的案例，是以协助品牌完成销售目标的服务创新，主要从服务效果以及用户体验等角度进行考核，如 CRM 服务、ERP 服务、营销服务、流量服务、运营服务、视觉服务。

All cases should be service innovation that assist brands to achieve sales goals. Services will be evaluated by service result and user experience, such as service of CRM, ERP, marketing, traffic, operation, and visual service.

趋势与未来洞察

# 走出实体商品，万物皆可交易

实体商品电商的商业进度，不论是起源抑或发展速度，均远远高于服务交易的电商，这是一种必然趋势，且缘由不难解析：首先，实体商品更容易标准化，工业流水线能帮助实体商品形成无差别的商业价值交付过程；其次，实体商品更容易规模化，产能与电商购买需求之间的连接，具备的可行性更强；再次，实体商品更具备流通性，早在电商发展之前，实体商品便在百货零售、卖场零售或者便利店零售，与消费者存在交易关系，电商所做的不过是转移交易关系到线上；最后，服务交易类电商有着刚性的互联网科技门槛，正因为无论生活服务电商抑或社区服务电商，都基于地理位置定位才能焕发出可持续成长性，才会造成 2010—2011 年三大运营商降低流量资费普及智能手机之后方形成服务类电商快速增长的市场环境。

然而，服务交易电商的道路却并不简单，所谓的服务交易电商的创新更具有难度，需要考虑到：

服务提供商并不像实体商品提供商那般具有相对较高的市场聚合度，换一句话说，各个实体商品领域均可发现市场份额前三的战略集团，可在服务电商领域呢？即便是全国最大的餐饮服务提供商恐怕都没有胆气说自己占有全国市场的 10%！这种现象，映射在商业价值创新领域也构成了极难逾越的障碍，可见的是绝大多数服务提供者均为中小微企业，无论组织架构、知识体系、执行机制，均处在商业阶段较为原始的级别，令连接互联网面临困难重重。

从 2015 年艾奇电子商务创新经济奖项的服务创新类案例来审视，评审们明显发现服务电商产生了两极分化的走向；第一类服务电商创新，利用互联网技术帮助交易场景变得更高效；第二类服务电商创新，则利用互联网技术实现服务类交易关系。

展望未来服务电商创新，一些迹象可以被预言甚至于定论：

一、细分垂直服务创新的深度挖掘，将在未来数年内成为主旋律

服务创新的维度并不像更多创新者想象的那样具有无限可能，相反，在海量方向的探索过程中会逐步沉淀下真正具备商业价值可行性的创新结果，深度的商业价值将建立在这些正确方向的深度挖掘历程中循序被发现与实现。

二、“过程控制”将成为衡量创新可行性的刚性标准

正如每一位创新者所清楚了解的那样，基于某一个特定环节切入创新业务，随后进行前后环节延展，系商业创新的不变铁律。需要正视的是，任何延展均会需求包括研发成本与试错成本，而成本的加大投入与商业价值的深度控制是否能形成良性的参照与比对？再进一步来说，并非过程控制深度越走向极致就越具有价值，未来的服务创新尝试者，需要学习做加法之后再做减法。

三、一切取代服务人员的硬件科技，会大幅度提升

机器人并不一定长得像人形——此趋势判断，建立在原有服务业态中的服务提供者，绝大多数为“人”，也就是商户熟悉的“客服人员”。未来数年，能利用硬件科技取代客服人员的服务创新将在很大程度上颠覆既有业态特征，“机器人”未必长得像人形具有四肢与脑袋，却很可能像一个按摩器或者烤箱，机器人将在功能设定范围内，使用一定程度的人工智能解决服务需求。

四、标准化难度高的服务行业将被充分挑战

专车业务能很快连接互联网并得到市场认可的根本原因无非两个：一是既有出租车客户服务质量相当凑合，留下了庞大的优化需求空间；二是客运服务系标准化难度非常低的业务，任何专车驾驶员拥有驾驶技术的同时，只要会使用 APP、会开关车门、会提醒客户有免费矿泉水与免费充电器，便可成为专车服务提供者。类似的商业逻辑，存在于所有服务行业，凡是标准化程度较低的行业会在未来数年内快速被解决，而创新者们将把注意力转移到标准化程度较高的服务行业，这些行业连接互联网形成交易关系会需要更长时间的论证与探索，却会构成更为可观的商业结果回报。

# A Case Study in Ecommerce Innovation & Growth

案例名称：A Case Study in Ecommerce Innovation & Growth

所获奖项：服务创新类——金奖

获奖单位：The Plum Tree Group & GLAMGLOW MUD

扫描二维码，
查看完整版案例

## Background and challenges

PT THE PLUM TREE GROUP

GlamGlow faced with a problem that plagues most emerging brands as they try to manage their growth – how can GlamGlow more effectively capture their own customers and a higher profit margin on each product sold, rather than giving away margin while creating new customers through major retailer distribution partners like Sephora?

Thus, finding innovative ways to engage with consumers was a key reason for the Estee Lauder acquisition. And it is the unprecedented levels of repeat purchases stemming from brand loyalty. So, the solution that Plum Tree offered was to create an ecommerce store that would capture the customer while also providing a new distribution channel through which GlamGlow could deliver product.

Plum Tree developed an advanced integration with Instagram which allowing GlamGlow to post and engage with Instagram users on homepage of ecommerce site. Meanwhile, allowing GlamGlow to create a micro community of brand followers who create and share their own content. GlamGlow focused on created a branded social community and experience through branded short films, advanced social integrations into the site, incredible video content, and some additional social tactics that lured customers toward the brand (GlamGlow) rather than the distributor. Additionally, Plum Tree configured functionality within the site that allowed GlamGlow to serve a personalized offer to capture new users within the brand email database, and a separate offer that was personalized to returning customers once the configuration recognized them on site.

## Innovative idea

Our purpose was to establish multiple new revenue channels that feed into the GlamGlow ecommerce site while also aggressively building the email list for GlamGlow. Our strategy was to capture GlamGlow fans and customers on proprietary GlamGlow digital platforms so that GlamGlow could own those customers lists and begin enabling repeat purchases through the brand's more profitable online channels. To lure customers away from distributors and towards the brand itself, Plum Tree deployed innovations to capture the attention and interest on online users away from the retailers.

Our KPIs included

Revenue

Transaction

Email List Size

## implement the course

Finding innovative ways to engage with consumers was a key reason for the Estee Lauder acquisition and the unprecedented levels of repeat purchases stemming from brand loyalty. Plum Tree developed an advanced integration with Instagram allowing GlamGlow to post and engage with Instagram users on homepage of ecommerce site, allowing to GlamGlow to create a micro community of brand followers who create and share their own content.

Additionally, Plum Tree configured functionality within the site that allowed GlamGlow to serve a personalized offer to capture new users within the brand email database, and a separate offer that was personalized to returning customers once the configuration recognized them on site. These optimizations provided a 6% increase in sales from the email channel by retargeting existing customers and capturing new prospects through email -- while also directly contributing to a 20% lift in social community size.

Being able to deliver free shipping to consumers is a major competitive advantage -- one that most emerging brands cannot afford because of logistics costs and economies of scale, which often makes it very difficult for indie, niche brands like GlamGlow to compete with major competitors. With an product retail price range of $29-$59, this makes things even more difficult, however Plum Tree was able to deliver a fulfillment chain that enabled GlamGlow to deliver products with free shipping in the United States through PT's ecommerce activation services. This was a key factor in the massive success of the ecomerce program during 2014.

Additionally, Plum Tree was able to integrate all global retail locations for GlamGlow distributors into the website so that consumers we're still provided the option to find product in their local stores -- and GlamGlow was able to placate retailers who were upset by the competition created by the introduction of the brand's ecommerce channel.

**Effectiveness evaluation**

· Average ecommerce conversion rate of 3.45% -- well above the average expected in this industry, and even further above the expectation an consumer-targeted ecommerce site in its first year.

· B2C Website revenue surpassed website costs after just 28 days .

· Set a single-day record for Revenue in the online channel direct to consumers of $232,000 on November 10th, which was a GlamGlow record for any online channel, not just GlamGlows wholly owned channels.

· Revenue clear $2 million in total ecommerce revenue in only 9 months and 6 products in 2014 after have $0 in total online sales through wholly own channels prior to 2014.

· Average Order Value nearly doubled during Q4 (holiday shopping period) and exceeded the single-product pricing by several dollars --

meaning advanced merchandising and personalization tactics convinced online consumers to purchase significantly more products.

· The growth rate of the Email List increased by 20% during 2014, while engagement across all social platforms increased significantly as well.

The end result of the entire strategy was GlamGlow being able to exit their existing distribution arrangements as they were purchased outright by Estee Lauder, providing them with a whole new distribution network and new resources to scale their growth in ways they wouldn't have been able to do before, and huge reason why Estee Lauder was interested in the purchase was because of the incredible ecommerce performance that GlamGlow was able to post in their first year, combined with the strong community engagement that the brand had generated on its social platforms.

**Expert Comments**

点评：Viveca Chan/ Chairman & CEO, WE Commerce&WE Marketing Group

Glam Glow is a new brand of mud based skin mask that was able to build a loyal group of followers and was successfully acquired by Estee Lauder group within four years of operation. Innovation in its use of e-commerce technology and service allowed the brand to grow quickly and established loyalty and strong word of mouth. Specifically, the use of advanced integration with Instagram allowed Glam Glow customers post and engage Instagram uses on homepage of its e-commerce site, create micro segments of brand followers who create and share their content.

This use of social engagement and target segmentation in e-commerce is a good example on how new brands can establish its position in established and highly competitive segments.

**Expert Comments**

点评：Jay Kim/ Managing Director, AAAZA

Implementing a tool as an upgrade is quite common but to able to do increase sales and creating buzz which leads company to be bought takes another level. Plum Tree's solution to the Glam Glow's website and social media tools help increase their sales and fan base. Leveraging Instagram and geo-targeted store locators, they were able to harness loyal customers to attract new customers by their own social testimonials and ultimately increasing their CRM capability. This is a good case in how technology company can enhance client's brand and their company value... a true partnership.

# 精准行销

**案例名称：**精准行销

**所获奖项：**服务创新类——金奖

**获奖单位：**胜义科技

扫描二维码，
查看完整版案例

## 背景 & 挑战

智能型装置：手机、平板电脑问世以来，行动广告以不到十年的时间相继击败报纸与广播等传统媒体，且目前仍持续以惊人速度改变媒体生态。就普罗大众的接受程度来说，它们也渐渐以更亲民化的方式，给予广告主想要投递讯息的客群。据市调机构 eMarketer 分析师 Cathy Boyle 表示，金流随眼球时间走，随着现代人使用行动装置时间增长，相关广告支出也会随之流向行动平台。据统计，美国人有近 1/4 的媒体时间花在移动设备上，比例仅次于电视的 40%。就进行的困难程度而言，也因智能型装置使用者人数日趋扩增，而有所改变推行的难度。

勝義科技
HyXen Technology
AdLocus
adlocus.com

近年来，移动定位技术以及移动广告题材非常热门。Apple、Samsung 以及百度在这几年都陆续以千万美金投资或并购室内或室外的移动定位公司。而胜义科技基于创新的技术，将单纯的 LBS（Location Based Sevice）进化至基于位置的商业服务（Location Business Service）和基于位置的行为服务（Location Behavior Service），已获得多项专利。

## 创新思维

在行动广告领域中，胜义科技 AdLocus 行动广告平台拥有独家专利技

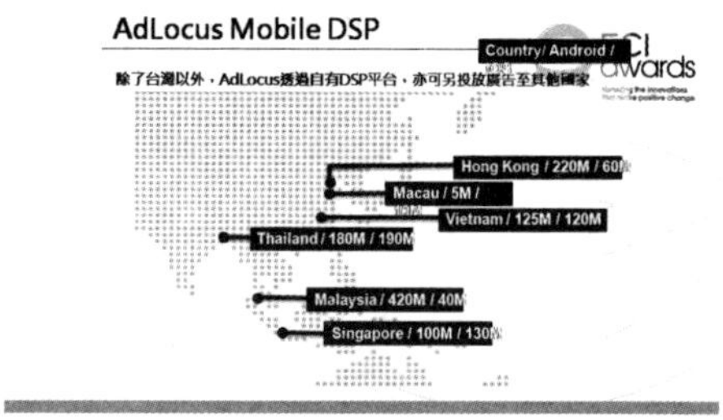


术 LBS（Location Based Service）推播功能，其优势特性与其他同业的最大差异在于使用者不需要启用 APP，即能根据所在区域自动发送推播讯息，运用精准投放技术，提供品牌客户广告展现即时现地，并借此接触到精准族群进行更丰富的互动。

## 实施过程

胜义科技长期研发移动定位技术及累积位置数据库，目前该数据库拥有全球超过 20 亿笔位置数据，每月以 5 000 万笔数据量持续增加。其精准行销的具体实施如下：

### （一）全球布局

胜义科技整体策略着重深耕定位技术在全球布建数据，进而打造“AdLocus 在地行动广告平台”。

### （二）差异化

AdLocus 行动广告平台的优势特性在于使用者不需启用 APP，即能根据所在区域自动发送推播讯息，运用精准投放技术，提供品牌客户广告展现即时现地。

### （三）RTB（Real Time Bidding）即时竞价技术，协助客户 ROI 优化

AdLocus 也是唯一专注在行动媒体上的需求方平台（Mobile DSP），运用竞价技术，能更有效地对目标族群进行广告投放。有效解决广告主三大问题：（1）不再浪费广告预算在任何一个不适合的广告曝光上；（2）不再担心会将相同的广告重复投放给同一群消费者身上；（3）将有限的预算分配在效果最佳的广告上。

## 效果评估

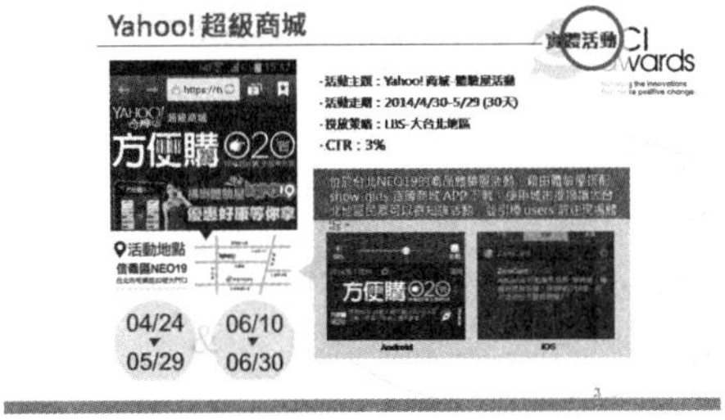


在移动互联网时代，位置是最重要也是最基础的功能。胜义科技通过独特移动位置服务，达到了最大的广告效果，同时让使用者也拥有了更好的广告体验，广告表现 CTR 平均为 15% 左右（依广告性质不同）。

### 专家评语

**点评：**阮京文 / 艾瑞咨询联合总裁兼首席运营官

根据网络广告及移动广告市场发展情况来看，移动智能终端用户流量聚集，而目前基于位置信息的服务已经开始得到了普及，移动营销及移动创新营销市场潜力巨大。

胜义科技在位置信息方面的深耕从目前来看：①流量积累：用户 / 活跃移动终端流量较高，每月广告曝光量超过 20 亿次；②广告形式：广告形式比较多元，除信息流外，基本移动端适合的所有广告形式都有所覆盖；③广告技术：人群分类技术较为成熟，七大类族群设定，同时能够实现 Re-Targeting，拥有自有 DSP。整体来看，AdLocus 的专业技术和运营能力值得更多企业关注和使用。

# 数位宅妆秀好屋

**案例名称：** 数位宅妆秀好屋

**所获奖项：** 服务创新类——金奖

**获奖单位：** 宅妆股份有限公司

信义房屋

扫描二维码，
查看完整版案例

## 背景 & 挑战

台湾北部屋龄高、房价高，有专业宅妆（售屋布置）需求。台湾房仲市场规模一年超过 26 000 亿，房仲家数超过 6 000 家。遗憾的是，现有宅妆的效果不易被普遍运用。

目前，既有的扩增实境技术已经被国外大厂证实可以提升销售额。英国行销公司（Hidden Creative）通过同款儿童玩具的制作纸本介绍和穿越实境展示的对比，得出重要结论：以 AR（Augmented Reality）做产品展示，可以为顾客提供更丰富的顾客体验，降低产品预期的落差，增加顾客的购买意愿。根据研究机构 Juniper Research 报告，行动穿越实境（Immersive Reality）应用与服务的年营收成长速度相当惊人，从 2010 年的近 200 万美元增长至 2015 年的近 15 亿美元。

为迎合这一需求，宅妆公司开发出穿越实境技术（Immersive

Reality Technology），此技术超越了曾被 IKEA 家具公司大量采用的扩增实境技术，也让顾客卖房、看房变得很科技、很时尚。宅妆公司与信义房屋中介联合开展“穿越实境数位宅妆创新服务”计划，让看房的人通过宅妆公司的新技术预见未来家妆的理想全貌。

## 创新思维

本次“穿越实境数位宅妆创新服务”计划通过“数位宅妆 APP”，以平板电脑上的摄影镜头作为实境扫描器，让顾客快速地结合空屋现场与室内设计图貌，立即体验未来居家布置后的视觉感受，可到不同的厅或房体验宅妆设计师不同的布置风格，甚至不满意某些设计时，也可透过 APP 现场更换喜欢的家具饰品。顾客不必先丈量空屋尺寸，也不需熟悉任何 3D 软体，只需要会使用平板电脑中的“数位宅妆 APP”就可以轻松看到未来家的样子。

## 实施过程

宅妆公司以全台湾的信义房屋中介作为线下活动的样本，借由“穿越实境数位宅妆创新服务”计划，制定示范案例规划，并邀请顾客和记者进行现场体验和互动。

宅妆公司首先制作风格套件模型，让每一件家具饰品经过精密 3D 扫描后再储存至资料库，初期制作出了 5 种风格的套件。其次设计师在一空间内布置出不同风格形式；然后快速建构平台，将设计师布置的套件建置到平台之中。作为使用者

的顾客只要使用行动装置登入 APP，并使用此风格套件就可以套用在任何空间内。顾客增加了对空屋装潢的现场体验和想象，预见了未来家园的幸福感受。

## 效果评估

“穿越实境数位宅妆创新服务”计划让顾客实际感受到艺术之美。和

纯粹装潢相比，实地感受居家布置不但会减少预算，也提升了全民购屋品质。另外，它也开启了另一种不动产销售模式，使中介代销的业务成为介绍穿越实境展示技术的行销人力资源，借此开拓了更大的商机，加强了宅妆、房仲代销的新服务商品、新经营模式、新行销模式以及新应用技术的开发，提升服务业的竞争力。截至 2015 年 8 月份，统计显示每日平均使用人数为 800 人，APP 已开启 25 000 次，API Request 次数 44 万次。

**专家评语**

**点评：**王海 / 深圳车发发科技有限公司创始人兼首席执行官

首先，用户体验上的极大创新，实现了颠覆售屋及居家购物的云端服务。

其次，APP 展示销售屋的虚拟对象摆设，提供基于 BaaS (Backend as a Service) 穿越实境后台功能，用以解决无法将设计师新样式设计有效率地新增至 APP 内的问题。使用方便简单。

最后，平台的日益丰富，效率提升，体验改善。

# 遇见、共建：搜房网房地产电商交易平台

**案例名称：**遇见、共建：搜房网房地产电商交易平台

**所获奖项：**服务创新类——银奖

**获奖单位：**搜房控股有限公司

扫描二维码，
查看完整版案例

## 背景 & 挑战

自 2013 年起，土地金融成本居高不下、成交价格严格管控、房源去化速度下降，房产成交趋势始终保持迷局状态。2015 年 3 月 5 日，李克强总理在政府工作报告上提到制定“互联网 +”行动计划，至此，互联网与传统企业的联合更显出其战略意义。结合房产新政的出台，诸多利好消息向房企投递，可以预见，房源快速流转将成为趋势。

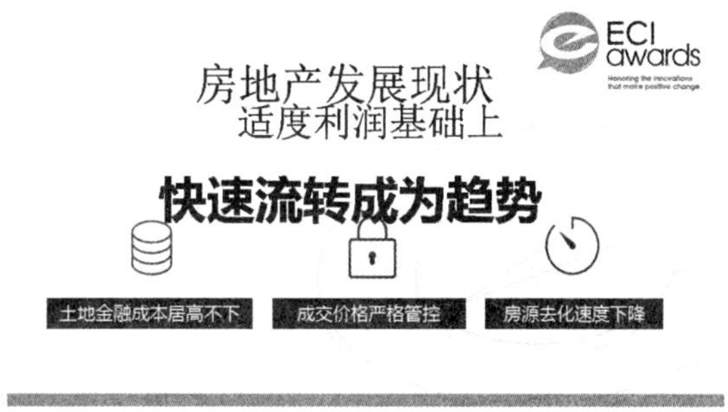


当房地产市场行情面临严峻挑战，开发商越来越注重实际效果，在广告投入方面也越来越少之时，搜房网房地产电商平台服务适应市场变化而诞生。在中国的房地产领域，搜房网房地产电商平台服务是行业的一个创新，国内还未出现先例，搜房网可以说是领先者。它最大的特点就是以购房者为中心，以效果为导向，为购房者和开发商建立在最短的时间内达成满意交易的平台。

搜房网房地产电商平台服务刚推出时，开发商持怀疑的态度，鉴于搜房网的诚意，他们才愿意一试，结果收到了很好的效益，因此，电商平台发展成为搜房网主要的服务之一。

## 创新思维

在房地产行业迈入深度转型的十字路口，当移动互联网的发展大势呼啸而来，与时代的脉搏互动成为全行业思考与探索的方向。作为全新的电商交易平台，搜房网房地产电商平台拥有中国最大的购房者数据库，紧密连接买卖双方。对于房地产电商平台来说，成交量是一个不容回避的关键绩效指标（KPI）考虑。在此优势的基础上，搜房网一方面需要帮助购房者在最短的时间内买到称心房，另一方面也要为开发商带来可观的成交量。

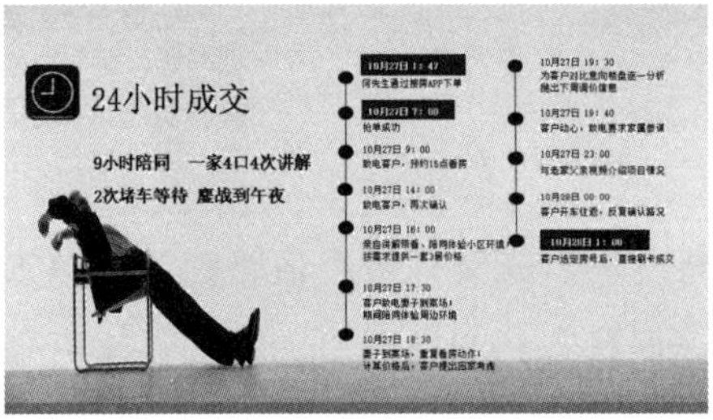

## 实施过程

搜房网通过深入挖掘购房者和开发商的需求，给购房者提供非常完善的账户体系和服务体系。具体实施措施如下：

### （一）项目评估

对开发商的项目进行评估，找到适合做电商的项目。针对开发商这块，搜房网也为开发商提供了更加精准的客源和更加完善的服务体系。

### （二）政策确定

开发商必须提供给搜房网友专属的优惠政策，便于吸引到较高的关注度。

### （三）活动策划

借助活动这一载体，全力推广，引爆项目，集中交易。

### （四）总结反馈

统计项目成交量，总结经验，评估效果。

## 效果评估

在房地产市场相当低迷的情况下，2014 年，搜房网电商平台却创造了“奇迹”，截止到 2014 年 11 月，通过搜房电商平台成交 251 626 套房，大力促进合作开发商的成交量。在行业内创造了多项历史纪录：

（1）访问量之最：首开常青藤在 30 天之内访问人数达到 33 282 人；

（2）成交时间之最：置业顾问 24 小时内卖出 1 套房。

现在的搜房网房地产电商平台为购房者提供楼盘动态、打车看房、到访有礼、在线支付、网上选房、认证签约、申请补贴、申请房贷等特色服务，其推出的全新在线选房系统更是提供了一个非常方便的购房流程，这也是真正将传统房产行业与互联网行业进行联合的体现。

### 专家评语

**点评：**王海 / 深圳车发发科技有限公司创始人兼首席执行官

首先，解决了供需双方包括经纪人的痛点，八大服务、在线选房，改善了体验。

其次，提升了效率，效果显著。

再次，较好地实现了流量变现。

最后，平台思维，并系统地解决了平台交易的相关问题。

# 我的小美盒

**案例名称：** 我的小美盒

**所获奖项：** 服务创新类——银奖

**获奖单位：** 上海游龙商务咨询有限公司

欧莱雅集团

扫描二维码，
查看完整版案例

## 背景 & 挑战

“我的小美盒（My Beauty Box）”隶属于欧莱雅集团，是专注于顶级护肤品试用的私人礼盒。小美盒以其奢华、惊喜、定制、试用和血统五大绝对优势，区别于现在市面上各种形态的“试用盒子”。

（1）奢华（Luxury）。“我的小美盒”是国内市场上唯一专注于顶级化妆品牌的“盒子”。从此打破消费者与高档化妆品牌的暧昧。

（2）惊喜（Unexpect）。在订购之初，消费者并不知道获得的小美盒里到底会有哪些产品，而小美盒团队会为她精心打造一个惊喜。

（3）定制（Vote for Your Love）。小美盒团队会根据消费者的偏好为她搭配出适合的小美盒，同时也会定期推出针对不同美妆需求的主题盒。

（4）试用（Try）。小美盒的使命是为消费者提供试用各种高档美妆产品的机会，同时还会送出正装产品的抵扣券。如果消费者试用有效，会加强他们对此品牌的购买欲望。

（5）血统 （Brand）。作为市面上唯一一个以集团为背景发起的试用盒子，小美盒倚仗欧莱雅集团高档化妆品部的强大资源变得奢华和独一无二。

“我的小美盒”通过对市场的调研，发现其针对的目标消费者主要包括美丽追求者（需要个性化的美丽建议和指导的消费者）、时尚家（喜欢关注最新的时尚趋势和妆容的消费者）、忠诚粉丝（对于欧莱雅集团旗下的品牌有忠诚度，对于其他品牌有兴趣的消费者）、有明确目标消费者（指导自己要什么品牌产品的消费者）、快速购物者（希望快速简单购物的消费者）和浏览者。

## 创新思维

“我的小美盒”采用试用装的形式，让消费者毫无负担地接触高端奢侈美妆护肤产品，培养消费者的使用习惯，提升她们对品牌的好感度，以及对“兰蔻奢妍美”这一平台的粘黏度，从而不断扩大欧莱雅高端品牌的消费群体。

小美盒着重借助视觉设计来传达和体现欧莱雅品牌的文化内涵。设计的创新提高了消费者的整个用户体验，在吸引更多的新用户的同时，也提高了电商的销售转化率。

## 实施过程

“我的小美盒”将品牌文化融入电子商务的视觉设计之中，严格把控小美盒视觉设计的准则。视觉设计中有法式优雅，但又不失亲和力；既时尚活泼，又有足够内涵。这些设计在色调、图案、插画中均有呈现。视觉设计带来了视觉的冲击和美好体验，也赋予“我的小美盒”一种人的视觉情绪。

“我的小美盒”包装、页面、EDM （邮件）、卡片和

产品宣传册的精心设计，为消费者提供了多样化品牌产品的使用机会，营造了一定的惊喜与期待感，让消费者感受一次不一样的购物体验。

## 效果评估

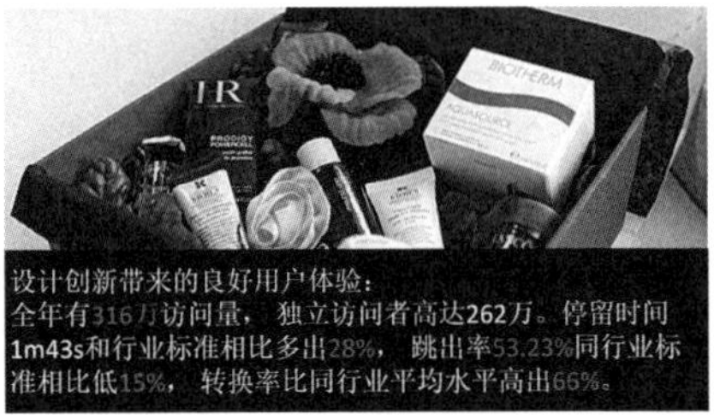


通过视觉的创新，和行业标准相比，“我的小美盒”提供了更佳的用户体验。全年网站共有316万访问量，独立访问者高达262万。消费者网站停留时间为1分43秒，和行业标准相比，多出28%。消费者的跳出率为53.23%，和同行业标准相比低15%，而转换率比同行业平均水平高出66%。

### 专家评语

**点评：**王海 / 深圳车发发科技有限公司创始人兼首席执行官

首先，定位成功，区别于现在市面上各种形态的“试用盒子”，目标顾客定位精准。

其次，创新地采用试用装的形式，让消费者毫无负担地接触高端奢侈美妆护肤产品，培养消费者的使用习惯，提升对品牌的好感度和平台的黏度，最终扩大高端品牌的消费群体。

再次，将品牌文化融入电商的视觉设计，通过视觉传达为消费者提供多样化品牌产品使用机会，并营造一定的惊喜与期待感，让消费者感受不一样的购物体验。

最后，设计创新带来的良好用户体验，取得了显著的效果。访问量、独立访问者、停留时间、转换率等指标均优于行业水平。

# EagleEye 让店家不再靠感觉做生意

**案例名称：** EagleEye 让店家不再靠感觉做生意

**所获奖项：** 服务创新类——铜奖

**获奖单位：** 红门互动股份有限公司

香港商米波国际有限公司台湾分公司

扫描二维码，
查看完整版案例

## 背景 & 挑战

电子商务在台湾已渐趋成熟，平台业者的服务也相当完整，未来电子商务在台湾地区将会持续发展。台湾大型 EC 企业（如 PChome、Yahoo、博客来）平台皆能提供多元化的付款方式与稳定快速的物流服务，网路购物环境已渐趋成熟。对于消费者来说，价格是他们关注的一个关键点。多数大型 EC 业者（如 Yahooe 购物中心）及大型通路商（如灿坤 3C 卖场），皆设有专职人员每天进行数万件商品市场价格追踪，紧盯主要竞争对手的商品定价策略以及促销活动。

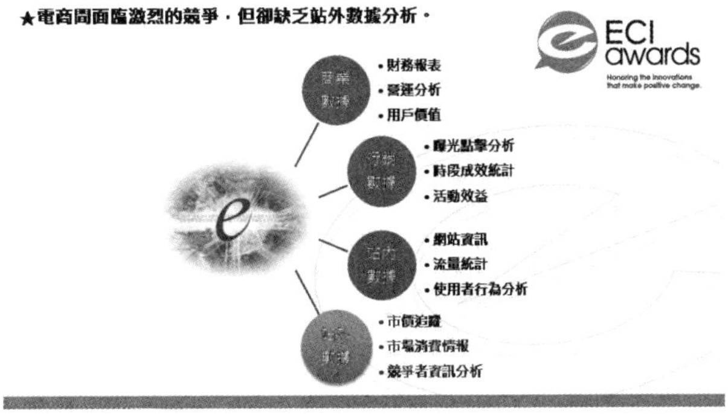


相较于大型 EC 业者投入较多的人力资源关注产品市场价格动态，中小型店家（如 PChome 商店街的业者）并无足够的人力进行跨平台的情报

收集。若贩售的为规格化高的商品（如电器、3C 产品），由于商品本身并无差异性，市场竞争更为激烈。

遗憾的是，目前市场上没有针对中小型 EC 业者提供的商品市价分析及追踪工具。因此，红门互动股份有限公司的 EagleEye 电商大数据云端服务应运而生。

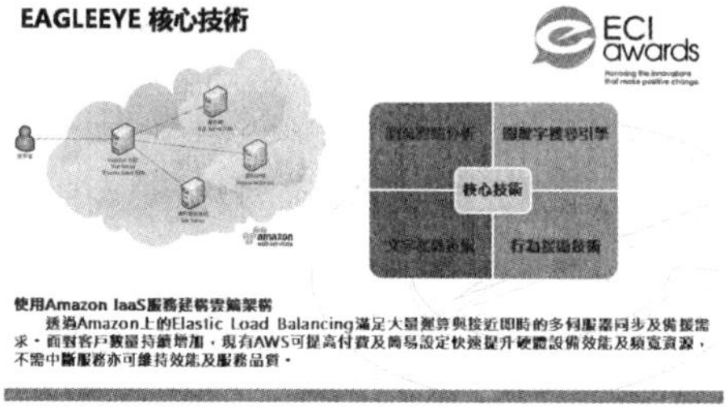


## 创新思维

EagleEye 电商大数据云端服务是为 EC 业者提供精准即时的数据统计、多维度数据分析，展现商品的长期走势、消费者特征等多视角的数据资料，主要提供企业最需要的两大站外数据，即“市场消费情报”和“竞争者数据分析”，并区分为“商品流行趋势”、“拍卖流行趋势”、“品类竞争力”、“决策关键字”、“商品查价与追踪”和“商品快讯”六大模块。

此项服务透过云端服务租赁的模式，协助电子商务卖方以高效率完成跨网站的 3 000 万种商品价格趋势分析，主要包括五大特色：①分析市场趋势；②增加曝光，刺激网友消费；③立即掌握竞争者价格策略；④ 24 小时全商品追踪，主动通知店家最新商品资讯；⑤弹性权限设定，专业分工更具效率。这些烦琐的数据收集、整理、分析等交叉性的服务透过云端服务的系统可在短时间内自动完成，让中小型 EC 业者以可负担的成本拉近与大型 EC 业者的资讯落差，让他们贴近消费者需求，快速反应制定市场策略，提升店铺运营效率。

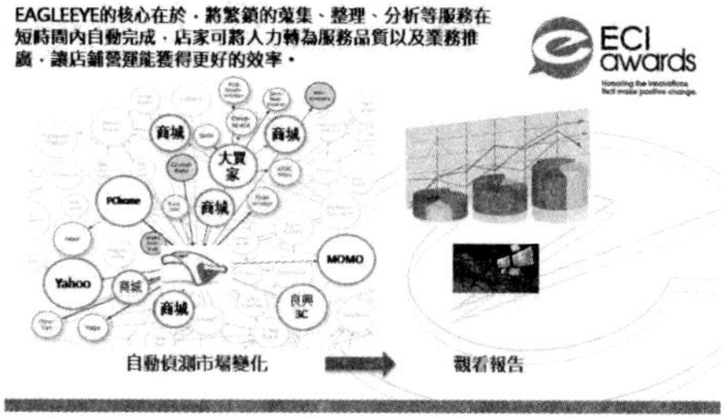


## 实施过程

EagleEye 电商大数据云端服务拥有“商品资料”和“消费者行为”两大数据资料库，这也是此服务运作的主要商业模式来源。具体实施如下：

### （一）完善商品资料数据库的建设

截至2014年年底，其已与台湾地区超过100家网路购物平台进行合作，获得超过3 000多万笔商品资料。

### （二）完善消费者行为数据库的建设

通过商品比价的浏览器外挂服务（Pingle省省吧）的后台数据收集，截至2014年11月，已累积超过10亿笔消费者行为记录，同时也拥有超过15万名使用者。

### （三）研发各种分析机制的技术，有效筛选信息

例如透过文字探勘技术找出特定商品；借由关键词撷取技术快速找出商品的品牌等属性。

### （四）服务过程快捷灵活

通过线上申请开通、线上完成收费、线上直接提供服务的模式，其过程不受时间或人力条件所限制。

## 效果评估

EagleEye电商大数据云端服务帮助客户深入洞察消费者喜好、了解通路及品牌的产业即时资讯，提升整体企业竞争力，让中小型电子商务在台湾地区更加活络。

此服务自从2013年5月上线至2014年年底，获得以下的成绩：①汇集超过3 000万件商品，拥有台湾地区最完整的“商品资料”数据库，涵盖整体B2C市场90%的商品数；②累积超过10亿笔的消费者购物行为，也是最完整的“消费者行为”资料库；③及时掌握各个电商平台的每日商品资讯，时时更新超过百万笔的商品价格情报；④服务超过200多个客户，包含Yahoo、特力屋、ASAP、东森、屈臣氏、新光三越等。

截至2014年年底，EagleEye电商大数据云端服务已拥有超过200家的商家购买使用。2014年12月，通过对206个中小型客户的满意度调查报告显示，其在营业额、营运成本和管理效率方面，取得不错的实效业绩：

（1）营业额方面：101家企业表示提升6%～10%，5家企业提升10%～15%，2家企业提升营业额超过20%。

（2）营运成本方面：88 家企业表示人力成本降低幅度 6% ～ 10%；85 家企业总体营运成本降低 3% ～ 5%。

（3）管理效率方面：高达 110 家企业有效提升近 20% 的效率。

**专家评语**

**点评：**阮京文 / 艾瑞咨询联合总裁兼首席运营官

网络购物在内地市场及台湾地区市场都得到了极大的发展，而企业面对线上零售的需求已经不仅仅是销售产品或者简单服务用户，基于数据积累和数据分析技术的进步，越来越多的精准营销、精细化运营需求需要满足。而企业面临跨渠道销售、跨平台销售、跨终端销售分析难，用户购买行为数据模型繁多又复杂的困难。EagleEye 将烦琐的收集、整理和分析服务在短时间内自动完成，通过商业数据（如财务数据）、行销数据（如广告运营数据）、站内数据（如流量数据）和站外数据（如市场消费情报）四个方面来提供企业数据管理，提升企业经营效率。市场上同类企业较多，EagleEye 是目前流程和功能较为全面的产品，且使用 Amazon IaaS 服务建构云端架构，使其服务能力具有较好的灵活度。

# 易到用车 - 百威英博，“爱的代驾”理性饮酒公益项目

**案例名称：** 易到用车 - 百威英博，
“爱的代驾”理性饮酒公益项目

**奖项类别：** 产品创新类——铜奖

**获奖单位：** 易到用车
百威英博

扫描二维码，
查看完整版案例

## 背景 & 挑战

作为最具创新商业价值的汽车共享互联网约租车服务平台，易到用车为全球近 100 个大中型城市提供了“随时随地的私人专车”服务，实现包括日常出行、商务和旅行等每个节点的点对点的强势连接！易到司机通过主动打开车门、帮忙提行李、提供矿泉水、纸巾、雨伞、拖鞋和充电器等规范化服务，满足着消费者不断增长和日益多元化的需求。但易到并不就此满足，而是更加希望能够带给消费者惊喜的乘坐体验。

百威作为全球知名啤酒品牌，在推广自身产品的同时，更肩负起倡导大众理性饮酒的重任。聚会畅饮后，如何引导消费者酒后不开车，帮助消费者找到更安全、舒适的出行选择，成为百威所思考的问题。

## 创新思维

在网络和移动智能设备占领一切的时代，互联网给人们提

供了一个前所未有的机会，可以把人和一切供给及需求，方便地通过“场景”建立连接，让这种连接在有需要时随时被激活。易到用车和百威便是通过这种场景（“场景”是指在用户某个真实生活环节中，适时提供其可能需要的以及关联的产品或服务）化的品牌联动，在场景中找对消费者最真切需求的洞察，在场景中找到体验、服务和营销的灵感，从而真正激发和吸引消费者的“参与感”。易到用车和百威，一边做公益服务一边做创新体验，两个品牌和用户互相打通，实现移动互联网约租车平台与酒类品牌的首次跨界合作。

## 实施过程

2014 年 11 月 20 日——2015 年 1 月 15 日，易到用车和百威强强联手，围绕“理性饮酒，酒后不开车”的公益理念展开公益项目，合力倡导安全文明出行，引导都市人合理用车，为饮酒用户提供更为便捷安全的出行方式。项目通过公益微电影、百威金尊专车北上广三城联动和 15 城买赠三大核心活动同步实现拉动用户、刺激订单、强化体验的最终目的。具体实施过程如下：

### （一）公益微电影

易到用车和百威《爱的代驾》微电影邀请姚明夫妇、陆毅夫妇倾力出演，通过诙谐幽默的方式，向大众警示酒后开车的危害，提倡酒后不开车，宣传合理安全出行。

### （二）百威金尊专车北上广三城联动

易到 - 百威金尊专车活动在北京、上海、广州三城火热进行，奔驰 E 系座驾搭配百威金尊精美礼盒打造豪华惊喜的专属座驾。用户通过易到

APP 即可进行体验，在感受高品质出行服务的同时体验百威金尊产品，开辟了全新的用户体验模式，引导饮酒用户选择更为舒适便捷的用车方式。

（三）15 城买赠活动

在 15 个百威金尊重点销售城市，双方联合开展买赠活动，消费百威金尊产品即可获得易到用车优惠券，享易到品质用车服务，为百威消费者解决酒后用车的困扰。

## 效果评估

易到－百威“理性饮酒”公益项目覆盖人群超过 2 亿，《爱的代驾》微电影点击量 1.51 亿，易到－百威金尊专车活动预约量近 5 万单，近 20 万人通过活动获得易到优惠券进行用车体验。

**专家评语**

**点评：**王海 / 深圳车发发科技有限公司创始人兼首席执行官

首先，跨界合作的典范，场景构建准确：品牌搭建自己的“游乐场”，在场景中找到对消费者最真切需求的洞察，在场景中找到体验、服务、营销合而为一的灵感，实现吸引消费者的“参与感”。

其次，公益性的切入较好，较好地设计了利益点，线上线下结合较好。

再次，整合营销 IMC 到位，社会化媒体运用有效。

最后，活动效果显著，形成较强影响力。

# 京东——技术驱动的网络广告

**案例名称：**京东——技术驱动的网络广告

**所获奖项：**服务创新类——铜奖

**获奖单位：**上海聚胜万合广告有限公司

京东集团

扫描二维码，
查看完整版案例

## 背景 & 挑战

京东商城是目前国内最大的电子商务网站，然而大量的广告投放效率较低，客户对 ROI（投资回报率）的要求却极高。因此，其投放媒体范围需要进一步扩张，同时也需要快速寻求更多更精准的目标用户。现在的京东商城面临着流量获取难、优化调整难、需求匹配难、用户转化难和人工处理分析数据效率低下五大挑战，急需建立一个更高效的营销体系来达成流量获取易、创意执行效率高、优化调整快、可控性强和变现能力强的投放目标。

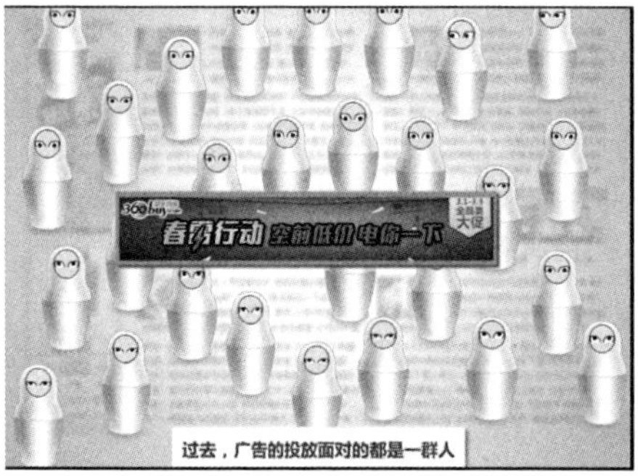

## 创新思维

京东商城打造了“全接触”体系的客户体验，系统性创建客户互动体系，

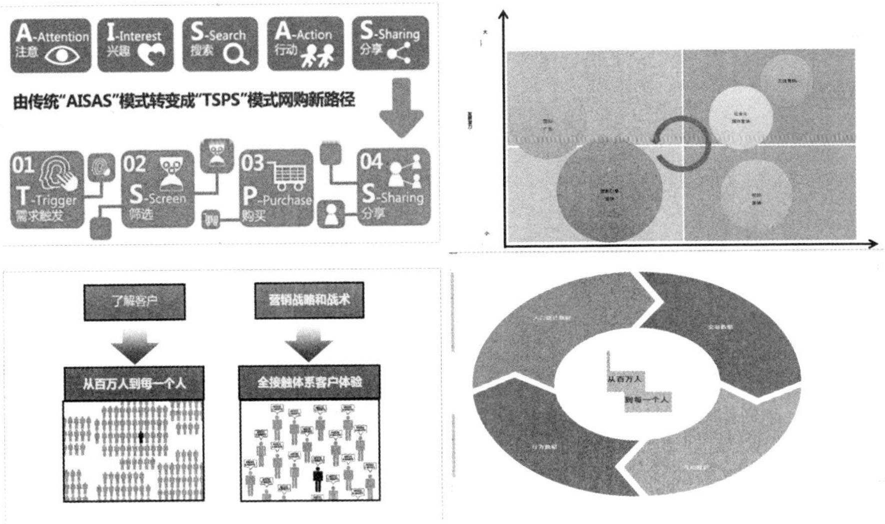


促使每个接触点品牌价值最大化，并依托技术平台收集全方位信息，获得公司内外跨渠道系统支持，实现由规模化转向个体的差异性服务。

## 实施过程

京东商城通过调研，认真分析了品牌消费者属性、媒体的受众属性和媒体的策略组合的变化。

（1）品牌消费者属性：目前市场用户接触信息场景发生变化，逐步呈现出自主化、多屏化、社交化，客户主导商业时代的特征。客户拥有决定商业行为的主导权和影响力，要求与众不同的个性化的体验，由

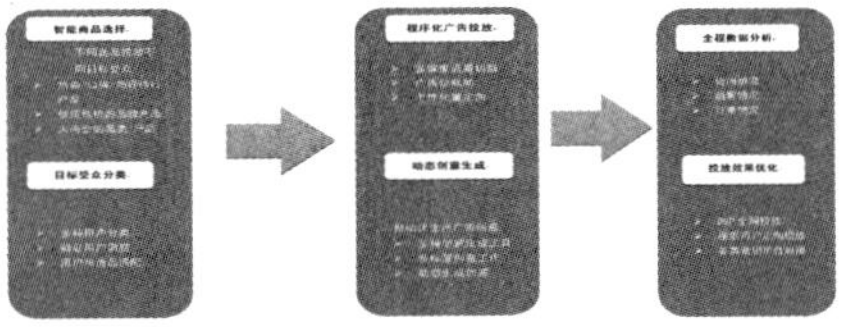

传统的“AISAS”（Attention、Interest、Search、Action、Sharing）模式转变成“TSPS”(Trigger、Screen、Purchase、Sharing) 模式网购新路径。

（2）媒体的受众属性：当媒体变革进行时，图形化广告发展潜力较大，商业化的广告形式难度较低。

（3）媒体的策略组合：传统的“客户细分”已经落伍，需要全景式了解客户个体需求，预测需求能力，自动化、规模化执行。其具体实施主要包括以下三个方面：

（一）智能商品选择

首先对目标受众进行分类，针对不同选品（热卖、口碑、热评排行产品，优质低价的品牌产品，大而全的品类、产品）投放不同目标受众。

（二）程序化广告投放

充分运用数据，多维度流量切割，让消费者选择自己所好；创造性的动态复位向紧抓消费需求变化；广告位联动实现整合化推广。

（三）全程数据分析

通过实时监控访问情况、新客情况和订单情况数据，完成SP全网投放、搜索用户定向投放和各类营销平台对接，实现投放效果的优化。

## 效果评估

与去年相比，京东商城广告点击率提升1.8倍，有效订单转化率提升2倍，广告商投放提升2.5倍的基础上ROI提升1.5倍。这些有力的实效数据充分说明：京东商城通过营销体系平台的建立，其品牌传播到达、品牌提升、广告点击率提升、销量增长均超过原定目标，获得了成功，实现了流量获取易、执行效率高、优化调整快、可控性强和变现能力强的营销目标。同时，京东商城线上阶段性促销广告、线下传统电视广告和户外广告等形式的同步投放，进一步提升了受众对京东商城的品牌认知度，对整体营销目标的实现有一定的促进作用，彰显了协同的共赢力量。

**专家评语**

**点评：**袁俊 / 牵牛信息科技联合创始人

TSPS 的网购路径挑战，将客户细分进化到系统自动规模化进行用户行为预测，将消费者触发营销信息，提升到大数据发力于趋势判断的更高层级。组合式的策略，让每一位消费者都在不知不觉中进入到营销场景设定，并且贡献更多的商业利润。

# SOHO 计划

**案例名称：** SOHO 计划

**所获奖项：** 服务创新类——铜奖

**获奖单位：** 成都小笼包助聋公益服务中心

扫描二维码，
查看完整版案例

## 背景 & 挑战

中国目前有残障人士 8 000 多万，根据不完全统计，真正走上工作岗位，享受同工同酬，拥有一份有体面、有尊严工作的残障人士依然是少数。我们一方面要看到残障人士巨大的就业需求，另一方面更要看到残障人士渴望冲破生理制约，渴望就业的新希望。

PUKI 小笼包
助聋公益服务中心
Puki Deafs Public Service Center

随着阿里巴巴在美国上市，中国电子商务市场发展进入了一个全新的广阔前景，拥有无限职业开拓的空间。据不完全统计，目前仅淘宝一家电子商务平台，未来三年中的人才缺口将达到 445.7 万，而电子商务平台随着网络发展的激增，对人才的需求呈现出井喷状态，其中 24.86% 最缺电商美工岗位，24.29% 最缺运营岗位，22.6% 最缺推广岗位，19.77% 最缺客服岗位。与此同时，电商企业人才流失率普遍在 20% ～ 30%。

## 创新思维

“SOHO 计划”项目通过网络平台，以电商美工订单为需求点，以电子平台细分工作任务分派为核心手段，吸纳残障人士居家就业。同时，该项目通过一系列的网络培训、上岗孵化和承接订单等服务打造了一支辐射全国、无地域限制、促进公平竞争、增加残障人士就业软实力的网络就业空间。

## 实施过程

“SOHO计划”将持续推出一系列可操作性计划帮助残障人士实现就业。项目第一期已通过整合目前电商类平台最稀缺的电商美工岗位，专为听障群体打造了一个残健协作的在线工作平台。平台充分发挥残障人士中听障人士专注度高、视觉传达能力强、模仿度高、可通过在线交流等系列优势，让他们利用在线平台从事电商美工订单的拆分、分配、计时计费、审核和上传等工作。

网络电商工种基本沟通方式可以利用网络平台，工作地点不受限制，满足残障人士就业特征的条件。在经过专业培训后，完全可以以雇佣或居家办公的形式，通过“一根网线”实现残障人士电子商务平台的就业。

## 效果评估

目前，已经有多名听障设计师参与到该项目中，共同完成了淘宝客户的设计方案。在实际订单项目操作中，通过运用新型协助工具可智能化地拆分设计订单，这让一些听障设计师可以更好地理解客户设计需求，从而

更高效地完成任务。这种在线方式不仅提高了工作效率，也促使不同地区的残障人士实现跨界合作。这种新型的居家办公模式，满足电商企业对美工的需求，也更好地契合了更多残障人群的就业需求。

"SOHO 计划"目前已帮助了超过 15 位的残障设计师实现居家办公的就业需求，改变了多达上百位残障人士的就业观。"SOHO 计划"还有更大的爱心愿景：

（1）"SOHO 计划"希望通过"成都小笼包助聋公益服务中心"无声课堂的培训，让更多的残障人士受益，希望通过该项目改变残障人士的就业观，促进他们整体自我价值的实现。

（2）未来三年中，电商美工所缺人数预计达到 110 万，而且该数据会随着电商的蓬勃发展而增加。"成都小笼包助聋公益服务中心"未来将根据残障人士的特点进行电商企业的工作细分，不断扩充培训主题和内容，由最初的一个设计的公益机构逐渐转变为一个整合的公益机构。

**专家评语**

**点评：**阮京文 / 艾瑞咨询联合总裁兼首席运营官

在电子商务及网络购物市场不断成熟壮大的今天，电商服务业也是得到了极大的发展，人才缺口一直存在。而电子商务、网络购物产生的服务市场及衍生服务市场中有大量的工作内容不需要面对面交流，不需要口语交流，因此，也天然地能够实现在家办公或者分包协作，也能够让个人价值得到极大的发挥。小笼包 – 助聋公益服务中心通过电子商务服务市场去切入，为听障人士就业发展打开了一扇门。小笼包 – 助聋公益服务中心给听障人士提供了一个展示自我价值的平台，也降低了这类人群的就业难度，提升就业的满意度，整个项目的社会价值深厚。

# 管理创新类
# Management Innovation

参与该类别的案例，是基于电商企业或一般企业运用电子商务手段进行的管理创新，如资源管理、信息流管理、物流管理、资金流管理、人事管理等。

All cases should be management innovation for E-commerce, e.g., management of resource, information flow, logistic, financing, human resource, etc.

趋势与未来洞察

## 重构资源整合的架构与路径

首先需要树立一个正确的商业价值观——尽管在多数企业家心目中，营销是带来商业价值的唯一路径，但在商业实践中，这种认识是片面而狭隘的，赢得更多消费者购买是一条路径，与此同时，不可忽视的是优化供应链强化利润空间同样可以帮助企业赢得价值回报。当营销与供应链分别从“收支”两端拉动利润深度时，还需要认知到的是管理创新的价值，或者可以毫不客气地定论，管理创新就是一个放大镜，是一个能帮助商业利润从深度走向广度和厚度的优质驱动力。

然而，不同于营销与供应链，管理创新面临着严峻的挑战！

在过去的100年中，营销理论在不断论证与不断试错中，极力驱动着商业化程度的进程，即便在商业生态和边界快速改写的今日，营销底层法则仍然未被颠覆，仍然作用于数字营销的各条业务线；与此同时，供应链的运营规则也呈现类似趋势，底层法则在经常性优化与稳定性固化中博弈，寻求不断的平衡。需要正视的是，虽然营销与供应链的法则处于“主线稳固，小幅升级”的渐变态势，营销技术与供应链工艺却得到突破性发展。举例来说，20世纪50年代的直复营销主要使用的手段是信箱投递广告目录，2000年年底已经充分进化到用户许可电子邮件与短彩信，2010年之后则全面进入到智能手机推送，这种进化趋势完全建立在基础科技的发展，而与营销理论颠覆并不存在本质关联。

管理创新的难度恰在于此。我们必须承认，过去数十年来的管理信息化工程同样得到企业家的重视，可这种“重视”也多停留在“信息化”而已，只是用信息化技术提升或加速管理效率，极少观察到信息化技术驱动的管理创新天翻地覆。同样用一个案例说明问题。财务电算化是20世纪90年代开始推行，到如今已经充分成熟的科技进程，可财务电算化背后仍然在帮助基础财务逻辑与核算准则得到实现，降低的只是人员的工作难度、工作强度，提升的是人员的工作效率、工作精度。

管理创新可能是电商创新领域最具有难点的一个悬疑，评审们重视管理创新价值的同时，背后可折射出专家团队对于管理创新的殷切期盼。2015 年管理创新类案例中，我们观察到了针对服务商的管理，也观察到了品牌关系理念的突破，然而，这一切远远低于艾奇执委会的期望值。

我们需要正视管理创新的任重道远，更需要进一步深度思考与诠释管理创新的核心指向，可能一些案例能帮助评审们眼前一亮感觉到创新价值，可艾奇电子商务创新经济奖项更乐于从案例中看到可复制、可规模化、可引领产业升级的核心管理方法论问世，这种核心方法论可能并不至于“高大全”到挑战各大商学院的百年沉淀，却希望能让观察者发现，瞬息万变的互联网电商时代，核心方法论的更佳适配度与商业应用广度。

未来的管理创新将何去何从?

一、起源于科技，作用力于科技

科技帮助改变生活，电商科技也不例外，帮助交易关系在数字时代变得简单便捷。电商领域的管理创新将越来越多地使用科技手段实现，并且发力于“管理”科技，请注意，未来管理创新概念中的“管理”远不局限于改变“管理”，如何帮助科技自学习实现科技的自我进化，将是管理科技中浓墨重彩的挑战难点。

二、从资源梳理到资源重构

电商管理创新将走出传统“管理”理念，在“管”和“理”之外，更多提出重构资源的规则指向，而“资源”在电商领域也将被重新定义，不再是“人”、“财”、“物”，而会被细化到时间、空间、连接维度等更细粒度。管理创新会进入到细分资源重构的过程中，寻求资源在数字管理模式下的全新组合架构。

三、理念的领先性得到认可

意识形态有先后之分，从既有的状态归纳总结出的规律，系后入理念;而率先提出理念进而在既有状态中论证，则为先入理念。过去的管理创新研究中，后入理念的论证方法形成主流，而在未来的管理创新研究中，理念的领先性会受到越来越高的重视。

# 人人快递网信息服务平台

**案例名称：** 人人快递网信息服务平台

**所获奖项：** 管理创新类——金奖

**获奖单位：** 四川创物科技有限公司

扫描二维码，
查看完整版案例

## 背景 & 挑战

近年来，中国经济持续快速发展，城市规模不断扩大，人们的生活节奏也日益加快。尤其是在北京、上海、广州等一线城市，同城配送、餐饮外卖、商品代购等需求一直呈几何式增长。而随着电子商务、网络超市等消费形式成为人们生活的一部分，更是直接推动了此类需求的增长，迎来了巨大的市场机遇。

但是，同城配送需求非常离散且难以规模化，时效性要求高（1～2小时需送达），通常没有特别包装，鲜花等商品还需轻拿轻放。

1. 传统配送模式无法满足此类配送需求

①配送过程通常需要 1～2 天或者更长。

②只能在工作时间收件、送件。

③货品需要专业包装，需要大量堆放和搬运。

2. 自建配送团队同样难解痛点

①高频餐配送需求时间过于集中，忙时运力需求大，闲时运力大量闲置。

②成本和管理难度极大，无法规模扩张。

有规模、全天候、服务质量有保障的本地配送服务网络严重稀缺，时效性低，如何让同城配送在互联网思维改造下进行经营模式变革，真正地实现快速、高效以及安全、高性价比，给用户带来更好的体验，成为行业面临的挑战。

## 创新思维

人人快递网倡导“人人参与”，其创新的核心目的是基于个人诚信体系与安全保障体系，打造全新型移动电子众包商务模式。利用人人快递网沉淀的海量交易数据，建立“人人诚信体系”平台。未来继人人快递网平台之后，推出如“人人家政”、“人人公益”等更多的众包信息服务平台。

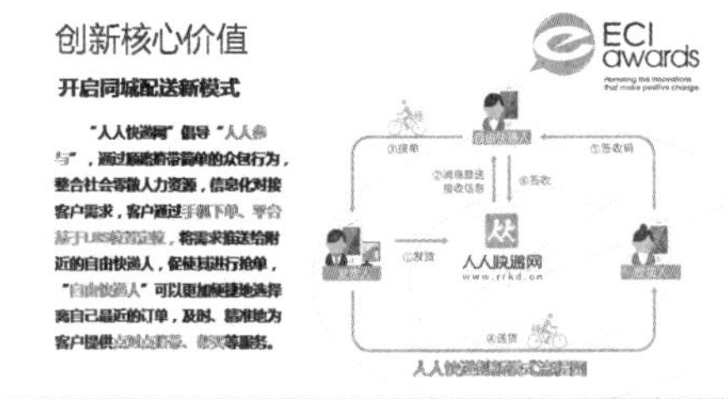

人人快递网创新性地将“众包”模式与“移动互联网”这两个呈指数级发展的概念融合起来引入生活服务领域，首先从全新的智能化配送角度切入。在社会化诚信体系与安全保障体系基础上，倡导全社会大众发展成为我平台审核通过的“自由快递人”角色，利用其在城市中穿梭的行程，为他人提供同城小件的“顺路捎带”以及“顺手帮买”的定制服务。

目前使用人人快递网的用户可以：

（1）人人享有“极速达”和“限时送”的点对点服务，同城3千米内30分钟快速送达。

（2）人人可以申请成为“自由快递人”，选择“随心”、“随时”、“随地”安排自己的闲散时间，提供他人服务，赚取酬劳。

（3）个性化定制服务，一切从客户需求出发，无论是鲜花、易碎品、电子产品，甚至宠物都可以通过人人快递完成配送。

除此以外，人人快递网的价值还在于：

（1）打破传统烦琐的物流闭环“订单——收件——干线运输——中转——干线运输——派件”，节约运输成本，减少临时仓储环节，使配送的生命周期更短。

（2）减少无效出行，有效实现节能减排。全程“无纸化”的电子操作智能模式，减少了传统纸质单据的使用，绿色环保。

（3）平台提倡人人互助，建立个人诚信体系，在传送物品的过程中传递帮助人的热情，打破人与人之间的疏离和不信任感，搭建线下社交途径。

（4）通过不断健全和完善内部的安全保障机制、赔付机制以及诚信机制，实现社会管理模式创新，产生更为理想的经济和社会效益。

## 实施过程

人人快递是由“创物科技”开发设计，是中国首家最大的专人直送服务平台，也是目前国内同类电商平台中规模最大、人员最多、客户最多、区域最广的服务平台。平台创新具体实施如下：

### （一）人人快递平台两大主要功能

1. 顺路捎带，直送直达

避免暴力分拣，节能环保。整合社会零散资源，用一对一专人直送的方式实现个性化生活服务。

2. 精品购，代购，便捷快速

网罗鲜花、蛋糕、咖啡、美食等精品信息，随时随地满足用户生活需求。

### （二）人人快递平台产品特点

1. 快速便捷性

在手机客户端轻轻一点，发出需求，智能捎带购买轻松实现。3 千米

30分钟，5千米60分钟送达。

2. 贴身安全保证

诚信体系、认证体系、培训体系、流程管控体系四大体系以及平台优先赔付制度为货品安全保驾护航。

①货物配送标准流程。

②接单过程中GPS全程跟踪，实时定位。

③客户资料平台保密机制，确保用户资料不泄露。

④自由快递人资料的完善和认证。

⑤平台承诺货物出现货损、货差，一经核实，平台先行代自由快递人对货物价值进行全额赔付。

3. 玩转用户与“自由快递人”角色转化

平台鼓励个人用户转换角色：

①个人用户可以发货或发代购需求。

②个人用户完成在线培训后成为“自由快递人”，可以承接商家和个人的发货和代购需求。

**（三）“自由快递人”服务流程**

（1）发货人通过手机APP端发出需求信息，平台基于LBS位置定位，将该需求推送给需求附近的自由快递人，促使其进行抢单；

（2）抢单成功后，自由快递人须1分钟内电话联系发货人（核实取货地址、告知到达时间、提醒发货人不要对货物封装），预估并告知上门取件时间；

（3）自由快递人上门取货（30分钟内到达发货地址）时主动出示工作证并对包裹内货物进行开箱“裸露”拍照，需拍摄两张以上且不同角度的清晰照片；

（4）取货成功后，当发货人面联系收货人：核实收货地址、预估并告知送达时间（若运费为到付，需告知收货人）；

（5）货物送达，客户验货后，自由快递人点“请求确认”，向收货人索要系统发的5位数确认码（短信），至平台确认界面进行确认。

## 效果评估

人人快递网手机 APP 端于 2013 年正式上线运营，发展至今已成为中国最大的“众包”电子商务平台。平台目前拥有千万会员，数百万自由快递人。在北京、上海、广州、深圳、天津、杭州、南京等十余城市设立分公司发展运营。

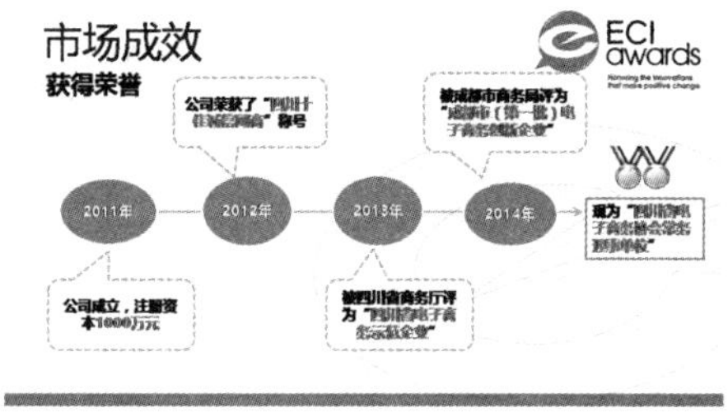


人人快递网的高速发展吸引了众多国内外投资商的广泛关注，仅 2014 年就有 33 家风投企业希望融入资本。平台目前已完成与“深圳腾讯”及“高榕资本”A 轮 1 500 万美金的融资。为同行业中最大金额的投资。

### 专家评语

**点评：**高臻 / 成都老枝花卤电子商务有限公司创始人

---

这是一种全新的配送方式，耳目一新的用户体验，全民皆快递，大大缩短了中间环节造成的时间成本，顺手、顺路，方便高效地充当中间桥梁！

比起人人快递为社会带来实实在在的便捷，我个人更看好它的这种模式，这种潜移默化造福人本身的力量：人与人之间的信任背书，形成人人互助的风气；减少无效出行，节能减排实打实看得见，等等。

不过也还是存在市场痛点，比如虽然也有自己固定的签约派送人员储备，但是因为是自由人，某些特殊时刻会出现派送员不接单的情况。

# 先科品牌管理改革，全新管理体系

**案例名称：**先科品牌管理改革，全新管理体系

**所获奖项：**管理创新类——银奖

**获奖单位：**深圳市微托电子商务有限公司

扫描二维码，
查看完整版案例

## 背景 & 挑战

因为品牌经营的各品类产品较多，现有工厂已经不足以满足各品类需求。同时，各平台营销状况处于亚健康，产品质量监控、客户体验等评价处于不理想状态。线上和线下先科品牌管理状况混乱，出现价格体系混乱、运营体系混乱等状况。市场充斥着假冒伪劣产品状况比较常见。

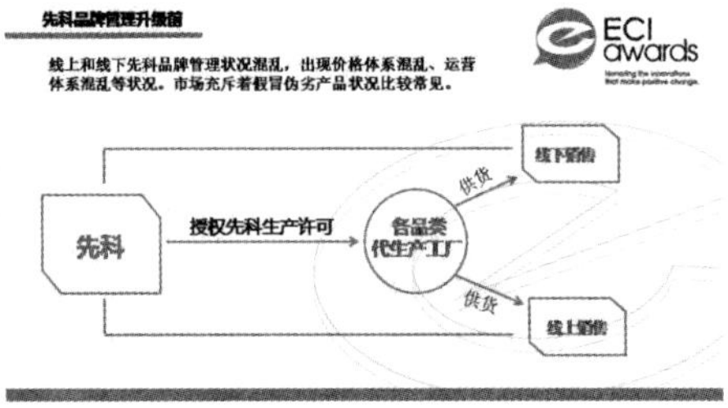


## 创新思维

品牌内部管理、品控、服务、客户体验，更加人性化、高效化、高品质。

（1）统一管理线上销售权和各品类代生产工厂。首先，品牌商总代理，统一管理线上线下生产及销售平台。制定统一管理方案，最大限度杜绝假冒伪劣产品出现，净化生产及销售平台。其次，指定生产商，制定销售渠道，杜绝串货行为。

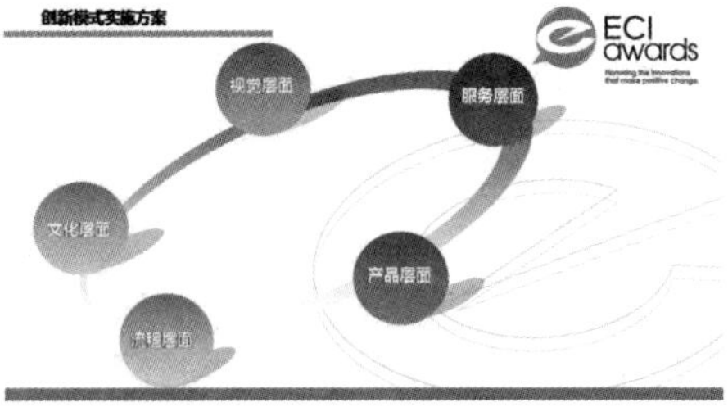

最后，严格筛选销售商，保证品牌形象和品牌评分处于同行领先水平。

（2）各平台和平台店铺产品图片、设计、VI 风格均由品牌商统一提供，确保品牌的风格化。

## 实施过程

### （一）视觉层面

- 突出品牌，与品牌实体店铺、VI 风格一致；
- 传达专业化、人性化、时尚化；
- 强化产品细节，突出品牌表现力、鲜活度和渗透力。

工作包括：

①互联网品牌 UI、VI 统一；

②互联网品牌 logo 统一；

③店铺装修风格定位；

④产品统一拍摄；

⑤产品统一后期。

### （二）服务层面

- 通过专业知识的解答，获取消费者信任；
- 客服人员及时热情地回应，提升客服服务质量；
- 注重产品的质量，保证消费者的产品体验。

工作包括：

①建立一定标准的响应速度；

②制定专业话术应对不同消费者；

③建立售后、物流、保障团队；

④客户维护、后期 CRM 营销、电话回访；

⑤为品牌争取各方有力资源及整合。

### 三、产品层面

通过数据分析和消费者行为分析，为产品体系持续提出需求，与整个供应链体系紧密配合，协助优化产品体系，相互影响与促进。

工作包括：

①全国统一销售价；

②建立专属品牌的产品结构；

③结合互联网数据及需求制定推广营销方式（根据互联网各重大节假日进行软广及硬广）；

④产品防伪标识。

（四）流程层面

工作包括：

①统一装修风格，logo；

②建立统一价格体系；

③产品拍摄及后期上线操作；

④建立专业客服团队（售前、售后、跟踪回访）；

⑤设计独有个性快递包装及放置统一售后卡及建议卡；

⑥通过站内直通车、钻展、淘宝客、品牌街、聚划算等手段提高品牌形象及黏性；

⑦定期制定策划促销活动、品牌推广、老客户维护及引进更多新客户。

（五）文化层面

- 培育消费者对产品的认知和消费习惯；
- 提升会员管理能力，提高消费者对品牌的忠诚度；
- 持续创新不同形式的消费者互动，让消费者在潜移默化中将购物变成一种具有优质体验的乐趣；
- 增加网络营销部（在互联网进行炒作）。

工作包括：

①逐步改变折扣、低价促销的思路，提升多元化的营销能力，注重传达品牌感；

② 更多利用品牌系统本身的推广资源；

③持续推出社区化活动；

④以专业化知识引导消费者；

⑤完善会员管理和积分体系。

## 效果评估

时代在不断地进步，社会在不停地发展，正因如此，企业更加要跟上步伐实行创新式的管理，数据化、标准化、流程化管理一直是我们的追求。为更好地提升先科品牌影响力，实现 020 大战略，我们坚定不移地执行："生产好货"、"将货卖好"、"快速送货"、"将货送好"的战略方针！

目前，整个战略项目完成度进入到 020 资源整顿阶段，成效比预计的更加理想，020 大战略全国目前 2 800 个网点参与其中（计划网点 4 500 ～ 5 000 家）。

**专家评语**

**点评：**杨励耕 / 海尔商城首席执行官

这个案例的核心是 O2O，互联网和电商给传统的商业带来了巨大的冲击，同时也带来了无限的商机。网上销售不同品类的占比到 2015 年预期可以达到 15% ～ 50%，所以线上的业务不再是小打小闹的补充，也不是清理库存的小水道，而是一个主流的渠道，要站在全渠道的角度去考虑线上线下的融合，即 O2O。

该案例中，比较好地从品牌、营销、渠道管理、物流交付、售后服务、研发、生产全流程整体设计，提供整体解决方案，这在目前国内的品牌 O2O 的实践中还是属于第一阵营的。

案例中强调了用户体验，但还没有成为最核心最中心的切入点和一切商业的起点，有一些角度还是从企业的角度出发，建议在下一阶段的实施中，一切围绕用户体验和消费者为核心，把线上线下深度融合而不仅仅在渠道和营销层面；通过 C 端体验和需求，驱动整个后端建立柔性供应链，建立全新的 C2B 商业模式。同时在品牌建设中聚焦在用户经营、粉丝经营，积累的是用户关系而不是用户数据，要真正转型为更互联网的业务模式。

# 服务商管理系统

**案例名称：**服务商管理系统

**所获奖项：**管理创新类——铜奖

**获奖单位：**北京洪海龙腾电子商务有限公司

扫描二维码，
查看完整版案例

## 背景 & 挑战

电商服务产业是随着中国电子商务行业的发展逐步发展起来的。早期电商服务商并没有很清晰的业务划分，业务模块单一。随着淘宝网的发展，特别是每年一次的“双十一”大促活动，加之京东、易迅、亚马逊、苏宁易购、1 号店等电商平台的迅速崛起，使得电子商务越来越被企业尤其是传统企业所重视，入驻和筹备入驻的企业越来越多。电商平台本身也从原来简单的产品陈列，向更高层次的市场营销发展。越来越多的传统企业入驻电商平台，多样化的企业带来多样化的需求，促使电商服务商从单一产品转变为多样化产品，从服务单一客户、提供单项服务，转变为服务多个客户、提供多种产品。

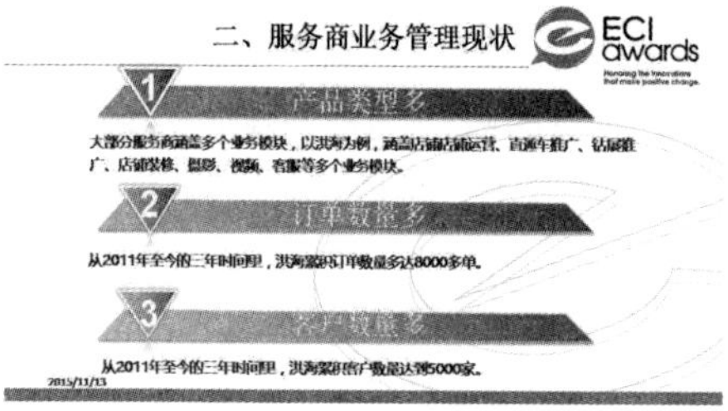

电商服务商（以下简称“服务商”）的发展，对于电商行业的发展有极大的促进作用。服务商在遇到越来越多的机遇的同时，也面临越来越大的挑战，整个市场在快速发展的同时面临着工作效率低、数据不准确、管

理混乱、服务不规范、业务变化快等大量的问题。

## 创新思维

针对电商服务行业特点——多订单多产品、单订单多服务，再结合传统管理系统 ERP、CRM 的优势，服务商管理系统的设计目标就是解决电商服务过程中遇到的问题。

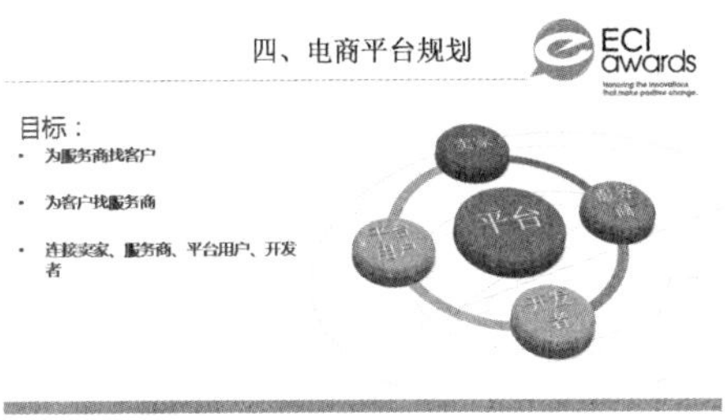


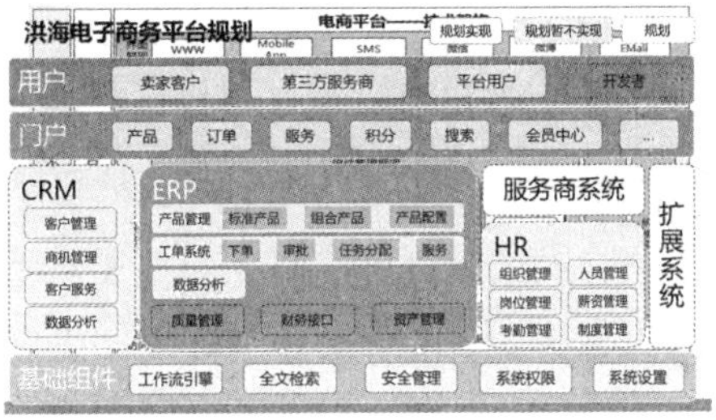


1. 提升管理效率

服务商管理系统上线后，实现了全部业务电子化。电销人员直接通过系统下单，订单提交后由指定的部门及相关人员负责审核订单的合规性，审核通过后由分单人员将订单分解到不同的业务部门，业务部门再根据具体的部门情况将订单分配到指定操作人员。操作人员在实操过程中，可以根据店铺情况、客户需要等随时调整订单执行状态，系统会自动记录操作人员、操作时间、操作周期等。这些业务数据的积累，为业务调整、流程优化及营销投入提供数据分析的基础。

2. 提高人均产出

服务商管理系统上线后，对于多账户操作人员，可以全面实时掌握账户运行情况。基层管理人员可以根据实操人员的账户维护情况，合理安排生产任务。实操人员在操作店铺的时候，可以有更多的时间关注店铺本身的运营情况。后续系统会提供更多的运营工具，以辅助实操人员提高工作效率，提高单人带店铺数，提高人均产出。

3. 改善用户体验

服务商管理系统在与客户互动上也做了努力，引入了 CRM 系统中客户关怀的功能。从下订单开始，客户就可以收到由系统发送的关怀信息。通过开发更多的互动功能，利用微信、微博等热门工具，真正将客户与公司的服务各环节打通，使客户可以随时掌握服务的情况，极大提升了用户体验。

## 实施过程

整个服务商管理系统是由洪海瑞淘软件有限公司负责开发实施，由于整个项目在服务商业内尚没有成功的先例，因此整个项目实施过程中风险控制是成功与否的关键。

系统的完整实施过程包括需求调研、技术选型、系统设计、系统开发、测试上线、系统培训及正式交割。每个阶段都有严格的边界定义及产出物，每个阶段完成后由项目组负责整理产出物，归档并制定下一阶段的工作计划与安排。当所有的规划阶段完成后，系统就正式上线运行了。

## 效果评估

目前，服务商管理系统已经投入使用一年，并结合用户在使用中出现的问题进行了几次功能完善和版本升级。该系统将销售、服务和管理有效地结合在一起，并基于此系统相继完成了服务账户统计系统、客户管理系统、产品管理系统和财务账房系统的设计及开发工作。

通过系统化的管理，帮助企业对内部业务流程进行了重新的梳理和完善，将之前的订单管理、流程审批、业务分配、服务过程管理等需要手工进行的工作实现了系统的自动化进行，极大地节约了时间成本。

（1）公司效益提高：公司服务账户数增多，由 200 多家到现在的 1 500 多家，管理费用金额由 2 000 万增到 5 000 万元。

（2）服务人员的管理：人员的增多，由原来的 50 多人增加到现在的 300 多人，只需在系统后台操作，便可对每个服务人员进行精细化管理。

（3）合作服务商的使用：服务商合作平台的搭建成功完成了第一步，由开始我们公司内部使用到现在有 4 家服务商合作使用。

（4）数据的统计和积累：通过一年的数据积累和沉淀，我们对于员工的管理及账户信息的管理有了很多的数据分析和结果。如 2014 年在不同服务产品上 12 个月账户增长趋势，在各个月份的进账流水情况，在各个月份账户续约率情况，所服务客户的特征分析（平台、类目、级别、地域等），退款客户的特征分析及退款原因占比分析等；在团队人员管理上，我们可以看出人均产能分析、人均带账户数分析、个人带账户的客满度情况，通过这些数据指标可以更好地做好团队管理和员工培训工作。

该管理创新明显提升了公司在电商行业的竞争力，这对电商行业的发展意义非凡，由传统的、简单的客户管理系统真正实现了从账户统计系统、客户管理系统、产品管理系统到财务账房系统完美结合到一起，大大降低了企业的管理成本，提高了企业工作效率，提供了数据分析的基础，电商服务商实现了从简单粗暴的管理到精细化和数据化管理的华丽转身。

**专家评语**

**点评：**杨励耕 / 海尔商城首席执行官

电商的高速发展带动了电商服务业过去几年的高速发展，目前，该行业的年总收入达到几千亿的规模，未来几年还会处于相对高速发展的时期。另一方面，由于行业发展快、业务类型复杂、创新多，对于电商服务企业的挑战也越来越大。

洪海的服务商管理系统正是为了面对这一挑战，比较好地解决了服务商订单管理、客户管理、数据驱动的经营分析和用户满意度管理几个核心问题，并通过一年多时间的内部使用和合作伙伴的使用，达到了预期的效果。其创新主要体现在从复杂的业务中抽离出共性问题，并用合理的软件架构以及相应的底层引擎给予一个平衡的解决。该业务系统解决了服务商的基本问题，但对于整个价值链和生态的管理还有更大空间，建议下一步延伸到对于服务商的客户（品牌和厂家）的管理和服务上，成为全供应链协同管理的工具，更好地服务于最终消费者，提升端到端的效率和价值。

# 天猫小微管理创新

**案例名称：**天猫小微管理创新

**所获奖项：**管理创新类——铜奖

**获奖单位：**海尔集团电子商务有限公司

扫描二维码，
查看完整版案例

## 背景 & 挑战

传统企业面临互联网转型，整体家电行业在电商经营中更多是以探索的姿态进行切入，依托整体的集团性资源在进行品牌化的电商经营。在天猫上的经营是以“下水道”为主的清仓和清尾货经营，团队也以某部门形式存在，来自企业内外和线上线下的压力导致电商经营在产品、营销、人力、费用等各方面服务于企业的平衡。同时，互联网的发展已经触动部分企业对未来的思考，并在企业内部进行革命性探索。但是对于普通员工来讲，打破铁饭碗和合同酬，从背靠大树的体系中剥离出来自主经营和自负盈亏，从相对稳定收入的职位来挑战未知和不可预测的新岗位，同时面对职业经理人向创业者的转变，其中面临极大的挑战和困难。

全球范围内来看，除了“阿米巴”是类似案例外，小微模式是一个全新的管理模式创新，但各种资源仍在既有体系和框架中，存在着非常大的不安全性。但是如果试点成功，将与互联网时代用户的“碎片化”需求的满足高度契合和一致，实现用户体验的极大提升，并为传统企业的互联网转型提供可参考的母本和实践案例。

## 创新思维

天猫小微秉承“以人为本”理念，致力于打造用户最佳体验。实现每个小微主的自主创业，将决策权、分配权、用人权彻底让渡；充分调动员工的积极性。一个人能够为市场创造多大的价值，你就可以得到多少的薪酬；用市场价值来决定每个人的薪酬，实现用户付薪。将市场价值和网络价值双重维度作为 KPI 考核参数。市场价值体现业务模式对业务的推进和“果”的保证，网络价值提升经营用户的能力，是可持续实现“果”的“因”。

该创新作为海尔互联网时代转型的核心改革措施之一，将通过全员创客的方式进行进一步的升级和优化，将公司核心的资源和架构小微化、创客化，开放公司的人力、技术、资金、资源不遗余力进行创新的推进。

## 实施过程

（1）小微团队从海尔组织架构上剥离出来，从“在册”变为“在线”，小微注册独立的公司和法人实体，与海尔对应业务单元签订合作关系，成为市场化的公司。

（2）小微在承接海尔改业务单元的市场价值目标和网络价值目标的同时，考虑自身企业的经营和盈利，对团队构成进行自我控制，自主经营，自负盈亏，自己养活自己。并通过独立的财务核算体系进行企业盈亏的预算。

（3）小微主从过去接受指令的员工，变身为以“经营”和“做生意”的思维进行经营的企业主，既要有“小农意识”又要有企业家精神，在管理和思考上要求更高。

（4）在执行中，考虑平衡内部的资源，同时更多的决策过程做成开放的尝试，让全体员工参与经营和分享。根据市场反馈及时调整，对团队架构进行优化，实现尽可能优化的组织架构，让每个岗位上的人发挥最大的价值，实现良性循环。

（5）在突发事件的处理中，以背后的海尔的利益为核心维系的利益，保证大利益前提下为小微争取更多利益。利用小微机制的灵活性和经营资源的多样性处理能力范围内的突发事件，并尽可能地加速推进进度。

## 效果评估

（1）团队结构以小微自建为核心，实现 1+1 的人员配置，各岗位均有 2 名以上人员可供选择，提升了内部的竞合和个人能力。

（2）承接目标连续两年超额完成，并共享了各个行业内有影响力的经典案例。

（3）2012—2014 年连续三年海尔天猫官方旗舰店成为天猫大家电第一店。在天猫“双十一”网购购物节中，连续两年进入全品类前三名。

（4）小微经营两年中实现小微企业超利分享，小微员工收入明显提升。

**专家评语**

**点评：**高臻 / 成都老枝花卤电子商务有限公司创始人

“每个人能够为市场创造多大的价值，你就可以得到多少的薪酬；用市场价值来决定每个人的薪酬，实现用户付薪。”这无疑是一种非常棒的模式！以价值定薪酬，员工必定会以主人翁的工作方式自发自助积极进取，为了取得高薪目标，自然在服务等各方面都会有大幅度的提升，企业口碑自然也会在累计的过程中越来越好，品牌声音越来越响也是必然结果。这其实是一个生态循环的模式，一环扣一环，良性发展。有实力有条件的公司，未尝不可试试这样的方式！

# 制度创新类
# Policy Innovation

参与该类别的案例，是电商行业参与方（含平台、服务商、行业主管部门等）独立、协同其他机构，在电商行业的制度建设、生态治理及商业规则方面的创新，无论这种创新是基于具体技术的，还是运营机制的。包含但不限于：消保与权益、交易规则、就业促进、税收政策、跨境贸易、风险控制、信用体现等。

All cases should be innovative system developed for e-commerce. Submission parties should be individual participators (include platforms, servers, industry director department, etc.) or cooperate with other associations, which have developed innovative system, eco-supervision, and commercial institution for e-commerce. This innovation can be technology-based or operation-based. It includes but not limited to: consumer rights and protection, trading rules, careers development, taxation laws, cross-border trade, risk control, credits, etc.

趋势与未来洞察

# 用什么支持创新者坚韧前行

首先，请注意一个客观事实：2015 年艾奇电子商务创新经济奖项的制度创新类奖项——空缺？——因此，本案例汇编的“制度创新类案例”模块，也将留白。

这是本届艾奇电子商务创新经济奖项评审过程中的传奇桥段，评审们惊讶地发现，并没有任何一项制度创新足以被授予“金银铜”奖项资格。和任何一次激烈争论没有区别的是，评审们快速划分为两大阵营开始唇枪舌剑：一部分评审认为，作为电商创新领域的领导者，艾奇需要给案例申报者以鼓励，这样将有力促成未来若干年内制度创新的案例陆续呈现；另一部分评审的态度同样强硬，认为作为权威性与公信力的电商创新奖项，“高标准”是不可挑战的红线，既然没有评审们公认晋级的案例，宁可本细分类别空缺，也不应让低标准的案例入围。

忽略 15 000 字的各种雄辩之后，持有后一种观点的评审们，赢得了最终的胜利。

这就是制度创新类奖项留白的全部故事，很长，不复杂，代表的是态度与决断，也代表着艾奇的情怀与操守。

制度，代表的是国家行政层级对于行业发展实施指导的支持力度，这种支持力度可能会呈现在税收、办公面积、扶持基金、人才奖励等方面，然而，这仅仅是传统意义的“制度”，至少在本届艾奇电子商务创新经济奖项所见的“制度创新”案例来看，如何实现“制度创新”仍然是各级行政机构需要挑战与学习的难点。

2015 年 3 月 5 日，李克强总理在十八大政府工作报告中提及“互联网 +”，将“互联网 +”提升到国家级战略的高度；4 个月后，国务院发布覆盖 11 个行业的《互联网 + 行业实施指导意见》，将李克强总理的战略指向转化为具象化的行政策略。上述两个关键时间点，令电商从业者感觉到激励与兴奋，可想而知的是未来各级行政机构均会遵循顶层制度指向，分解到可落地产生实际效应的制度，从制订到实施，将大幅度帮助创新企业赢得生存空间。

未来的制度创新可能体现出四大趋势:

一、制度未必再是行政机构的专利

行政机构能发布制度加速电商行业发展，而制度背后常见的激励扶持难脱“税收、人才、面积、资金”四大类。观察者们发现，类似的扶持制度，也可能出现在行业协会、创业联盟、创客空间等，尽管这些制度发起者的资质不同于政府行政机构，却常常与政府行政机构合作。进一步解析该趋势，电商行业未来的制度扶持会更为多元化，而不局限于 ××× 文号等红头文件。

二、从利益到实施

不可否认，多年来的制度均使用利益刺激，从而调控行业的从业环境生存难度，实现行业打压或行业扶持的行政目标。电子商务领域的制度创新，未来将从利益控制进入到实施控制，会帮助电商创新者获取从商业辅导到商业流量、从商业推广到商业资本等更多机会的接触。

三、从象牙塔开始

制度指向互联网电商行业的同时，也指向更为年轻的创业者。从 2013 年、2014 年与 2015 年的电商创新现状判断，越来越多的高校创业者成为黑马，尽管他们中的多数没有经历过专业的商业训练，可他们有着更为强大的创新勇气，常有神来之笔。制度创新的帮助对象，也从泛创新者来说逐步细化，年轻的高校创业人群会成为未来数年制度重点照顾的特定群体，他们比任何“70 后”、“80 后”甚至“90 后”更了解互联网，也更了解消费者想要什么。

四、从阶段机制到常态机制

社会文明程度的特征之一，便是文化与商业的逐步多元，而非互相抵触，呈现在互联网时代亦然。电商创新很快会成为持续不断的行为，既不会因为某一个浪潮来临变得盲从，也不会因为某一盆冷水而降温，电商创新将成为诸多创业团队每天甚至每小时都会构思与推演的常态。制度创新也将追随创新常态化而常态化，在未来数年或者数十年，电商创新者通过搜索引擎会找到符合各种细分创新的制度规则，制度将真正服务于创新，而不止鼓励创新。

# Part III
# ECI Wiki

## IPO：

2014 年 9 月 19 日，阿里巴巴成功登录纽交所，成功 IPO 的同时，为中国电商乃至于为中国互联网产业做出规模背书，至此，阿里巴巴不仅吸引全球关于电子商务产业的最聚焦目光，还奠定“全球最大的 IPO”奇迹缔造者身份。在阿里巴巴领衔的中国互联网企业海外上市集群中，包括诸多电商企业，有中国 B2C 电商市场第二份额的京东商城，以及麦考林、唯品会等。

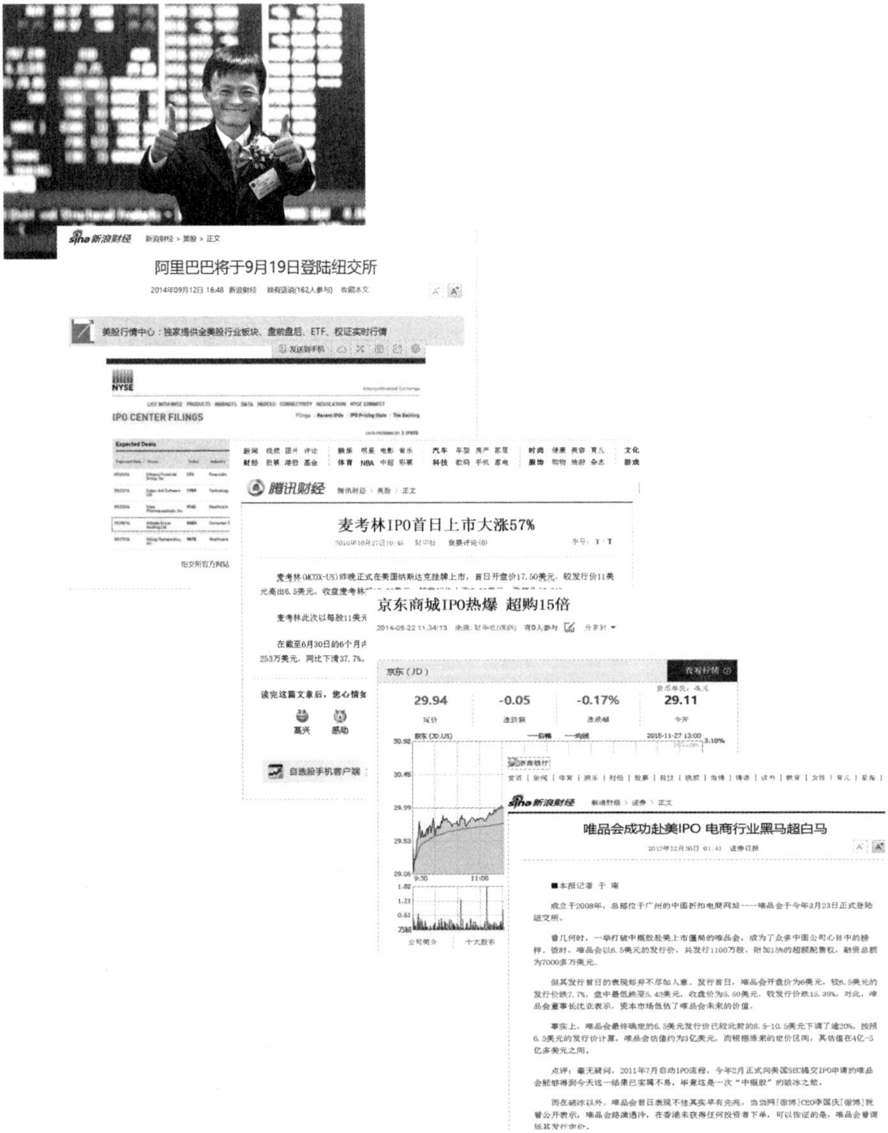

**奶茶：**

京东商城掌门人刘强东与网络红人“奶茶妹妹”章泽天正式公布恋情，从而吸引网友们与新闻媒体的关注力度。

2014年4月，被细心网友爆料，刘强东与奶茶妹妹携手游纽约，两人神情亲密。尽管在2015年年初网络再爆两人分手的剧情，最终2015年8月8日，媒体正式报道刘强东与奶茶妹妹领结婚证的喜讯。从而成为中国电子商务领域最出名的一对夫妻。

红人馆

分手？炒作？

奶茶妹妹和刘强东同删微博引猜测
知情人称章泽天这两天心情不好

有着“奶茶妹妹”之称的南京女孩章泽天的一举一动，始终是人们谈论的话题，而她和京东掌门人刘强东相差19岁的甜蜜恋情，更是大众关注的焦点。然而昨天下午，章泽天却突然将个人微博的所有内容清空，而刘强东也删除了自己去年4月、确认恋情所发的微博。这一举动，引起诸多猜测。有人猜两人分手，有人推测是为近期章泽天加盟的一个节目炒作，对此节目组给予否定。知情人士表示，两人感情一直挺好，不过这两天章泽天似乎心情不佳，到底是什么原因导致的，目前还不清楚。 现代快报记者 刘磊 王颖菲

“奶茶”删光微博，“强哥”删表白帖

当事人未回应，“奶茶”被曝心情不佳

“奶茶妹妹”章泽天

首页 > 新闻频道 > 文体娱乐 > 娱乐八卦 > 正文

奶茶妹妹章泽天和刘强东公布恋情 奶茶妹妹章泽天未否认恋情

奶茶妹妹章泽天和刘强东公布恋情 奶茶妹妹章泽天未否认恋情：网络红人奶茶妹妹章泽天与刘东强在纽约解冻相拥的照片被传到网络上后引起网友讨论，昨天，刘强东在微博上公开与奶茶妹妹章泽天的恋情，奶茶妹妹章泽天未否认恋情，对于奶茶妹妹和刘强东的恋情，刘强东表示，不希望被娱乐化。

奶茶妹妹和刘强东公布恋情 奶茶妹妹未否认恋情

和讯网 > 科技 > 科技要闻 > 正文

扫一扫下载手机和讯网

刘强东和“奶茶妹妹”已领证结婚

2015-08-09 02:07:09 来源：兰州晨报

评论 邮件 纠错

本报讯

8日下午，网友在微博上曝光出“奶茶妹妹”和刘强东结婚登记领证的照片。据悉，刘强东公司副总裁徐雷8日下午微博中晒出二人结婚证，证实两人已领证结婚。随后陈欧也发微博证实这一消息。

提到“奶茶妹妹”章泽天，大部分人的印象还是停留在那张捧着奶茶面带微笑的照片上，一脸的青春气息扑面而来令众多网友陶醉不已，如今“奶茶妹妹”已经上清华了，而且她又谈恋爱了。她的现任男友居然是电商大佬京东商城的掌门人刘强东，1993年生的小鲜肉恋上了1974年生的大叔，一个是“霸道总裁”，一个是清华美女、网络红人，最重要的是两人相差19岁，所以两人从相识、相恋，再到结婚都在世人的注目之下。今年年初，刘强东不仅在情人节晒出婚戒，年底二人还携手回乡，刘强东在向乡亲们介绍“奶茶妹妹”章泽天时称其为“媳妇”。

今年1月底二人同游泰国被拍，互相捧脸十分亲昵，让分手传言不攻自破。之后，刘强东在受

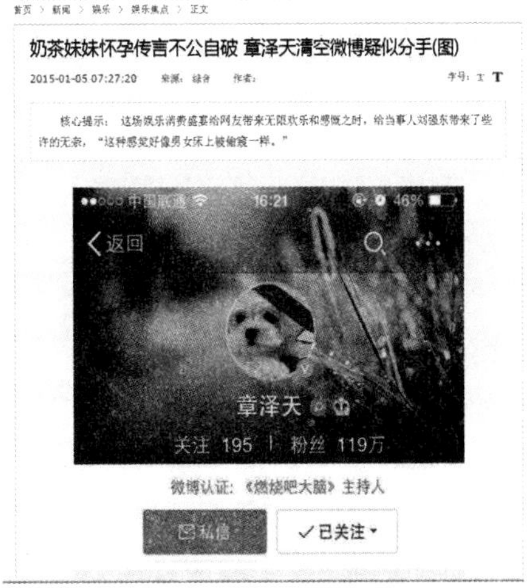
首页 > 新闻 > 娱乐 > 娱乐焦点 > 正文

奶茶妹妹怀孕传言不公自破 章泽天清空微博疑似分手(图)

2015-01-05 07:27:20 来源：综合 作者：

字号：T T

核心提示：这场娱乐消费盛宴给网友带来无限欢乐和感慨之时，给当事人刘强东带来了些许的无奈，“这种感觉好像男女床上被偷窥一样。”

## 东航电商：

上海东方航空电子商务有限公司于2014年岁末成立，这不仅是东方航空涉足电子商务的里程碑，也被视为航空产业正式电商化的尝试。东方航空电商公司将利用东航既有的8 000万会员基础，进一步深挖数据价值，寻求用户航程过程前、航程过程中、航程过程后的多阶段商业价值组合。

东方航空电子商务有限公司

在线旅游 | 酒店 | 航空公司 | 目的地 | 旅游科技 | 旅游分销商 | 投资并购 | 旅游分销系统 | 商务及奖励旅游 | 邮轮

### 东航：通过IT系统升级优化电商和客户服务

2015-09-25 | 来源：Ritesh Gupta English

东航很明确，电商业务的发展是未来提升销售业务和客户服务的关键所在。他们已开始重新设计内部流程，并优化PSS，以提升IT服务能力。

【环球旅讯Ritesh Gupta】航空市场的竞争正变得越来越激烈，中国的航空公司会如何优化IT基础建设？他们会如何制定电商战略呢？

### 东航电商优化资源　为旅客提供一站式服务

2015-07-20 来源：民航资源网 作者：飞客茶馆 [投稿排行榜] 2015-07-20 16:54:37

我来说两句(0) 字体大小：[大 中 小] 分享

图：东方航空电子商务有限公司总经理韦志林先生接受专访

民航资源网2015年7月20日消息：作为我国三大主要航空公司之一，东航每年有着庞大的客户群体，年旅客运输量达到9000万人次，东方航空也因此跻身成为全世界客运量最大的前十位承运人之一，而东航旗下的东方万里行（Eastern Miles）常旅客奖励计划发展至今，会员人数亦达到3000万人次。在移动互联网和平台经济成为市场发展趋势的今天，东航有针对性地把握了用户基于航空出行的全面需求，在整合和利用客户资源、推动东航互联网化方面在业界跨出了前瞻性的一步，日前

中国新闻网　首页 → 财经中心 → 财经频道　字号：大 中 小

### 中国东航集成服务试水电商

2014年12月07日 20:59　来源：中国新闻网　参与互动(0)

中新社上海12月7日电 (李佳佳 缪璐)东方航空电子商务有限公司7日在上海成立。中国东方航空股份有限公司副总经理唐兵表示，"为实现东航从传统航空承运人向现代航空服务集成商的战略转型，成立东航电商是最主要的路径"。

"从积极搭建网络直销平台，到开展跨境电商物流，再到实现机上空地互联，建设云支付平台"，东航股份公司总经理马须伦介绍道，"力求将旅客从社区到景区，货物生产者到消费者的各环节都打通"。

之前东航就有电商业务，但都分散在各个部门，东航电商的成立主要是进行产品开发和价值的深度挖掘。"现在只是借东航电商把它整合起来"，唐兵透露，"像产地直销这类空地合作项目，有很好的发展前景，之后都会纳入到电商平台"。

目前航空公司普遍存在乘客对积分使用情况的抱怨，"换机票换不到，或积分可兑换产品种类较少"，为解决这一问题，唐兵表示，"东航电商希望像国外航空公司学习，将积分与超市、加油站、旅店甚至银行等都联系起来，实现互通有无"



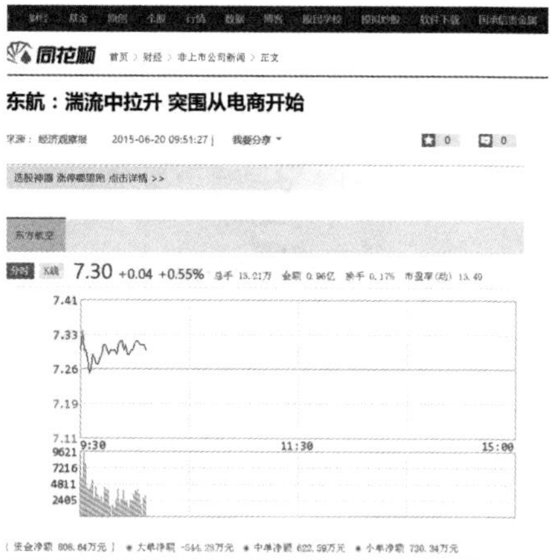

同花顺　首页 > 财经 > 非上市公司新闻 > 正文

### 东航：湍流中拉升 突围从电商开始

来源：经济观察报　2015-06-20 09:51:27 | 我要分享

选股神器 涨停哪里跑 点击详情 >>

东方航空

7.30 +0.04 +0.55%

## 红包：

整个2014年的春节与2015年春节，互联网行业的第一高频名词就是“红包”，如果要给这个名词加一个前缀，那就是“微信红包”。一直以来，腾讯力求在支付业务上能追上遥遥领先的阿里支付宝，却始终无力弯道超车。当越来越多的用户习惯使用“微信红包”，观察者们发现，用户的支付行为正在两极化：购物支付行为仍然以支付宝占据主流，而场景支付行为，微信生态的支付工具却不落下风。而这无疑也是为腾讯体系的电商赢取到支付工具对抗面的关键筹码。

## 电商金融 & 金融电商：

2014 年 6 月，阿里巴巴上线“余额宝”理财产品，以远高于银行投资理财回报率的数据，瞬间引发银行、基金、理财行业的不安。2014 年 7 月，京东商城率先上线众筹栏目。10 月中旬，阿里巴巴小微金融服务集团正式改名为“蚂蚁金融服务集团”，从而揭开声势浩大的电商金融战。

电商竞争战，在 2014 年全线升级，从“商品”与“消费者”争夺，升级为“商品”、“消费者”、“理财行为”的拉锯，这种升级不能简单视为电商事业线的延展，而是更多呈现出产业多元化以及细分竞争环节反复拉锯的特征。

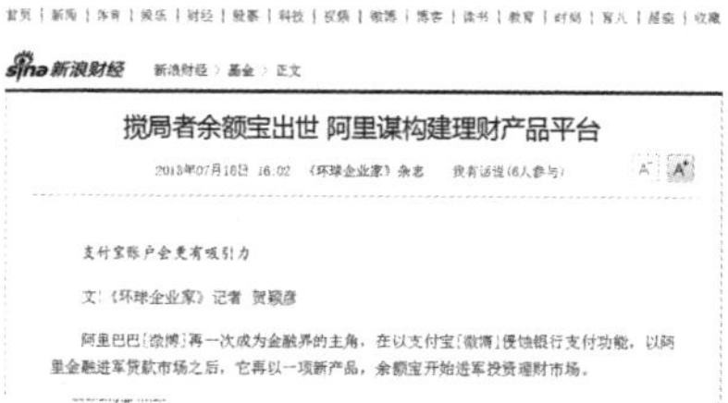
sina新浪财经 新浪财经 > 基金 > 正文

攪局者余额宝出世 阿里谋构建理财产品平台

2013年07月16日 16:02 《环球企业家》杂志

支付宝账户会更有吸引力

文：《环球企业家》记者 贺颖彦

阿里巴巴[微博]再一次成为金融界的主角，在以支付宝[微博]侵蚀银行支付功能，以阿里金融进军贷款市场之后，它再以一项新产品，余额宝开始进军投资理财市场。

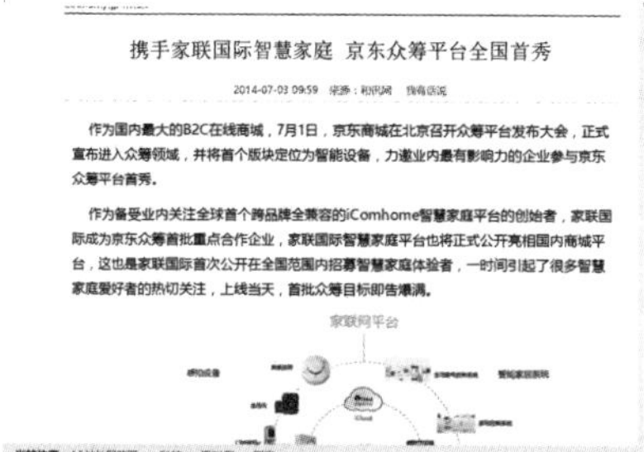
携手家联国际智慧家庭 京东众筹平台全国首秀

2014-07-03 09:59

作为国内最大的B2C在线商城，7月1日，京东商城在北京召开众筹平台发布大会，正式宣布进入众筹领域，并将首个版块定位为智能设备，力邀业内最有影响力的企业参与京东众筹平台首秀。

作为备受业内关注全球首个跨品牌全兼容的iComhome智慧家庭平台的创始者，家联国际成为京东众筹首批重点合作企业，家联国际智慧家庭平台也将正式公开亮相国内商城平台，这也是家联国际首次公开在全国范围内招募智慧家庭体验者，一时间引起了很多智慧家庭爱好者的热切关注，上线当天，首批众筹目标即告爆满。

家联网平台

当前位置：A5站长网首页 > 科技 > 互联网 > 正文

每日话题：蚂蚁能否撼动大树？阿里成立蚂蚁金融服务集团

2014-10-17 16:55 来源：A5站长网

A5站长网(www.admin5.com)10月17日消息，昨日原名“小微金服”的阿里金融公司，正式更名为蚂蚁金融服务集团，简称蚂蚁金服。至此，蚂蚁金服集团旗下已拥有支付宝、余额宝、招财宝、蚂蚁小贷以及还在筹备中的网商银行直战以传统银行为主的金融圈。

据了解，蚂蚁金服的股东为两家合伙制企业，注册资本为12.29亿元。杭州君瀚股权投资合伙企业和杭州君澳股权投资合伙企业。马云为君瀚投资的直接股东，而陆兆禧、彭蕾等阿里高管合伙持有君澳投资。



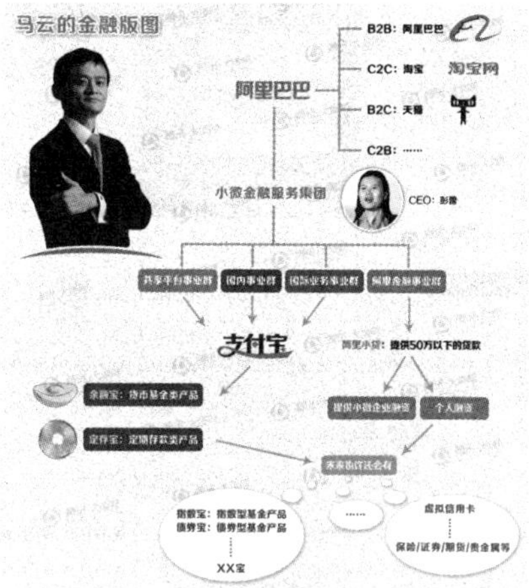

**腾百万：**

2014 年 8 月，中国城市商业综合体巨头万达集团，宣布与腾讯与百度一起成立合资公司“万达电商”，一期注资 50 亿元人民币，并且宣布未来 5 年将投入 200 亿元人民币。万达电商将打造国内最大的通用积分联盟平台。同时，万达、百度和腾讯三方将建立大数据联盟——业界，对万达电商简称为“腾百万”。

万达电商的成立，一方面意味着万达集团战略转型，在 O2O 领域进一步提升战略优先级；另一方面也意味着线下巨头万达集团与线上巨头腾讯、百度，开始联手对抗电子商务领域第一巨无霸——阿里巴巴。

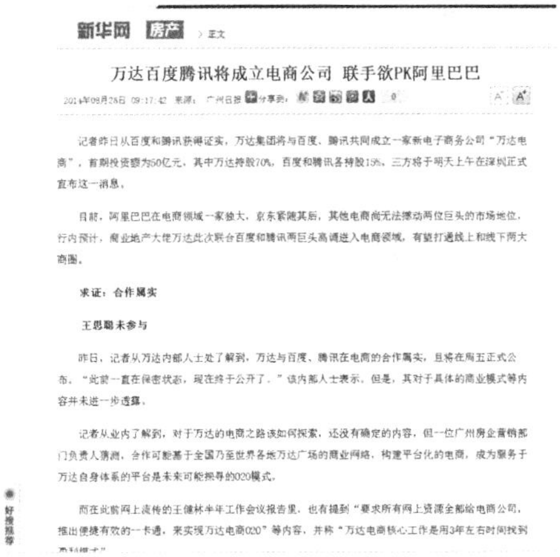

新华网 房产 > 正文

万达百度腾讯将成立电商公司 联手欲PK阿里巴巴

2014年08月28日 09:17:42 来源：广州日报

记者昨日从百度和腾讯获得证实，万达集团将与百度、腾讯共同成立一家新电子商务公司“万达电商”，首期投资额为50亿元，其中万达持股70%，百度和腾讯各持股15%，三方将于明天上午在深圳正式宣布这一消息。

目前，阿里巴巴在电商领域一家独大，京东紧随其后，其他电商尚无法撼动两位巨头的市场地位。行内预计，商业地产大佬万达此次联合百度和腾讯两巨头高调进入电商领域，有望打通线上和线下两大商圈。

求证：合作属实

王思聪未参与

昨日，记者从万达内部人士处了解到，万达与百度、腾讯在电商的合作属实，且将在周五正式公布。“此前一直在保密状态，现在终于公开了。”该内部人士表示。但是，其对于具体的商业模式等内容并未进一步透露。

记者从业内了解到，对于万达的电商之路该如何探索，还没有确定的内容，但一位广州房企营销部门负责人猜测，合作可能基于全国乃至世界各地万达广场的商业网络，构建平台化的电商，成为服务于万达自身体系的平台是未来可能探寻的O2O模式。

而在此前网上流传的王健林半年工作会议报告里，也有提到“要求所有网上资源全部给电商公司，推出便捷有效的一卡通，来实现万达电商O2O”等内容，并称“万达电商核心工作是用3年左右时间找到[illegible]”

好搜推荐

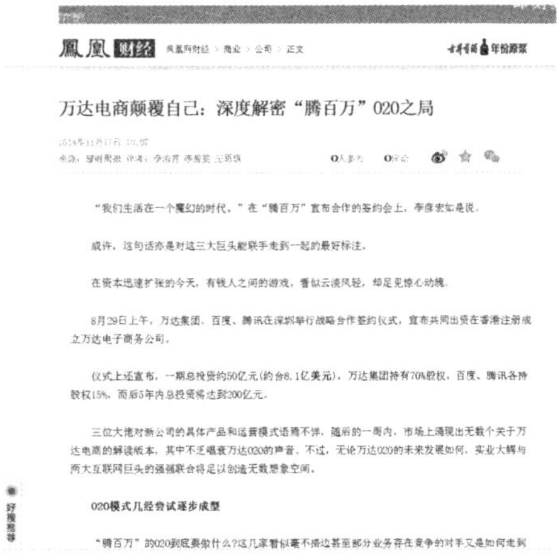

鳳凰财经 凤凰网财经 > 商业 > 公司 > 正文

万达电商颠覆自己：深度解密“腾百万”O2O之局

“我们生活在一个魔幻的时代。”在“腾百万”宣布合作的签约会上，李彦宏如是说。

或许，这句话亦是对这三大巨头能联手走到一起的最好标注。

在资本迅速扩张的今天，有钱人之间的游戏，看似云淡风轻，却足见惊心动魄。

8月29日上午，万达集团、百度、腾讯在深圳举行战略合作签约仪式，宣布共同出资在香港注册成立万达电子商务公司。

仪式上还宣布，一期总投资约50亿元(约合8.1亿美元)，万达集团持有70%股权，百度、腾讯各持股权15%，而后5年内总投资将达到200亿元。

三位大佬对新公司的具体产品和运营模式语焉不详，随后的一周内，市场上涌现出无数个关于万达电商的解读版本，其中不乏唱衰万达O2O的声音。不过，无论万达O2O的未来发展如何，实业大鳄与两大互联网巨头的强强联合将足以创造无数想象空间。

O2O模式几经尝试逐步成型

“腾百万”的O2O到底要做什么?这几家看似毫不搭边甚至部分业务存在竞争的对手又是如何走到

好搜推荐

“腾百万”打造飞凡电商上线

2015-08-01 04:09:51 来源：京华时报(北京)

分享到：

京华时报讯（记者胡笑红廖丰潘秀林）去年8月底，万达、百度、腾讯“搭伙”宣布合资成立了万达电子商务公司，一期就砸50亿元。昨天，重金打造的飞凡电商宣布正式上线，将彻底实现商业中心线下线上服务的融合。

飞凡电商总投资50亿元，万达持股70%，腾讯百度各持股15%。飞凡电商以大会员、积分联盟、一卡通、大数据和云平台为支撑，为购物中心及商户提供覆盖会员、积分、营销、支付的全业务管理服务；同时，为消费者提供找店、停车、排队和智慧电影等完美体验式场景，通过整套智能软硬件解决方案，建设新一代数字化购物中心。

PLAYBOY

JD 京东

昨天，飞凡电商率先与通州万达广场无缝对接，消费者李女士说，她在二楼逛的时候在手机APP上用1元抢了原价近40元的许留山甜品，微信支付后，APP就指引她到4楼直接去领取。“以往逛街到了饭点，可是到美食区发现需要排队，现在我只需要提前打开飞凡APP提供的 美食不用等 功能就可以了”。消费者王女士说，她在手机上提前

好搜推荐

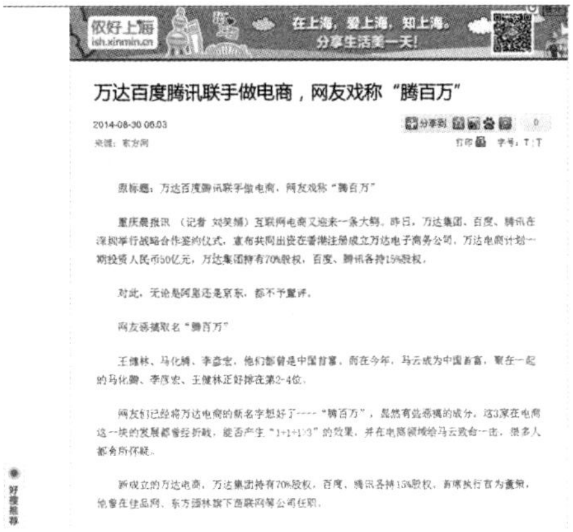

侬好上海 ish.xinmin.cn 在上海，爱上海，知上海。分享生活美一天！

万达百度腾讯联手做电商，网友戏称“腾百万”

2014-08-30 06:03

来源：东方网

原标题：万达百度腾讯联手做电商，网友戏称“腾百万”

重庆晨报讯 （记者 刘芙蓉）互联网电商又迎来一条大鳄。昨日，万达集团、百度、腾讯在深圳举行战略合作签约仪式，宣布共同出资在香港注册成立万达电子商务公司，万达电商计划一期投资人民币50亿元，万达集团持有70%股权，百度、腾讯各持15%股权。

对此，无论是阿里还是京东，都不予置评。

网友活搞取名“腾百万”

王健林、马化腾、李彦宏，他们都曾是中国首富，而在今年，马云成为中国首富，聚在一起的马化腾、李彦宏、王健林正好排在第2-4位。

网友们已经将万达电商的新名字想好了----“腾百万”，虽然有些恶搞的成分，这3家在电商这一块的发展都曾经折戟，能否产生“1+1+1>3”的效果，并在电商领域给马云致命一击，很多人都有所怀疑。

新成立的万达电商，万达集团持有70%股权，百度、腾讯各持15%股权，首席执行官为董策，他曾在佳品网、东方园林旗下杏联网等公司任职。

好搜推荐

## 微商：

2014 年，微信朋友圈被面膜被主力产品的“微商”刷屏，越来越多的用户抱怨身边充斥着微商运营者，一定程度干扰了消费者体验。

尽管微商被商界视为可能颠覆原有电商格局的一个趋势，却难挡高速发展过程中缺少监管而必然的乱象。伴随中央电视台对“微商”现象的关注与报道，微商在 2014—2015 年期间，经历崛起的辉煌、棒打的残酷，以及冷静下来重新思考与沉淀商业价值的磨砺。

2014年最火的是什么，朋友圈里的微商卖面膜！

2015-01-30 08:04:05

分享到：

根据国家统计局数据，2014年中国化妆品零售总额为1825亿元，较2013年同比增长10%，增幅创近十年新低。但化妆品行业并非没有亮点，众多新创面膜品牌依靠微商渠道爆发出惊人的销售力，年销售过亿的品牌比比皆是。那么2015年，微商卖面膜还能挣钱吗？

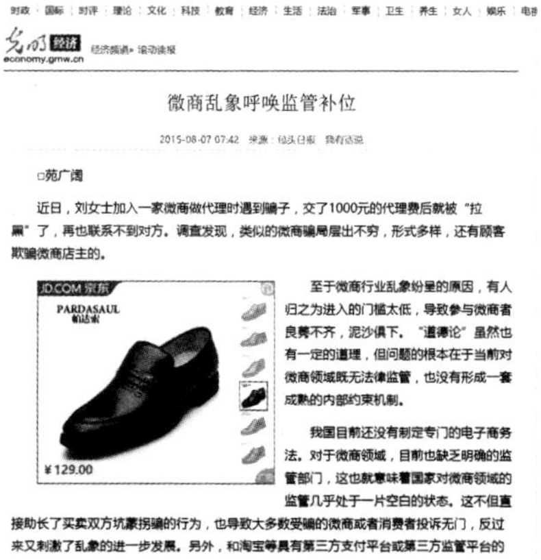

时政 | 国际 | 时评 | 理论 | 文化 | 科技 | 教育 | 经济 | 生活 | 法治 | 军事 | 卫生 | 养生 | 女人 | 娱乐 | 电

光明 经济 economy.gmw.cn 经济频道» 滚动读报

微商乱象呼唤监管补位

2015-08-07 07:42 来源：包头日报 我有话说

□苑广阔

近日，刘女士加入一家微商做代理时遇到骗子，交了1000元的代理费后就被“拉黑”了，再也联系不到对方。调查发现，类似的微商骗局层出不穷，形式多样，还有顾客欺骗微商店主的。

至于微商行业乱象纷呈的原因，有人归之为进入的门槛太低，导致参与微商者良莠不齐，泥沙俱下。“道德论”虽然也有一定的道理，但问题的根本在于当前对微商领域既无法律监管，也没有形成一套成熟的内部约束机制。

我国目前还没有制定专门的电子商务法。对于微商领域，目前也缺乏明确的监管部门，这也就意味着国家对微商领域的监管几乎处于一片空白的状态。这不但直接助长了买卖双方坑蒙拐骗的行为，也导致大多数受骗的微商或者消费者投诉无门，反过来又刺激了乱象的进一步发展。另外，和淘宝等具有第三方支付平台或第三方监管平台的



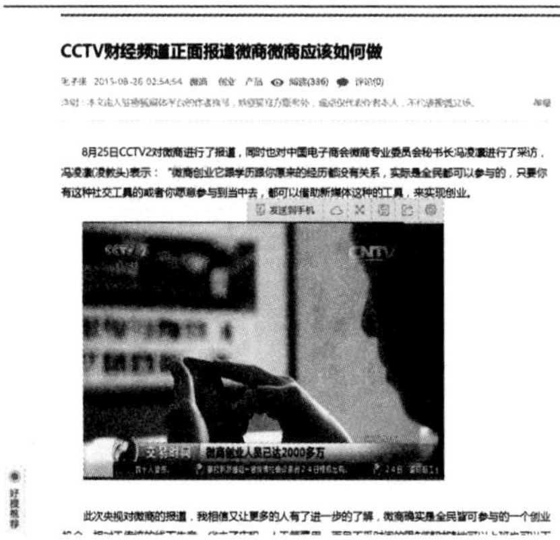

CCTV财经频道正面报道微商微商应该如何做

2015-08-26 02:54:54 微商 创业 产品 阅读(386) 评论(0)

8月25日CCTV2对微商进行了报道，同时也对中国电子商会微商专业委员会秘书长冯凌濛进行了采访，冯凌濛(凌教头)表示：“微商创业它跟学历跟你原来的经历都没有关系，实际是全民都可以参与的，只要你有这种社交工具的或者你愿意参与到当中去，都可以借助新媒体这种的工具，来实现创业。

此次央视对微商的报道，我相信又让更多的人有了进一步的了解，微商确实是全民皆可参与的一个创业

2015 我们身边的微商故事(组图)

2015-11-30 02:46:00 来源：山西晚报(太原)

分享到：

（原标题：2015 我们身边的微商故事(组图)）

这一年，“微商”渐成热词。不知从何时起，我们身边的诸多朋友都摇身一变成了“微商”，朋友圈从各种“生活日志”变成了各种“商品广告”，而我们似乎或多或少地从微信朋友圈买到了各种生活所需。兼职做个“微商”，突然成了一件时尚有趣的事情，但是能成为一个成功的“微商”，并不是人们想象的那么简单。本期专题，让我们跟随记者的探访，一起来了解一下这些各具特色的“微商故事”。

## 补贴：

在 2014—2015 年期间，“补贴”这个词汇于电子商务领域看来，几乎可以与“支付入口争夺战”画等号。通过滴滴打车与快的打车，腾讯与阿里巴巴掀起一股“补贴”大战，当然，这种乘客与驾驶员受惠的“补贴”不会是天下掉下来的馅饼，背后的潜台词是“支付工具争夺”。

支付宝仍然是中国互联网最大的支付工具，而微信支付也在这一轮争夺战中赢取了一定体量的用户成长。

BAT 三巨头中，唯一在此轮较量中落后的是百度，百度启动牵手 UBER 的战略显得滞后不止半年以上。

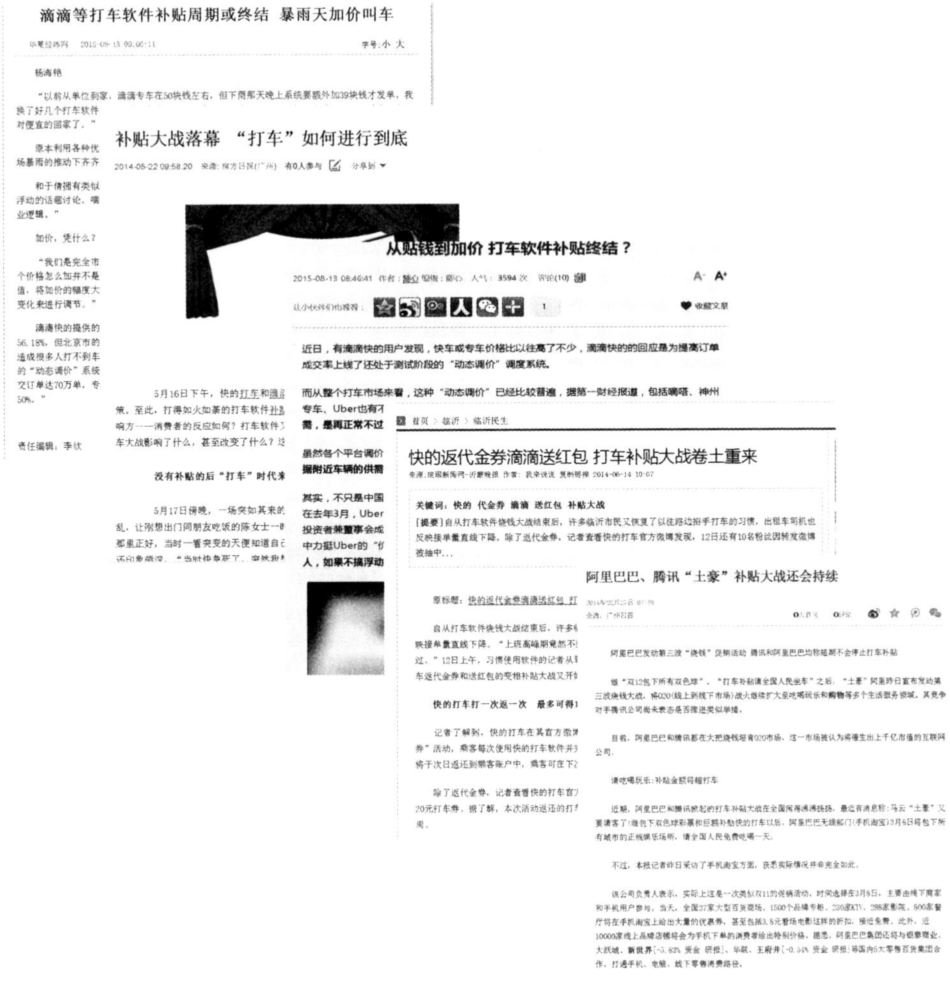

## 生活服务电商：

百度收购团购公司糯米之后，迟迟没有启动战略整合。2015 年，百度宣布将对糯米投入 200 亿元人民币，用于争夺团购产业市场份额以及背后的生活服务 020 产业龙头位置。在此之前，“美团”不断加速，以拉开与“糯米”之间的份额差距，而百度的巨额投入是否能缩短差距甚至于反超？需要时间来证明！

### 有钱任性：百度200亿砸O2O 一大波便宜糯米团购来啦

2015.07.01 16:46:00　来源：南海网　作者：南海网　（ 1 条评论 ）

“糯米是这个时代百度最需要着力发展的业务，百度账上还有500多亿现金，先拿200亿把糯米做好。”—李彦宏

“我昨天看了一下，百度账上大概还有500多亿现金。我们先拿200亿吧，来把糯米做好。”百度董事长兼CEO李彦宏话音一落，全场沸腾。

发送到手机

6月30日，百度糯米正式发布“会员+”O2O生态战略，进一步扩展糯米用户，完善商户生态建设，全面提升用户体验，使糯米业务在短期内实现突破性增长。

### 美团网欲后发制人 加速O2O竞争

2015-01-14 14:18　来源：　作者：

· 一句话经典语录 2015经典语录　超声刀美容危害　· 打新股不如捉影子　民生理财产品
· 哪种理财产品好　理财产品那种好　股票　· 股票新股怎么买　高收益理财产品
· 麦考林客服电话　理财产品排行　理财产品　· 川师校草撞脸何以琛　创业点子网
· 炒股怎么看大盘　股票新股申购　上班族如何理财　· 投资产品介绍　最新理财产品

摘要：在美团网获得B轮美元融资三年后，业界风传其已敲定C轮1亿美元融资，尽管对此美团网不予回应，但是仍引起业界热议，如传闻属实，这将是百度系和腾讯系同行被注资后，团购老大正在美团网获得B轮美元融资三年后，业界风传其已敲定C轮1亿美元融资，尽管对此美团网不予回应，但是仍引起业界热议，如传闻属实，这将是百度系和腾讯系同行被注资后，团购老大正式开始后程发力的信号，同时也将是O2O(Online To Offline，即让互联网成为线下交易的前台)行业竞争加速白热化的前奏。

近日，有消息人士指出，美团网C轮融资已经接近完成，融资额将超1亿美元，由此前投资方红杉资本主导，对此传闻美团网未予回应。据北京商报记者了解，美团网上线以来，分别在2010年10月和2011年7月获得两轮融资，融资总额7000万美元，投资方为红杉资本、阿里巴巴、北极光和华登国际。

虽然美团网在近三年时间内未有新融资消息传出，但是其已于去年宣布实现年度盈利。据团800数

财经 > 滚动新闻 > 正文　　字号：大 中 小

### 电商进入“生活全服务”时代

发布时间：2014-07-30 01:29:39　来源：兰州日报　作者：佚名　责任编辑：罗伯特

■什么是生活服务类电商呢？餐饮、娱乐等线下与人们生活息息相关的服务业通过电子商务来表现，都可以称为生活服务类电商。从订餐到订酒店，从旅游出行到法律咨询，从房屋租赁到婚庆服务，各生活服务类电子商务正在迅速成长，创新求变的电子商务经济也在逐步完善与壮大。

■不仅如此，一些网店经营者也开始尝试家政、婚庆、汽车租赁等生活服务版块。在58同城网上输入家政服务、钟点工等关键词，弹出的信息非常丰富，上面既有联系电话，也有公司位置、收费标准，一目了然，。

买鞋子、买书、买小零食……你还仅仅是在网上买产品吗？试着在电商平台上找个家政服务员吧，或者是预订一顿晚餐，又或者是找一名专业的律师……

虽说还没有触摸到天花板，但早已习惯于“超前”、“革新”的电商巨头都已开始谋划新的布局。随着电商的迅速发展，电商已不仅仅是向消费者兜售商品，法律服务、金融服务、家政、婚庆、餐饮、旅游，甚至可能是医疗服务，都可以通过网上电子商务平台成交，越来越多的生活服务类商家试水电子商务，也让我们的消费方式更加多元、便捷与灵活。

业内人士认为，在互联网巨头角力生活服务类电商市场的当下，本地企业发展生活服务类电商更具优势，就地取材、1小时配送，让居民足不出户享受最佳便利。

网上找到理想家装设计

家住东岗西路的刘畅是一名时尚的90后。前不久，他通过家居网站，找到了理想的设计方案，重新装修了自己的家。

“看了兰州的几家装修公司，总觉得不太满意，设计的风格大同小异，没有新意。抱着

读书频道 > 其他 > O2O：移动互联网时代的商业革命　　搜索

### 生活服务类电商的破局

2013-02-18 10:19:02　我来说两句　　收藏　我要投稿

本文所属图书 > O2O：移动互联网时代的商业革命

全书共12章，从逻辑上分为三大部分：第一部分（1~2章），系统地讲解了O2O的概念和作用、O2O与二维码的结合，并总结了O2O对中国消费者的影响；第二部分（3~8章），阐述了O2O与电子商务、O2O与社会化网络营销、O...　立即去当当网订购

国外的生活服务类电商模式也是O2O创业者一直津津乐道的。

Uber

Uber是一个允许通过手机购买一次私家车搭乘服务的应用，其运作方式如下。

下载Uber应用，发出打车请求；几分钟内一辆私家车来到你面前；打的费用和小费通过信用卡自动完成支付。

现在该服务已经在旧金山得到了很好的推广，接下来预计会在很多其他城市展开该服务。虽然费用比出租车要高一半，但是其舒适和快捷却是出租车无法比拟的。很显然它将给出租车行业带来重大革新。

J Hilburn和Trunk Club

J Hilburn是一家允许男士购买个性化设计的衬衫和西裤的电子商务网站。最大的优点就是它能以更低的价格提供高端设计服装。

如何运作？该公司在全国各地雇用了一个800人的时尚顾问销售团队，他们会和客户约定拜访时间。到达客户地点后，他们会量尺寸，并拿出许多面料帮助你挑选适合自己的类型。然后，客户只需要在网站上输入自己的尺码、面料等信息，就可以在一段时间后收到定制的服装了。

## 外卖电商：

外卖订餐电商“饿了么”与“美团”的地推人员在地面资源拓展的进程中，多次发生肢体冲突，而新闻媒体每每能第一时间用镜头捕捉到双方地推工作人员的拳脚往来。

激烈对抗背后，暗示的是外卖电商市场正成为新一轮商业竞争的焦点所在。

雷锋网 > 新闻 > 业界专题 > 正文

### 饿了么VS美团外卖，员工打架抢占市场也是蛮拼的！

2014-12-20 21:24 原创 王平　　6 条评论

周四，饿了么内部刊物《饿刊》微信号发表了一篇文章《美团，请放下拳头，拾起尊严》，控诉美团外卖员工采用暴力手段打击饿了么地推人员。

紧接着第二天，《饿刊》再次发文，显示美团员工企图到受伤者医院抢夺暴力事件中受伤者的诊断证明书。

事实上，两者的武力冲突已经不是第一次了。自今年10月份以来，饿了么与美团外卖在各地都爆发过暴力冲突，双方互有过失，而这次饿了么将打人事件PO上自己的公众号，显然一系列的事件已经达到了一家移动互联网公司能容忍的极限了。

而在诸多暴力事件的背后，是国内在线外卖市场的激烈竞争。

好搜推

赢招商系统　更简便　更高效　更精准

赢商网 > 江苏站 > 江苏新闻 > 品牌聚焦 > 餐饮 > 正文　　搜索

### 2014餐饮行业10大关键词：外卖电商、餐饮O2O成热门

赢商网 http://js.winshang.com 2014年12月31日10:07　　赢商网手机客户端：随时随地看新闻

核心提示：2014年即将过去，这一年，餐饮行业风起云涌，从各种打着“餐饮O2O”旗号的小辈们进入餐饮行业分一杯羹，到外卖平台激战；从湘鄂情退出餐饮，到各种无节操餐厅的出现。

赢商网江苏站微信

二维码扫描

2014年即将过去，这一年，餐饮行业风起云涌，从各种打着“餐饮O2O（专题阅读）”旗号的小辈们进入餐饮行业分一杯羹，到外卖平台激战；从湘鄂情退出餐饮，到各种无节操餐厅的出现；也有正面报道如“行业组织开始规范化”、“顺德获评‘世界美食之都’”等等，简直是千姿百态、看得人眼花缭乱。那么，2014年餐饮业到底发生过哪些大事呢？以下2014餐饮行业Top10关键词。

Top1、餐饮O2O

相信各位餐饮小伙伴对这个词已经熟悉到不能再熟悉了，这个词简直可以成为本年度的最佳关键词，“团购”、“外卖平台”、“网上营销”等均与其有关，各种炒作、各种抢眼球、各种节操无下限均来自于此：

**(1)外卖平台激战，群雄纷争**

2014年的外卖战打得异常激烈，“饿了么”受到8000万美元投资，对外宣布其城市扩张达200之众，团队规模破2000之势；“美团外卖”也在紧锣密鼓地圈地运动，甚至传出双方地面部队发生

### 易观：外卖O2O市场竞争升级 美团外卖增速迅猛斩获第一

发布：聂云染 2015年08月5日14:53 来源：环球科技 我要评论(0) 访问次数 3499

7月30日，易观智库发布《中国互联网餐饮外卖市场2015上半年专题研究报告》。报告显示，2015年上半年中国互联网餐饮外卖市场成交额超过120亿，其中美团外卖占整体市场份额的41.24%，稳居市场第一。

此前权威数据显示，美团外卖的订单额、交易额、月度覆盖率、用户活跃度、运行次数、增长速度等关键指标均稳坐外卖O2O市场的头把交椅。美团外卖成立一年半就成为行业第一，迅猛增速领跑行业。

2015上半年中国互联网餐饮外卖整体市场
订单份额

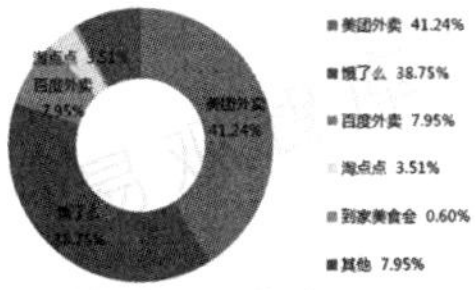


### 网络公司拼“外卖” 即时配送成竞争焦点

2015年08月27日 11:09　来源：南方日报　　0

市场庞大，竞争者也会丛生，外卖O2O亦是如此。但如今的外卖O2O市场，无疑是饿了么、美团和百度外卖等巨头的天下，随着百度宣布分拆外卖业务，以及阿里系的淘点点正式更名为口碑外卖，更加宣示了国内外卖O2O行业进入交战白热化阶段。而幸存的巨头们到底集中了什么优势，让它们可以在这场大战中杀出重围？

**技术创新优化撑起更好体验**

据易观智库发布中国在线外卖市场最新发展报告显示，2015年7月，我国互联网餐饮外卖市场交易规模达34.71亿元人民币，订单总量达1.27亿单。饿了么和美团二者持续双寡头局面。而据上半年数据显示，饿了么App覆盖人数为697.18万人，美团为567.99万人，百度外卖为52.07万人。据饿了么方面表示，与线下区域性的外卖传单不同，平台化的APP应用不仅在前端会得到用户短时间内的大量订单，同时在后端会向数以万计的商家发出需求，与传统的外卖电话相比，技术上不在一个等量级上面，而如何能够通过技术创新优化，让用户得到比外卖电话更加便

## 去啊：

阿里巴巴在 2014 年 10 月下旬召开声势盛大的发布会，宣布“阿里去啊”上线，全面进军旅游电商市场。尽管业内人都可以观察到，“阿里去啊”从发音到英文拼写的特征，均剑指“去哪儿”与携程，可没有人敢轻视“阿里去啊”的发展速度，毕竟“阿里去啊”背后有着大流量支配者阿里巴巴。

stock.p5w.net

### [观察]阿里去啊：一句口号引发的狂欢

来源：新财富舆情中心 发布时间：2014年10月29日 17:21 作者：张轶

在开疆拓土的过程中，互联网大佬之间的商业边界不断发生冲突，战火终于烧到了在线旅游。

10月28日上午，阿里巴巴集团宣布，将旗下航旅事业部升级为航旅事业群，“淘宝旅行”升级为全新独立品牌“去啊”，并推出了拥有独立域名的在线旅游网站。网站的形象代言人是知名的漫画人物麦兜，网站的口号是：“去哪里不重要，重要的是去啊”。据“新财富舆情中心”监测数据显示，截止10月29日14时，短短一天之内，关于“去啊”的新闻报道量就高达69篇，累计转载量384次。

阿里发布“去啊旅行”，有媒体表示在线旅游概念股爆发在即，也有媒体表示阿里、百度、腾讯和携程四大巨头未来的市场竞争将会更加激烈。不过，引发媒体最高关注的还是阿里去啊的宣传口号。

据《21世纪经济报道》28日的报道表示，去啊的口号意图明显，即视去哪儿为最直接的竞争对手。对于阿里方面的“含沙射影”，去哪儿网相关负责人表示 “不予置评”。《证券日报》29日报道援引某分析人士的观点称，尽管“去啊”名字像是针对“去哪儿”的，但是以阿里的资金和资源，当其发力在线旅游后，对整个旅游市场的冲击力度决不能小觑，在线旅游市场或发生重大变局。

姑且不论去啊能否改变整个在线旅游市场的格局，口号一出便已足够吸引眼球，甚至引来了中国在线旅游圈的集体戏仿与致敬。作为这场狂欢风暴第一只扇动翅膀的蝴蝶，正是作

细分市场研究 | 可行性研究 | 商业计划书 | 专项市场调研 | 兼并重组研究 | IPO上市咨询 | 产业园区规划

### 阿里推出“去啊”平台搅动在线旅行市场

2014年11月13日 来源：互联网 【打印】【繁体】 分享到：

中研网讯：

“旅行重要的是‘去啊’。”在淘宝旅行近日举行的发布会上，阿里巴巴航旅事业群总经理李少华这样说。

发布会上，阿里巴巴宣布将旗下航旅事业部升级为航旅事业群，“淘宝旅行”升级为全新独立品牌“阿里旅行·去啊”，新品牌将以无线、服务、创新、平台作为四大战略。“去啊”入局，使得在线旅行市场再次燃起一片硝烟。

“去啊”和“去哪儿”一样，主打的都是旅游平台。“阿里旅行最主要的战略目标就是要做成平台服务商。”阿里巴巴集团副总裁樊治铭表示，数据显示，淘宝旅行平台上聚集了东航、深航等多家航空公司2000多家机票代理商、3万多家酒店以及携程等在线代理商。

在线旅行相关研究报告

2013-2018年中国在线旅行行业市场现状分析及投资价值研究报告

2013-2018年中国在线旅行预订行业市场投资分析及发展前景规划研

不过，淘宝旅行此前在在线旅游市场上并没有太多的话语权，市场研究机构易观智库的数据显示，2014年第二季度我国网络旅游市场规模达642.4亿元，同比增长25.2%。其中，携程稳居旅行预订市场份额第一，达到51%。

### 一句"去啊"点燃旅行营销口水战 网友真是看醉了

2014-10-31 06:16 来源：华龙网—重庆商报 4 条评论

摘要：旅行的意义不在于“去哪儿”，也不应该只是一句敷衍的“去啊”，旅行就是要与对的人，携手同行，共享一段精彩旅程。[illegible]

旅游网站针锋相对的宣传海报

喜欢旅行的网友这两天注意到，朋友圈有一场“口水战”被疯狂传播。这场“口水战”起因在于，阿里巴巴本月28日旅游频道改版，成立了新品牌“去啊”，还打了个广告——

### 去啊入局OTA景区争夺战

2015-09-23 01:30:18 来源：北京商报(北京)

分享到： 0

阿里旅行·去啊（以下简称“去啊”）的“未来系”再添一员。昨日下午，去啊宣布启动“未来景区”战略，如同此前启动的“未来酒店”战略，“未来景区”也试图围剿传统旅游业，同时也将为激战正酣的OTA大战再添一把火。

启动“未来景区”

昨日去啊启动“未来景区”战略，计划从“信用游”、“码上游”、“随意付”、“带你玩”等四大方面提高用户体验。

去啊总裁李少华指出，“未来景区”将解决传统旅游业带给游客的排队难等诸多痛点。据了解，在“未来景区”推出的信用游方面，游客可先游玩后付款，同时，用户的芝麻分达到600分以上，即可在去啊的客户端提前预约门票，解决排队难的痛点。而在景区游玩时，游客可通过支付宝支付景区的吃喝玩乐，并可使用手机进行景区游览导航，获悉厕所、游玩项目、停车场等位置。去啊门票事业部总经理金奕表示，未来景区还将继续推出实时查看景区人群分布等功能，帮助游客避开排队多的项目。据悉，目前除了深圳东部华侨城之外，黄山、乌镇、古北水镇、海昌集团的8个极地海洋馆也将于近日加入“未来景区”战。

李少华还表示，“未来景区”的商业逻辑与“未来酒店”一致，均以大数据和信用体系为核心。

抢占流量入口

对于去啊为何选择涉足景区，劲旅网总裁魏长仁分析，酒店和景区的标准化程度都很高，而且形式简单，风控更易把握。

作为流量入口级的产品，门票的高频消费和以门票为基础的各类打包产品，都成为在线旅游厂商觊觎的商机。李少华在战略发布会上指出，去啊去年的门票交易额约占市场的67.2%，而在周边游方面，去啊2014年以24.8%的市场份额居于中国在线国内周边游的市场第一，“景+酒”是周边游的核心产品。魏长仁分析说，景区是高频消费的产品，能够带动交叉收入，周边游、国内游等均属此类。

## 阿里苏：

2015 年 8 月，阿里巴巴宣布投资 283 亿元人民币，入股苏宁云商 19.9% 股份。超过股权合作的更强消息是，双方将就流量合作、线下物流、仓储、供应链等进行深度整合。苏宁云商拥有苏宁集团的核心资源支配权，联手阿里巴巴被视为强强联合，进一步在 B2B 平台电子商务领域威胁京东商城，且能在线上线下双向流量交互层面产生良性反应。

该合作，被网友们简单冠名为“阿里苏”。

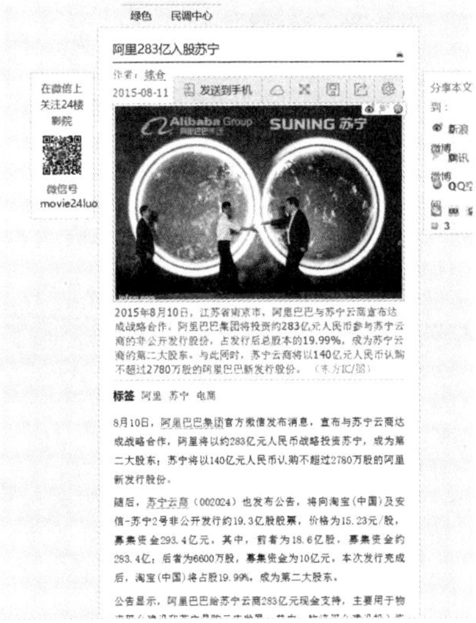

绿色 民调中心

阿里283亿入股苏宁

作者：姝仓

2015-08-11 发送到手机

在微信上关注24楼影院

微信号 movie24luo

分享本文到：新浪微博 腾讯微博 QQ空间

2015年8月10日，江苏省南京市，阿里巴巴与苏宁云商宣布达成战略合作。阿里巴巴集团将投资约283亿元人民币参与苏宁云商的非公开发行股份，占发行后总股本的19.99%，成为苏宁云商的第二大股东。与此同时，苏宁云商将以140亿元人民币认购不超过2780万股的阿里巴巴新发行股份。（东方IC/图）

标签 阿里 苏宁 电商

8月10日，阿里巴巴集团官方微信发布消息，宣布与苏宁云商达成战略合作，阿里将以约283亿元人民币战略投资苏宁，成为第二大股东；苏宁将以140亿元人民币认购不超过2780万股的阿里新发行股份。

随后，苏宁云商（002024）也发布公告，将向淘宝(中国)及安信-苏宁2号非公开发行约19.3亿股股票，价格为15.23元/股，募集资金293.4亿元，其中，前者为18.6亿股，募集资金约283.4亿；后者为6600万股，募集资金为10亿元，本次发行完成后，淘宝(中国)将占股19.99%，成为第二大股东。

公告显示，阿里巴巴给苏宁云商283亿元现金支持，主要用于物

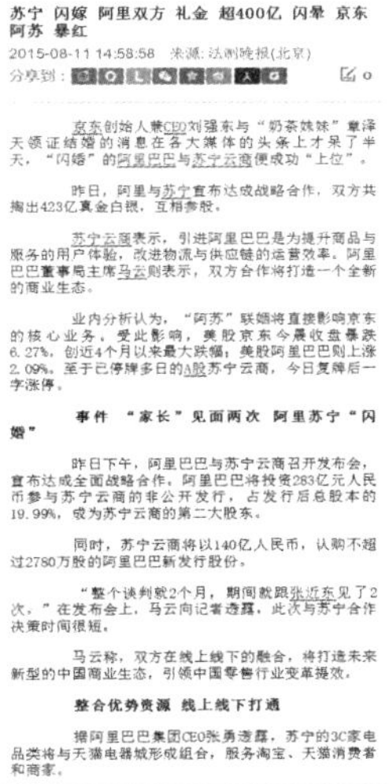

苏宁 闪嫁 阿里双方 礼金 超400亿 闪晕 京东 阿苏 暴红

2015-08-11 14:58:58 来源：法制晚报(北京)

分享到：

京东创始人兼CEO刘强东与“奶茶妹妹”章泽天领证结婚的消息在各大媒体的头条上才呆了半天，“闪婚”的阿里巴巴与苏宁云商便成功“上位”。

昨日，阿里与苏宁宣布达成战略合作，双方共掏出423亿真金白银，互相参股。

苏宁云商表示，引进阿里巴巴是为提升商品与服务的用户体验，改进物流与供应链的运营效率。阿里巴巴董事局主席马云则表示，双方合作将打造一个全新的商业生态。

业内分析认为，“阿苏”联姻将直接影响京东的核心业务，受此影响，美股京东今晨收盘暴跌6.27%，创近4个月以来最大跌幅；美股阿里巴巴则上涨2.09%。至于已停牌多日的A股苏宁云商，今日复牌后一字涨停。

事件 “家长”见面两次 阿里苏宁“闪婚”

昨日下午，阿里巴巴与苏宁云商召开发布会，宣布达成全面战略合作，阿里巴巴将投资283亿元人民币参与苏宁云商的非公开发行，占发行后总股本的19.99%，成为苏宁云商的第二大股东。

同时，苏宁云商将以140亿人民币，认购不超过2780万股的阿里巴巴新发行股份。

“整个谈判就2个月，期间就跟张近东见了2次，”在发布会上，马云向记者透露，此次与苏宁合作决策时间很短。

马云称，双方在线上线下的融合，将打造未来新型的中国商业生态，引领中国零售行业变革提效。

整合优势资源 线上线下打通

据阿里巴巴集团CEO张勇透露，苏宁的3C家电品类将与天猫电器城形成组合，服务淘宝、天猫消费者和商家。

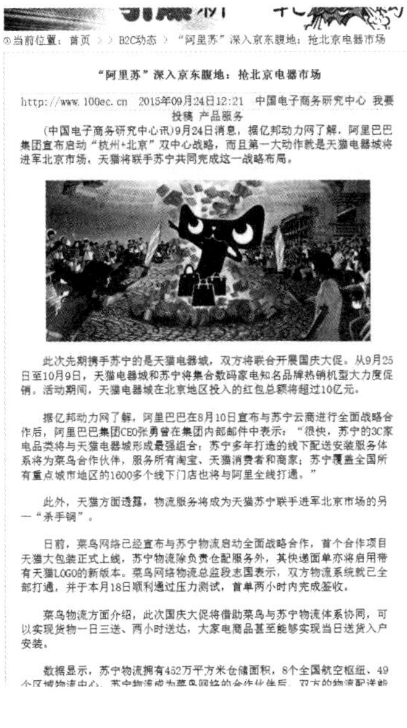

当前位置：首页 > > B2C动态 > “阿里苏”深入京东腹地：抢北京电器市场

“阿里苏”深入京东腹地：抢北京电器市场

http://www.100ec.cn 2015年09月24日12:21 中国电子商务研究中心 我要投稿 产品服务

(中国电子商务研究中心讯)9月24日消息，据亿邦动力网了解，阿里巴巴集团宣布启动“杭州+北京”双中心战略，而且第一大动作就是天猫电器城将进军北京市场，天猫将联手苏宁共同完成这一战略布局。

此次先期携手苏宁的是天猫电器城，双方将联合开展国庆大促。从9月25日至10月9日，天猫电器城和苏宁将集合数码家电知名品牌热销机型大力度促销。活动期间，天猫电器城在北京地区投入的红包总额将超过10亿元。

据亿邦动力网了解，阿里巴巴在8月10日宣布与苏宁云商进行全面战略合作后，阿里巴巴集团CEO张勇曾在集团内部邮件中表示：“很快，苏宁的3C家电品类将与天猫电器城形成最强组合；苏宁多年打造的线下配送安装服务体系将为菜鸟合作伙伴，服务所有淘宝、天猫消费者和商家；苏宁覆盖全国所有重点城市地区的1600多个线下门店也将与阿里全线打通。”

此外，天猫方面透露，物流服务将成为天猫苏宁联手进军北京市场的另一“杀手锏”。

日前，菜鸟网络已经宣布与苏宁物流启动全面战略合作，首个合作项目天猫大包装正式上线，苏宁物流除负责仓配服务外，其快递面单亦将启用带有天猫LOGO的新版本。菜鸟网络物流总监段志国表示，双方物流系统就已全部打通，并于本月18日顺利通过压力测试，首单两小时内完成签收。

菜鸟物流方面介绍，此次国庆大促将借助菜鸟与苏宁物流体系协同，可以实现货物一日三送、两小时送达，大家电商品甚至能够实现当日送货入户安装。

数据显示，苏宁物流拥有452万平方米仓储面积，8个全国航空枢纽、49

首页 >> 即时新闻 >> 正文

“阿里苏”来了 强哥的蜜月怎么过

生活服务电商 旅游电子商务 理财产品那种好

旅游电商 阿里旅游 炒股怎么看大盘 股票新股申购

来源：钱江晚报 作者：莫利萍 日期：2015-08-11 爆料电话：86522809

8月10日，互联网+零售紫金峰会在南京举行，百度李彦宏、万达王健林、苏宁张近东，在会上大谈互联网+下，零售的焦虑及对策。但场外，另一个传言言之凿凿：苏宁云商即将在A股定向增发，而此轮融资的最大参与者可能是互联网巨头阿里巴巴。

就在刚才，阿里巴巴证实，阿里与苏宁开启全面战略合作。阿里将以约283亿元人民币战略投资苏宁，成为第二大股东；苏宁将以140亿元人民币认购不超过2780万股的阿里新发行股份；双方将打通线上线下全面提升效率，为中国及全球消费者提供更加完善商业服务。

这无疑是中国互联网乃至零售史上最具为震撼的一次联手。

丽江自助游攻略

据钱江晚报记者了解，苏宁云商于8月4日发布公告，以筹划非公开发行股票为由，申请自8月3日开市起停牌。8月8日，苏宁云商公示非公开发行股票停牌进展，指出其与相关中介机构正在推进非公开发行股票的各项工作，且由于本次非公开发行股票方案尚需进一步论证，存在不确定性；申请于8月10日开市起继续停牌，直至刊登相关公告后复牌。

细细想来，阿里入股苏宁并非全无可能。此招其在银泰已尝试过。在云上玩得挺欢的阿里对线下充满期待。前不久，阿里巴巴集团CEO张勇接替沈国军，出任银泰商业董事会主席。当时他曾将那一次商业实验比作空军与陆军的整合：阿里巴巴继续开垦自己的生态圈，进而成为一艘航空母舰，银泰商业是这个战舰群中

**蓝翔：**

2015 年 5 月 27 日，支付宝意外无法使用，经过一段时间的检修，发现挖掘机工作过程中挖断阿里巴巴通信电缆，导致部分用户宕机。在很多网友口中传出来的版本是这样的：“什么互联网思维？什么 020 电商？最强的统治力公司是蓝翔技工学校，挖掘机面前，所有互联网都是浮云！”

人民网 >> 社会



## 支付宝官方：部分用户无法使用因某地光纤被挖断

2015年05月27日19:00 来源：人民网 手机看新闻

打印 网摘 纠错 商城 分享 推荐 人民微博 关注 字号

人民网北京5月27日电 据支付宝官方微博消息，由于杭州市萧山区某地光纤被挖断，造成目前少部分用户无法使用支付宝，运营商正在抢修，支付宝工程师正在紧急将用户请求切换至其他机房，受影响的用户正在逐步恢复。支付宝同时提醒用户的资金安全并不会因此受到任何影响。如果出现交易信息不同步的情况，在修复后会恢复同步。请大家放心。

人民日报客户端 下载

## “挖掘机哪家强”揭秘蓝翔段子流行下的互联网思维

互联网 来源：创事记 时间：2014/10/13 责任编辑：yinpeipei 评论 T繁体

**摘要：**特别是那一句：挖掘机哪家强？简直比《小苹果》还要洗脑。那么，问题来了。这一段时间以来出现的“挖掘机谁家强”造句热究竟是不是蓝翔市场营销部门专业策划，还是只是网友单纯的好玩恶搞？东楼不妨来分析解读一下：

最近一段时间以来，蓝翔真的是要被玩坏了。蓝翔两个字的出现频率之高，让你根本无法忽视它的存在。微博、微信朋友圈、视频网站、论坛跟帖，几乎是互联网上的任何一个角落，蓝翔都像神一般的存在？

特别是那一句：挖掘机哪家强？简直比《小苹果》还要洗脑。那么，问题来了。这一段时间以来出现的“挖掘机谁家强”造句热究竟是不是蓝翔市场营销部门专业策划，还是只是网友单纯的好玩恶搞？东楼不妨来分析解读一下：

**”挖掘机哪家强”非蓝翔一手策划**

首先，我们先来分析下，网络上大规模爆发的“挖掘机哪家强？”造句热究竟是不是蓝翔的营销策划？

事实上，“挖掘机哪家强？”这是一个老梗，并不是今年才首次流行。这句话源于蓝翔技校十几年如一日的洗脑的电视广告语：“学挖掘机哪家强，山东技校 找蓝翔。”印象中，早在我的中学时期，山东卫视就在播放这个烧脑的电视广告，代言人是著名演员唐国强先生，这个广告还在其他各大卫视电视台长期播出，在电 视娱乐节目还比较匮乏的年代，这个电视广告占据了很多卫视的广告档期，日复一日的播放，在那一代的年轻人当中，留下相深深的印象。(也可以说是深深的伤 害)。

说到底，这个广告的拍摄并没有什么高明之处，满屏的挖掘机，粗糙的制作画面，但是十几年如一日的不换的广告词，循环往复的播出，累积起来的能量终于 在社交化媒体时代得以释放。直到微博等社交媒体时代到来，人们终于可以用调侃的口气来吐槽一下当年被蓝翔广告重

**571：**

2014年“双十一”，阿里巴巴旗下电子商务产业的狂欢节，交出高达571亿单日成交额的天价成绩单。不同于往年的“双十一”，2014年的“双十一”出现两大核心特质：其一，移动端成交比例刷新历史新高，这也暗示着移动购物产业的全面升温；其二，消费者开始有计划地对待“双十一”，全天24小时的购物狂欢开启后，经历几波峰值，但在最后6小时明显消费力疲软，未如行业预测的那样突破600亿。

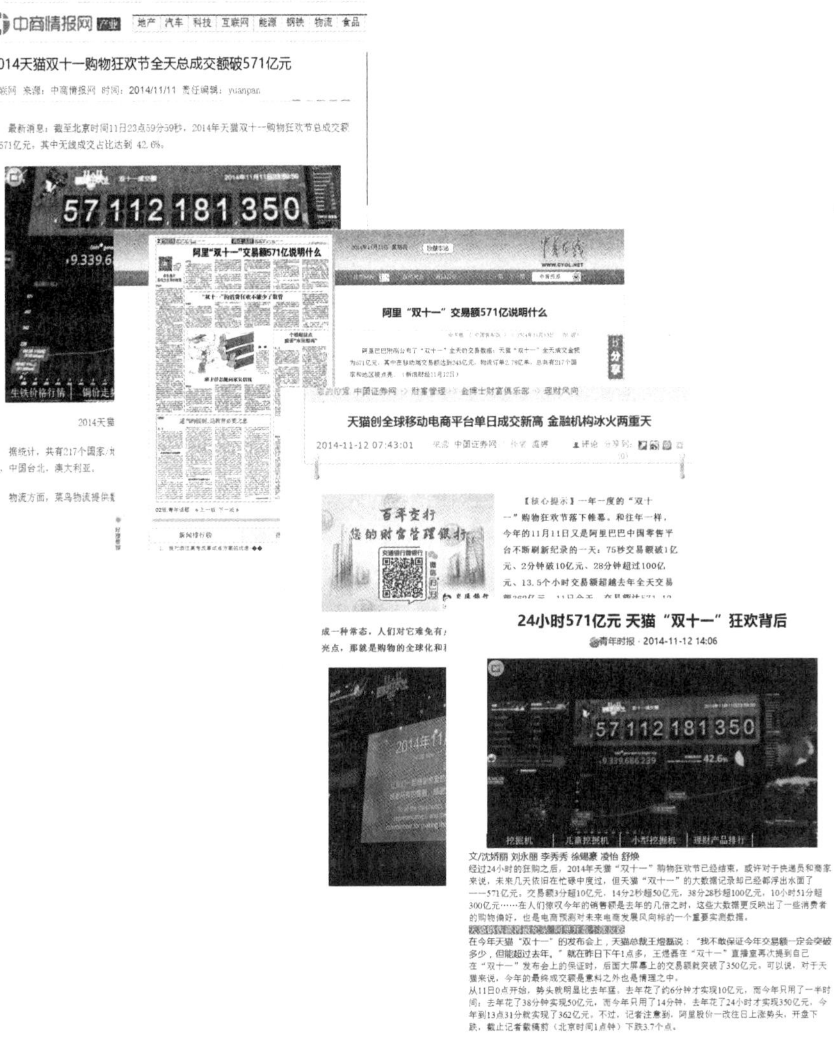

# Part Ⅳ
# 写在 ECI 2015 之后

# 升级电商3.0，实现消费者全旅程的连接

中国的电子商务发展已经走在全球最前端，成为每个消费者生活的一部分。2014年，中国电子商务市场交易规模12.3万亿元，增长21.3%，其中网络购物增长48.7%，消费品零售总额渗透率年度首次突破10%。在过去一年电子商务蓬勃发展的背景下，市场上涌现出了大量的精彩电商案例，这些案例不仅实现了传播的创新，而且实现了电商销量的转化。

**（一）2015的电商营销转变**

1. 从价格促销到价值促销

在电子商务的早期阶段，人们选择网上购物的三大驱动是“低廉的价格+丰富的产品选择+方便的购物体验”。但随着中国电子商务的常态化，消费者已经接受电商作为购物的重要渠道，同时在平台方大力推动下，电商平台的售前、售中、售后服务有了诸多优化革新，自然而然的，线上消费的三大驱动已经升级为“品质与价值+产品+服务和体验”。消费者对电商的期待越来越大了。

“每一次促销都增加品牌资产”曾是广告人常说的话，可是知易行难，电商营销如何改变杀低价的思维？今年的营销案例在努力做出尝试。

首先，升级战场。曾经一提到电商营销，专业人士都会和你提如何在电商平台内部引流。但现在战场立体化，流量可以从微博来，也可以从地图来，或从事件炒作来，甚至搬出广告技术武器，利用DSP引流。2015年之后，如果做电商，却只谈电商，将会遭受降维打击。

其次，升级内容。在电商平台定义的内容，往往指的就是产品本身。之前以广告推广为主导，而今年的营销战役中，我们看到以内容推广为主，例如，将产品的礼盒定义为内容，精心订制讨好粉丝；将美妆的方法定义为内容，借力KOL影响力传播；将一次跑步互动定义为内容，让身体牢记

品牌。今后，“内容经理”一职会成为电商趋势，专职负责“内容供应链”。

2. 从网络购物到移动体验

据统计，2014年中国移动购物交易额在中国网络购物整体市场中占比33.0%，年增长率达239.3%，2016年将超PC端。PC端到移动端的跨越并不仅是媒介的变化，更是一种生活态度的变化。手机让人与网络的连接从8小时扩展为24小时，实现时时在线。如果说PC上的购物在于理性的询价对比，那么移动端的购物更来自感性的冲动。

在今年的案例中，结合移动体验的电商传播非常抢眼。创意点都在创造生活体验——消费者可以自然地融入购物场景中，只需感性体验，不用花精力去比价去思考。执行的方法多种多样，比如通过手机的定位功能，实现O2O导流；通过手机的随时拍照功能，扩大口碑的传播；通过扫一扫功能，将线下的流量导入到线上，从而实现用户管理。未来类似的案例还将越来越多。

**（二）什么是电商3.0**

毫不夸张地说，中国电子商务已经从连接人与商品的1.0时代，迈入注重人与人体验的2.0时代。有人会问，电商的形式在未来还会变化吗？答案是肯定的。到电商3.0时代，重点在于实现用户消费旅程的全管理，实现消费者运营。

在3.0时代，营销人将“数据”作为眼睛，跟踪管理消费者旅程。营

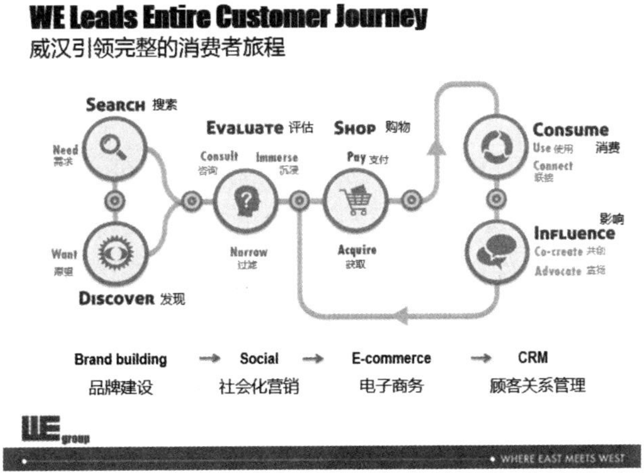

销不仅能实现销售价值，而且能开发消费者口碑价值。从上图的消费者旅程中不难发现，现在的电商营销重点在于经营前半段——让消费者掏钱。但这样就舍弃了消费者的口碑价值，在今天，消费者已经是“体验师”、“自媒体”和“分销商”。在流量越来越贵的2015年，营销人需要开始投资“三位一体”的消费者。

电子商务3.0的由来不是无根之木，经过以下三大趋势引领，电子商务3.0环境已经渐成气候。

第一，从“成本+规模”到“小众经济”。以往品牌，生产产品，扩大产能，降低成本。如果你没钱，即便再有能力也无法在市场上存活。但现在不是了，产品还没有开发出来，居然就可以有一批粉丝，品牌通过众筹获得第一笔经费，产品先试错再做大，没钱一样能成功。原来的大市场被切成一块块不同需求的小市场。

第二，从屌丝经济到中产崛起。“80后”、“90后”这一代人的消费意识觉醒，他们不再一味地追求低价，认为不存在“价廉物美”，愿意为“性能出色”的产品掏钱，愿意为“极致体验”付费，愿意不吝分享口碑，甚至愿意分销喜欢的品牌。他们是第一代“三位一体”的消费者：“体验师”、“自媒体”和“分销商”。

第三，“互联网+”带来数据革新。不少人认为“互联网+”就是传统行业做电商，线上线下来回导流。这是对“互联网+”的误解，更本质的革新在于“互联网数据连接一切”。通过CRM系统，传统行业实现消费者的旅程管理，在此基础上，通过商业模式的改变实现变革。

**（三）电商应该如何做，才能升级为3.0？**

1. 全新理念

要从“+互联网”（线上销售扮演一个附加的角色）转变为“互联网+”（互联网起主导作用）。如果仅仅只是将电商作为一个辅助渠道，在线上进行卖货，那即使是份额1%的增长也会是非常困难的，因为品牌主在线上要面临的是10亿个商品的竞争。但是，如果通过互联网将“产品运营”转变为“用户的运营”，充分调动起每个消费者三位一体的力量，无论赢利空间还是商业模式，想象空间都会广阔得多。

2. 战略升级

在以场景为核心的电子商务3.0时代，电商需要完成“消费者全旅程”的营销升级，运用CRM。品牌主应以用户的消费目的为出发点，在深刻理解消费者“为什么”购买、使用、分享产品服务的基础上，创造一个又一个闭环的商业场景和消费场景。通过数据，描给更精准的消费者画像，实现精准沟通和营销。而场景的塑造离不开移动端，因此在新的时代背景之下，移动端的战略重要性不言而喻。

3. 专业的组织架构

综合并且专业的电商团队以及合理的组织架构是支持电子商务业务进一步增长，以及实现企业变革的基础。在过去一年里，几乎所有的品牌公司都在不同程度上扩张自己的电商团队。拥有五人以上电商团队的公司比例，从去年的41%上升到了今年的60%。电商团队的运营流程越来越细化，现在一流的团队中由专人负责数据、信息、市场洞察、战略、品牌、用户运营以及新业务的开发。

2015年即将过去，经济媒体不断地在暗示，未来两年将是大环境最困难的两年，对于传统企业也是最具危机的两年。我相信，经济不会有问题，有危才有机，我们要用电子商务3.0一起找到转型的路径，不断跟上时代的脚步！

陈一枏<br>威汉营销、威动数字营销、威库电子商务<br>首席执行官

# 携手政企构建创新型社会化行业组织

**（一）背景**

与国外不同，中国的行业组织是在我国计划经济体制下发展起来的，普遍存在行政化和企业化的定式。即承担行政审核事务或大企业垄断、由政府现任或离退休领导担任主要领导职务。

随着中国改革开放和中国社会主义市场化的发展，在经济和政治改革两轮驱动的态势下，政府在大力推动行业组织与政府脱钩，行业组织在这场改革中正在朝着社会化的方向稳步发展。

北京电子商务协会作为在北京民政局注册的、以推动电子商务发展为己任的行业组织，近年来正沿着行业社会化改革创新方向发展。协会近年来依托政府、企业的支持，大胆创新，走出了有自己特色的发展之路。

**（二）依托政府，不寄生于政府，以政府服务职能转移方式，构建新型社会组织**

电子商务作为跨地域、跨学科、跨领域的科技型行业，进入中国不过20年历史，其扁平化运营的特性直接与国家长期以来的条块化管理产生了多维度碰撞。行业组织的首要职责就是尽快通过搭建起政企之间的沟通平台，从服务市场、服务用户的角度找到每个碰撞点的关键要素和应对策略，从而实现国家推动电商发展的总体战略。期间依托政府就是要主动学习并用好政府有利于企业和行业发展的政策，创造有利于电子商务发展的外部环境。不寄生于政府是指协会从成立开始就是去行政化和社会化，不以政府行政监管职能为生存条件。

通过厘清政府的行政监管和行政服务职能，通过政府对行业的服务职能转移，推动政府的监管和服务职能分离。通过社会化方式帮助政府尽快实现从既是裁判员又是运动员的角色转变。

1. 依托政府，不寄生于政府，以第三方视角推动行业健康发展

加强政府对企业的调研，让政策出台有理有据。多年来，协会紧密配合商务部、国家发展改革委、国家工商总局、国家邮政总局、市商务委、市发展改革委、市经信委、市交通委等政府部门的工作重点，组织对京东商城、当当网、王府井百货、西单商场等重点企业进行调研和研讨，为政府推进行业发展、强化管理、制定政策提供依据。据不完全统计，协会组织专题调研平均以每月 1 ～ 2 次的频率开展。

积极配合政策的制定建言献策。为北京市商务委《关于促进网上零售业发展的意见》、国家工商总局的《消费者权益保护法》和商务部的《关于加快流通领域电子商务发展的意见》、《网络零售商品配送服务规范》、《电子商务模式规范》、《网络购物服务规范》、《商务部关于促进网络购物健康发展的指导意见》、《网络零售商品配送服务规范》、《网络零售管理条例（草案）》等标准积极建言献策。五年来，协会为各级政府部门制定政策、法规提供意见及建议上百条。

配合市商务委组织行业专家完成两次“商务部电子商务示范企业”申报工作，北京成为电商示范企业最多的省市。积极向工商部门、交通委等反映企业在运营中遇到电商企业年检、配送点办照、电动三轮车配送车辆监管、消费投诉统计口径等政策问题，寻求政府的积极支持，逐步实现政府监管方式向符合电商发展规律的方向转变。

2. 推动政府服务职能转移，推动行业和企业自律

2012 年 9 月，协会率先成为首批与市工商局签署正式合作协议的六个行业协会之一，首创以契约形式明确市工商局、行业协会在创新社会组织管理中的角色和工作内容。2013 年 9 月，协会作为登记注册管理制度试点行业组织，配合工商部门推动协会对电商行业企业登记、注册、经营管理方面工作的构想设计。推动企业加入市工商局“12315 消费者争议快速解决绿色通道”和“五节”消费警示发布会，推动行业的客户服务和配送自律。

通过“电商品控我有责”沙龙、培训行业研讨会等方式推动行业质量管理自律。

2012 年，北京电子商务协会联合商业科技质量中心负责组织起草将商

务部《SB/T 10469-2008 网络营销运营规范》推荐性行业标准修订为《电子商务营销运营规范》技术法规性强制标准的工作。2013 年，协会在市工商局和市商务委指导下完成了《网络零售行业客户服务规范（试行）》、《网络零售经营者商品质量管理控制工作指南》。

在北京市工商局、北京市商务委指导下，由北京电子商务协会、电子商务交易技术国家工程实验室、京东集团、国美在线、苏宁易购、当当网、亚马逊中国等单位联合发起成立的中国电子商务（北京）诚信联盟，2015 年 7 月正式启动。该诚信联盟主要是面向电子商务领域，联合电子商务市场主体，依托北京电子商务协会主导的电子商务可信交易保障公共服务平台，采集、管理、维护电子商务市场主体、网络交易商品的真实、准确、唯一的基础信息并向社会开放，对维护网络交易相关利益方的合法权益起到了积极促进作用。

通过以上行业和企业自律最终推动消费者权益保护和行业整体服务水平的提升。

**（三）行业活动创新，推动电商发展**

国内首个由政府支持，协会主办的“点击消费”联合多个知名网上零售企业开展大型联合营销活动连续举办 7 年 8 届，累计有 400 余家次企业参加了活动，惠及上亿消费者，被评选为 2009 年北京商务十大新闻之一，2012 年纳入商务部“2012 年全国消费促进月之网络放心购”活动后成为第一亮点。近两年的活动突出了线上线下融合的理念，与合作伙伴推出免费 WIFI 服务，同时推出凡客与甘家口商场举行的线下新品发布会和线下体验店，形成电商和传统企业商业模式合作的有益尝试。

由商务部电子商务司和北京市商务委主办、北京电子商务协会承办的中国（北京）电子商务大会（www.cece.org.cn）在 2011 年首届成功举办后，从 2012 年开始被列入商务部、北京市人民政府主办的“京交会”重要板块。三年以来，进入京交会平台的 CECE 会展吸引了多个国家各部委、全国 30 多个省级商务厅、近 200 个各地政府电商主管部门负责人、上千家企业代表近 5 000 人次，2014 年起成功引入国际电商组织合作，成为中国电子商务领域国家级展示平台的靓丽风景线。

从2013年起，协会连续举办了首个由协会组织的专业化电商领域的技能大赛。“电商好客服”竞赛活动得到了北京市商务委员会、北京市工商行政管理局、北京市总工会、共青团北京市委员会的共同支持。通过活动提升了电商企业客服岗位从业人员的职业荣誉感，激发了电商企业赶优超先的积极性，提升了整体行业水平。 北京市团市委授予大赛“明星团队奖”前三名 “青年文明号”称号，大赛个人比赛成绩前五名选手获“青年岗位能手”称号，这既是行业和企业的荣誉，更是社会和政府部门对电商行业的认可和重视。

**（四）紧跟热点，向垂直化专业化发展**

为配合国家推进京津冀三地电商协同发展模式，协会发起并多次召开三地电商协会和协会主管部门参加的协调和研讨会。确定了三地电商协会在各自商务主管部门领导和协调下，推动京津冀协同发展的工作思路和基本方向，建立起三地行业组织的沟通交流机制。

积极推进电子商务人才培养工作。2013年，协会成立了由16家企业发起的电子商务人才促进工作委员会。随后又联合北京市商务委员会教育中心申报并获批“北京电子商务专业技术人员继续教育基地”，形成了政府认证的电子商务培训基地。

积极推进传统商业与电商的融合。协会于2013年成立了CIO委员会。通过组织研讨、交流和具体合作，推动传统企业与电商的融合。

积极推进互联网金融发展。协会于2014年成立了互联网专业委员会。通过组织研讨、交流和具体合作，推动互联网金融的发展。

林　亚
北京电子商务协会副会长
兼秘书长

# O2O 是以用户为导向的高性价比闭环

“移动互联网时代会干掉很多服务行业，所以必须要转型！”4 月 25—26 日，知名财经作家吴晓波主办的转型大课在深圳开讲。课程中，e 袋洗创始人张荣耀提出这样的观点。他认为，PC 互联网时代干掉了很多制造业和零售业，而移动互联网时代势必要干掉很多服务行业。

**（一）O2O 是以用户为导向的高性价比的闭环**

“传统电商买到假货谁负责？小米手机如果卖 4 000 块会怎样？你用搜索引擎搜索时，搜到的是你想看的还是想让你看到的？”分享中，一开场张荣耀就抛出了这三个问题。围绕这三个问题，张荣耀讲述了 O2O 服务的特点，即“O2O 服务是以用户为导向的，提供高性价比的闭环服务”。

对此，他解释说：“O2O 是一个闭环，O2O 服务的核心是以用户为导向。用户体验我们的服务，从头至尾，我们都肩负起责任。对 e 袋洗而言，需要对洗衣服的各个环节负责，尽管我们不清洗衣物，但却承担起线下门店出现问题的责任。”

同时他认为，小米成功的重要因素是高性价比。对于 O2O 而言，提供高性价比的产品和服务是核心。此外，张荣耀提出 O2O 必须以用户为导向，而不是以客户为导向，这是移动互联网思维的根本。

**（二）“二包”打法搞定洗衣和配送**

在 e 袋洗的发展战略上，张荣耀总结为“二包”打法。

在洗衣环节，e 袋洗采用“外包”战略，即与洗衣店、洗衣工厂合作的模式。身处洗衣行业 25 年，张荣耀对洗衣行业各品牌的优劣都有着深入的了解。“洗衣最大的成本不是洗衣本身，而是房租、人员工资、设备折旧，洗衣的直接成本只占到 10%。对于 e 袋洗而言，选择高端与低端店面合作成本差别不大。因此，为保证洗衣品质，在加工商的选择上，e 袋洗只在一线品牌洗衣店中进行筛选合作。”张荣耀介绍，e 袋洗为加工商制定了“123”洗衣法和严格的质量把控“365”标准。除了基本的资质、品牌、店面面积外，e 袋洗对加工商使用的设备，技师的等级水平、工作年限，店内员工数量，清洗流程等均有着严格的要求。“与一线品牌中优秀洗衣店的合作，保证了我们的清洗品质高于市面上的洗衣质量。”

**（三）“众包”模式实现属地化就业**

面对大多 020 企业配送环节从业者大多为外地年轻人的现象，张荣耀认为，这是大城市剥削小城市，小城市剥削农村换来的。未来到大城市打工的年轻人会逐渐稀缺，招聘外地年轻人将非常困难。

以提高用户满意度和属地化就业为宗旨，e 袋洗打造出配送上的“众包”模式，即以社区为单位招募配送人员，以其生活区域为中心，取送周边方圆 2 千米以内用户下单的衣物。“众包工作时间自由且轻松，没有技术门槛，尤其适合 40 岁、50 岁、60 岁的中老年人群，而这一人群是将属地化就业落地的最佳人群。同时，让社区内的邻居大妈配送，会让用户感觉亲切和谐，也会增加服务的安全性，有利于提高我们的用户满意度。”张荣耀表示，“移动互联网时代通过分享经济创造就业和价值。滴滴分享交通工具，途家分享住房，e 袋洗通过二包分享 40 岁、50 岁、60 岁的就业机会和洗衣设备。”

**（四）致力解决传统洗衣行业问题**

张荣耀在分享中还谈及了 020 投诉的问题。他表示，由于 020 是一个闭环，要对用户的服务体验全程负责，同时，020 模式下日订单量为传统店面的几百或上千倍，所以自然承担更多投诉。张荣耀以 e 袋洗为例：“整个洗衣行业的洗衣投诉率是千分之五，e 袋洗现在已经做到万分之几。e 袋洗通过筛选加工商，我们的整体洗衣质量比市面洗衣店的平均洗衣水准要高很多。我们的日订单量将近 10 万单，相当于 5 000 个甚至更多传统洗衣店的日订单量。尽管我们的投诉率很低，但订单基数大也导致投诉较多。同时，e 袋洗是线上服务的产品，投诉会在网络上集中和放大。

面对投诉，我们会以最快的速度和远超行业标准来赔付处理，做到让用户满意。”

**（五）用人法则：让“90 后”说了算**

对于移动互联网公司的发展，张荣耀认为，团队是企业发展成功与否最为重要的因素。他介绍了 e 袋洗在用人方面的几个原则：用户至上；采用合伙制、合弄制；扁平化管理，开放平等；向一线员工充分授权，离用户越近权力越大。对于“90 后”员工的管理，张荣耀分享：“要赋予‘90 后’员工权力，让他们有融入感，充分发挥他们的价值。”

张荣耀<br>e 袋洗创始人

# Part Ⅴ
# 评委寄语

# 评委寄语
# Wishes form judge group

中国已然成了世界电商最为发达的国度。如何继续保持领先？答案是沉淀，再出发。我希望，通过评委们充满诚意的优选，这本案例年鉴能让读者体会到目前的电商趋势，总结行业宝贵经验，包括中国的和国外的，帮助品牌商、代理公司、电商人真正触摸到电商营销的脉搏！

威汉营销、威动数字营销、威库电子商务首席执行官 陈一枬

电子商务在中国，以至于全球的发展飞速，并已成为消费者日常生活中不可或缺的一部分。传统行业和品牌广告主纷纷加入制定自身电商策略，同时，市场上也出现了创新企业，提供各式各样的电商服务。

艾奇奖正是在这样的划时代的背景和土壤孕育而生；于我而言，艾奇的出现是至关重要的，如何通过一个客观、公平公正、鼓励创意、追求效果衡量的行业评奖机构，对优秀项目进行评定，并加以褒奖、推广，以及宣传布道成功经验，对整个行业未来的发展起正面的推动作用。《驱动创新——2015 国际电商创新案例年鉴》，汇聚经典案例，是值得业界同人共同欣赏、观摩学习的宝典。

AdMaster 首席运营官 陈传洽

作为创新经济价值导向的电商行业，进化过程中不断面临着自我更新与自我突破的本源动力挑战。艾奇电商创新奖项为电商行业可持续创新价值挖掘提供卓越平台。期待《驱动创新——2015 国际电商创新案例年鉴》，期待能为电商投资与经济价值挖掘提供更深入的参考与启迪！

广东省电商投融资协会常务副会长、秘书长　洪天麟

随着“互联网+”时代的到来，越来越多的为满足人类生活便利的商业模式不断涌现，尤其是电子商务的蓬勃发展，更是渗透到了现实生活的方方面面。作为电商领域的权威奖项，艾奇奖本次倾力奉献的《驱动创新——2015国际电商创新案例年鉴》一书，不仅聚焦年度电商精粹，而且指点着未来电商趋势；不但形式上打破传统，同时内容上洞察前瞻，将权威和新颖完美结合。网易作为一个不断探索营销创新的媒体，一直与电商客户保持着紧密的合作，在这电商经济奔腾的年代，我们将携手业界同人，面对挑战、分享经验！同时，我们有理由相信，这样翔实与新颖的权威参照文献定能给予行业发展一臂之力！

网易销售运营中心总经理　高　超

艾奇基于电商，纵览百家之长，电商人的视野轰然间被打开，电商潮流的代表，意义非凡。整合与实效，碰撞与共鸣，不在于评奖，更在于共同进步，共同推动中国电商向更趋理性化的方向迈进，期待有更多的电商人参与其中！

老板电器电子商务总经理　蒋凌伟

这是一个全新的时代，新技术催生新的商业模式层出不穷，对每一位互联网行业、电商行业乃至传统行业的从业者，每一天可能面对的都是新问题，面临的都是新情况。所以，案例的作用和地位就变得前所未有的微妙。一方面要拥有从漫天星空中快速捕捉到流星的敏锐眼光，另一方面要具备披沙拣金找出真正有价值的那颗恒星的能力。无疑，艾奇奖都做到了。

褚橙营销操盘手、互联网美食品牌卷福联合创始人　蒋政文

艾奇奖是中国电子商务营销首创的实效营销奖。旨在鼓励电子商务网络营销的不断创新，让虚拟世界与现实生活更加紧密地结合，更显人性化特色。随着互联网时代的广泛和深入发展，电子商务在实效营销的道路上将越走越好，路也会越走越宽。会让人们的生活方式和形态更加丰富多彩。

中国4A理事会理事长　李西沙

在电商进入中国且“秒杀”其他行业增速、成为政府及社会各界瞩目行业的今天，期待《驱动创新——2015 国际电商创新案例年鉴》“团购”出最优性价比新电商人的青春与激情，成为历史进程的见证人、优秀成果的发布者、行业创新的加速器！

北京电子商务协会副会长兼秘书长　林　亚

这是最好的年代。消费者的价值观正前所未有的多元化，他们可以接受的创意形式也正同样丰富多彩着。这也是最有趣的年代。电商在几乎所有的消费品市场推动了产品、通路、媒体、服务的融合，并由此产生了海量的消费行为数据。艾奇奖在这个特别的时代诞生，将或优秀或独特的营销案例呈现在我们的面前，助力了整个营销行业的发展前行。

亚马逊中国区程序化营销总经理　李　勍

艾奇：奇迹正发生！鸦片战争以来，中国从来没有像今天这样，在一个属于未来的领域里，以前所未有的创新、无与伦比的物流、数以万亿计的交易额，令全世界惊慕。

不论是回溯过去数年最成功的案例，还是想要为未来之路汲取灵感，《驱动创新——2015 国际电商创新案例年鉴》一书都不容错过。欢迎进入奇迹世代。

时趣互动首席创意官　刘　正

刚过去的 2014 年阿里巴巴在纽交所上市，无数新锐电商平台开始崭露头角，零售格局瞬息万变。无论从国际大牌到中国传统品牌以及互联网新兴品牌，都在这波浪潮中不断地尝试，孜孜不倦地探索着电商的点滴创新，争当新时代的弄潮者。

艾奇奖作为国内最具创新性的电商奖项，从电商的产品、品牌、渠道、营销管理等方面的创新着手，发掘有价值的观点和可复制的方法论，总结电子商务市场的成功因素，帮助整个行业加速进化，让我们看到了更多的新思路、新方法和新趋势。《驱动创新——2015 国际电商创新案例年鉴》的出版，解答了在多变的电子商务市场中“成功”品牌的生存法宝，将市场上最新鲜的创新玩儿法带给大家，希望我们每一个电商从业者都能从中得到启发。

楚楚街副总裁　蒙　克

电子商务正改变着人们的生活习惯和商业行为，你是否还在为纷繁复杂的概念和创新点感到困惑？艾奇奖案例可以帮你解决这个问题，让你对互联网和电商的前沿理念和创新实践一目了然，犹如带你从上空俯视迷宫，完全是豁然明朗的感觉。

移动化、O2O、跨境电商……，你想看的热点，尽在这里！

Cheil 鹏泰 VP 兼电商事业部总经理　朴世桓

艾奇奖终评是在 3 月份，记得当时感慨“电商已是老话题，但创新永远年轻”。火热的“互联网 +”战略，让中国电商从业者多了一个伟大的“中国梦”——中国电商应该成为世界电商的代表。艾奇记录的是创新与惊喜，让有理想的人聚在一起，为梦践行。

途家市场副总裁　任　娇

不同于其他电商案例汇编，《驱动创新——2015 国际电商创新案例年鉴》这本书采用了“事前视角”，精选行业精粹案例，以及资深专家就行业趋势做出的前瞻性洞察，让我们领略预测与事实的交汇。相信会给电商从业者一个新的视角，找到适合自己的电商实战技巧。

艾瑞咨询 联合总裁、首席运营官　阮京文

世界潮流，浩浩汤汤；顺之者昌，逆之者亡。互联网以及电子商务以迅猛的态势在各个领域蓬勃发展，从消费领域深入到生产领域，从时尚年轻人渗透到老老少少，从线上线下竞争走向互相紧密融合的“互联网 +”，互联网已逐步成为经济与生活领域的水电气煤类的基础设施，电子商务已成为不论组织还是个人皆须臾不能离开的生产与生活方式，中国已经当之无愧地成为互联网尤其是移动互联网世界领域很多方面的引领者。艾奇奖顺势而出，釜底添薪，以国际化视野与资源进一步助推，他山之石可以攻玉，《驱动创新——2015 国际电商创新案例年鉴》的推出不仅是行业从业人员的宝典，也将成为行业的长久财富，必将在中国互联网发展史上留下浓重的一笔！

北京居然之家电子商务有限公司总经理　汪小康

电子商务并不是一种新的产业，但它所带来却是一种全新的经济模式。由《驱动创新——2015 国际电商创新案例年鉴》直击出它本身是一种运作方式，自然其附加价值大多依附在各种产业之中。另一个迷人的地方在于，点出电子商务不需要过多考虑店面与店员，这给予许多人自行创业的空间。让创意与社交推广上有更宽广的发挥层面。在于其强调与消费者互动，随时了解消费者的偏好与需求，甚至可以给予不同形态的消费者不同类别的个性化服务，这样才能在电子商务中建立起消费者对其产品的忠诚度。

德丰杰龙脉基金合伙人　王岳华

提起电子商务，我们面对的已经不仅是一个网上购物方式，也不仅是一个商业模式，而是一个成长于互联网时代，又极其独特与庞大的商业星系。《驱动创新——2015 国际电商创新案例年鉴》为我们披沙拣金，从案例切入，全面展现了电商领域的形态、思考及对未来趋势的洞察。相信这本书对电商领域、营销领域的贡献，将不仅限于当下。

凤凰网副总裁　徐　进

领先半步，刀尖上的独舞！《驱动创新——2015 国际电商创新案例年鉴》一书，聚焦电商创新实践，全球视野全平台覆盖，贯通全行业、全产业链，七大类案例汇编，艾奇宛如一面迎风飘舞的旗帜，呈现了“互联网 +”时代电商的发展前景和趋势。

苏宁品牌总监 杨海鹏